設計資料の可視化

構造設計に役立つ図表の見方

寺本隆幸・大越俊男：監修

建築技術

まえがき

大越俊男
東京工芸大学客員教授

⊙一貫構造計算ソフト

骨組解析に関しては，計算機が高度化するにつれ，立体解析が標準になった。不整形な構造の解析が可能になったが，A_i分布や保有水平耐力の計算が未解決なまま，疑問をもたずに一貫構造計算ソフトが用いられている。立体解析での柱の応力は，二軸曲げや二軸せん断で，耐震壁の応力は軸力やせん断である。引張応力の作用する柱や耐震壁は，本来，軸剛性に対応した解析が必要である。また，これらの応力に対する断面検証が必要であるが，計算規準はそれらに十分対応していない。

米国や他の国でも，日本の一貫構造計算ソフトに倣い，ETABSやMIDASなどは，各国基準に対応した一貫構造計算ソフトとして改良され，使用されている。

悩みは世界共通で，構造設計者は，一貫構造計算の適応性や結果を検証することなく，出力に対して疑問をもたずに盲目的に使っている。

ソフトの進歩は早く，すべての要素の強度／耐力比や，限界状態における強度／耐力比を計算し，色分けで可視化できるようになり，さらに，強度／耐力比や塑性率に応じた部材のランク別が色で可視化され，表示されようとしている。

⊙構造設計基準と設計者の自己責任

1953年に設立された欧州コンクリート委員会は，許容応力度設計法ASDに代わるものとして，コンクリート構造物の設計法に終局強度設計法USDを開発した。1964年に，限界状態設計法LSDを提案した。部材の性能設計は，LSDを開発した時点で，安全限界だけでは設計にならず，すぐに使用限界が追加された。

英国では，鉄筋コンクリート構造に関して，1972年にBS CP 110として，LSDが採用された。1985年にBS 8110に改定され，民間規準へ移行した。LSDが主として採用されている。現在はユーロ・コードに移行したが，設計法は記載されているが数値は各地域に委ねられている。

米国では，1963年にACI 318でLSDに基づくUSDを採用し，ASDと併用していたが，1971年以降はUSDを主とした。AISC規準では，1986年に荷重・耐力係数設計法LRFDが採用されたが，ASDの併用をしている。現状では，LRFDが主流であるが，鋼構造ではASDが一般に使用されている。

これらの手法は，梁や柱の危険断面での断面検討だけで，性能設計での検討を除き，部材やフレームの検討はしない。まして，構造審査がないので，実情はわからない。

地震地域のカリフォルニア州などのいくつかの州では，IBCをモデルコードとして，州や郡，市ごとに建築基準が設けられている。構造設計に関してピア・チェックが求められ，役所が直接関与することはない。

したがって，日本以外では，構造設計者は自己責任において構造設計をしている。日本では，審査を通ればよいとする風潮があり，責任がないように思われているが，あくまでも構造設計の責任は構造設計者にあることを再認識してほしい。

⊙性能設計

1990年に日米の首脳会談が開催され，性能設計の採用が合意された。

1998年に建築基準法が改正され，通達は廃止され，そのすべてを告示に移行した。技術的規準に適合することと，安全性を構造計算によって確かめることを定めた法第20条は，改正されなかった。2000年に構造計算の基準を定め，限界耐力計算やエネルギー法，時刻歴応答解析，告示免震などが採用され，指定性能評価機関で審査されるようになった。

米国では，UBCなど三つのモデルコードがあったが，ノースリッジ地震や兵庫県南部地震後，2000年にIBCのモデルコードに統一し，地震力を3倍に引き上げた。

性能設計においては，性能評価基準の確認は，必ずしも一貫構造計算ソフトに依存することができず，手計算や図表による確認が必要である。

⊙実務での図表の役立て方

一貫構造計算ソフトが一般化したのは，1995年のWindows95の発売以降であろう。本来，構造設計は，構造解析や断面設計，断面検証，性能評価などが，同時作業で行われるものである。

しかし，手計算から一足飛びに一貫構造計算に移行したわけではない。1980年ごろから科学技術専用の電卓が普及し，数表が消え，断面算定用のソフトが開発され，構造設計者にとってなくてはならなかった構造計算便利帳が廃れた。

一貫構造計算ソフトでは，これらが逐次作業になり，可視化されることなく，結果が出力される。本来，各作業でどの程度の安全率があるのか，可視化による検証が必要である。

高強度鉄筋の高密度配筋は，柱ではコンクリートの圧壊による曲げ破壊を生じるが，これを防ぐには，釣合鉄筋比を超える配筋かどうかを図で確認する必要がある。また，耐震壁のコンクリートの圧壊によるせん断スリップ破壊や，柱梁接合部のコンクリートの圧壊による破壊も同様である。

スラブの設計で，居住性が満足しない場合に振動感覚曲線図を見ると，スラブの厚さを増すと変形は満足するが，増した分だけ振動感覚曲線に沿って固有周期が変化し，居住性が変わらないことがわかる。また，耐震性能を満足させるために耐力や剛性を上げると，応答スペクトルが大きくなり，耐震性能が必ずしもよくならないこともわかる。

また，ソフトのバグは，不可避である。出力の検証は，設計資料や図表が読めなくては不可能である。構造設計者は，これらに対する日頃の研鑽を忘れてはならない。

2016年11月吉日

目次

木造

床スラブ・床組

基礎・地盤

免 震 ・ 制 振

計 画

実務における図表の役立て方

RC梁・柱の断面算定図表を例として

寺本隆幸
東京理科大学名誉教授

現在の構造計算では，コンピュータへの数値入力により，ある数値に対するOK・NGの結果のみが得られている。これは，計算結果としてのある一点の情報であり，断面を変更する方向性や，NGとなっている技術的背景は不明のままである。このような検討を通して，技術的な経験が蓄積されていくとは考えにくい。

現在の技術者に必要なものは，設計式の内包する意図，パラメータの影響度合い，背景となっている実験結果などを理解することであろう。そのための手法として，設計式やその係数を「図」や「表」として「可視化」することで，設計式の定性的な傾向を把握し，使いこなすことができるようになると思われる。

設計式を可視化することにより得られるものは多いので，図表を熟視し観察する機会を増やすべきである。また，設計式が図化されていない場合には，自分で設計式を図化して，定性的傾向を理解するべきである。

⦿設計資料を可視化することにより得られるもの

昔の構造計算などの設計作業においては，計算尺やソロバンにより計算が行われ，計算すること自体が大変な作業であった。このため，私たちの先輩が努力して設計式や検討式を図表化して，面倒な計算を行わないでも図表を利用して，迅速かつ簡便に計算結果が得られるように，工夫が行われていた。この手法は，計算時間の短縮以外にも，自分が検討している内容が可視化されているので，「どこを，どう変えたら，どうなる」という傾向を把握することができた。

現在では，設計時に行われる検討のほとんどはコンピュータにより行われ，数値を入力するだけで，瞬時に計算結果が得られる。コンピュータ利用により，必要な数値を入力すると計算結果が出力されるが，例えば，断面検討においては，出力されるものはOKまたはNGである。ある数値に対して，NGと出力されているのみであり，そのNGとなっている状況や周辺資料は不明のままである。NGと出力されたものをOKにするためには，「どこをどのように変更」すれば効率的であるかの情報は出力されていない。

理想的に考えると，複雑な計算が簡単に行えるので，構造設計者は積極的に各種のパラメータを変動させることが可能となり，多面的なパラメトリックスタディも可能となってくる。パラメトリックスタディを行うことにより，検討対象に対する深い理解や洞察が得られるはずである。

しかし，現実としては，ゲーム感覚でいい加減な数値を入力して，出力された結果を見て数値を修正していけば，NGのない結果が得られる。この方法では，構造設計者に技術的経験が蓄積することは少なく，単なる手慣れた数値入力者が育成されるのみである。

このように，深く考えることなく入力した数値の結果を見て，入力値を増減することにより機械的にOKの結果を得ていることが多いのではないかと思われる。このために，検討内容がブラックボックス化して，構造設計者が検討内容を十分に理解できなくなり，計算結果に至る要因や過程の理解，建物構造体の挙動の認識が不足しがちである。

設計式・検討式の十分な理解がない状態で，ブラックボックスからの計算結果出力のみを判断根拠として，改善すべき方向性をもたずに，いたずらに構造計算を繰り返すことによって，適切な設計成果が得られるかは大変疑問である。どのパラメータは非常に大切であり，どのパラメータは結果に与える影響が少ないなどの傾向を認識しておけば，検討内容を理解してNGを解消するために必要な変更を行ううえで，大変役に立つものと思われる。

昔の設計に利用されていた設計用の「図」や「表」を，設計式や設計時検討式の内容を「可視化」したものであると認識して，設計式や検討内容を目で見て理解することにより，検討内容を体系的に理解するうえで役立てることができるのではないかと考えられる。

また，設計に関連した概念や資料を図表にして可視化したものも，設計方針などを構築するうえで，役立つものと思われる。

⊙鉄筋コンクリート梁の断面算定図表

釣合鉄筋比を超えている複筋梁の曲げ耐力の検討時には，曲げ耐力不足を解消するためには，引張筋を増やすよりも圧縮筋を増やす方が効率的なことが多い。この関係も，本文中に示したように釣合鉄筋比を意識した断面検討を行う必要があり，**図1**を有効に利用すると，断面を変更しようとする場合に変更すべき方向性が見えてくる。

【RC規準における梁の曲げ許容耐力式】[1)]

$$M = Cbd^2 \qquad C = \min(C_1, C_2) \qquad (1)$$

$$C_1 = \frac{p_t f_c}{3x_{n1}}\{n(1-x_{n1})(3-x_{n1}) - \gamma(n-1)(x_{n1}-d_{c1})(3d_{c1}-x_{n1})\}$$

（圧縮側コンクリートが許容値に達する場合）

$$C_2 = \frac{p_t f_c}{3n(1-x_{n1})}\{n(1-x_{n1})(3-x_{n1}) - \gamma(n-1)(x_{n1}-d_{c1})(3d_{c1}-x_{n1})\}$$

（引張側鉄筋が許容値に達する場合）

$$p_{tb} = \frac{1}{2\left[1+\frac{f_t}{nf_c}\right]\left[\frac{f_t}{nf_c}\{n+(n-1)\gamma d_{c1}\} - (n-1)\gamma(1-d_{c1})\right]} \qquad (2)$$

ここに，

M：梁の許容モーメント

b：梁幅

d：梁の有効せい

d_{c1}：d_c/d（d_c：圧縮縁より圧縮鉄筋中心までの距離）

n：ヤング係数比

x_{n1}：中立軸比＝x_n/d

x_n：圧縮縁より中立軸までの距離

γ：複筋比（＝a_c/a_t）

a_c：圧縮鉄筋断面積

a_t：引張鉄筋断面積

f_c：コンクリートの許容圧縮応力度

f_t：鉄筋の許容引張応力度

p_{tb}：釣合鉄筋比（$C_1 = C_2$となる引張鉄筋比p_t）

式（1）を，縦軸をC（＝M/b_{d2}），横軸をp_tとして，γに応じてプロットしたものが図1である。

【留意事項】

RC梁の曲げ許容耐力を検討するうえで，重要な指標は釣合鉄筋比p_{tb}である。

p_{tb}以下の引張鉄筋比に対しては，C_2の近似式としてa_tを引張鉄筋断面積，応力中心距離j＝(7/8)dとして，

$$曲げ許容耐力 \quad M = a_t f_{tj} \qquad (3)$$

が成り立つ。

p_{tb}以下の引張鉄筋比に対しては，引張鉄筋比p_tに比例して許容曲げ耐力Mは大きくなることになる（図1の原点からの直線部分）。

p_tが釣合鉄筋比p_{tb}を超えると，圧縮部分で曲げ耐力が決まるために，引張鉄筋増加による曲げ耐力の増加率は緩やかになり，効率が悪くなる。複筋比に応じて，この折れ曲がり点（p_{tb}相当のp_t）の値は大きくなる。

通常の設計においては，式(3)が有効に使用できるように，引張鉄筋比を釣合鉄筋比以下の範囲とすることが行われている。また，使用した引張鉄筋断面積を有効に許容曲げ耐力に反映させるうえからも，引張鉄筋比を釣合鉄筋比以下とする配筋設計が望ましい。

釣合鉄筋比を超えている場合に，図1の最初の図（12頁）に矢印で示したように，①点の鉄筋量では曲

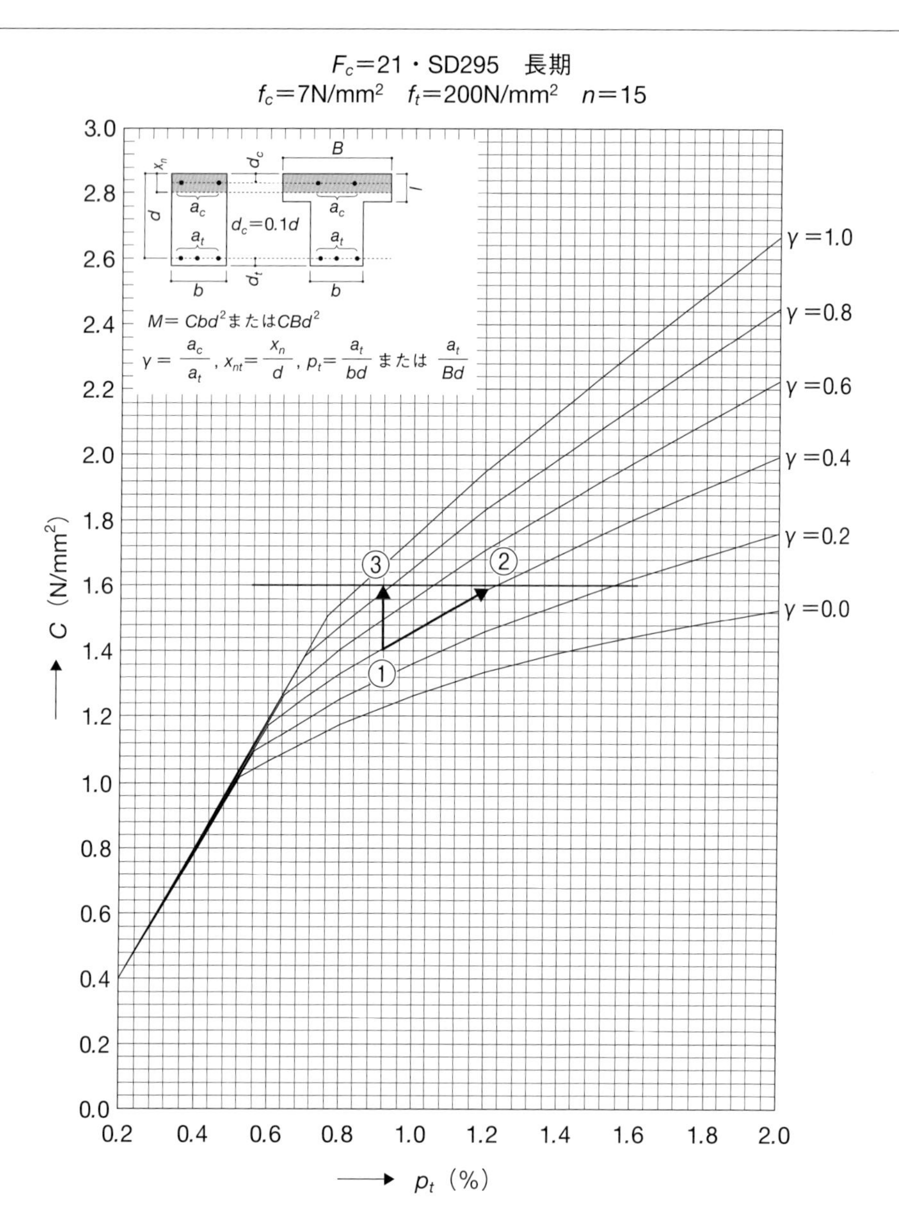

図1　長方形梁の断面算定図表（出典：鉄筋コンクリート構造計算用資料集，日本建築学会）

表1　長期の釣合鉄筋比p_{tb}

条件	γ	p_{tb}（%）	条件	γ	p_{tb}（%）
F_c21	0.0	0.51	F_c30	0.0	0.84
SD345	0.2	0.55	SD390	0.2	0.92
長期	0.4	0.59	長期	0.4	1.00
n：15	0.6	0.63	n：13	0.6	1.11
d_{c1}：0.1	0.8	0.68	d_{c1}：0.1	0.8	1.24
	1.0	0.74		1.0	1.40

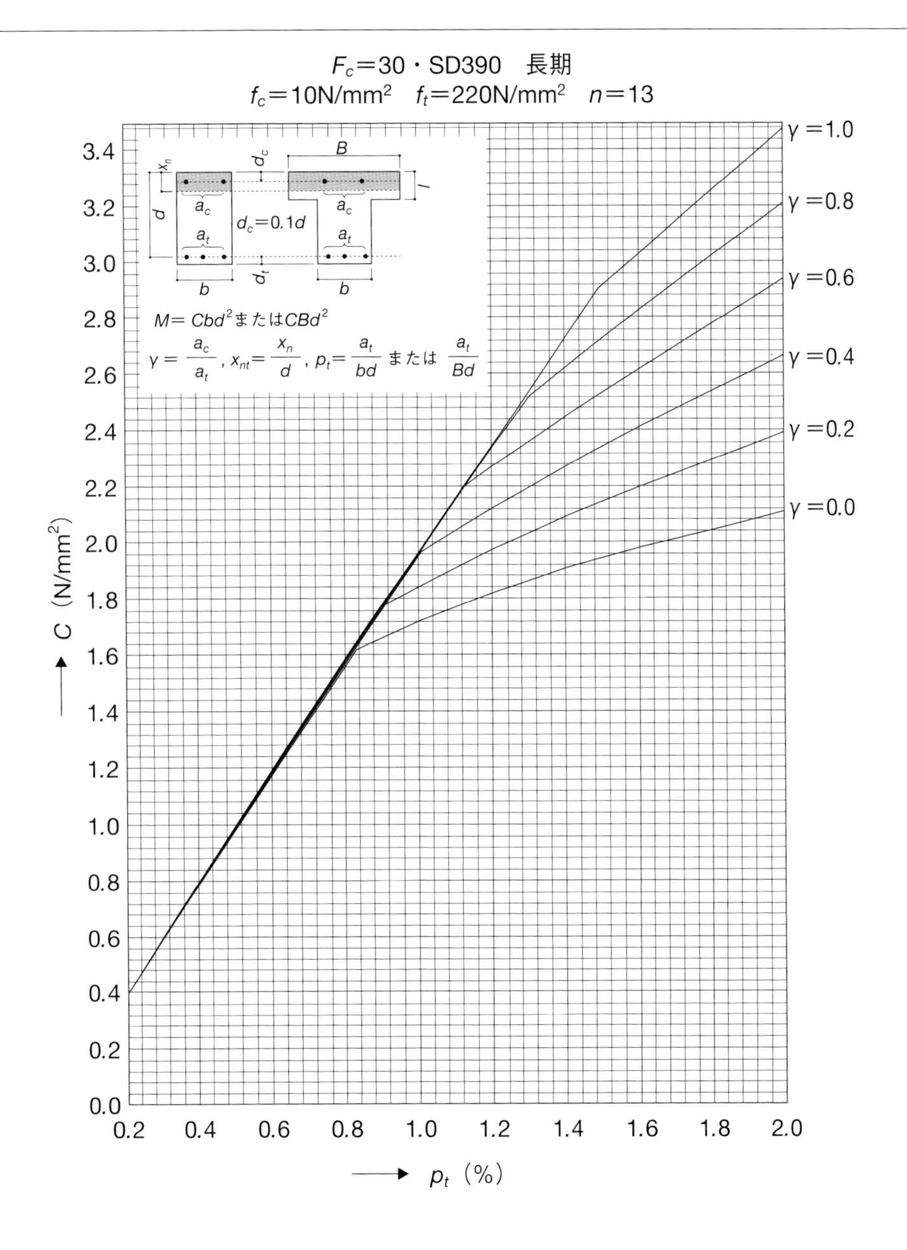

F_c=30・SD390　長期
f_c=10N/mm^2　f_t=220N/mm^2　n=13
B
x_n
d_c
l
d
a_c
a_c
d_c=0.1d
a_t
a_t
d_t
b
b
M= Cbd^2またはCBd^2
$\gamma = \frac{a_c}{a_t}$, $x_{nt} = \frac{x_n}{d}$, $p_t = \frac{a_t}{bd}$ または $\frac{a_t}{Bd}$
γ=1.0
γ=0.8
γ=0.6
γ=0.4
γ=0.2
γ=0.0
→ C（N/mm^2）
3.4
3.2
3.0
2.8
2.6
2.4
2.2
2.0
1.8
1.6
1.4
1.2
1.0
0.8
0.6
0.4
0.2
0.0
0.2
0.4
0.6
0.8
1.0
1.2
1.4
1.6
1.8
2.0
→ p_t（%）

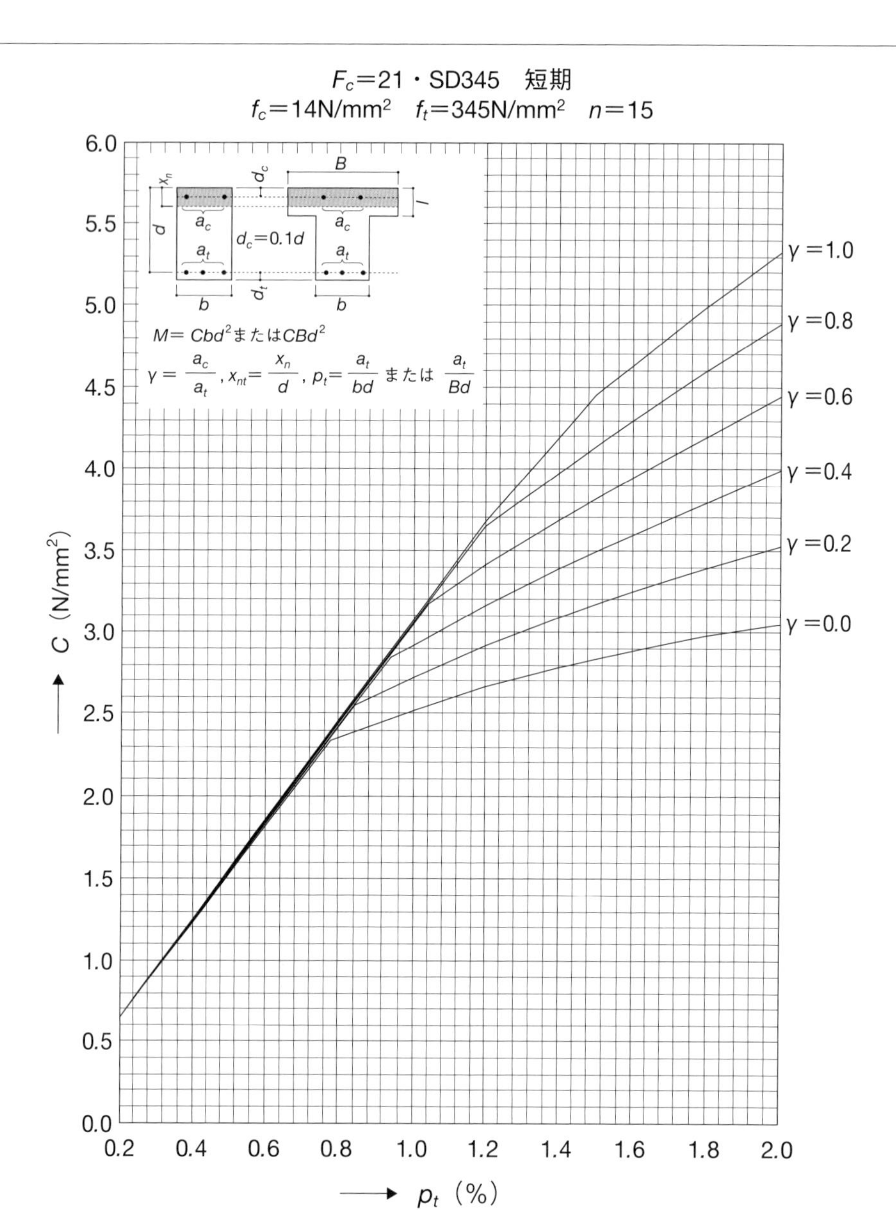

表2　短期の釣合鉄筋比p_{tb}

条件	γ	p_{tb}（%）	条件	γ	p_{tb}（%）
F_c21	0.0	0.77	F_c30	0.0	1.03
SD345	0.2	0.84	SD390	0.2	1.13
短期	0.4	0.92	短期	0.4	1.26
n：13	0.6	1.02	n：13	0.6	1.42
d_{C1}：0.1	0.8	1.15	d_{C1}：0.1	0.8	1.63
	1.0	1.32		1.0	1.91

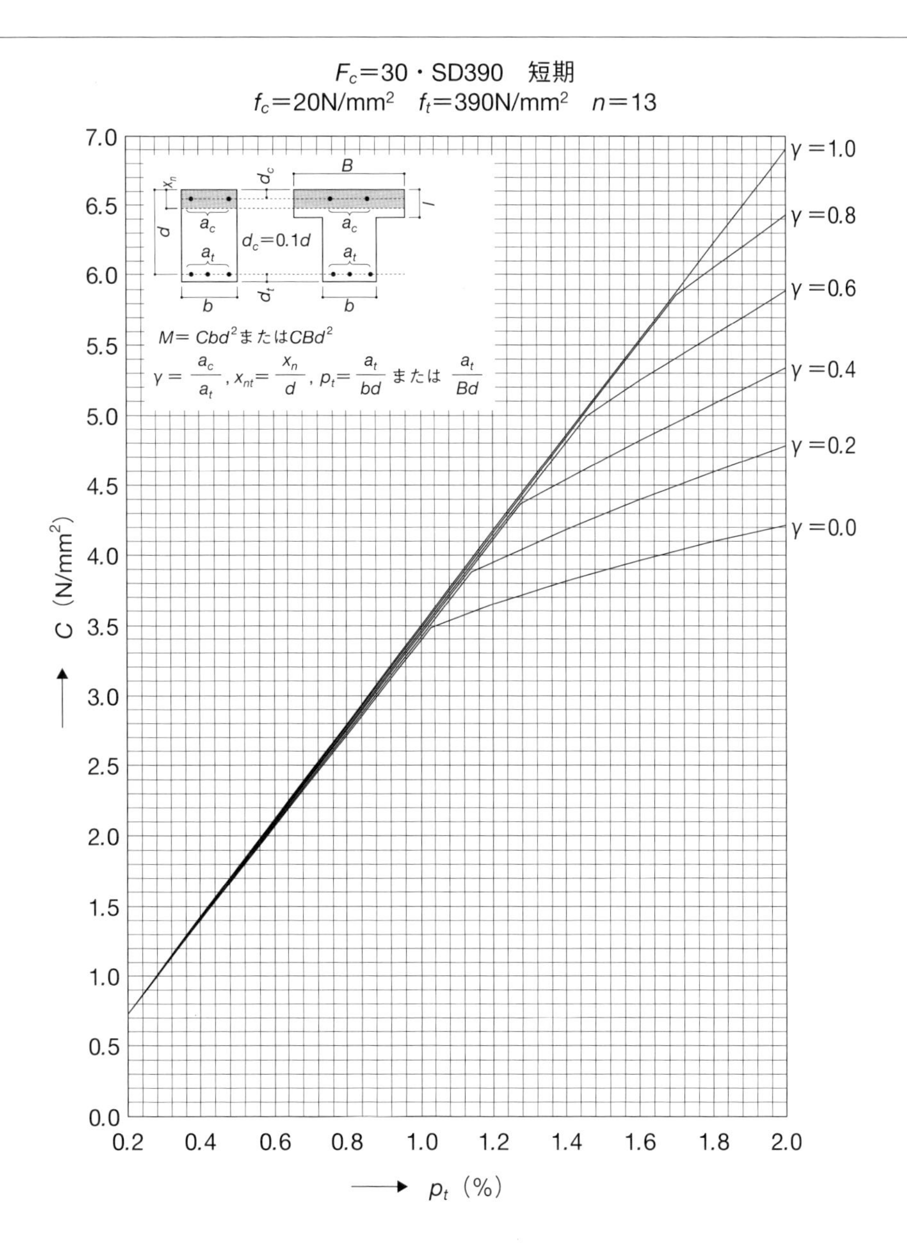

Fc=30・SD390　短期
fc=20N/mm2　ft=390N/mm2　n=13
γ=1.0
γ=0.8
γ=0.6
γ=0.4
γ=0.2
γ=0.0
C（N/mm2）
pt（%）
B
dc
xn
d
ac
at
dc=0.1d
dt
b
t
M= Cbd2またはCBd2
γ= ac/at , xnt= xn/d , pt= at/bd または at/Bd
7.0
6.5
6.0
5.5
5.0
4.5
4.0
3.5
3.0
2.5
2.0
1.5
1.0
0.5
0.0
0.2
0.4
0.6
0.8
1.0
1.2
1.4
1.6
1.8
2.0

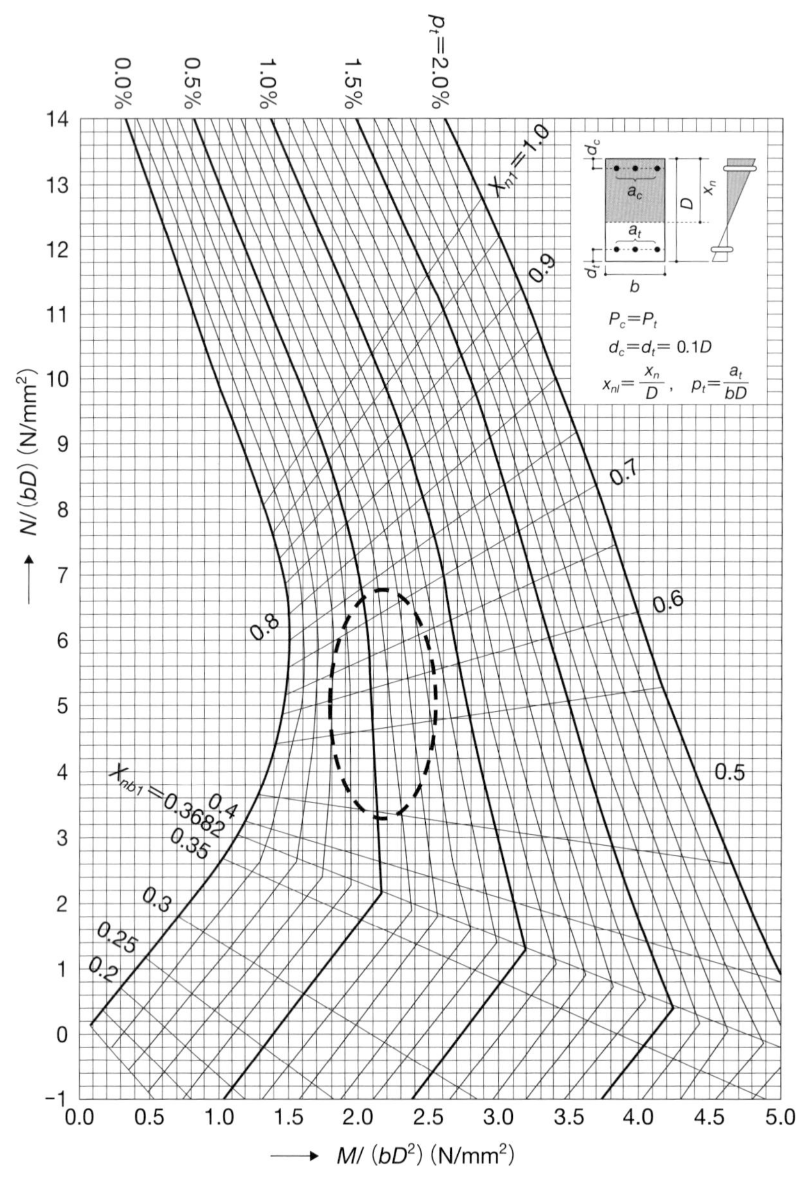

図2　柱の短期許容曲げモーメント―軸方向力

（出典：「鉄筋コンクリート構造計算基準・同解説2010」解説図14.4，日本建築学会）

げ耐力が不足して，鉄筋量を増やす必要がある場合を考える。複筋比γを保持しながら引張鉄筋を増やすと②点に行くが，引張鉄筋比p_tの増加量に比較して曲げ耐力の増加が少ないので，鉄筋増加量は大きくなってしまう。むしろ，圧縮鉄筋を増やしてγを大きくして，③点を目指した方がよい。このように，釣合鉄筋比との関係では，引張鉄筋ではなく圧縮鉄筋のみを増やす方が合理的な場合もある。

表1および**表2**に，図に対応した釣合鉄筋比p_{tb}の数値例を示した。長期・短期およびコンクリート強度に応じたp_{tb}の数値を，常に意識しておく必要がある。また，参考文献1）の解説図13.2には，腹筋比γに対して，コンクリートと鉄筋の許容応力度に応じた釣合鉄筋比が示されているので，参考にするとよい。

⦿鉄筋コンクリート柱の許容応力図

図2に示したものは，長方形鉄筋コンクリート柱の短期許容曲げモーメント―軸方向力関係図である。筆者が先輩から教わった柱断面の決定方法としては，「図中の丸印付近で，断面を決定しろ。」というものであった。

F_c24を使用した場合には，縦軸の軸方向応力度としては，短期であるので最大（2/3）$F_c = 16\text{N/mm}^2$であるが，軸方向応力度が大きくなると，横軸である曲げモーメントに対する許容値が小さくなってしまう。図中の5N/mm^2付近では耐力曲線が鉛直に近く，縦軸の軸方向力が変動しても，横軸の曲げモーメント耐力値の変動が少ない領域である。その付近で断面決定しておけば，部材の曲げモーメント耐力値が安定しているということであった。

また，FAランク部材とするためには，p_tが1.0％以下という条件もあることからも，丸印付近が適切であるということになる。このような関係は，図によってのみ理解できるものであり，数式だけからは得られにくい情報である。単に数値解析して得られた許容モーメントが，設計モーメントより小さいという情報のみでは，p_tをどの程度大きくすればよいかもつかみにくい。

⦿まとめ

現在では，例示したような「図」や「表」を直接用いてRC構造部材の断面検討などの設計行為を行うことはほとんどないが，上述のように設計式や検討式の性質を理解し，自分が検討しようとしている「点」がどのような位置づけになっているかを，周辺情報を含めて理解するうえでは，「図」や「表」の利用価値は高いと思われる。

また，従来は，個々の計算が大変であったので「図」や「表」はあらかじめ計算され，計算結果が日本建築学会規準などの印刷物として公表され，設計者に利用されていた。また，設計者はこれのコピーを作成・編集して，設計便利帳として常時持ち歩いていた。

しかし，現在ではこれらの計算はEXCELにより容易に計算できるし，図表化も簡単である。個人的に，または設計組織として，各種の「図」や「表」の作成システムを構築しておき，印刷物ではなく使い捨ての計算結果としての「図」や「表」を必要に応じて作成して，それらを参照することにより，設計実務上の意思決定に利用することが可能である。この方法が，現代風の「図」や「表」の利用方法ではないかと思われる。筆者も，最近スマホに鉄筋断面積やH形鋼カタログをダウンロードして持ち歩いているが，このように容易に図表を利用できるようになった。今回，他の原稿において，一部の図をEXCELにより作成して検討を行ったが，その作業を通じてこのような感想をもった次第である。

（てらもと　たかゆき）

【参考文献】

1）日本建築学会：鉄筋コンクリート構造計算規準・同解説，2010年
2）日本建築学会：鉄筋コンクリート構造計算用資料集，2001年

設計資料の可視化　構造設計に役立つ図表の見方

荷 重・力 学

R C 造・S R C 造

S 造

木 造

床 ス ラ ブ・床 組

基 礎・地 盤

免 震・制 振

施 工

材 料・仕 上 げ

設 備

環 境

計 画

荷重・力学

01

高橋 徹
千葉大学大学院教授

多雪区域・基準風速分布・地震地域係数

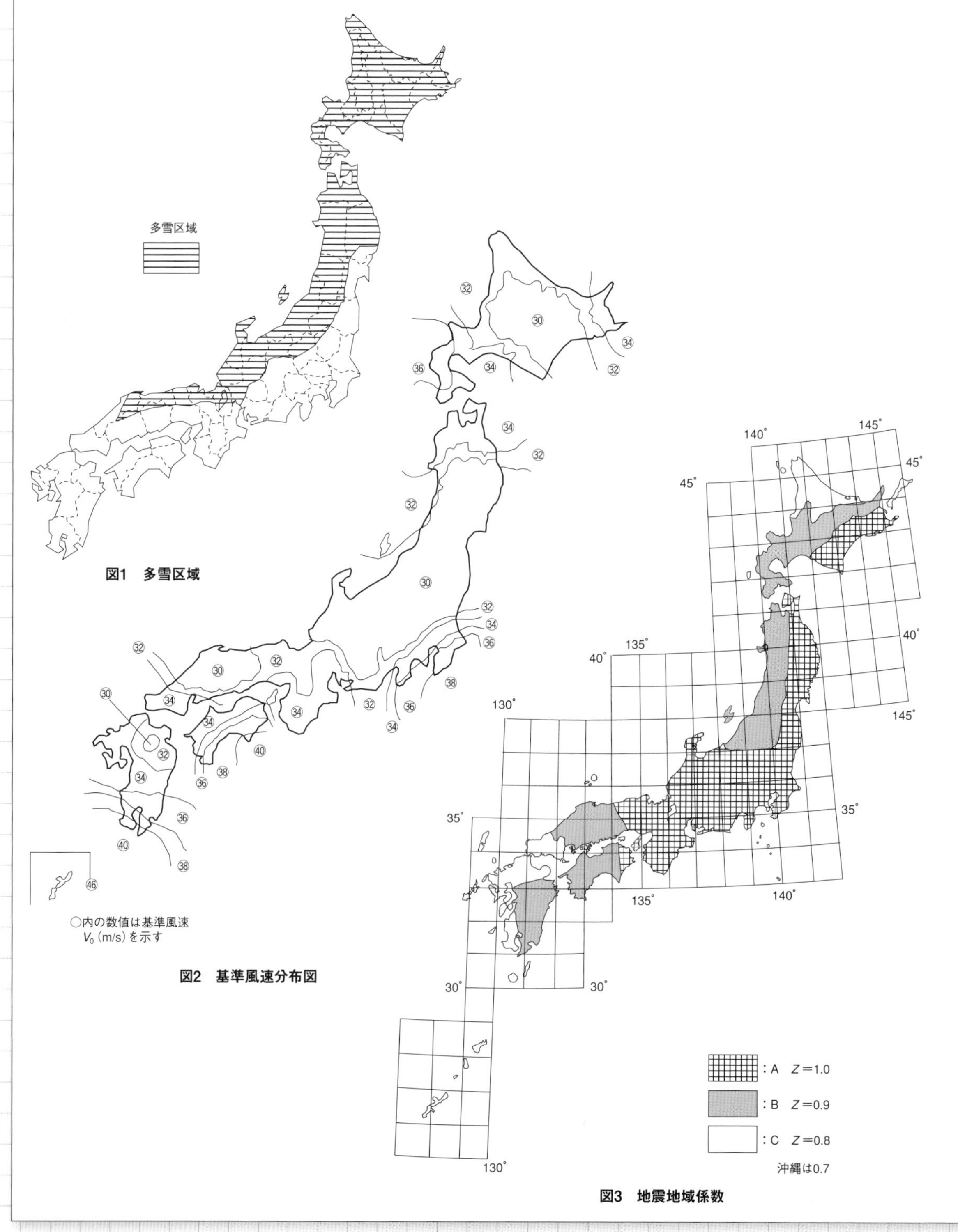

図1 多雪区域

図2 基準風速分布図

図3 地震地域係数

⊙多雪区域の地図（図1）

多雪区域は，建築基準法施行令第86条で定められる積雪荷重の，垂直積雪量が1mを超えるかまたは積雪期間が30日を超える地域を，特定行政庁が定めたもの（平12建告第1455号）であり，これの基になったのが，1993年版の日本建築学会『建築物荷重指針・同解説』(以下，荷重指針)[1]である。

告示を作成するにあたっては，建築基準法の「最低基準」の精神に則って，荷重指針では100年であった再現期間として50年を想定し，荷重指針の値の90％の値が得られるように，係数が調整された。地域によっては，90％に相当する再現期間は50年よりも短かったり長かったりする。また，重回帰分析の誤差も無視できないので，特定行政庁では地域の実情を勘案して，細則などで値を定めている。告示では，当該地域または近傍の観測データを統計処理できる場合にはそれを用いてよいとされており，**図4**を参考にしてほしい[2),3)]。この例では，再現期間50年の値は100年の値のほぼ0.9倍になっている。

多雪区域に指定される地域では，積雪の単位荷重が$1m^2$当たり1cmにつき30Nと定められていることが多い。これは施行令第86条で定められている値の1.5倍に相当し，垂直積雪量が1m未満か1m以上かで，設計荷重の値に大きなギャップが生じる。観測データによれば，1mで30Nはほぼ妥当な値であり，垂直積雪量の平方根に従う形で値が増える傾向が読み取れる[2)]。したがって，垂直積雪量が2mを超えるような地点では30Nでも過小評価である。

⊙基準風速分布の地図（図2）

この地図の基になっているのは，建築基準法施行令第87条第2項に基づき，国土交通大臣が定めたもの（平12建告第1454号）である。これも，積雪荷重と同様に，1993年版の荷重指針[1)]が基になっている。積雪荷重と同様に，再現期間50年の値に変換する作業が行われたほか，当時の市町村単位で同じ基準風速となるように，境界の微調整が行われた。したがって，図2と荷重指針のコンターは必ずしも調和的ではない。

もう一つ注意すべきなのは，この地図は地形の影響などを排除し，地点間のひずみを平滑化したうえで，粗度区分Ⅱの地上10mにおける10分間平均風速を想定していることであり，アメダスなどで公開されている値をそのまま統計処理したのでは，同様の結果は得られない。建設地点周辺の小地形の影響などは，別途考慮する必要がある。また，建物の応答によりよく対応する最大瞬間風速はこの1.5～2倍程度になるが，これは詳しくは荷重指針[2)]を参照してほしい。ガスト影響係数として取り入れられている。

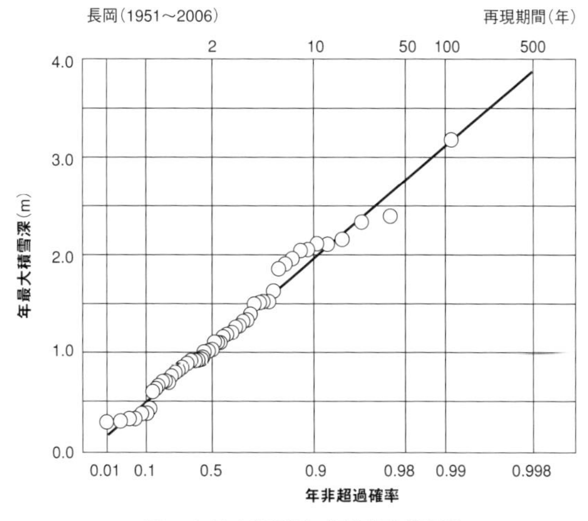

図4　年最大積雪深の極値統計処理例

⊙地震地域係数の地図（図3）

この地図は，建築基準法施行令第88条第1項に基づき，国土交通大臣が定めたもの（昭55建告第1793号）である。他の二つよりも成立時期が古いが，新耐震導入時のものが変わらず用いられている。この下敷きになったのは，検討当時，建築研究所在籍の尾崎らの研究[4)]と思われるが，それだけではなく，多くの研究例を基に工学的判断により定められたものといえる[5)]。

制定当初は，統計データの解析結果を尊重して，値に0.5～1.0程度と，もっとメリハリをつけるべきだ，という議論もあったが，1995年の阪神・淡路大震災以降，過去の観測データに拾われていない活断層による地震危険度をも踏まえて，工学的に判断することの重要性が再認識されており，まだしばらくは命脈を保つものと考える。断層直近での設計には，別途配慮を要することはいうまでもない。

⊙実務での役立て方

いずれの地図も等値線は概略であるので，地図から数値を直接読み取るというよりも，日本国内でのその地方の位置づけを読み取る程度に用いるのがよい。具体的な数値は告示に記載してある。さらに，基準法において定義された荷重の値は最低基準であり，供用期間を50年とすると，荷重が再現期間50年の値を上まわる確率は63％もあることに留意して，慎重に荷重を設定する必要がある。

（たかはし　とおる）

【参考文献】

1）日本建築学会：建築物荷重指針・同解説，1993年
2）日本建築学会：建築物荷重指針・同解説 2015，2015年
3）日本建築学会：事例に学ぶ建築リスク入門，技報堂出版，2007年
4）尾崎昌凡，北川良和，服部定育：地震動の地域特性に関する研究（その1）地震活動に基づく地震動期待値とその応用，日本建築学会論文報告集第266号，pp. 31-40，1978年4月
5）日本建築学会：地震荷重―その現状と将来の展望，日本建築学会，1987年

02

城 攻
北海道大学名誉教授

積雪荷重の屋根形状係数と屋根勾配

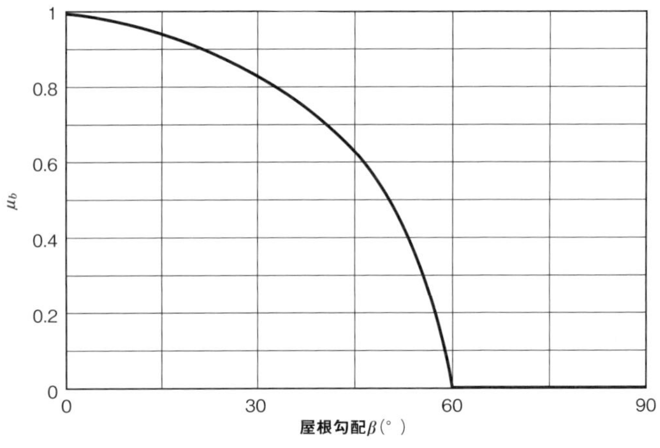

図1 屋根形状係数と屋根勾配（建築基準法施行令）

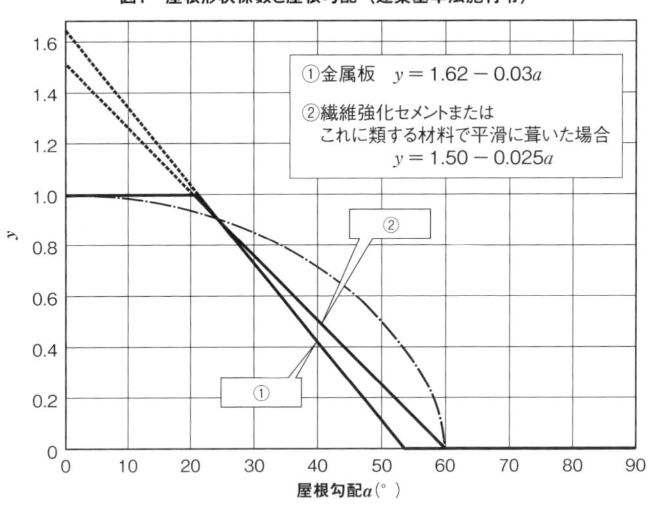

図2 屋根形状係数と屋根勾配（北海道建築基準法施行細則）

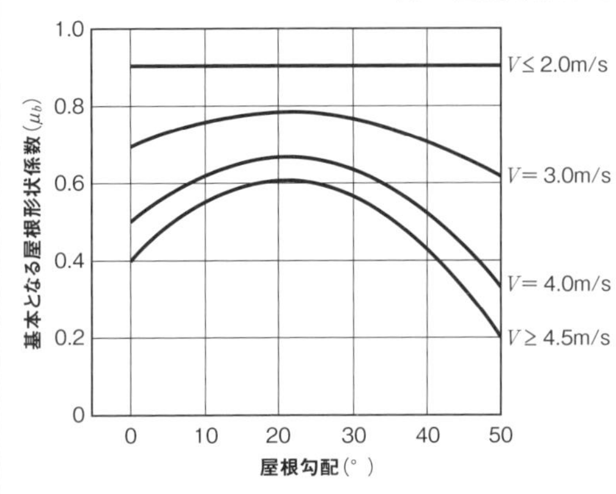

図3 μ_bと屋根勾配との関係（日本建築学会『建築物荷重指針・同解説』，2015）

❶白川郷における急勾配屋根の積雪状況

⊙実務での役立て方

建築物の屋根に加わる積雪荷重の算定は，建設地点における地上積雪荷重を用いるのが基本であるが，勾配のある屋根上積雪量は地上に比べて少なくなることが多いために，屋根形状係数を用いて低減することが可能である。この係数を含めて建築基準法と特定行政庁とで異なる規定があること，日本建築学会「荷重指針」では偏分布係数が提案されていることに，注意が必要である。

⊙建築基準法施行令が定める屋根形状係数

建築基準法施行令第86条の第4項では，「屋根の積雪荷重は，屋根に雪止めがある場合を除き，その勾配が60°以下の場合においては，その勾配に応じて第1項の積雪荷重に次の式によって計算した屋根形状係数（特定行政庁が屋根ふき材，雪の性状などを考慮して規則でこれと異なる数値を定めた場合においては，その数値）を乗じた数値とし，その勾配が60°を超える場合においては0とすることができる。$\mu_b=\sqrt{\cos(1.5\beta)}$，ここに$\mu_b$は屋根形状係数，$\beta$は屋根勾配（度）」とある。

屋根上の積雪深さは，一冬期を通して見ると屋根勾配が急なほど，地上積雪深さよりも少ないことは経験的に観察される。**図1**は，建築基準法施行令に基づく積雪荷重を低減させるための屋根形状係数と屋根勾配の関係を表している。屋根勾配30°で0.84，45°で0.62，60°で0となり，30°以下の低減は少ないことがわかる。瓦屋根のように屋根勾配と仕上材の勾配（瓦の傾斜角度）が異なる場合は，小さい方の値をbとして用いるべきである。これは，勾配の急な階段でもステップには雪が積もる理屈と同じである。

ところで，勾配屋根の積雪量が地上積雪量に比べて低減される要因としては，降雪中の雪粒子の斜面に沿う落下，降雪後の滑落，室内からの漏熱および日射熱による融解などが挙げられる。いずれの要因でも，瞬時ないしは長期の差異はあっても一度は屋根面に堆積したものであるから，低減した積雪量はその屋根の周囲に移動したことになる。このため，谷部を有するM形屋根やのこぎり屋根では低減ができないだけでなく，偏分布荷重を考慮することになる。また，当該屋根の下方に下屋があれば，上階屋根で低減した積雪量を加算すべきであり，地表では低減した積雪量を加算した雪処理対策が必要となることを忘れてはならない。なお，近年は天井裏の断熱性能を上げて漏熱を減らす技術が普及していることから，安易な積雪量の低減は慎むべきであろう。

⊙特定行政庁が定める屋根形状係数の例

最初に記述した施行令第86条の第4項の括弧書きでは，屋根形状係数を特定行政庁が規則で定める場合はその数値を用いることになっているが，別途に定めている特定行政庁は少ない。**図2**は，北海道建築基準法施行細則第17条の第4項に定めるもので，2種類の屋根葺き材に対して直線式で係数yを与えている。参考までに，図1の屋根形状係数を鎖線で重ねて示しているが，三者は屋根勾配25°でほぼ一致している。なお，yが1.0を超える部分は1.0としてよい。同施行細則にはこの記述はないが，積雪荷重の低減を目的としている趣旨からの扱いである。以上のように，屋根葺き材の種類によって低減効果が異なることに注意が必要であり，**写❶**に示すように白川郷に建つ屋根勾配が約60°の藁葺き屋根では，積雪量は0にはならず，堆積しているのがわかる。

⊙日本建築学会編『建築物荷重指針・同解説（2015）』による屋根形状係数

同指針では，3種の屋根形状係数の足し算で表し，式：$\mu_0=\mu_b+\mu_d+\mu_s$を用いている。そのうち「基本となる屋根形状係数μ_b」を**図3**に示した。ここでは，1月と2月の2か月間の平均風速Vと屋根勾配0～50°との関係で与えており，風速Vの端数に対するμ_bは補間して求めることができる。屋根上積雪量に与える風速の影響は，雪粒子が降雪中および降雪後に風によって吹き払われる効果であるから，風速が2m/s以下では吹払い効果が発生しないために，屋根勾配にかかわらず$\mu_b=0.9$としている。μ_bは風速が大きいほど低下し，屋根勾配が20°近傍で最も大きくなることが，図から読み取れる。

他の屋根形状係数μ_dとμ_sは，M形屋根などの谷部を有する屋根面を対象として，風速による移動をμ_dで，雪自重の滑動による移動をμ_sで表し，偏分布荷重が考慮できる係数として位置づけている。したがって，建築物荷重指針では建築基準法などで考慮する滑動などによる低減効果を無視し，むしろ偏分布荷重による応力変動への対処を重視している考え方が，建築基準法などと大きく異なっている。

⊙補足

畜舎・堆肥舎の設計では，平成14国交告第474号「特定畜舎等建築物の構造方法に関する安全上必要な技術的基準を定める等の件」が適用され，屋根勾配が11°以上で断熱性の低い屋根材料を用い，かつ滑雪を妨げない構造の屋根では，別途の積雪荷重低減係数を与えているので参考にされたい。

切妻屋根を有する大規模建物の積雪崩落事故では，風下側への移動による偏分布積雪荷重が原因となっている場合が多い。屋根上積雪総重量が減っても偏分布により，局所的に大きな応力が生じることに注意してほしい。

（じょう　おさむ）

03

松井正宏
東京工芸大学教授

風速の鉛直分布E_r

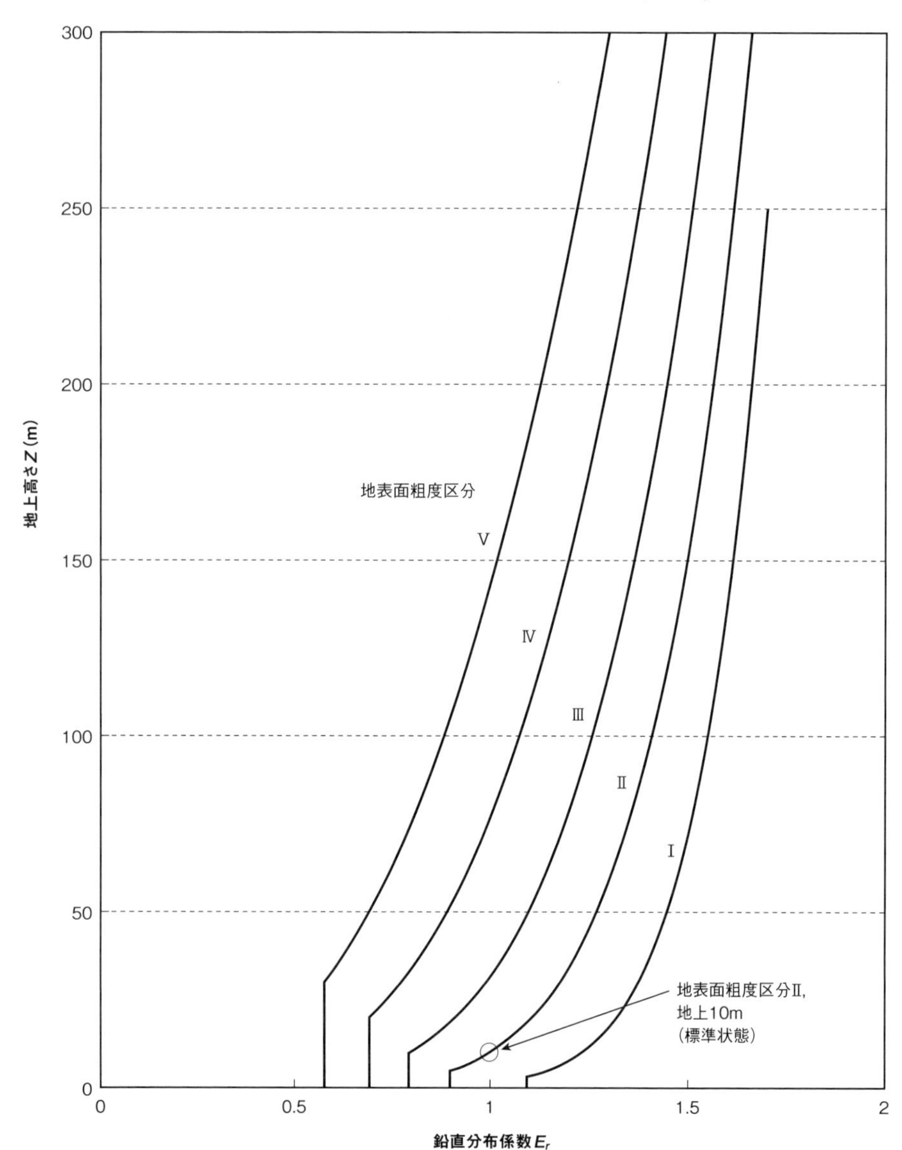

図1　風速の鉛直分布係数E_r[1)]

表1　風速の鉛直分布を定めるパラメータ

地表面粗度区分	Ⅰ	Ⅱ	Ⅲ	Ⅳ	Ⅴ
Z_b (m)	3	5	10	20	30
Z_G (m)	250	350	450	550	650
α	0.1	0.15	0.2	0.27	0.35

⊙実務での役立て方

設計風速に大きな影響を与える風速の鉛直分布が，地表面粗度区分で大きく異なること，風速が上空で高い値になることなどが理解できる。また，標準状態（開けた平坦地，粗度区分Ⅱの地上10m）の係数E_rが1となっていて，それ以外の条件でのE_rは標準状態との風速比であることが理解できれば，基本風速を地表面粗度区分や建物高さに応じて変換することができるようになる。

日本建築学会の建築物荷重指針は2015年に改訂されたが，鉛直分布については，地表面粗度区分ⅠのZ_bが従来5mであったものが3mに変更されたのみである。

図1に示されるE_rは，地表面が平坦とみなせる状況での風速の鉛直分布を表す係数で，地表面粗度区分Ⅱの地上高さ10mの風速を基準とした風速の比を表している。

この係数は，地表面粗度区分，地上高さに応じて，式（1）で計算される。

$$E_r=\begin{cases}1.7(Z/Z_G)^{\alpha} & (Z_b<Z\leq Z_G)\\ 1.7(Z_b/Z_G)^{\alpha} & (Z\leq Z_b)\end{cases} \quad (1)$$

パラメータα，Z_G，Z_bは，建設地の地表面粗度区分ごとに**表1**に示す値を用いる。地表面粗度区分の判断は，地表面の状況に応じて，**表2**に基づいて決める。ただし，建設地の風上側40H（Hは基準高さ）かつ3km以内で，建設地に向かって「滑」から「粗」へ地表面状態が変化している場合は，より風上側の粗度区分を採用するものとしている。

また，この風速の鉛直分布係数E_rは，ほぼ同じものが建築基準法（平成12年5月31日建設省告示第1454号のE_r）でも用いられている。建築基準法における粗度区分の分類では，曖昧さを排除するために，都市計画区域や海岸線からの距離を判断基準としているが，本来ならば，上記のように建設地風上側の地表面の状況を総合的に勘案して，決定すべきである。

風速の鉛直分布係数E_rの「風速」は，10分間平均風速をベースとしていることに，注意が必要である。台風などでよく報道される，最大瞬間風速とは違うことを認識しなければならない。一般に風は，乱れを有し，その平均値と平均値まわりの変動成分に分けて議論されることが多い。変動成分の大きさを表す指標としては，風速の標準偏差σ_uを，平均値$\bar{U}$で除した乱れ強さ$I_{rZ}(=\sigma_u/\bar{U})$が用いられる。乱れ強さ$I_{rZ}$は，統計学でいうところの変動係数に相当し，建築物荷重指針では，次式のように与えられている。式（2）で表される乱れ強さは，上空で小さく，地表面付近で徐々に大きな値となる。

$$I_{rZ}=\begin{cases}0.1(Z/Z_G)^{-\alpha-0.05} & (Z_b<Z\leq Z_G)\\ 0.1(Z_b/Z_G)^{-\alpha-0.05} & (Z\leq Z_b)\end{cases} \quad (2)$$

最大瞬間風速$\hat{U}$は，平均風速に，標準偏差にピークファクターと呼ばれる係数gを乗じた値を加えて評価される。または，平均風速に，ガストファクターという係数Gを乗じて評価される。

$$\hat{U}=\bar{U}+g\sigma_u=(1+gI_{uZ})\bar{U}=G\bar{U} \quad (3)$$

式（3）に示されるように，ガストファクターGは，ピークファクターgに乱れ強さを乗じたものに，1を加えた値として表される。乱れ強さは，粗度区分や高さZにもよるが，0.1～0.3程度の値をとる。ピークファクターは3.5程度，ガストファクターは1.5～2程度の値をとる。ガストファクターは，“突風率”と呼ばれることがある。

地形の影響や再現期間の変更などがなければ，以上のようにして計算されたE_rに基本風速U_0を乗じたものが，高さHにおける設計風速U_Hとなる。この設計風速U_Hから速度圧q_Hが式（4）で求められ，風荷重評価の出発点となる。

$$q_H=\frac{1}{2}\rho U_H^2 \quad (4)$$

ここで，ρは空気密度である。

これまでの説明で明らかなように，E_rで評価される風速は10分間平均風速であるので，速度圧q_Hについても，10分間の平均的な値である。風速の変動や流れ場の影響で，瞬間的に大きな風圧力が作用したり，建築物自身の振動により瞬間的に大きな応力（荷重効果）を生じる影響については，ピーク風力係数や，ガスト影響係数で考慮されることになる。

（まつい　まさひろ）

【参考文献】
1）日本建築学会：建築物荷重指針・同解説，図A6.1.4，表A6.2，表A6.3，2015年

表2　地表面粗度区分

地表面粗度区分		建設地および風上側地域の地表面の状況
滑	Ⅰ	海面または湖面のような，ほとんど障害物のない地域
↑	Ⅱ	田園地帯や草原のような農作物程度の障害物がある地域，樹木・低層建築物などが散在している地域
	Ⅲ	樹木・低層建築物が多数存在する地域，あるいは中層建築物（4～9階）が散在している地域
↓	Ⅳ	中層建築物（4～9階）が主となる市街地
粗	Ⅴ	高層建築物（10階以上）が密集する市街地

吉田昭仁
東京工芸大学教授

閉鎖型および開放型建築物のC_{pe}

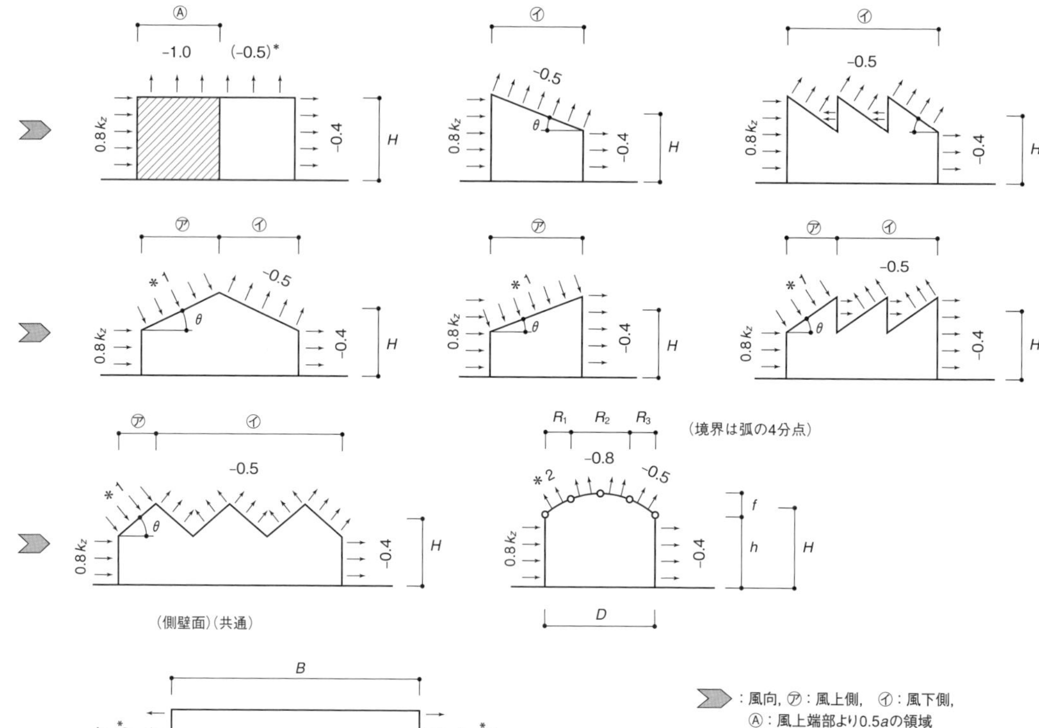

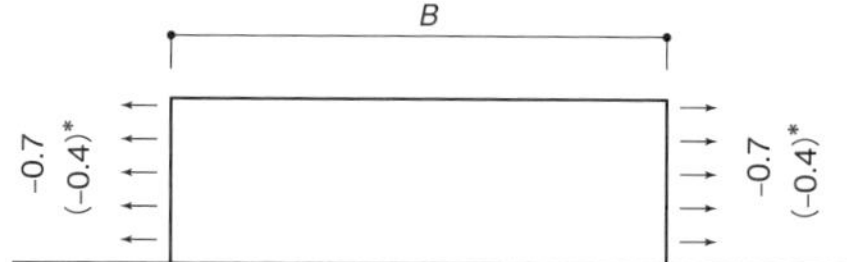

① 閉鎖型（張間方向に風を受ける場合）

：風向，㋐：風上側，㋑：風下側，
Ⓐ：風上端部より0.5aの領域
H：建築物の高さと軒の高さとの平均（m）
Z：当該部分の地盤面からの高さ（m）
B：風向に対する見付幅（m）
D：風向に対する奥行（m）
a：BとHの2倍の数値のうちいずれか小さい数値
h：建築物の軒の高さ（m）
f：建築物の高さと軒の高さとの差（m）
＊1：表1による
＊部の数値はⒶのC_{pe}値（その他の領域のC_{pe}値）を示す

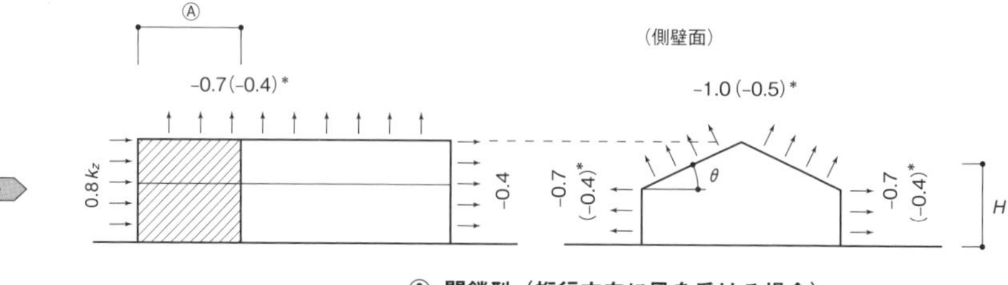

② 閉鎖型（桁行方向に風を受ける場合）

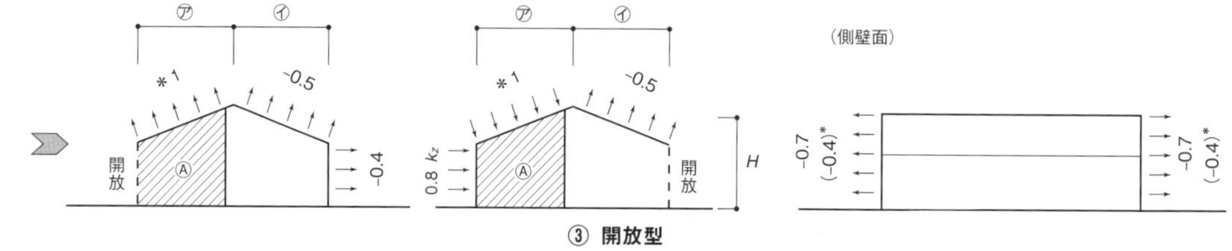

③ 開放型

図1　閉鎖型および開放型建築物のC_{pe}[1)]

建築物の耐風設計を行う際には，構造骨組用の風荷重の算定だけでなく，外装材用風荷重の算定も行う必要がある。

例えば，日本建築学会『建築物荷重指針・同解説』[2]（以下，荷重指針）に示される構造骨組用風荷重の算定方法は，以下に示すように，水平風荷重W_Dと屋根風荷重W_Rに分けられる。

$$W_D = q_H C_D G_D A$$

$$W_R = q_H C_R A_R \pm W_R'$$

ここで，q_Hは速度圧で，G_Dはガスト影響係数で，W_R'は変動屋根荷重である。

また，外装材用風荷重W_cは，下式のとおり，ピーク風力係数$\hat{C}_c$に，速度圧q_Hおよび外装材の受圧面積A_cを乗じることで算定できる。

$$W_c = q_H \hat{C}_c A_c$$

これらの風荷重の算定に必要不可欠なのが，風力係数（C_D，C_Rおよび$\hat{C}_c$）である。

屋根面や壁面の風力係数（C_Rあるいは$\hat{C}_c$）は，外圧係数C_{pe}と内圧係数C_{pi}の差であり，建物全体の水平風荷重のための風力係数C_Dは，風上壁面の外圧係数と風下壁面の外圧係数の差である。

外圧係数などは，対象建物の形状によって変化するため，建築基準法や荷重指針などの基規準類では，さまざまな形状の構造物の外圧係数が与えられている。しかしながら，建築物の形状，寸法は無限に考えられるため，すべてについて規定することは不可能で，代表的な形状のみについて与えられている。その他の形状については，風洞実験で得ることを原則としている。

図1は，建設省告示第1454号に示されている閉鎖型および開放型建築物の外圧係数C_{pe}である。外圧係数は，対象建物の屋根勾配や対象部位などによって，異なった値が与えられている。外圧係数の符号は，正が建物表面を押す圧力（正圧），負が建物表面を引く圧力（負圧）を示している。

外圧係数C_{pe}に速度圧を乗じることで，設計者が対象とする風速に応じた風圧力pを算定することが可能である。トラス鉄塔などでは，対象部位の高さごとの速度圧q_Zを用いるが，一般には建物頂部（屋根平均高さ）における一定の速度圧q_Hを用いる。

$$p = C_{pe} q_H$$

図1を見ると，風上側の外圧係数は$0.8k_z$として規定されている。ここで，k_zは高さ方向分布係数であり，下式のとおり，対象とする構造物周辺の地表面粗度区分ごとに定められる，接近流のべき指数αと内部境界層高さZ_bを用いて定義されている。

表1　切妻屋根面，片流れ屋根面およびのこぎり屋根面のC_{pe}（風上面）

部位（風上面㋐）	風上面（ア）	
	正の係数	負の係数
$\theta < 10°$	−	−1.0
$\theta = 10°$	0	−1.0
$\theta = 30°$	0.2	−0.3
$\theta = 45°$	0.4	0
$\theta = 90°$	0.8	−

注1）この表のθの数値以外のθのC_{pe}は直線的に補間して求める
2）$\theta < 10°$（正の係数），$\theta > 45°$（負の係数）の計算は省略可

$$k_z = 1.0 \quad (H \leqq Z_b)$$

$$k_z = \left(\frac{Z_b}{H}\right)^{2\alpha} \quad (H > Z_b)$$

（$Z \leqq Z_b$の場合は$Z = Z_b$とする）

陸屋根の屋根面の外圧係数は全面負圧であり，特に風上側で負圧の絶対値が大きく，風下側では小さくなっている。これは，風上軒先から剥離した流れによるものである。屋根面だけでなく，側面においても同様の傾向となり，側面の外圧係数は，風上側では-0.7，風下側では-0.4となっている。

切妻屋根，片流れ屋根，のこぎり屋根の屋根面に作用する外圧係数は，屋根勾配θによって変化する。風上側屋根面が正の勾配θをもつ場合（図中の㋐）には正圧となることがあり，負勾配の場合（図中の㋑）には負圧となる。**表1**は，風上面（図中の㋐）の外圧係数である。この表に示された数値以外のθの外圧係数は直線補間して求める。また，円弧屋根面の外圧係数はライズスパン比（f/D）によって，部位別（R_1，R_2，R_3）に正および負の係数が定められている。

図1の③の開放型建築物の外圧係数C_{pe}は，閉鎖型建築物の外圧係数と同じ値として定められているが，内圧係数C_{pi}は閉鎖型建築物では0もしくは-0.2であるのに対し，開放型建築物では風上開放の場合$C_{pi} = 0.6$，風下開放の場合$C_{pi} = -0.4$となり，室内圧が正圧になる場合があることに注意が必要である。

通常の建築物に関しては，基規準類に定められた外圧係数を用いることで，構造骨組用風荷重や外装材用風荷重を算定することができる。しかし，前述したとおり複雑な形状の建築物や，隣接建物や地形の影響を考慮する場合には，風洞実験を行わなければならない。その必要性も含めて，専門家の意見を聞くことが望ましい。

（よしだ　あきひと）

【参考文献】

1）2015年版建築物の構造関係技術基準解説書，2015年
2）日本建築学会：建築物荷重指針・同解説（2015），2015年

田村幸雄
東京工芸大学名誉教授

円形断面柱の「風力係数C_D―レイノルズ数R_e」の関係

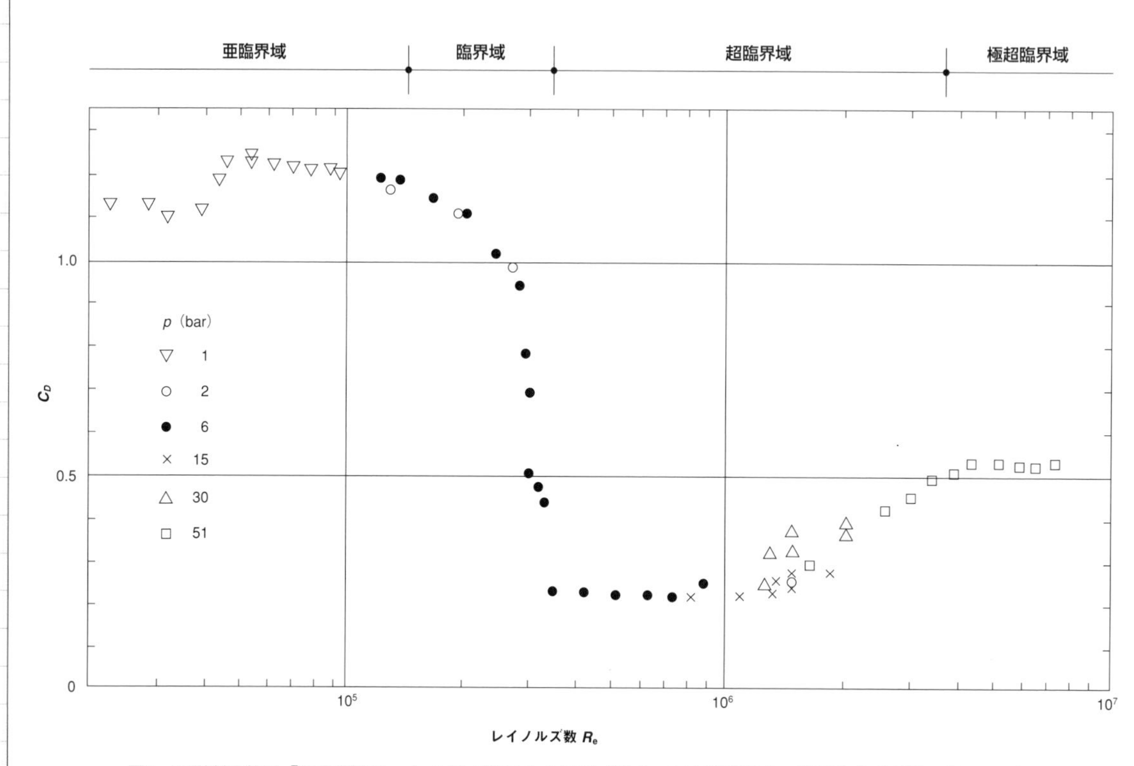

図1　円形断面柱の「風力係数C_D―レイノルズ数R_e」の関係（出典　日本建築学会：建築物荷重指針，図A6.2.4）

⦿風力係数とレイノルズ数

図1は，2次元円柱の風方向の風力係数，つまり抗力係数C_D（drag coefficient）のレイノルズ数R_eによる変化である。

縦軸の抗力係数C_Dは，円柱に作用する抗力F（N）を式（1）のように無次元化したものである。

$$C_D = F/\{(1/2)\rho U^2 DL\} \tag{1}$$

ここに，D（m）は円柱の直径，L（m）は長さ，U（m/s）は一様な流速であり，ρは空気密度（$\approx 1.2\text{kg/m}^3$）である。図1の横軸は，レイノルズ数R_eであり，

$$R_e = \rho UD/\mu = UD/\nu \quad (2)$$

と定義される。

ここに，

μ：粘性係数

$\nu(=\mu/\rho)$：動粘性係数

である。空気の場合，動粘性係数は温度15℃で，$\nu = 0.145\times10^{-4}$（m^2/s）であるので，レイノルズ数R_eは，

$$R_e \approx 7UD\times10^4 \quad (3)$$

と近似できる。

⦿レイノルズ数の領域

図1では，横軸のレイノルズ数R_eを，亜臨界域，臨界域，超臨界域，極超臨界域に分類している。抗力係数の値は，亜臨界域での$C_D = 1.2$から，超臨界域での$C_D = 0.2$に急変している。急変するレイノルズ数（$\approx 3\times10^5$）を臨界レイノルズ数R_{cr}と呼び，この前後では実に奇妙なことが起きる。

例えば，直径$D = 0.15\text{m}$，長さ$L = 1\text{m}$の円柱が，風速$U = 20\text{m/s}$の風を受けている場合，レイノルズ数は式（3）より$R_e = 2.1\times10^5$であり，図1より抗力係数は$C_D = 1.1$となる。したがって，抗力Fは，

$$F = (1/2)\rho U^2 C_D DL$$
$$= (1/2)\times1.2\times20^2\times1.1\times0.15\times1 \approx 40\text{N}$$

と計算される。

ここで，風速を2倍の$U = 40\text{m/s}$に増加すると，レイノルズ数R_eは4.2×105であり，抗力係数は$C_D = 0.2$となる。円柱の抗力Fは，

$$F = (1/2)\rho U^2 C_D DL$$
$$= (1/2)\times1.2\times40^2\times0.2\times0.15\times1 \approx 29\text{N}$$

と計算され，風速が2倍になったのに，抗力は逆に低下してしまう。いわゆるdrag crisisである。

円柱の抗力には，レイノルズ数のみならず，気流の乱れ，円柱表面の粗さ，マッハ数なども影響する。気流の乱れや円柱表面の粗さが増すと，臨界レイノルズ数R_{cr}は，低レイノルズ数側にシフトする。ゴルフボール表面のディンプルは，まさにこの効果により，抗力低下を狙ったものである。

抗力のレイノルズ数による変化は，円柱表面に生成されている境界層，これに起因する流れの剥離，剥離したせん断層の挙動などとの関連で説明できるが，その詳細は，実務者にとってあまり重要ではないので省略する。ところで，亜臨界域および極超臨界域では，剥離した流れが組織的で周期的な渦に巻き込み，いわゆるカルマン渦を形成する。この周期的な渦放出が，細長い部材，煙突などの塔状構造物，超高層建築物などの風直交方向振動の原因となる。

耐風設計で対象とする鋼管など部材のレイノルズ数は10^5～10^6，建物規模のレイノルズ数は10^7～10^8のオーダーとなる。通常の風洞実験では，一般に1/200～1/500の縮尺模型を用いることが多く，高層建物などの風洞模型のサイズは数十cmである。したがって，実験は亜臨界域から超臨界域で行われ，実物のレイノルズ数領域とは大きく異なる。表面が曲面をもつ建築物などでは，円柱と同じように，レイノルズ数によって流れの剥離位置が変化し，その影響を無視できない。このような場合は，表面に意図的に粗さを付けたり，気流の乱れの強さを大きくするなどの工夫をして，レイノルズ数の影響を擬似的に検討する。しかし，長方形断面の高層建物などの場合は，流れの剥離位置が隅角部に固定されて変化しないので，レイノルズ数の影響はほとんど無視できる。

⦿歴史的な実験

図1の実験は，ドイツ航空宇宙研究所DFVLR・空気力学研究所AVAのGünter Scheweが行い，1983年に発表したものである。

彼が実験をしていた当時，たまたま彼の研究室を訪ねる機会があった。風洞の断面は0.6m角と小さいが，風洞内気圧をほぼ100気圧まで上げられる，特殊な高圧回流式風洞であった。高圧化によって空気密度を大きく（動粘性係数νを小さく）し，高レイノルズ数を実現しており，図1に示されている6種類のプロットは気圧の違いである。実験気流は，乱れの強さが0.4％以下の一様流である。模型は，直径$D = 0.06\text{m}$，長さ$L = 0.6\text{m}$で，表面処理を肌理細かく施したステンレス製の真円柱で，鏡のように磨きあげられていた。模型に指紋が付くのを避けるため，素手では絶対に触らないなど，すべてに細心の注意を払っていたのが，強く印象に残っている。

図1の全ケースの実験を，風速と気圧のみ変化させ，セットアップをまったく変えずに行い，それまで多くの研究者によってばらついていた結果に，決着をつけた形となった。歴史的成果といえよう。

⦿実務での役立て方

風荷重に関連する規基準類で，鋼管部材や円柱状建物などの風力係数C_Dとして，設計風速Uと直径Dとの積UDに応じて異なる値が与えられている場合がある。これは式(3)にあるようにレイノルズ数R_eが積UDに比例しており，対応して図1のように風力係数C_Dが大きく変化するからである。曲面をもつ屋根や壁面の外圧係数に関しても同様の現象があり，この図の意味を理解しておくと便利である。

（たむら　ゆきお）

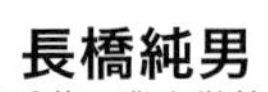

06

長橋純男
元千葉工業大学教授

各種地震動の擬似速度応答スペクトルの比較

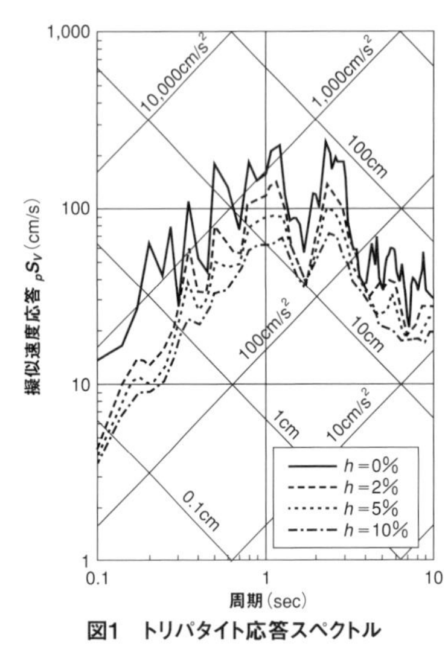

図1　トリパタイト応答スペクトル

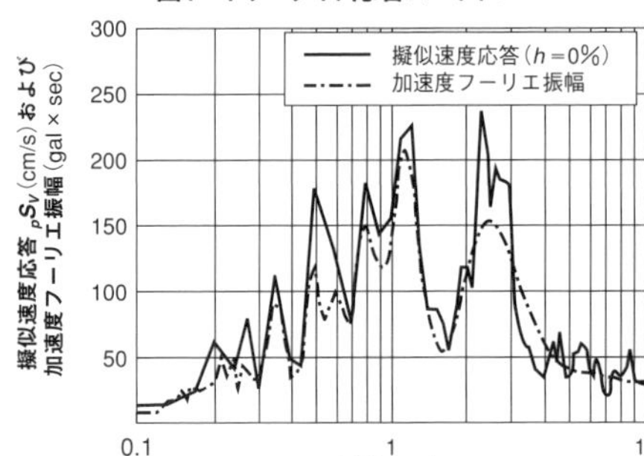

図2　擬似速度応答スペクトルとフーリエスペクトル

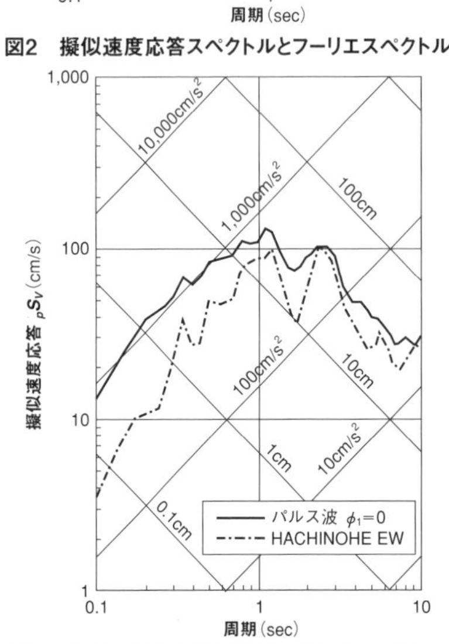

図3　位相特性の差異と擬似速度応答スペクトル

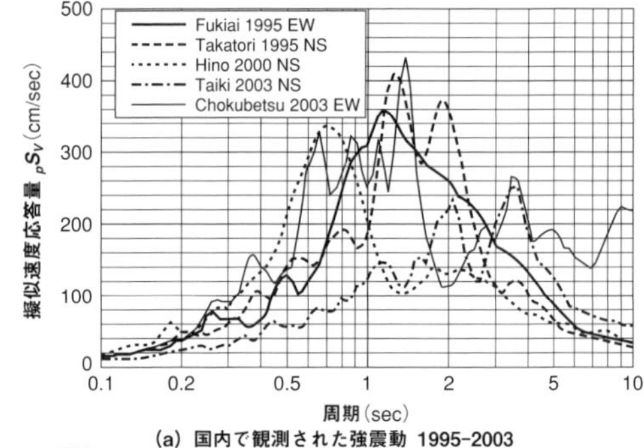

(a)　国内で観測された強震動 1995-2003

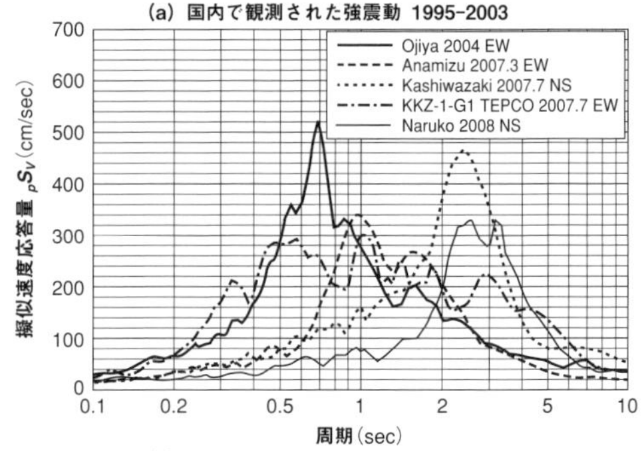

(b)　国内で観測された強震動 2004-2008

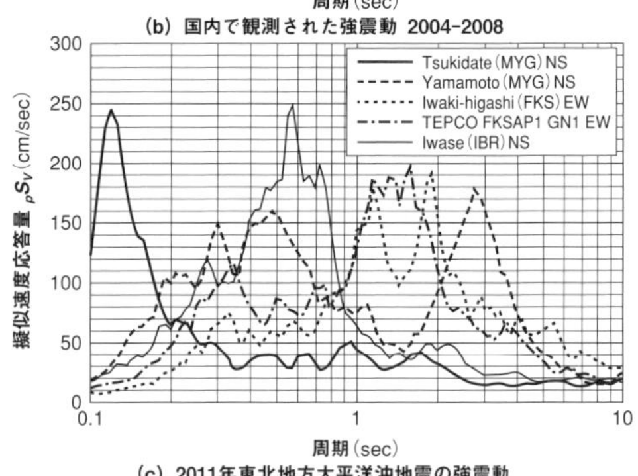

(c)　2011年東北地方太平洋沖地震の強震動

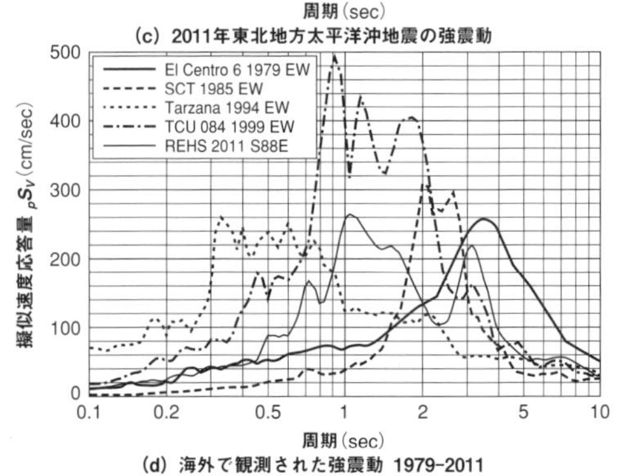

(d)　海外で観測された強震動 1979-2011

図4　近年国内外で観測された強震動の擬似速度応答スペクトル比較 h=5%

⦿実務での役立て方

応答スペクトルは1質点系の地震応答量であるが，加速度応答スペクトルS_aの重力加速度に対する割合はその1質点系と同一の1次固有周期を有する重層建築物の応答ベースシア係数と同程度であり，その地震動に対する設計用ベースシア係数を設定するうえで，基本的な参照値として活用することができるものである。

⦿はじめに

地震動の周期特性を表現する方法として，フーリエ級数展開がある。

$$y_0(t) = \sum_{k=0}^{N/2} A_k \cos(\omega_k t + \phi_k) \tag{1}$$

ここで，データ個数Nの時刻歴（データ間隔Δt）について，A_kは円振動数ω_k（$=2\pi k/N\Delta t$）成分の振幅，ϕ_kはその位相角である（周期成分は$T=N\Delta t$～$2\Delta t$の$N/2$個）。つまり，不規則地動のどの周期成分が支配的なものであるかを知れる。しかしながら，このような不規則地動の作用によって，構造物がどの程度の振動応答をするのかを定量的に表すものではない。応答スペクトルは，フーリエ振幅A_kをスペクトル表示したフーリエスペクトルと同様に，不規則地動の周期特性を示すものであることに加え，構造物の振動応答の大きさを表す，工学的に有用な方法である。

⦿応答スペクトル

最も基本的な振動系モデルは，構造物の全重量を一つの質点に集中させる1質点系であるが，不規則な地動加速度$\ddot{y}_0(t)$が作用した場合の質点の応答相対変位$y(t)$は式（2）のDuhamel積分で表される。

$$y(t) = -\frac{1}{\omega_d}\int_0^t \ddot{y}_0(\tau)e^{-h\omega(t-\tau)}\sin\omega_d(t-\tau)\,d\tau \tag{2}$$

ここで，ω_dは構造物の減衰固有円振動数（$=2\pi/T$，Tは固有周期），hは減衰定数である。同様にして，Duhamel積分により応答相対速度も応答絶対加速度も求められるが，それらの式の類似性と，建築物の減衰定数は$h=0.01$～0.10程度と小さな値であることを考慮すると，応答相対変位$\dot{y}(t)$の絶対値の最大値S_Dと，応答相対速度$y(t)$の絶対値の最大値S_V，および応答絶対加速度$\{\ddot{y}_0(t)+\ddot{y}(t)\}$の絶対値の最大値$S_A$との間には，質点系の非減衰固有円振動数$\omega$を介して近似的に式（3）が成り立つ。

$$S_V \fallingdotseq \omega S_D,\quad S_A \fallingdotseq \omega^2 S_D \tag{3}$$

そこで，この式（3）のωS_Dによって得られる値を，S_Vの真の値と区別して，擬似（pseudo）速度応答量と呼び，${}_pS_V$と表す。この${}_pS_V$を，図1のように3方向対数座標上に表示（トリパタイト応答スペクトル）すれば，三つの応答スペクトルとして用いることができること（45°反時計回りの座標軸はS_A，鉛直軸は${}_pS_V$，45°時計回りはS_D），また${}_pS_V$は広い周期帯域において，概してフラットに近いスペクトル性状を示すことも加わって，地震動特性の表示にはこの${}_pS_V$が汎用されている。以下，この${}_pS_V$の諸性質と，既往の観測された強震動記録について，そのスペクトル特性を比較する。

⦿擬似速度応答スペクトル${}_pS_V$の諸性質

図1は，1968年十勝沖地震により八戸港で観測されたSMAC記録のEW成分について，$h=0$，0.02，0.05，0.10の${}_pS_V$を比較したものである。一般にhが増大すると，スペクトル形状は平滑化され，応答量は減少する。したがって，耐震設計における減衰定数の設定は，地震応答解析結果に大きな影響をもたらす。

図2は同じ地震動について，非減衰（$h=0$）の${}_pS_V$を加速度フーリエスペクトル（フーリエ振幅A_kに，データ長さT_d（$=N\Delta t$）の1/2を乗じ，Parzen Windowによる平滑化をしている）と比較したものであるが，両者は類似したスペクトルとなることが知られている[1]。

図3は，Hachinohe 1968 EW（$A_{max}=183\text{cm/s}^2$）について，各周期成分のフーリエ振幅は観測記録と同一のパルス波（すべての成分の$\Delta\phi_k=\phi_{k+1}-\phi_k$を同一にして作成，$A_{max}=450\text{cm/s}^2$）[2]の${}_pS_V$を観測波のそれと比較したものであるが，位相特性の差異は応答量に少なからざる影響を及ぼしている。設計用模擬地震動の作成にあたっては，位相特性の設定に相応の判断が必要である。

⦿観測強震動の擬似速度応答スペクトル比較

そこで，**図4**の（a）～（d）に，1995年兵庫県南部地震以降に国内で観測された強震動記録，および1979年以降に海外で観測された強震動記録について，${}_pS_V$を比較例示した。地震動の周期特性は，震源から放出される地震波の特性や，震源から観測点までの波動伝播特性，加えて，同一地震により観測された強震動のスペクトルを比較した図4（c）からも知れるように，深部基盤構造も含めた地盤の増幅特性による影響が大きく，したがって，地表における強震動の特性はそれぞれに多様な性状を有することとなる。また，図4に例示した${}_pS_V$は，高層建築物や免震建築物等の耐震設計で時刻歴応答解析に用いる「極く稀に発生する地震動」のスペクトルレベル（包絡的にみて130～150cm/s程度）と比較して，かなり強い強震動が少なからず観測されていることを示している。

（ながはし　すみお）

【参考文献】

1）大崎順彦：新・地震動のスペクトル解析入門，鹿島出版会，1994年5月
2）山根尚志・長橋純男：位相差分特性を考慮した設計用模擬地震動作成に関する研究 その1，日本建築学会構造系論文集，2002年3月

07

長橋純男
元千葉工業大学教授

各種地震動のエネルギースペクトルの比較

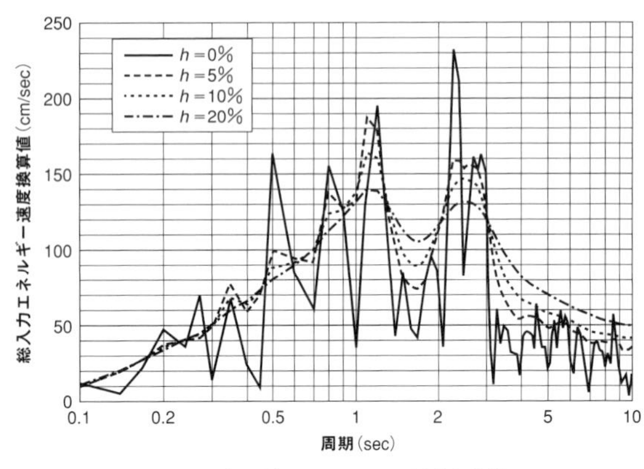

図1　エネルギースペクトルV_Eと減衰定数

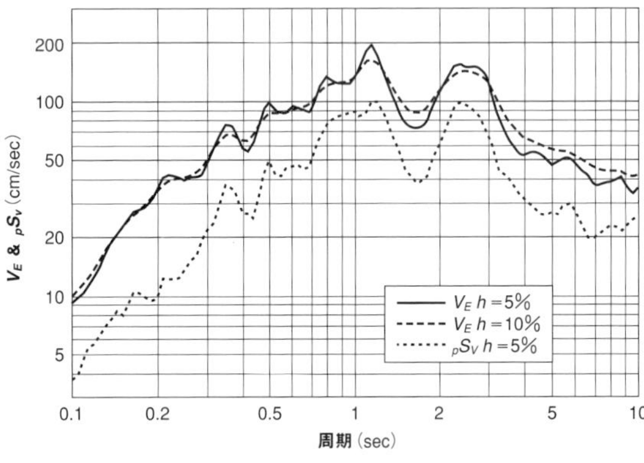

図2　エネルギースペクトルと擬似速度応答スペクトルの比較

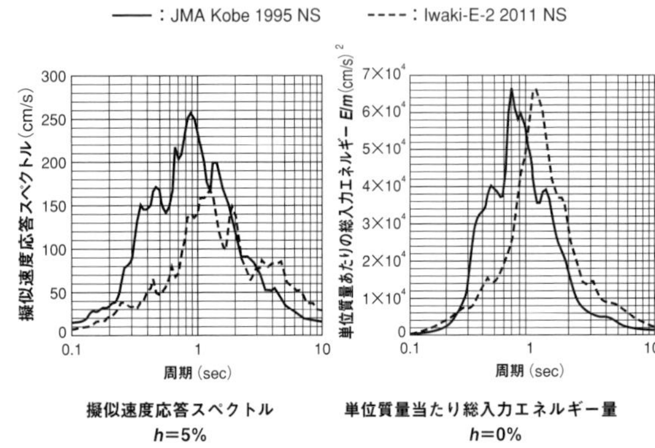

図3　擬似速度応答スペクトル$_pS_v$および
総入力エネルギー量Eによる「地震動強さ」の評価の比較

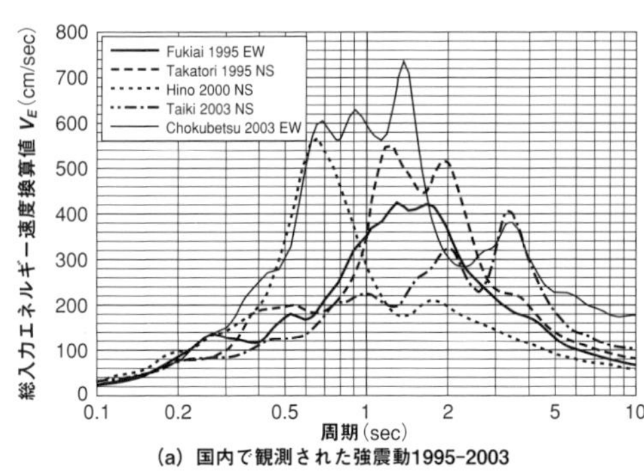

(a) 国内で観測された強震動1995-2003

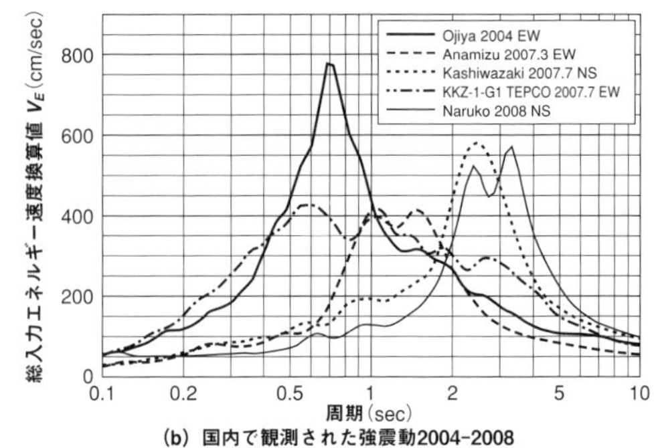

(b) 国内で観測された強震動2004-2008

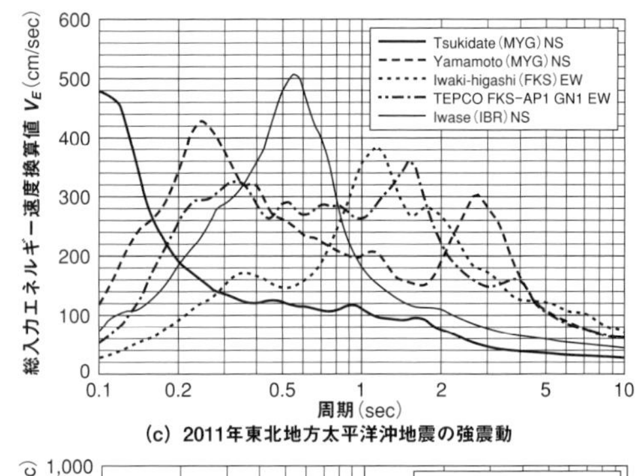

(c) 2011年東北地方太平洋沖地震の強震動

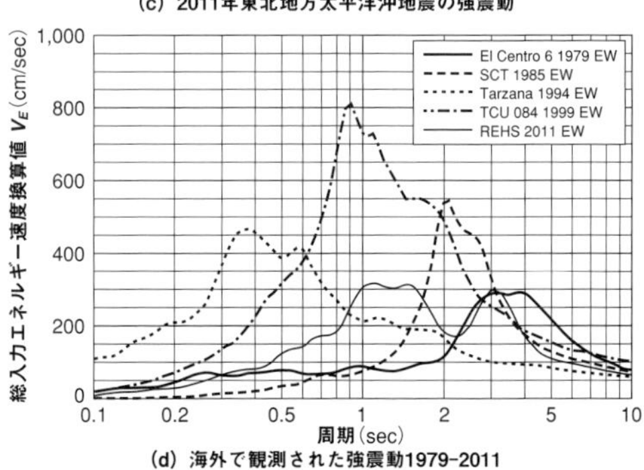

(d) 海外で観測された強震動1979-2011

図4　近年国内外で観測された強震動のエネルギースペクトル比較　h=10%

⦿実務での役立て方

建物の設計，とりわけ免震建物や制振建物の設計では，層せん断力，部材応力，変形，層間変形角，床加速度応答量などの諸量に加えて，各免震部材・制振部材のエネルギー吸収量が定量評価されているが，建物に作用する地震動による入力エネルギー量の推定には，以下に述べるエネルギースペクトル値を活用することができる。

⦿エネルギースペクトルとは

構造物を模した最も基本的な振動系の1質点系の基部に，地動が作用した場合の振動方程式は式（1）で表される。ここで，$\ddot{y}_0$は地動加速度，yは質点の応答相対変位，mは質点の質量，Cは減衰係数，$F(y)$は系の復元力である。この両辺に微小変位dy（$=\dot{y}dt$）を乗じて，時刻$t=0$からt_0まで積分すると，式（2）となる。

$$m\ddot{y}(t)+C\dot{y}(t)+F(y(t))=-m\ddot{y}_0(t) \quad (1)$$

$$\int_0^{t_0} m\ddot{y}\dot{y}dt+\int_0^{t_0} C\dot{y}^2dt+\int_0^{t_0} F(y)\dot{y}dt=-\int_0^{t_0} m\ddot{y}_0\dot{y}dt \quad (2)$$

式（2）の左辺第1項は弾性振動エネルギー，第2項は減衰により消費されるエネルギー，第3項は累積塑性ひずみエネルギーであり，右辺は地動による1質点系への総入力エネルギーEである。そこで，弾性系の場合（$F(y)=ky$）のEを用いて，式（3）で定義されるV_Eを総入力エネルギー速度換算値という。

$$V_E=\sqrt{2E/m} \quad (3)$$

このV_Eを，応答スペクトルと同様に，スペクトル表示したものがエネルギースペクトルである[1)]。

⦿エネルギースペクトルV_Eの基本的な性質

図1は，1968年十勝沖地震により八戸港湾で観測されたSMAC記録のEW成分について，エネルギースペクトルV_Eの減衰定数hによる影響をみたものである。30頁の図1に示したように，応答スペクトルではhの影響を相当に受け，hの増大とともに応答量は一般に減少する。しかしながら，V_Eは図1に示すようにhの影響は比較的少なく，hが大きいほど総入力エネルギーが小さくなるわけでは必ずしもない。いずれにせよ，hが増大すると，V_Eのスペクトル形状は擬似速度応答スペクトルより以上に平滑化される。なお，通常のV_Eとしては，$h=10\%$に対するものが汎用されている。

図2は，V_E（$h=5\%$，10%）を擬似速度応答スペクトル$_pS_V$（$h=5\%$）と比較したものである。スペクトル値は，概してV_E（$h=5\%$と10%では余り差異はない）の方が$_pS_V$よりも1.5～2倍程度大きいが，スペクトル形状はおおよそ類似の周期特性を示している。このことは，速度応答スペクトルの工学的意義を構造物への入力エネルギー量との関連で付与したものといえよう。

なお，地震動のフーリエ振幅特性が同一であっても，フーリエ位相特性が相違すると，応答スペクトルには少なからざる影響があることは30頁の図3に示したとおりである。同じくHachinohe 1968 EWの観測原波とパルス波とのエネルギースペクトルを比較すると，両者の加速度時刻歴のA_{max}には約2.5倍の差があるにもかかわらず，フーリエ振幅が同一であればフーリエ位相特性の差異による影響はほとんどなく，無視できる程度であることが確認されている[2)]。

⦿エネルギースペクトルの工学的意義

以上のとおり，構造物への総入力エネルギーは構造物の減衰定数による影響が少なく，また応答スペクトルに比べ，より平滑化されたスペクトル形状を示すものである。したがって，構造物の動的特性の影響が比較的少ない，入力地震動固有の特性を表す物理量として量的に安定した，工学的に有用な「構造物に対する地震動強さ」の評価尺度とみなすことができる。36頁において，地震動強さの尺度に，このV_E値を用いる所以である。

図3は，主要動が数分間も継続した2011年東北地方太平洋沖地震（$M_W=9.0$）による福島県いわき東観測点（FKSH14）のKiK-net記録と，主要動は10秒間前後と短い1995年兵庫県南部地震（$M=7.3$）による神戸海洋気象台の87型電磁式強震計記録について，図3左は擬似速度応答スペクトルによって，また図3右は，単位質量当たりの総入力エネルギーE/mによって，それぞれ地震動の強さを比較したものである。総入力エネルギーEには，約1秒前後の周期帯から主要動継続時間の長さによる影響の差異が顕著に見られるようになる。このように，エネルギースペクトルは，「最大応答量」に基づく応答スペクトルによる地震動強さの評価とは異なった，「全継続時間による累積値」に基づく強震動の破壊力ポテンシャルの評価を可能とするものであり，この点もV_Eの工学的意義の一つに加えることができよう。

結びとして，30頁（No. 6）と同じく，国内外で近年観測された強震動記録のエネルギースペクトル（$h=10\%$）を，**図4**に比較例示した。V_Eによって，構造物に対する強震動の破壊力を評価する場合でも，「極く稀に発生する地震動」のレベル（スペクトルレベルを包絡的にみて$V_E \fallingdotseq 200$ cm/s程度）よりも遥かに強い強震動が少なからず観測されていることが知れよう。　　　　（ながはし　すみお）

【参考文献】

1）秋山宏：エネルギーの釣合に基づく建築物の耐震設計，技報堂出版，1999年11月
2）山根尚志・長橋純男：位相差分特性を考慮した設計用模擬地震動作成に関する研究　その1，日本建築学会構造系論文集，2002年3月

08

石山祐二
北海道大学名誉教授

耐震設計に用いる種々のスペクトル

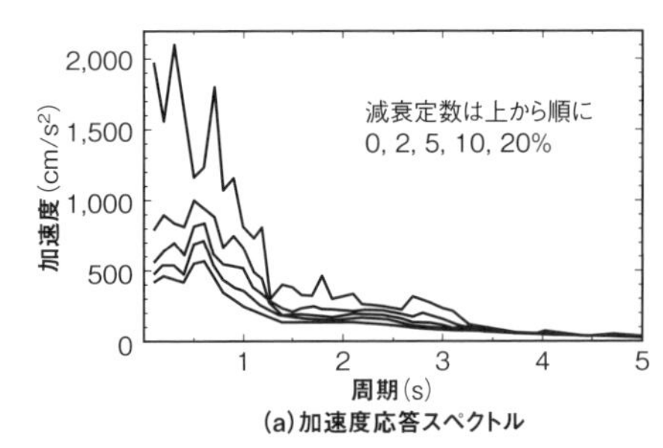

(a) 加速度応答スペクトル

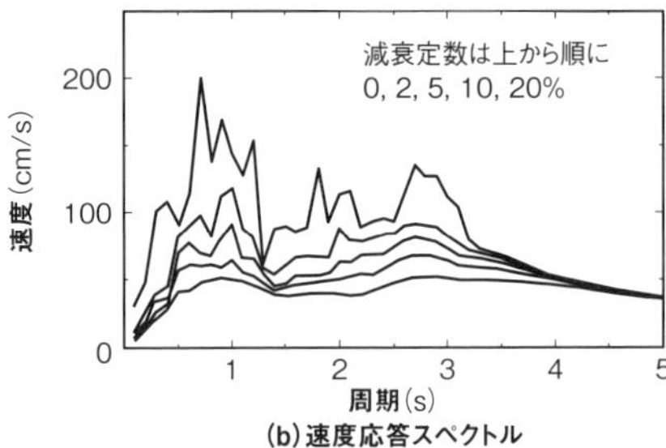

(b) 速度応答スペクトル

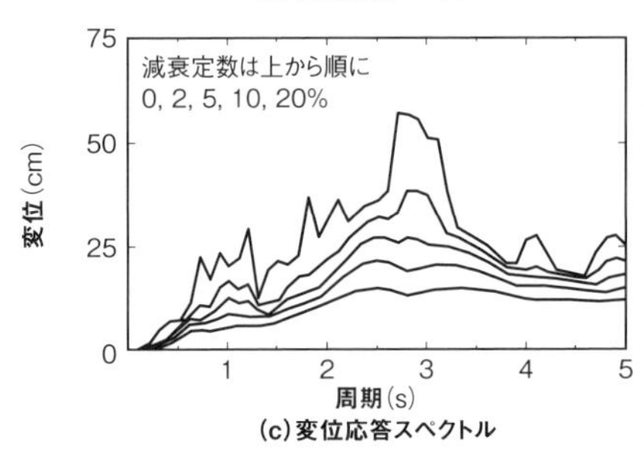

(c) 変位応答スペクトル

図1　応答スペクトルの例（エルセントロ1940NS）

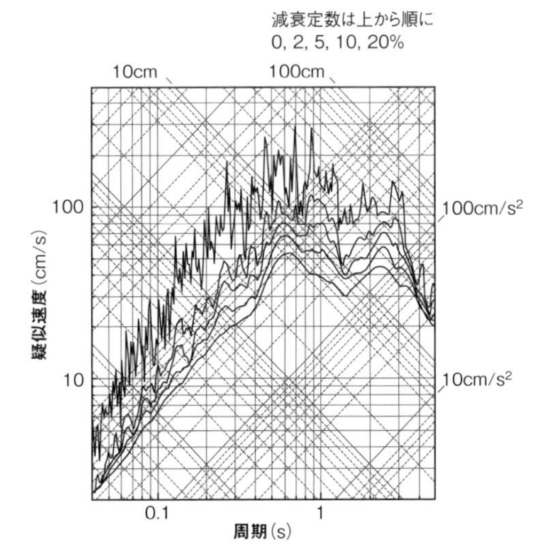

図2　トリパータイト応答スペクトル（エルセントロ1940NS）

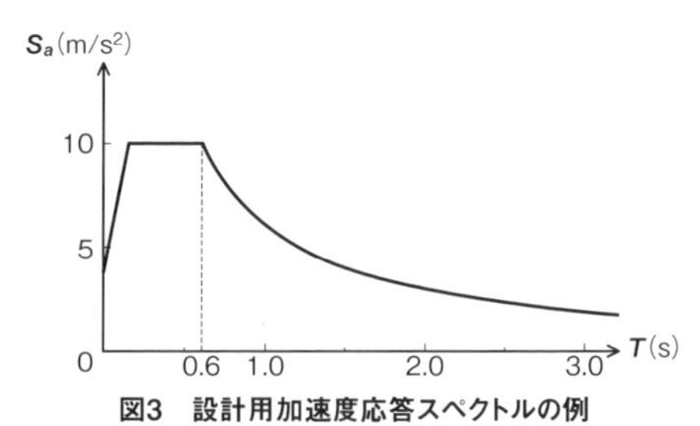

図3　設計用加速度応答スペクトルの例

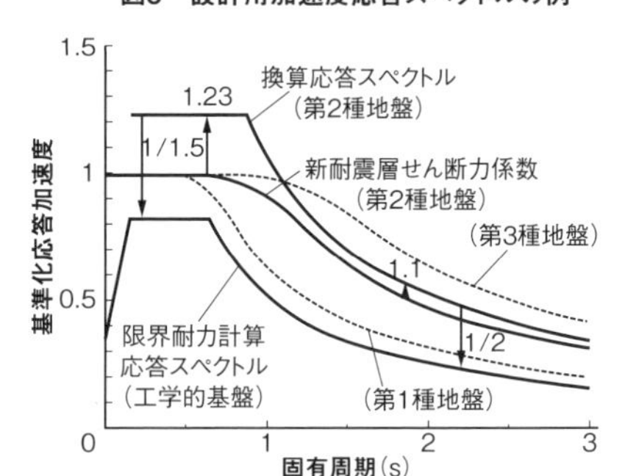

図4　新耐震と限界耐力計算のスペクトル

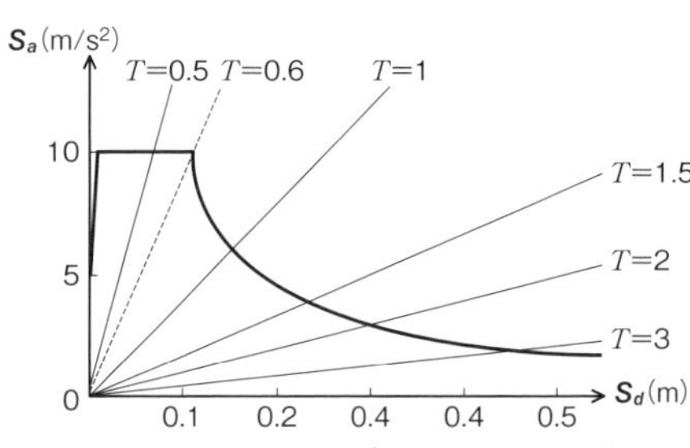

図5　要求スペクトル（図3を変換したもの）

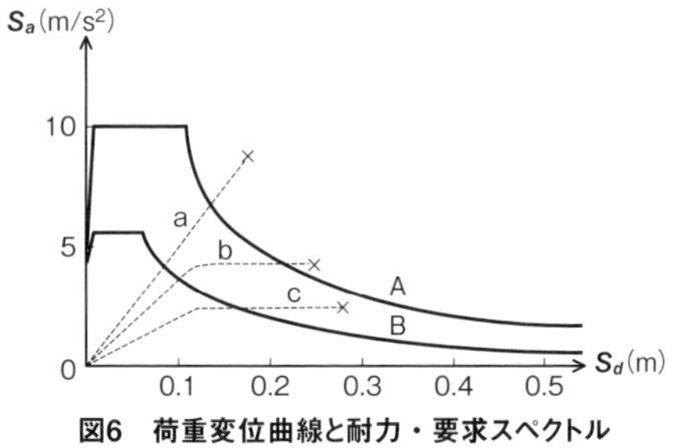

図6　荷重変位曲線と耐力・要求スペクトル

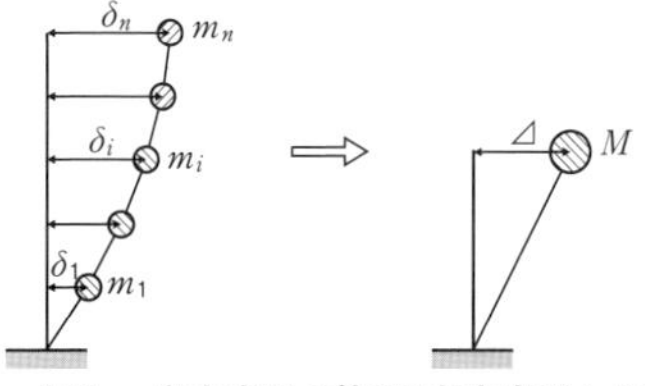

図7　n自由度系の等価1自由度系への縮約

⦿実務での役立て方

地震工学では応答スペクトル（**図1，2**）がよく用いられ，加速度に質量を乗ずると地震力が得られるため耐震設計には加速度応答スペクトル（図1（a），**図3**）を用いることが多い。近年，縦軸を加速度，横軸を変位として，応答スペクトルを描くことがあり，これを要求スペクトル（**図5**）という。要求スペクトルと構造物の荷重変位曲線とを重ね合わせて描き（**図6**），耐震性を検証する手法として用いられ，これを「耐力スペクトル法」という。

⦿応答スペクトル

応答スペクトルとは，地震動の構造物への影響を表すために，構造物を1自由度系にモデル化し，横軸に構造物の固有周期（固有振動数の場合もある），縦軸に応答値を示したものである。応答値によって図1の（a）加速度応答スペクトル，（b）速度応答スペクトル，（c）変位応答スペクトルがある。数本の折れ線が描かれているのは，応答値が構造物の減衰定数によって異なるからである。

地震動によって，構造物が応答し，その応答が最大となる時間帯での応答は単純調和運動（sinまたはcos）で近似できる。よって，ωを円振動数とすると，加速度応答S_a，速度応答S_v，変位応答S_dの間には，次の関係がある。

$$S_a = \omega S_v = \omega^2 S_d \qquad (1)$$

この関係から横軸の固有周期を対数目盛，縦軸も対数目盛として速度応答値を描くと，変位応答と加速度応答は斜め45°方向の目盛りから読み取ることができ，図2のトリパタイト応答スペクトルが得られる。

将来起こるであろう地震動を正確に評価することは難しいので，設計には一つの地震動ではなく多数のスペクトル（減衰定数5％とする場合が多い）を平均し，図3のような理想化した設計用スペクトルが通常用いられている。なお，スペクトルの縦軸と横軸の値は建設地の地震活動度や地盤状況などによって異なる。

⦿ベースシアスペクトルと限界耐力計算

振動特性係数R_tに標準せん断力係数C_0を乗じたものは，図3の設計用加速度応答スペクトルに類似しているが，ベースシア係数を表している。限界耐力計算では，**図4**のように応答スペクトルを第2種地盤のR_tC_0から導いている。

すなわち，ベースシア係数は多自由度系より1自由度系の方が大きく，加速度一定スペクトルの場合は1/0.816＝1.23倍，速度一定スペクトルの場合は1/0.900＝1.1倍となる。この関係を用いると図4の中の換算応答スペクトルが得られ，さらに表層地盤による応答倍率は，加速度一定領域では1.5倍，速度一定領域では2.0倍と仮定して，（換算応答スペクトルをそれらの値で除して）工学的基盤における応答スペクトルが導かれている。

⦿要求スペクトルと耐力スペクトル

式（1）の円振動数ωと周期Tの間には，$\omega = (2\pi/T)$ の関係があるので，次式が得られる。

$$S_a = (2\pi/T)^2 S_d \qquad (2)$$

上式よりTを一定とすると，S_aとS_dは比例関係にあるので，縦軸をS_aとし横軸をS_dとした図5において，原点ゼロから始まる放射状の直線は，ある一定のTを示すことになる。よって図3のスペクトを変換すると図5となり，これを要求スペクトル（demand spectrum）という。要求スペクトルは，応答スペクトルに比べ，特別な情報を有しているものではない。しかし，一般に荷重変位曲線は縦軸が荷重，横軸が変位なので，図6のように荷重変位曲線と要求スペクトルを重ね合わせて描くことができるという利点がある。

図6中のa，b，cは，各層の荷重変位曲線を**図7**に示す等価1自由度系に縮約した，異なる3棟の建築物の荷重変位曲線を示しており，これを耐力スペクトル（capacity spectrum）という。

図6中の耐力スペクトルaは要求スペクトルAを直線的に横切ってから（×で示される）崩壊に至るので，耐力スペクトルaで表される建築物は，要求スペクトルAで表される地震動に対して弾性限以内の挙動をすることになる。耐力スペクトルbで表される建築物は，塑性領域に入るが要求スペクトルAで表される地震動に耐えることができる。耐力スペクトルcで表される建築物は，要求スペクトルAを横切らないので，この地震動に耐えることができない（ただし，減衰定数によって要求スペクトルが変動するので，耐えることもあり得る）。要求スペクトルBで表される地震動に対しては，耐力スペクトルa，bで表される建築物は弾性限以内で耐えることができ，耐力スペクトルcで表される建築物は塑性領域に入るが耐えることができることになる。

以上のように，地震動の特性を表す要求スペクトルと建築物の特性表す耐力スペクトルを比較し耐震性を検証する方法を「耐力スペクトル法」(Capacity Spectrum Method）といい，限界耐力計算にも取り入れられている。しかし，建築物の特性を1自由度に縮約した耐力スペクトル，地震動の特性を要求スペクトルで表し，耐震性を検証する方法の妥当性については，地震被害調査を含む今後の調査研究が必要であろう。

（いしやま　ゆうじ）

【参考文献】

1）石山祐二：耐震規定と構造動力学，三和書籍，2008年

2）石山祐二：応答スペクトル法によるベースシヤ係数について，日本建築学会大会学術講演梗概集，1987年

3）Freeman, Sigmund A., “The Capacity Spectrum Method as a Tool for Seismic Design”, Wissensmanagement - WM, 1998

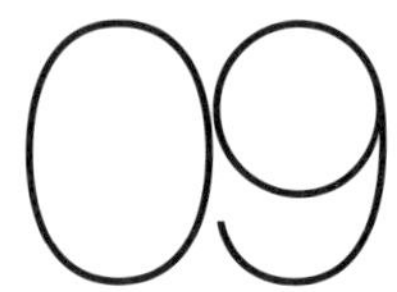

長橋純男
元千葉工業大学教授

周期および加速度と震度(理論値)の関係

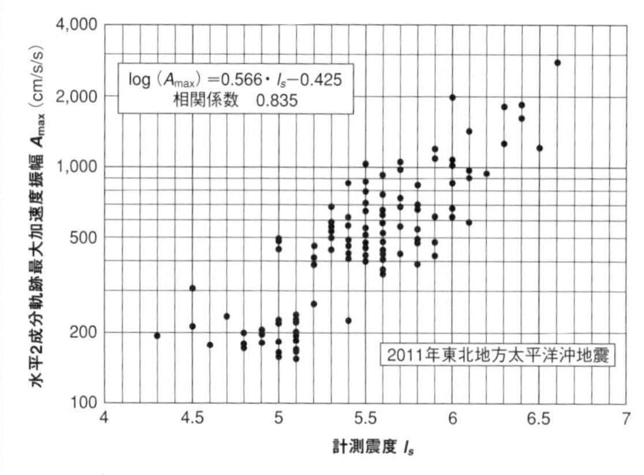

図1 計測震度と水平2成分最大加速度振幅の相関

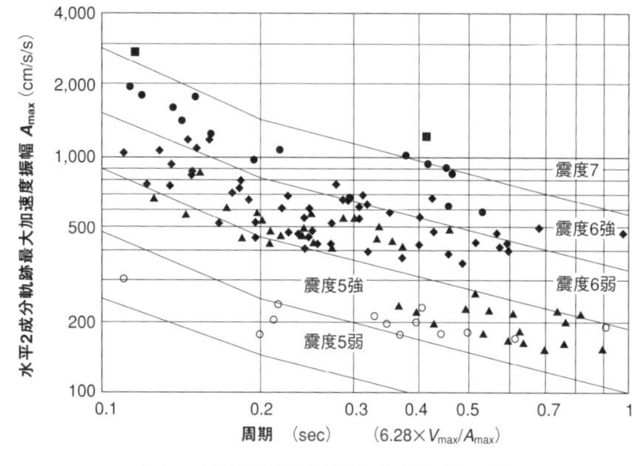

図2 地震動周期と水平2成分最大加速度

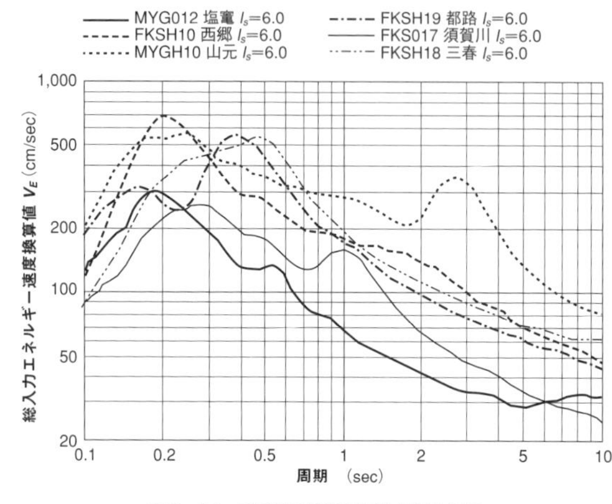

図3 同一計測震度の6観測点における強震動水平2成分エネルギースペクトル比較I_s=6.0

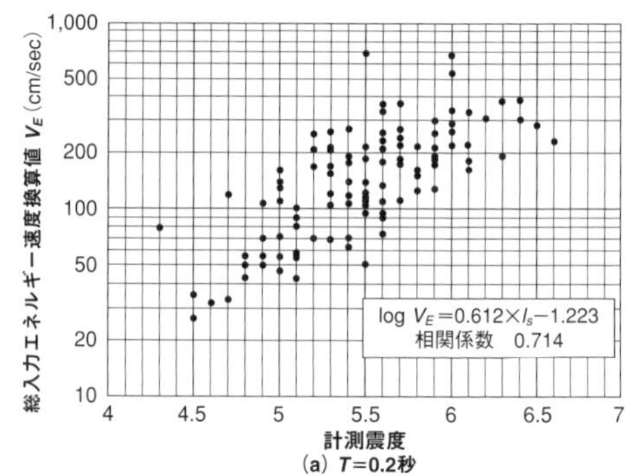

(a) T=0.2秒

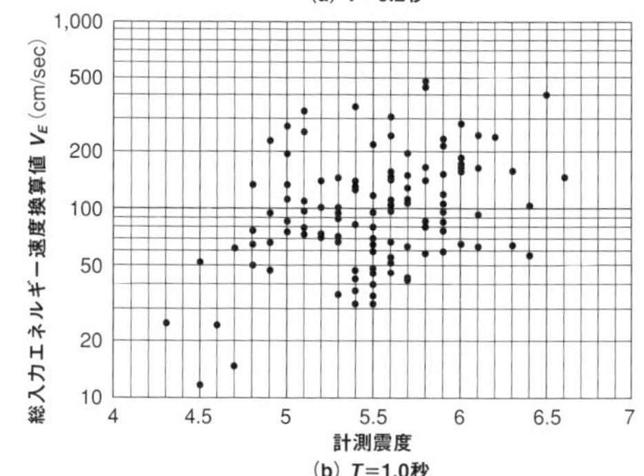

(b) T=1.0秒

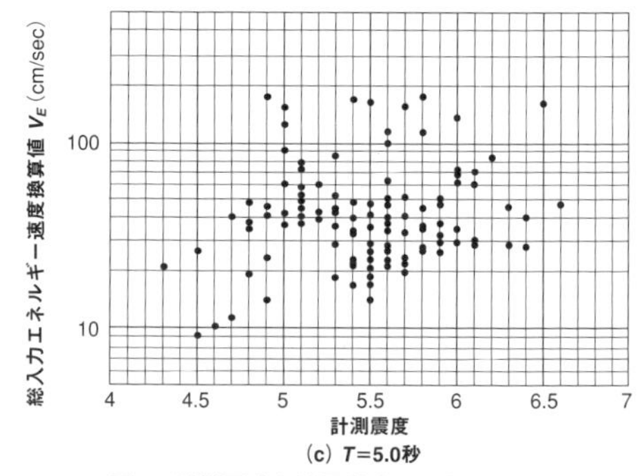

(c) T=5.0秒

図4 計測震度と地震動水平2成分による総入力エネルギー速度換算値との相関

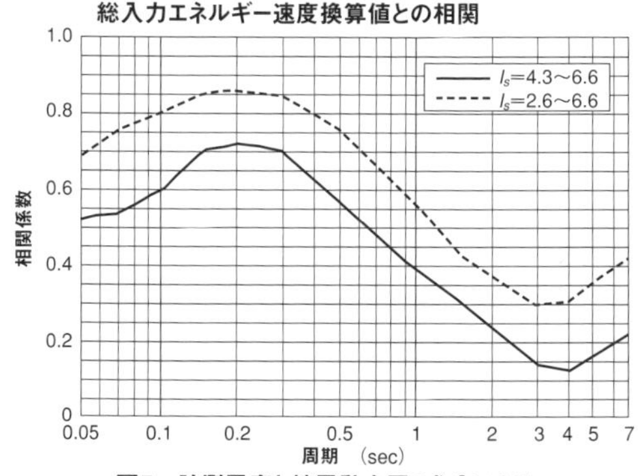

図5 計測震度と地震動水平2成分による総入力エネルギー速度換算値V_Eとの相関係数

⊙実務での役立て方

計測震度によって評価される地震動強さは，周期0.5秒以下の短周期構造物に対する強さを対象としたものとみなすべきであり，したがって，高層建物や免震建物のような1次周期が数秒の建物の設計にあたっては，元来は震度データを基に規定された地域係数による設計地震力の低減は再検討を要することと思われる。

⊙計測震度とは

自動計測システムによって測定される「計測震度」が，地震発生数分後に速報される気象庁の地震情報は，津波情報とあわせて，避難行動や安否確認，救急・救護活動にとって必須の基礎的情報であり，その恩恵に浴するところ誠に大きなものがある。

ところで，東北地方太平洋沖地震の折り，大阪市の震度は「震度3」であった。『気象庁震度階級関連解説表』によれば，「震度3」とは，人の体感・行動では「屋内にいる人のほとんどが，揺れを感じる。歩いている人の中には，揺れを感じる人もいる。眠っている人の大半が，目を覚ます」，屋内の状況では「棚にある食器類が音を立てることがある」，屋外の状況では「電線が少し揺れる」とあるが，木造やRC造建物などの構造物に関する被害は，震度4以下ではまったく想定されていない。その大阪市で，52階建高層ビルが約10分間の揺れに見舞われ，最上階では短辺方向で片振幅137cmの揺れが確認され，内装材や防火戸などの一部で破損が見られたほか，エレベータの停止や閉じ込め事象が発生したと報じられた（大阪府HP）。

そこで本稿では，構造物に対する地震動強さの評価の観点から「計測震度」について一考察を試みる。

⊙気象庁「計測震度」の算出方法（気象庁HP）

気象庁では，1996年4月以降，それまでの体感震度に替えて，計測震度計によって震度を算出している。

すなわち，観測された地震動加速度記録の水平・上下3成分について，おおよそ，$T<0.1$秒の短周期成分および$T>1.5$秒の長い周期成分を対象にカット・フィルターを施して，3成分の時刻歴をベクトル的に合成し，その絶対値がある値a以上となる時間の合計が0.3秒となるようなaを求め，$I=2\log a+0.94$によって「計測震度I」が算出されている。

したがって，人体感覚や家屋（主として木造家屋）・建具・家具・置物などの振動・被害状況などによって判定されていた以前の「体感震度」との連続性も勘案されて作成された上記の「計測震度」は，地震動の比較的短い周期成分の強さを表す尺度と推測されるものである。

⊙2011年東北地方太平洋沖地震における計測震度

図1は，2011年東北地方太平洋沖地震（$M_W=9.0$）の折り，K-NET，KiK-netにより観測された強震動126記録について，計測震度と水平2成分軌跡最大加速度振幅（の対数）との相関をみたものであるが，相関係数0.83と比較的高い相関を示している。ちなみに，水平2成分軌跡最大速度振幅との相関係数は0.76であり，したがって，計測震度は地震動の比較的短い周期成分（$T<1$秒）の強さを表しているものであり，カット・フィルターの周期特性とも符合している。

気象庁HP「震度と加速度」には，仮に均一な周期の振動が数秒間継続した場合の，その単弦波型地動の周期および加速度振幅と計測震度との関係が図示されている。しかしながら，実際の地震動は主要な周期成分も単一ではなく，「均一な周期の振動が数秒間継続する」とはみなしがたい場合が少なくない。ここでは，K-NETおよびKiK-net観測記録の水平2成分軌跡のA_{max}とV_{max}を用い，$T=2\pi V_{max}/A_{max}$から求められる値を「周期」とみなして，前記気象庁HPに図示されている「周期及び加速度振幅と計測震度との関係」との対応を，**図2**に示した。震度6弱以上では，両者の良好な対応が確認される。

他方，5強および5弱と判定された計測震度については，ここで定義した「周期」0.3〜0.4秒を境に，1階級のズレが系統的にみられ，「5強」と判定された$T<0.4$秒の地震動および「5弱」と判定された$T>0.3$秒の地震動の計測震度は，何れも1階級過小評価の傾向にあるものと思われる。

⊙V_Eによる地震動強さと計測震度

図3は，2011年東北地方太平洋沖地震において，「計測震度6.0」と算出された6観測点での地震動について，水平動2成分による総入力エネルギー速度換算値のエネルギースペクトルを比較したものである。$T<0.3$秒の短周期では倍半分程度の幅に収まっているものの，周期数秒のやや長周期帯域では，1桁違いの差異もみられる。

そこで，**図4**の（a）〜（c）に，東北地方太平洋沖地震によるK-NET，KiK-netにより観測された126観測点における地震動の水平2成分によるV_Eについて，それぞれ$T=0.2$秒，$T=1.0$秒，$T=5.0$秒のV_Eと計測震度I_sとの相関を示した。$T=0.2$秒のV_E（の対数）との相関係数は0.71と比較的高い相関を示しているが，$T=1.0$sおよび$T=5.0$秒のV_Eとの相関は低下する。**図5**は，他の周期についても同様の相関係数を求め，一覧表示したものである。

なお，図5中には，上記126観測点に，さらに，名古屋市AIC004（$I_s=2.9$），大阪市OSK005（$I_s=2.6$）および大阪市OSKH05（$I_s=2.7$）の3データを加えた，計129地震動を対象とした相関係数も併せて示した。（ながはし　すみお）

荷重・力学

10

寺本隆幸
東京理科大学名誉教授
長田亜弥
㈱ジェイアール東日本建築設計事務所

時刻歴応答解析におけるエネルギー応答

Model-1 弾性骨組 Elastic Design

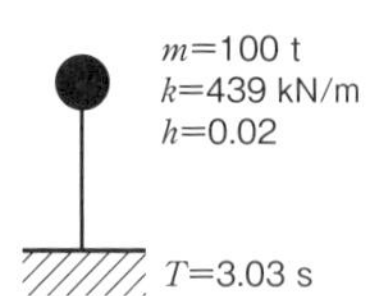

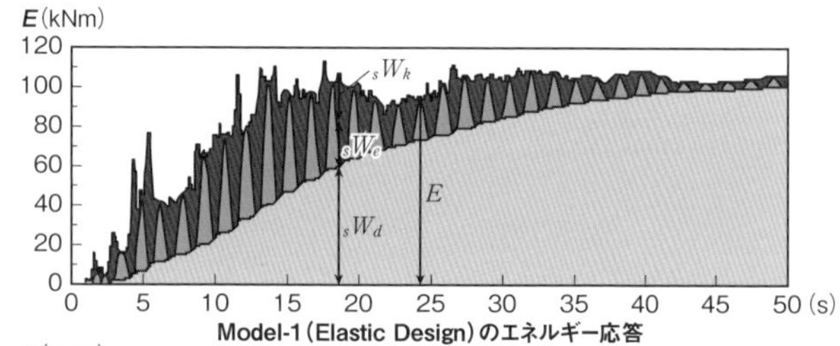

Model-1（Elastic Design）のエネルギー応答

Model-2 弾塑性骨組 Elasto-plastic design

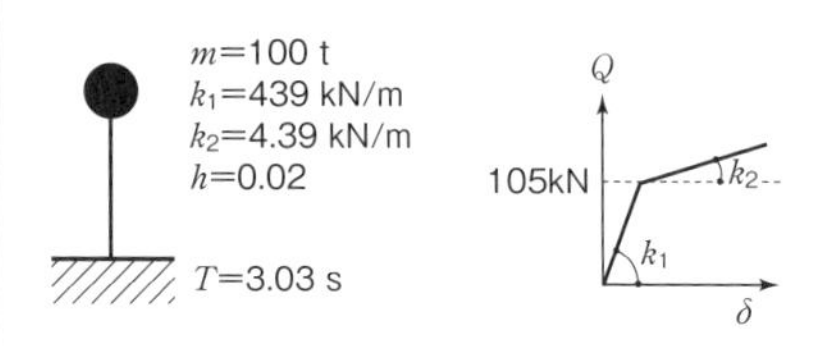

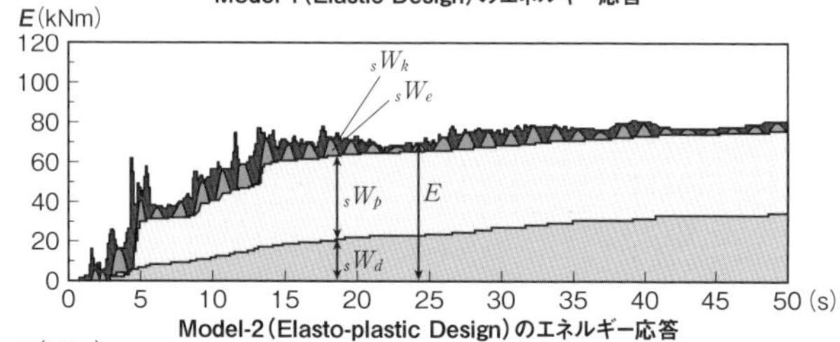

Model-2（Elasto-plastic Design）のエネルギー応答

Model-3 免震構造 Seismic Isolation

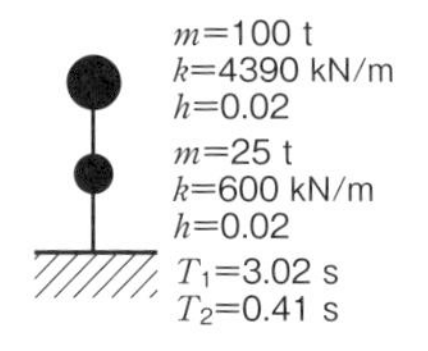

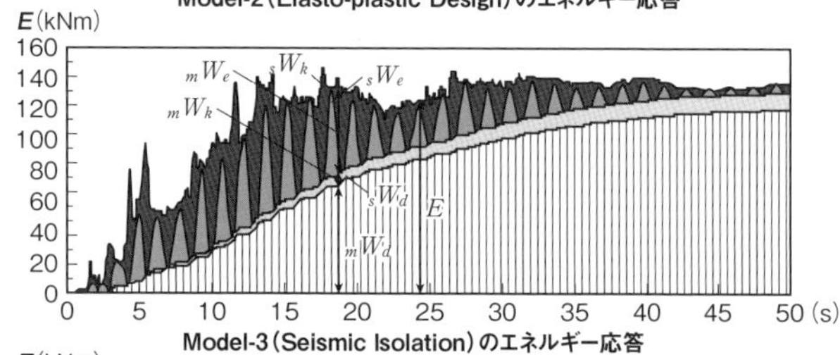

Model-3（Seismic Isolation）のエネルギー応答

Model-4 粘性ダンパー Viscous Damper

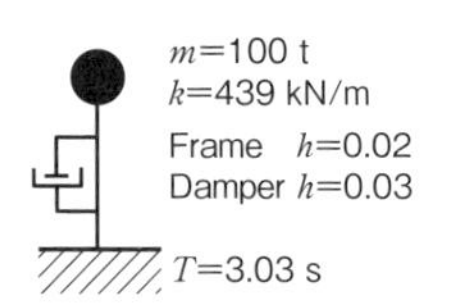

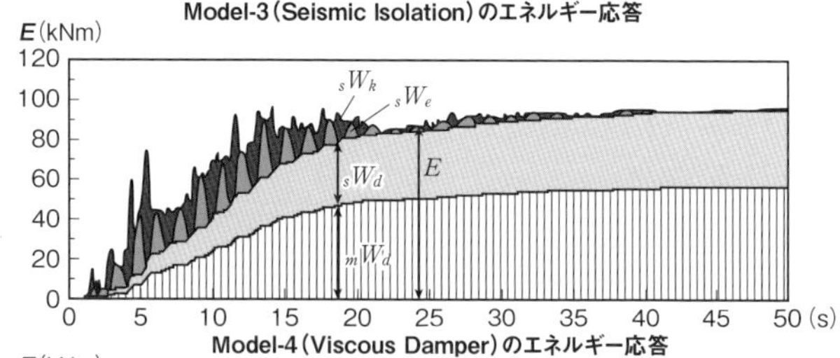

Model-4（Viscous Damper）のエネルギー応答

Model-5 履歴ダンパー Hysteresis Damper

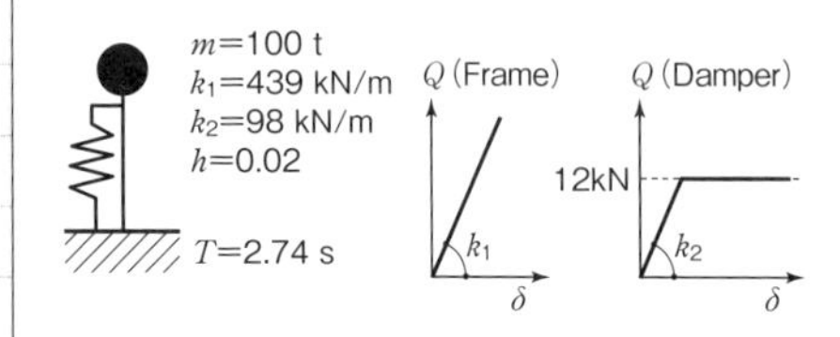

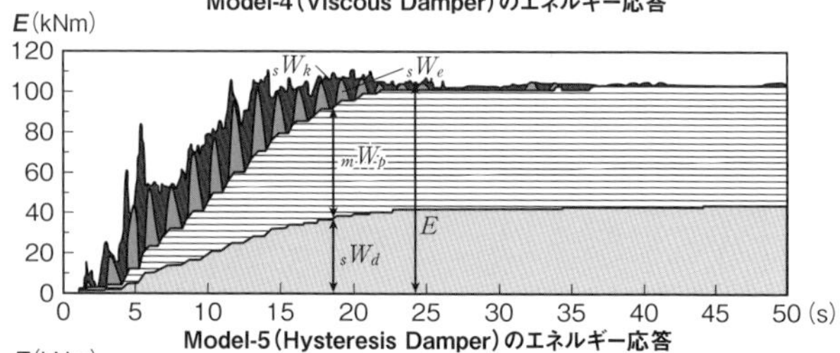

Model-5（Hysteresis Damper）のエネルギー応答

Model-6 質量効果機構（TMD）

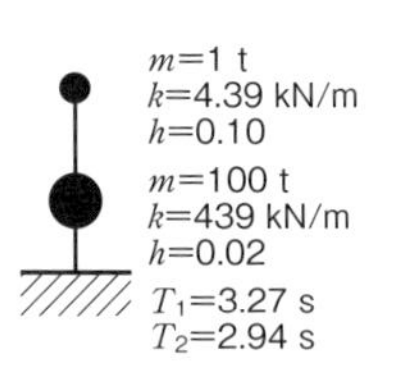

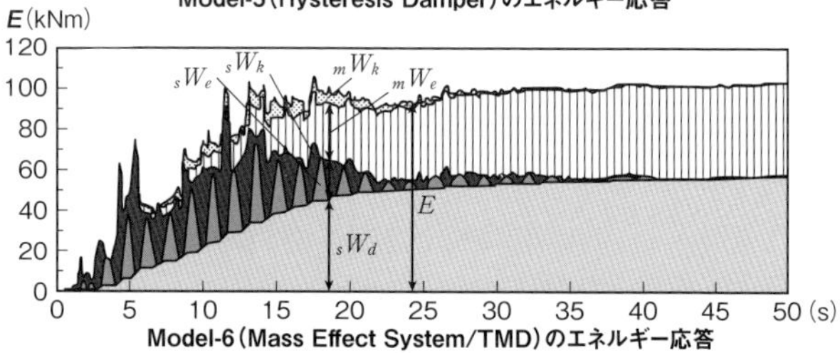

Model-6（Mass Effect System/TMD）のエネルギー応答

⦿実務での役立て方

図示したようなエネルギー応答を計算すると，耐震構造・免震構造・制振構造などの各種構造における各種エネルギー応答量の分担が確認できる。地震時に構造物がどのようなエネルギー応答をし，エネルギー量をどのように分担しているかを見ることにより，振動時に支配的な要素は何であるかを確認できる。また，最終時刻における構造減衰量とダンパーなどの付加減衰量を比較すると，構造減衰定数hとの比較により大略のダンパーなどの等価減衰定数が推定できる。

⦿エネルギー釣合式

1質点弾性系の運動方程式は，下式で与えられる。

$$m\ddot{x}+c\dot{x}+kx=-m\ddot{x}_G \qquad (1)$$

ここに，

m：質量（t），c：減衰係数（kN・m/s）

k：ばね定数（kN/m），x：質点の相対変位（m）

$\dot{x}$：質点の速度（m/s），$\ddot{x}$：質点の加速度（m/s^2）

$\ddot{x}_G$：地動加速度（m/s^2）

両辺に$\dot{x}$を乗じ，tに関して積分すると，式(2)のようなエネルギーの釣合式が得られる。

$$\frac{1}{2}m\dot{x}^2+\int c\dot{x}^2dt+\frac{1}{2}kx^2=-\int m\ddot{x}_G\dot{x}dt \qquad (2)$$

この式は以下のように解釈できる。

$$W_k+W_d+W_e=E \qquad (3)$$

ここに，W_k：運動エネルギー（左辺第1項）

W_d：減衰エネルギー（左辺第2項）

W_e：弾性ひずみエネルギー（左辺第3項）

E：地震入力エネルギー（右辺）

式(3)は弾性応答におけるエネルギー式であるが，構造物が弾塑性応答する場合には，

$$W_k+W_d+W_e+W_p=E \qquad (4)$$

となり，構造物の塑性履歴エネルギーW_pが加わる。

制振構造においては，エネルギー吸収機構もエネルギーを分担するので，入力エネルギーは主要構造物系（添字s）と制振系（添字m）のエネルギー和となり，式(4)が以下のように細分される。

$$E=({}_sW_k+{}_sW_e+{}_sW_d+{}_sW_p)+({}_mW_k+{}_mW_e+{}_mW_d+{}_mW_p) \qquad (5)$$

この式は，地震入力エネルギーEがほぼ一定とみなせるので，制振系の${}_mW_d$や${}_mW_p$などにより主用構造物系のエネルギー量が減り，主用構造物の応答が低減されることを示している。

⦿各種耐震設計法による構造物のモデル化

エネルギー応答の概念を理解するために，各種の耐震設計法に対して，以下の6種類のモデルを作成して振動応答解析を行い，エネルギー応答を確認する。

各解析モデルは1～2質点の等価せん断型とし，系の固有周期が3秒のものを基本とし，構造物系の減衰定数を2%とした。地震入力はEL CENTRO 1940 NSを用い，最大加速度500cm/s^2，継続時間50秒間の計算を行った。

(1)Model-1　耐震構造（弾性骨組）
(2)Model-2　耐震構造（弾塑性骨組）
(3)Model-3　免震構造
(4)Model-4　制振構造（粘性ダンパー）
(5)Model-5　制振構造（履歴ダンパー）
(6)Model-6　制振構造（TMD/Tuned Mass Damper）

⦿応答結果概要

固有周期と質量がほぼ等しいので，Model-3を除き入力エネルギーは120kNm程度となっている（Model-3は質量1.25倍で約1.3倍）。同一の地震入力に対しては，入力エネルギーが系によらずほぼ一定値とみなせることを示している。ただし，Model-2は，早期に降伏するため入力エネルギーがやや小さくなっている。

Model-1は弾性モデルであるため，エネルギー応答では，運動エネルギー${}_sW_k$と弾性ひずみエネルギー${}_sW_e$とのやり取りが生じている。最終的には$h=2$%の構造減衰によるエネルギー${}_sW_d$が地震応答を収斂させている。

Model-2は系に弾塑性特性をもたせたことにより，応答エネルギー量はかなりの部分が塑性履歴エネルギー${}_sW_p$で消費されている。また，${}_sW_p$の時刻歴応答を見ると，塑性域に入るたびに階段状に増加していくことが特徴である。${}_sW_p$は${}_sW_d$の1.2倍程度であり，等価減衰定数としては$h_e=2.4$%程度と推定される。

Model-3は免震構造モデルであり，付加したばねの弾性ひずみエネルギー${}_mW_e$が入力エネルギーの約1/2となり，全体応答をこの${}_mW_e$が支配していることがわかる。最終的には，免震層のダンパーによる${}_mW_d$が地震入力エネルギーを吸収している。上部構造の${}_sW_d$は小さい。

Model-4は，速度比例型の粘性ダンパーを付加したものであり，応答エネルギー量としては，付加機構の減衰エネルギー${}_mW_d$は構造減衰と同形式で与えたため，同様の時間履歴を示している。

Model-5は，履歴エネルギー吸収機構を付加したものであり，付加機構の${}_mW_p$が，構造減衰エネルギー${}_sW_d$の約1.2倍となっている。応答の傾向は，変位依存のModel-5と速度依存のModel-6との差は少ない。

Model-6は，Tuned Mass Damperを付加することにより，TMDの減衰エネルギー${}_mW_d$が，入力エネルギーの約1/2を占め，応答に与える影響は${}_mW_d$が主要因となっている。また，パッシブな系であることから，TMDが立ち上がるまでに9秒（固有周期の3倍程度）を要している。

（てらもと　たかゆき，おさだ　あや）

11

寺本隆幸
東京理科大学名誉教授

時刻歴応答解析における減衰評価

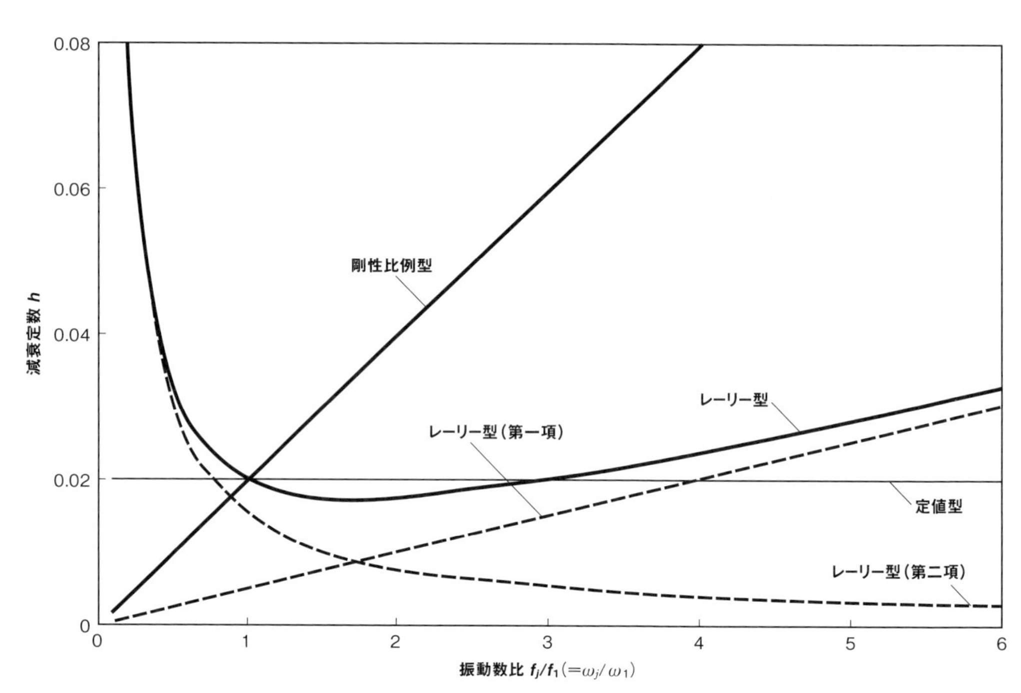

図1　各種設定における高次の減衰定数（1次h=0.02の場合）

⊙実務での役立て方

構造物の振動エネルギーは，材料の粘性減衰，接合部などにおける摩擦減衰，地盤への逸散減衰，非線形材料による履歴減衰などによって消散される。これらの減衰を厳密に評価することは困難であるため，数学的な扱いが最も容易な粘性減衰（速度に比例した減衰力）に代表させせることが一般的に行われている。通常，1次固有周期に対してS造では$h=2\%$，RC造では$h=3\%$の剛性比例型の減衰定数が，技術的慣行として用いられている。剛性比例型減衰を使用しているのは，解析上の便宜さによるところが大きな理由で，工学的根拠があるわけではない。その数値も理論的な根拠に基づくものではない。

減衰定数の数値や減衰タイプは，基礎固定の質点系モデルや入力地震動レベルとの関係において，技術慣行として採用されているにすぎない。このことから，採用する数値やタイプは仮定値であることを認識して，パラメトリックな検討によりその影響度を検討しておくことが望まれる。

⊙各種設定における高次の減衰定数

地動加速度$\ddot{x}_0(t)$を受ける構造物の運動方程式は，相対変位・速度・加速度をx・$\dot{x}$・$\ddot{x}$として，式(1)となる。

$$[M]\{\ddot{x}(t)\}+[C]\{\dot{x}(t)\}+[K]\{x(t)\}=-[M]\{1\}\ddot{x}_0(t) \quad (1)$$

減衰マトリクス［C］の設定では，質量マトリクス［M］や剛性マトリクス［K］に比例させるかたちで減衰マトリクスを設定するいくつかのタイプがある。このタイプに応じて，高次減衰定数h_jが変化する様子を示したものが**図1**である。

⊙剛性比例型減衰（初期剛性比例・瞬間剛性比例）

減衰マトリクス　$$[C]=\frac{2h_A}{\omega_1}[K] \quad (2)$$

j次減衰定数　$$h_j=\frac{\omega_j}{\omega_1}h_A \quad (3)$$

減衰マトリクス$[C]$が剛性マトリクス$[K]$に比例すると仮定したもので，振動応答解析において最も多用されている減衰である。しかし，式(3)のように，高次の減衰定数h_jが振動数に比例して大きくなるため，高次の減衰を過大評価する難点がある。

剛性比例減衰には，初期剛性比例型と瞬間剛性比例型があり，初期剛性比例型は減衰マトリクスが不変であるのに対して，瞬間剛性比例型は剛性の変化に応じて減衰も変化する。両者は，どちらが理論的に正しいとか，実験的に証明されているというものではなく，あくまでも技術的慣行として用いられているのに過ぎないものである。瞬間剛性比例型は，RC構造の非線形解析によく用いられる。RC構造においては，曲げひび割れによる履歴減衰を評価しているために，剛性比例減衰部分を小さく評価しようとして，瞬間剛性比例減衰を使用していると理解される。

⊙質量比例型減衰

減衰マトリクス　$$[C]=2h_B\cdot\omega_1[M] \quad (4)$$

j次減衰定数　$$h_j=\frac{\omega_1}{\omega_j}2h_B \quad (5)$$

減衰マトリクス$[C]$を質量マトリクス$[M]$に比例して与えるものであり，高次の減衰定数h_jが振動数に逆比例して小さくなる。このタイプは単独で使用されることは少なく，レーリー減衰の構成要素として使われることが多い。

⊙レーリー型減衰

減衰マトリクス　$$[C]=\frac{2h_A}{\omega_1}[K]+2h_B\cdot\omega_1[M] \quad (6)$$

j次減衰定数　$$_sh=\frac{\omega_j}{\omega_1}h_A+\frac{\omega_1}{\omega_j}h_B \quad (7)$$

減衰マトリクス$[C]$を，質量比例型と剛性比例型の和として与える。着目する1〜2次のモードに対して，減衰定数を指定する値に設定することができる。

解析上は式(8)のように，2組の振動数（ω_1とω_2）と減衰定数（h_1とh_2）を指定して比例係数を定める。

$$h_A=\omega_1\frac{h_2\omega_2-h_1\omega_1}{\omega_2^2-\omega_1^2}$$
$$h_B=\omega_2\frac{h_1\omega_2-h_2\omega_1}{\omega_2^2-\omega_1^2} \quad (8)$$

⊙定値型減衰

減衰マトリクス　$$[C]=2h_C[M]^{1/4}[K]^{1/2}[M]^{1/4} \quad (9)$$

j次減衰定数　$h_j=h_C$（一定値）　(10)

減衰マトリクスを式（9）のかたちで与えると，各次の減衰定数は一定値h_Cとなる。剛性［K］が変化すると減衰が計算しにくくなるが，弾性剛性値を用いてよい場合に使用可能である。高次減衰を小さく評価したいときや，（水平動＋上下動）の減衰を一定値に設定したいときなどに有効である。

⊙各部減衰

減衰マトリクス　$$[C]=\sum_{j=1}^{m}\gamma_j\cdot[k]_j \quad (11)$$

構造物の各部の剛性マトリクスに対して，異なる減衰係数を乗じて，減衰マトリクスを作成する。構造部材の各部分の剛性$[K]_j$に対して，係数γ_jを乗じて減衰マトリクスを作成するものである（図中表示なし）。

$\gamma_j=2h_A/\omega_1$の一定値とおけば，この減衰マトリクスは剛性比例減衰と同義となる。解析上の難しさはないが，減衰係数にどのような値を設定すればよいか，各次の振動モードに対する減衰定数が不明な点が問題となる。

実務的には，S造とRC造が混在するような場合に，S造・RC造の各部分に対して，その部分の固有振動数を計算して，各構造種別に対する減衰係数h_1を用いて，式(2)を適用して計算されることが多い。

⊙減衰タイプの比較

各種の減衰タイプは，各次モードの減衰定数に着目して比較すると，図1のような違いがある。

一様せん断棒の振動モードを用いて，1方向多自由度系モデルの各次の固有振動数が，

$$f_1:f_2:f_3:\cdots:f_n=1:3:5:\cdots:(2n-1) \quad (12)$$

の関係にあるとすると，剛性比例型減衰の各次モード減衰定数は式（13）のように，高次減衰が大きくなる。

$$h_1:h_2:h_3:\cdots:h_n=1:3:5:\cdots:(2n-1) \quad (13)$$

同様に，質量比例型減衰の各次モード減衰定数は式（14）のような関係となる。

$$h_1:h_2:h_3:\cdots:h_n=1:1/3:1/5:\cdots:1/(2n-1) \quad (14)$$

一方，レーリー型減衰の場合，

$$h_1=h_A+h_B,\quad h_2=3h_A+1/3h_B \quad (15)$$

となるようなh_A，h_Bを設定すれば，1次と2次の減衰定数については目標値に設定することができる。しかし，図に示したように，高次になるにつれて剛性比例型と同じく大きくなるので，注意する必要がある。

（てらもと　たかゆき）

【参考文献】

1）北村春幸：性能設計のための建築振動解析入門，彰国社，2002年

12

大越俊男
東京工芸大学客員教授

鉄筋コンクリート床荷重によるC・M_0・Q_0

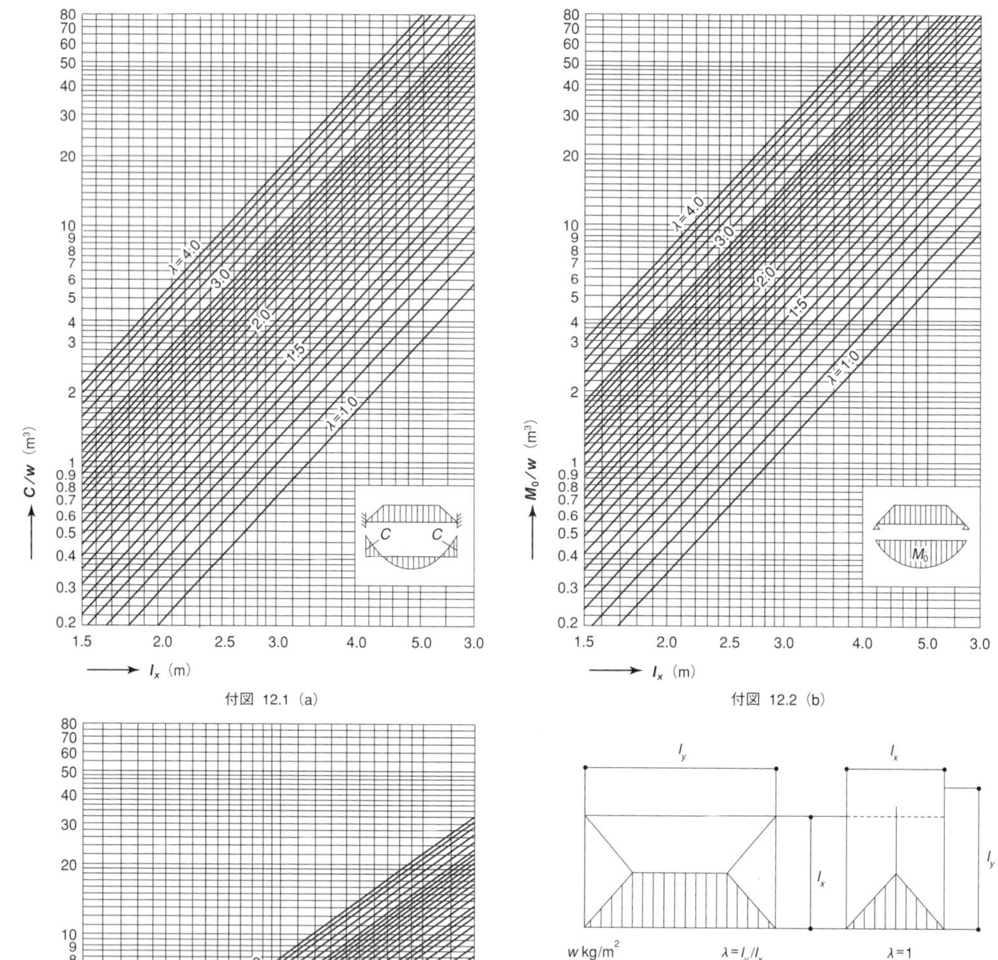

付図 12.1 (a)

付図 12.2 (b)

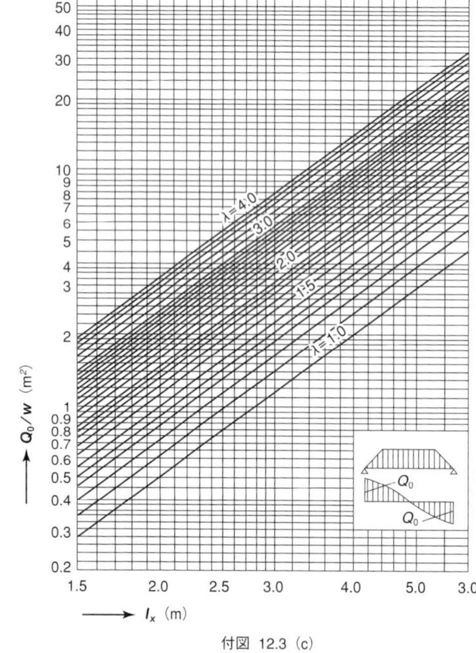

付図 12.3 (c)

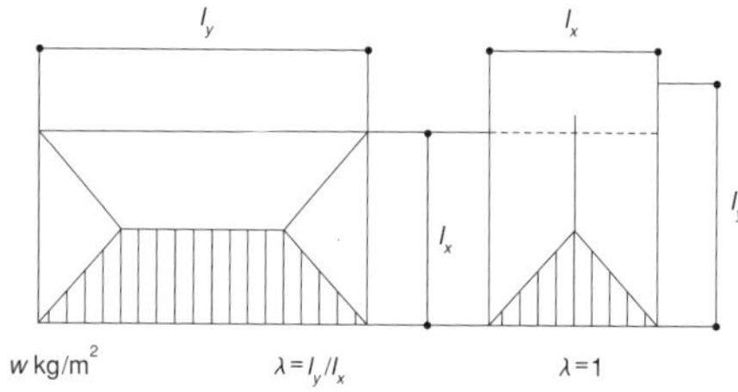

図1　鉄筋コンクリート床梁応力計算図表（図表の数値は，梁の片側のスラブに関するものである）

⊙実務での役立て方

授業や実務で，最初にすることは，鉛直荷重時応力計算用の大梁のC，M_0，Qを計算することであった。

今では，これらが自動計算され，これらの表を使うことがないと思われるが，ロングスパンの梁で，たわみやひび割れの居住性能の確認で利用されたい。

⊙一体型スラブのC・M_0・Q_0

現場打ち一体型の床スラブの自重と積載荷重は，**図1**に示されるような屋根型に，隅から45°の範囲で，梁に直角方向に流れるものと仮定している。したがって，大梁の自重の計算では，スラブ厚さを除く必要がある。

実際には，これらの荷重の流れは，床スラブの応力計算で示されるように，床スラブの周辺が固定端でも単純なものではなく，大梁の変形を考慮すると，さらに複雑なことがわかる。

スラブの大きさは，x方向とy方向の梁の芯とする。短辺の長さをl_x（m）とし，長辺の長さをl_y（m）とし，等分布荷重をw（N/m^2）とする。スラブの辺長比λは，次式で示される。

$$\lambda = \frac{l_y}{l_x} \geq 1$$

$$l_y \geq l_x$$

$\lambda = 1$は正方形のスラブで，正三角形の荷重分布になる。

⊙鉛直荷重時の応力計算

前記のように，鉛直荷重時のフレームの応力計算は，梁の剛域を考慮せずに，固定モーメント法を用いて解析されていた。

短期荷重時の応力は，この応力に水平荷重時の応力と組み合わせて求められていた。水平荷重時の応力では，剛域を考慮して求められているので，組み合わせる位置が違うことになるが，安全側になるので，位置の違いを考慮せずに組み合わせていた。

⊙一貫構造計算プログラムでの計算

しかし，一貫構造計算プログラムでは，変位マトリクス法を用いて解析し，剛域を考慮した鉛直荷重時応力と水平荷重時応力を加え，剛域端の許容応力度検討をするために，鉛直荷重時応力解析では，剛域を考慮している。そのために，梁に作用する鉛直荷重分布は，図1で示されるものと同じであるが，梁の剛域端に仮想節点を設け，剛域部分では三角形分布荷重とし，中央部分では両端の三角形分布荷重を除いた屋根型の分布荷重と仮定し，中央部分ではC，M_0，Qを求め，剛域部分では片持ち梁として，剛域端にこのC，Qをかけ，三角形分布荷重によるC，Qを求め，一本の大梁として解析されている。

⊙屋根型分布荷重

屋根型分布荷重の固定端モーメントCは，次式で表され，参考文献1）の図13-1に示されている。

$$C = -\left(\frac{\lambda^2}{24} - \frac{1}{48} + \frac{1}{192\lambda}\right) w l_x^3$$

屋根型分布荷重の単純梁の中央モーメントM_0は，次式で表され，参考文献1）の図13-2に示されている。

$$M_0 = \left(\frac{\lambda^2}{16} - \frac{1}{48}\right) w l_x^3$$

屋根型分布荷重の単純梁の端部せん断力Qは，次式で表され，参考文献1）の図13-3に示されている。

$$Q_0 = \left(\frac{\lambda}{4} - \frac{1}{8}\right) w l_x^2$$

各式は短辺の長さと等分布荷重で表されているので，各図の横軸は短辺の長さl_xである。

⊙留意事項

床スラブが両側に取り付く場合は，それぞれの値を2倍する。

外側の梁では，梁芯の外側のスラブに相当する部分の荷重を考慮して，梁自重の荷重を検討する必要がある。

ジョイストスラブやデッキスラブ，ALC版スラブ，ボイドスラブなどの一方向スラブでは，等分布荷重として，C，M_0，Q_0が次式で計算される。

$$C_0 = -\frac{1}{12} w \frac{l_x}{2} l_y^2$$

$$M_0 = \frac{1}{8} w \frac{l_x}{2} l_y^2$$

$$Q_0 = \frac{1}{2} w \frac{l_x}{2} l_y$$

屋根型分布荷重の固定端モーメントCと等分布荷重の固定端モーメントC_0を比較すると，次のようになる。

$l_x = 3.0$m，$l_y = 6.0$m，

$\lambda = 2$

$C = -4.0w$（Nm）

$C_0 = -4.5w$（Nm）

したがって，辺長比λが2を超えるような場合，等分布荷重として計算しても，誤差が小さいことがわかり，図によらず，等分布荷重として計算されることが多かった。

（おおこし　としお）

【参考文献】

1）日本建築学会：鉄筋コンクリート構造計算規準・同解説，pp. 494-502，1988年，1991年一部改訂

13

瀧口克己
東京工業大学名誉教授

単純せん断(Simple Shear)変形

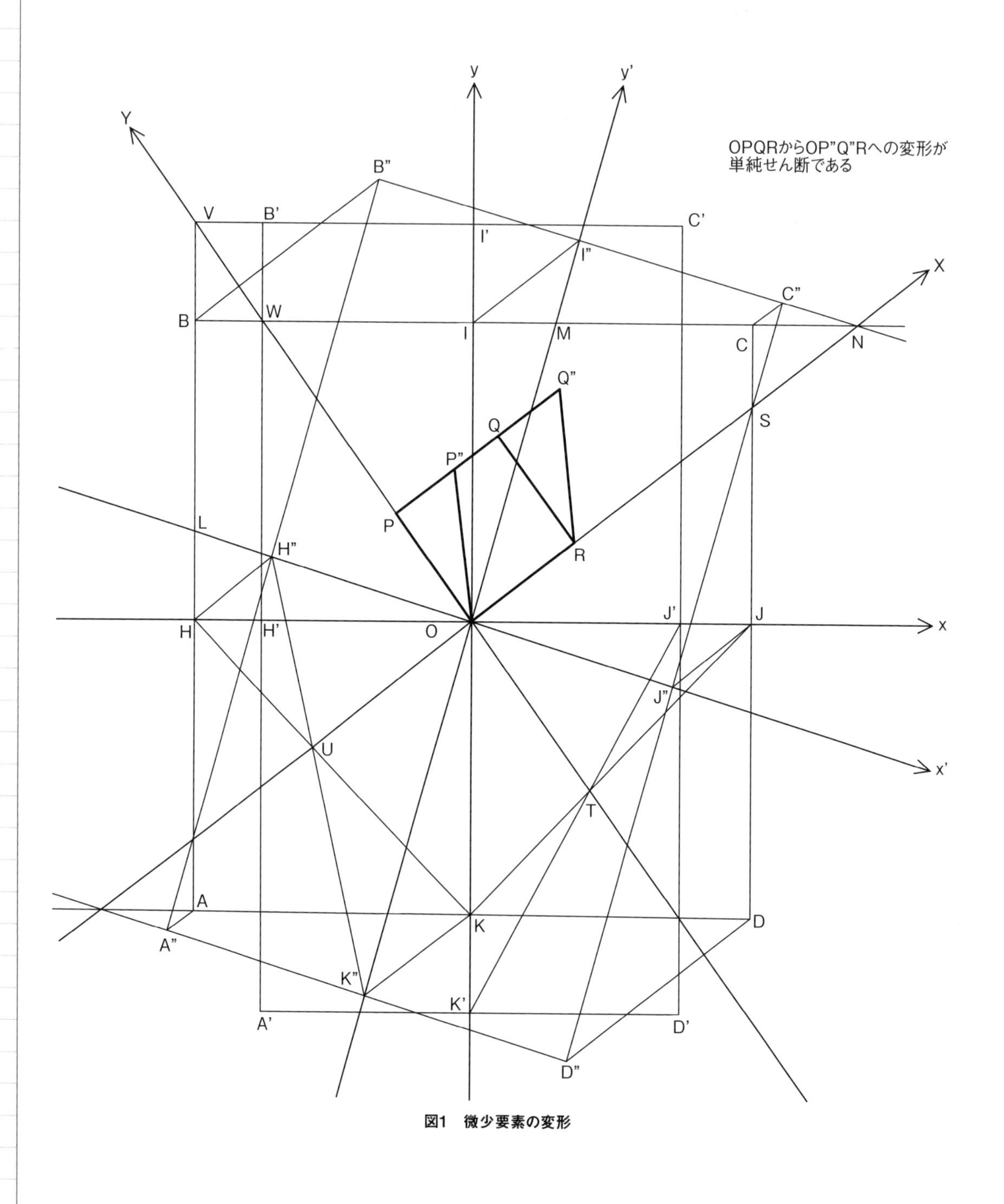

図1　微少要素の変形

⦿はじめに

道草は楽しい。そこで，見たり，聞いたり，考えたりしたことが，後で，何かの役にたったときは，少しではあるが，嬉しい。

この単純せん断の幾何学も，建築構造設計の役に立つとは思えないが，関連はあるので紹介する。

⦿単純せん断

単純せん断（Simple Shear）は，変形の様子を表す[1]。

純粋せん断（Pure Shear）は，応力状態と変形状態の両方を表すようである[1),2)]。2次元で考えるのがわかりやすいのでそうすることにして，垂直応力がなくせん断応力のみがある状態を，純粋せん断という。面積が変化せず，正方形が菱形になるような変形を純粋せん断という。

単純せん断（Simple Shear）は，正方形の微小要素があり，その2辺が直交直線座標の2軸X，Y軸上に，要素は第1象限にあるとして，微小要素内の点，(X_0, Y_0) が，$(X_0 + \gamma \cdot Y_0, Y_0)$ に移動する変形と定義される。単純せん断も面積は不変である。

⦿LOVEのFig.1

きわめて有名な弾性学の教科書に，LOVEの弾性学[1]がある。LOVEは，その教科書で，純粋せん断（Pure Shear）と単純せん断（Simple Shear）とを，Fig.1で説明している。最上の教科書[3]でも，その関係は記述されている。

本稿の筆者もこの図を理解しようとして，何度もこの図を描いてみた。一応この図の説明ができた[4]後も続けた。LOVEは唐突に，「, and we put $\varepsilon_2 - \varepsilon_1 = 2\tan\alpha$.」と記述しているが，この式に至った経緯を想像してみたかったためである。その途中でできたのが，**図1**である。

⦿図1の説明

正方形要素ABCDがあるとする。正方形の図心に原点がある直交直線座標をx，y座標とする。正方形ABCDの各辺の長さは1とする（図1）。

この正方形ABCDが変形して，長方形A'B'C'D'になったとする。この変形で面積は不変，すなわち，非圧縮変形であるとする。$A'D' = B'C' = (1+\varepsilon_1)$，$A'B' = C'D' = (1+\varepsilon_2)$ とすれば，非圧縮条件より，$(1+\varepsilon_1) \cdot (1+\varepsilon_2) = 1$ である。

長方形A'B'C'D'を，図心，すなわち，x，y座標の原点を中心に剛体回転させたものが，長方形A''B''C''D''であるとする。回転角をαとする。座標軸x，yもα回転したものをx'，y'軸とする。

適切な回転角αを設定すれば，図1で，HH''//II''になると仮定する。この仮定のもとに，回転角αとε_1とε_2の関係を求めれば，$\varepsilon_2 - \varepsilon_1 = 2\tan\alpha$となる。このとき，図1からも想像できるが，BB''//II''//CC''//HH''//J''J//A''A//K''K//D''Dとなる。

x，y座標の原点を通り，BB''に平行な軸をX軸とし，原点でX軸に直交する軸をY軸とする。

正方形ABCDの内部に正方形要素OPQRを考える。OPQRの2辺はX，Y軸上にあり，OPQRはXY座標の第1象限にあるとする。ABCDがA'B'C'D'に変形し，さらに，剛体回転してA''B''C''D''に移動するのに追従したとすれば，OPQRはOP''Q''Rに変形する。

OPQRからOP''Q''Rへの変形は，まさに，単純せん断（Simple Shear）である。

図1で，正方形IHKJから菱形I'H'K'J'の変形は純粋せん断（Pure Shear）である。

ここでは，結果のみを示し，証明は省略する。読者の方々が，自分で証明されることを期待する。筆者はαとε_1とε_2の関係を求めるときに，図1において，IMとI''Mの長さは等しく，LHとLH''の長さも等しいことを利用した。

この図1で，U，O，S，N点とX軸との関係，T，O，W，V点とY軸との関係などを調べていくと，いろいろ楽しむことができる。それがどのようなものであれ，点と点，線と線，点と線の関係を見つけることができたときの気分は格別である。

⦿手書きのすすめ

この図1のような関係を理解するうえで，図を手で何回も書くということが，筆者にとって，大いに役立ったような気がする。図の手書きを勧める。

⦿実務での役立て方

この図が「短期間」のうちに，「直接」，「実務」に役立つことはなさそうである。これは，初等幾何学の範疇の問題である。力学の理解には重要な図ではあるが，大ひずみ問題を扱わなければ，考える必要もない。ひずみの定義の問題であるから，この図がなくても，実用で問題が生じることはない。

初等幾何学は「図形の科学」であると考えることでき，論理構成の訓練に役立つ[5]。「図形」の勉強が建築という行為に役立つことに疑いはないと思うけれども，具体的な場面は想像しにくい。

（たきぐち　かつき）

【参考文献】

1) A.E.H.LOVE：A TREATISE ON THE MATHEMATICAL THEORY OF EKASTICITY, FOUTH EDITION, CAMBRIDGE AT THE UNIVERSITY PRESS, 1934
2) 山口柏樹：弾・塑性力学，森北出版，1975年
3) 最上武雄：二次元弾性理論，コロナ社，1942年（復刻版2000年）
4) 瀧口克己：線材力学の基礎―ひずみと応力の解析からの展開―，数理工学社，2009年
5) 小平邦彦：幾何学への誘い，岩波書店，2000年

14

石川孝重
日本女子大学家政学部住居学科教授

水平振動に関する性能評価

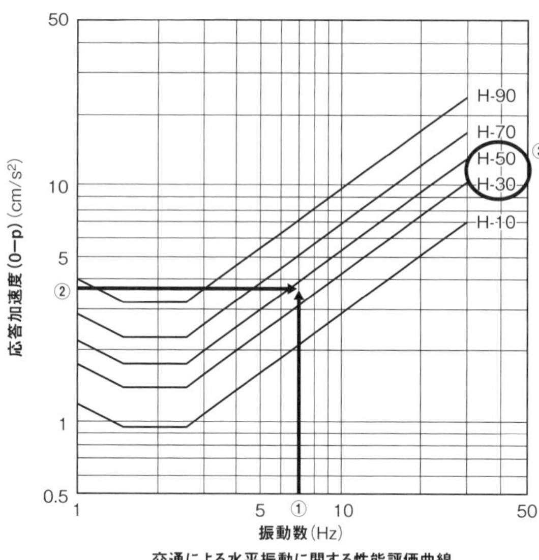

交通による水平振動に関する性能評価曲線

50
10
5
1
0.5
最大応答加速度(cm/s2)
H-90
H-70
H-50
H-30
H-10
0.1
1
5
振動数(Hz)

風による水平振動に関する性能評価曲線

図1　水平振動に関する性能評価曲線

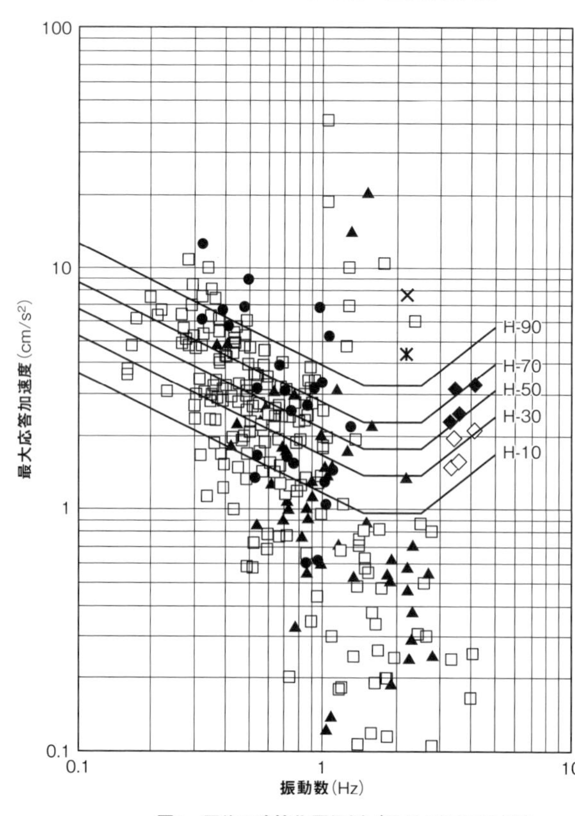

図2　既往の建築物評価例（風による水平振動）

⦿実務での役立て方

2000年の建築基準法の改訂により，性能設計に基づく設計体系になった。また，建築を取り巻く環境は日々変化しており，生活の24時間化，社会や人びとの性能に対する要求も厳しさを増してきている。日常の振動に対する評価もしかりである。振動に関する居住性評価の場合は，評価主体の人の知覚・心理を含む感覚が評価基準となる。そこで，評価対象となる水平振動の振動源を特定し，その特性値を定めるところから始まる。近年では，長周期地震動に対する長い揺れが居住者・執務者に与える影響を，振動に対する居住性の観点から評価する事例も見られる。建築主の要求性能を正しく汲み取り，目標性能が合意されれば，以下で詳述する方法による評価曲線[1)]との照合により，建物性能を定めることができる。建築主の要求性能レベルを話し合いにより引き出すには，振動数や加速度などの専門用語を多用するのではなく，人びとが日常使う用語，擬音語・擬態語（オノマトペ）などを織り交ぜて導くことが求められる。これには，文献2)，3）が参考になる。

⦿人の知覚確率に基づいた居住性能評価

日本建築学会の現行の居住性能評価指針[1)]では，人の振動に対する知覚確率を評価の基準としており，**図1**の評価曲線の添え字H-10～90の数字部分が知覚確率を表している。数字は100人の中で振動を知覚する人数を示しており，数字が大きくなるほど建物内の人が振動を感じやすくなる。この図を用いることで，環境振動の性能設計における目標性能の設定や，実在建物の実測結果を用いて，振動性状の性能確認を行うことができる。応答解析や実測で得られた振動の諸元を照合することで，対象とする建築物に発生する振動をどれくらいの人が知覚するかを知ることができる。評価に用いる振動の諸元は，1/3オクターブバンド分析による応答加速度最大値（0-p，cm/s^2）を基本とし，中心周波数と各バンドの最大値を照合することとしている。1/3オクターブバンド分析ができない場合には，応答波形から読み取った卓越振動数と振動振幅の最大値を照合することも可能としている。

同図の使い方の一例を示す。交通振動が及ぼす振動の影響を検証するために現場計測を行い，実測値として振動数が7Hz（図1①），加速度最大値が3.5cm/s^2（図1②）が得られたとすると，図に照合してH-30の評価曲線とH-50の評価曲線の間に位置すること（図1③）がわかる。便宜上，図では20％ごとの知覚確率に対応させて曲線を描いているが，人の知覚閾の分布は連続的なものであり，知覚確率40％程度との読み取りが可能である。

また，居住性能評価指針の解説には評価の定義式があり，その係数は振動源や振動数によって定められている。交通振動の場合は，変動係数を0.5とした対数正規分布に知覚確率が分布するという前提であり，知覚確率50％で振動数（f）が2.5Hz-30Hzの場合は，加速度最大値$=0.846f^{0.8}$と定義され，上記の振動数7Hzで計算すると，加速度最大値4.01cm/s^2となり，知覚確率30％では，係数が0.658とされているので，加速度最大値は3.12cm/s^2と算出される。上記の例（振動数7Hz，加速度最大値3.5cm/s^2）をあてはめると，知覚確率38.5％であることが確認できる。以上のことから，当該振動は40％程度の人が知覚する振動であることがわかる。交通振動と風では，それらの外乱と建物応答との関係で分布する振動数の範囲が異なるため，図1のように交通振動と風の評価曲線を分化している。

⦿目標性能の設定と図の活用

性能設計において目標性能は，対象建築物の条件や建築主の要求性能（意向）によって個別に決定されるものである。振動による居住性能の設計では，目標性能の知覚確率と，図1と照合して得られる対象建築物に発生が予想される振動の知覚確率を比較・検証する。

図2[1)]は，居住性能評価指針の解説に示されているもので，建物用途ごとの風振動に対する居住性能を振動数と応答加速度から評価し，図1の曲線上にプロットしたものである。同図を見ると，建築によって振動数の範囲はある程度限定されるが，同じ用途の建築であっても，個別の建物によって応答加速度が大きく異なることがわかる。知覚確率曲線に対しても，同じ用途内で知覚確率10％以下から90％以上にまで広く分布していることがわかる。

環境振動の場合，躯体の構造や建物形状などによってあらかたの性能が決まってくることもあるが，性能設計においては建築主の意向などの個別の要求から決めることが望ましい。そのため，目標性能の決定に際しては，設計者と専門知識をもたない建築主とのコミュニケーションが重要になる。

知覚確率に加え，居住性能評価指針の解説や，性能設計ハンドブック[2)]では，不快や不安などの感覚表現と物理量の関係も示している。これらの資料を利用して，多角的な観点から建築主の要求を汲みとり，その他個別の条件なども含め総合的に判断し，目標性能とする知覚確率を決定することが望まれる。　（いしかわ　たかしげ）

【参考文献】

1）日本建築学会：建築物の振動に関する居住性能評価指針・同解説（第2版），2004年
2）日本建築学会：環境振動性能設計ハンドブック，2010年
3）鈴木千尋，石川孝重，他：揺れ性能に関する要求レベルのわかりやすい表現―その4 建築主の振動に対する意識とわかりやすい表現方法―；―その5 わかりやすい言葉と振動の物理量の関係―，日本建築学会大会学術講演梗概集（環境工学），2016年8月

RC造・SRC造

15

長田亜弥
㈱ジェイアール東日本建築設計事務所
寺本隆幸
東京理科大学名誉教授

RC梁・柱の許容せん断耐力

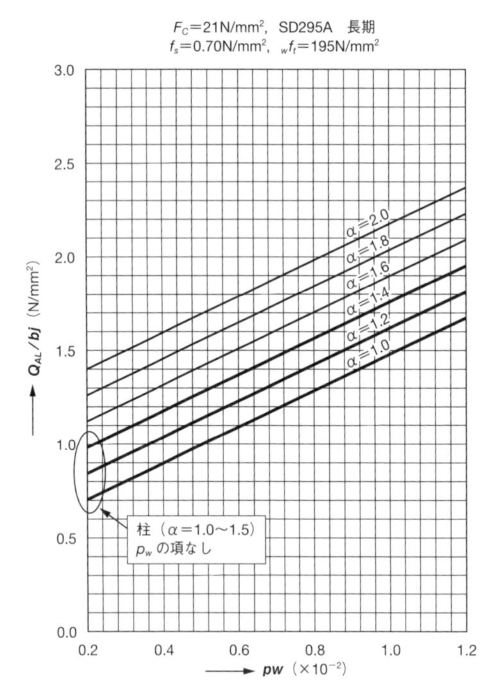

図1　梁・柱のせん断耐力（F_c21，長期）

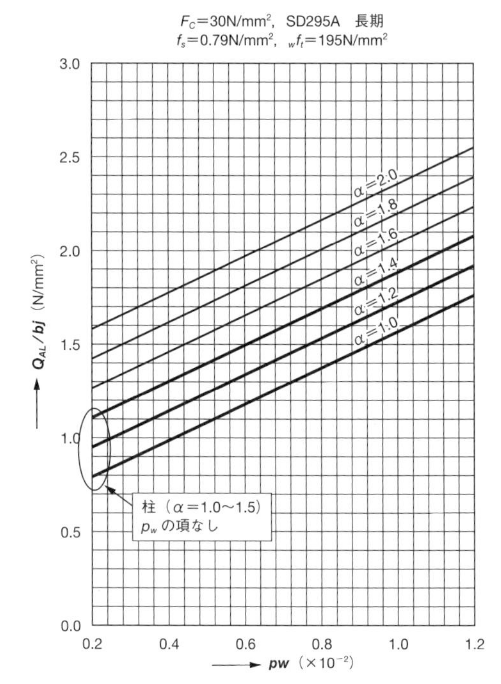

図2　梁・柱のせん断耐力（F_c30，長期）

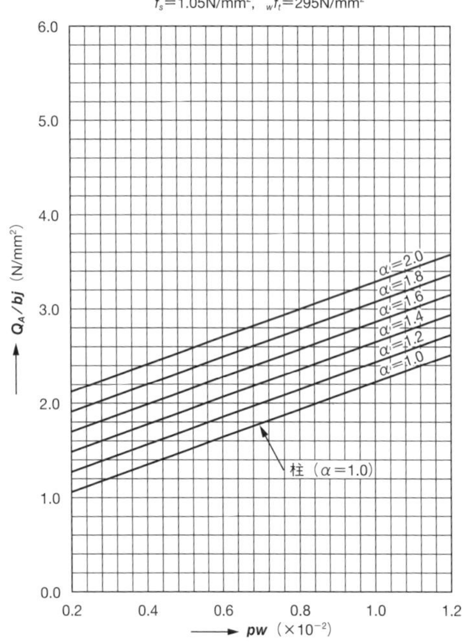

図3　梁・柱のせん断耐力（F_c21，安全性確保時）

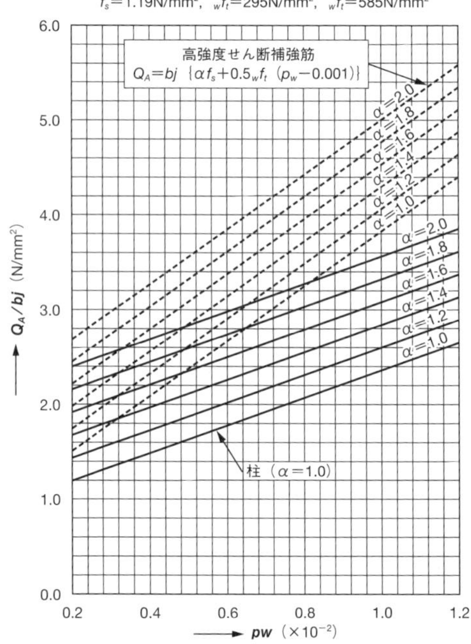

図4　梁・柱のせん断耐力（F_c30，安全性確保時）
（図中の実線：$_wf_t$=295N/mm²，点線：$_wf_t$=585N/mm²）

⦿実務での役立て方

RC梁・柱の許容せん断耐力式を48頁のように図示すると，ある断面に対するコンクリート強度，せん断補強筋種別や量の影響具合を可視化できる。

長期荷重に対しては，使用性の確保のために，せん断ひび割れの発生を許容しないことが，設計の基本であることも忘れてはならない。

⦿RC梁・柱の許容せん断耐力式

梁・柱長期　$Q_{AL}=bj\alpha f_s$　(15.1)[1)]

梁長期　$Q_{AL}=bj\{\alpha f_s+0.5{}_wf_t(p_w-0.002)\}$ (15.2)[1)]
（長期荷重によるせん断ひび割れを許容する場合）

梁安全性確保　$Q_A=bj\{\alpha f_s+0.5{}_wf_t(p_w-0.002)\}$ (15.5)[1)]
（f_sは短期許容せん断応力度）

柱安全性確保　$Q_A=bj\{f_s+0.5{}_wf_t(p_w-0.002)\}$ (15.6)[1)]
（f_sは短期許容せん断応力度）

ここに，

Q_{AL}：梁・柱の長期許容せん断力

Q_A：梁・柱の安全性確保のための許容せん断力

B：梁・柱の幅

j：梁・柱の応力中心間距離＝(7/8) d

α：梁・柱のせん断スパン比（M/Qd）による割増係数

$$\alpha=\frac{4}{M/Qd+1}\quad かつ1\leq\alpha\leq2$$

（柱は$1\leq\alpha\leq1.5$）

M：設計する梁・柱の最大曲げモーメント

Q：設計する梁・柱の最大せん断力

f_s：コンクリートの長期許容せん断応力度

$$=\min\left(\frac{F_c}{30},\ 0.49+\frac{F_c}{100}\right)$$

${}_wf_t$：あばら筋，帯筋のせん断補強用許容引張応力度

p_w：あばら筋比，帯筋比（$=a_w/(bx)$）
p_wは長期0.006（0.6%）以下，安全性確保時0.012（1.2%）以下

a_w：1組のあばら筋，帯筋の断面積

x：あばら筋，帯筋の間隔

なお，安全性確保のための設計用せん断力Q_Dは，

梁$Q_D=Q_L+\Sigma({}_BM_p/l')$　または$Q_D=Q_L+nQ_E$

柱$Q_D=\Sigma({}_CM_p/h')$　または$Q_D=Q_L+nQ_E$

Q_L：長期荷重によるせん断力（単純支持のせん断力）

Q_E：水平荷重によるせん断力

l'，h'：梁・柱の内法長さ・高さ

n：水平荷重時せん断力の割増係数（1.5以上の数値）

RC梁・柱の許容せん断耐力式は，長期荷重時・短期荷重時・安全性確保時に対して規定されているが，長期許容せん断力の式（15.1）・（15.2）を，F_c21・F_c30・せん断補強筋SD295Aを使用した場合について，縦軸をQ_{AL}/bj，横軸をp_wとして，αに応じてプロットしたものが**図1，2**である。短期許容せん断力は省略して，安全性確保時の式（15.5）と式（15.6）を，同様の材料に対して図示したものが**図3，4**である。なお，図4では高強度せん断補強筋KSS785を使用した場合もプロットしている。

梁・柱の長期せん断力は，せん断ひび割れの発生を防止し，コンクリート断面のみで耐力を確保するという考え方が，式（15.1）に入っている。この場合には，図1のF_c21では$f_s=0.7\mathrm{N/mm^2}$であるので，縦軸Q_{AL}/bjの基本値は0.7であり，αにより柱では1.05，梁では$1.4\mathrm{N/mm^2}$まで増加するとしている。一般的には，せん断ひび割れを許容しない範囲での使用が望まれている。

せん断ひび割れを許容する場合の梁のせん断許容値は，せん断補強筋を考慮した式（15.2）で算出できる。式の意図は，設計用せん断力がコンクリート負担分を超過した場合に超過分のみをせん断補強筋に負担させるものである。図1において，せん断ひび割れの発生を許容する梁の場合には，$p_w=1.2\%$までのせん断補強筋により，1.7〜$2.4\mathrm{N/mm^2}$まで増加させることができる。図1，2の縦軸Q_{AL}/bj値（近似的にはせん断応力度τ）は，SD295Aによるせん断補強筋の効果により1.5倍〜2.0倍程度まで大きくできることがわかる。

安全性確保時の短期せん断力は，梁を式（15.5）で，柱を$\alpha=1.0$とした式（15.6）で算出する。図4には，参考としてSD295A（${}_wf_t=295\mathrm{N/mm^2}$）に加えて，大臣認定品の高強度せん断補強筋KSS785（${}_wf_t=585\mathrm{N/mm^2}$）を点線で示した。高強度せん断補強筋を用いる耐力式は，図中に示したとおりである。高強度せん断補強筋は，SD295Aに比べて，2.0倍程度の補強効果となる。一般に，高強度せん断補強筋の採用は，多量のせん断補強筋が必要な場合には有効な手段と思われる。

せん断補強筋は，近年は溶接閉鎖型もしくはスパイラルを指定する場合が多くなっている。その場合に，現場で起こりえる梁貫通補強筋際の本数不足や，隣り合うせん断補強筋の溶接箇所が同じ位置になるなどの問題が生じるので，施工管理面からの注意が必要である。

（おさだ　あや，てらもと　たかゆき）

【参考文献】

1）鉄筋コンクリート構造計算規準・同解説，日本建築学会，2010年

RC造・SRC造

16

長田亜弥
㈱ジェイアール東日本建築設計事務所
寺本隆幸
東京理科大学名誉教授

RC梁・柱のせん断強度

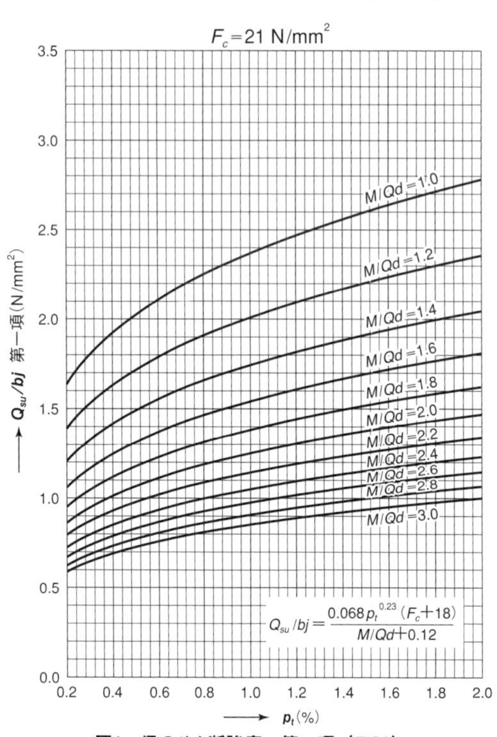

図1　梁のせん断強度　第一項（F_c21）

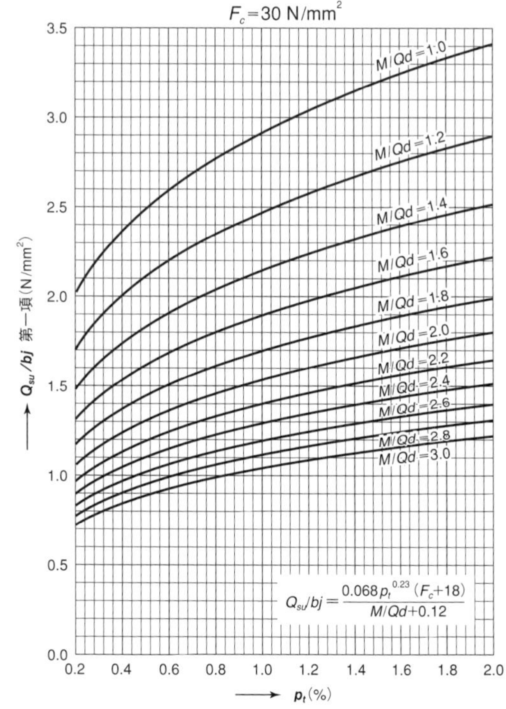

図2　梁のせん断強度　第一項（F_c30）

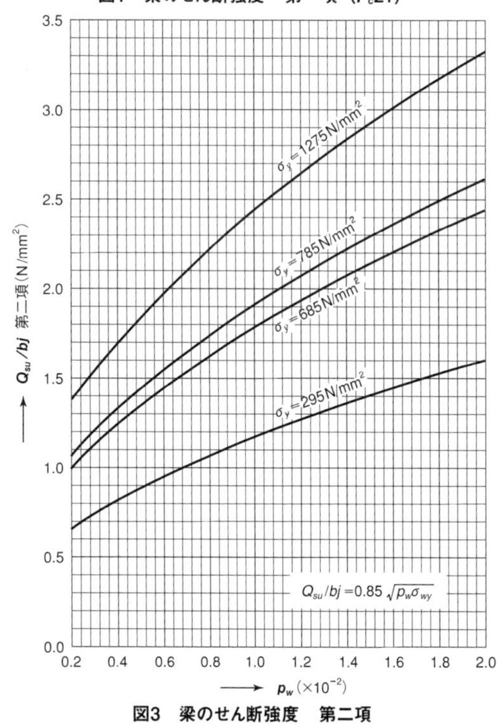

図3　梁のせん断強度　第二項

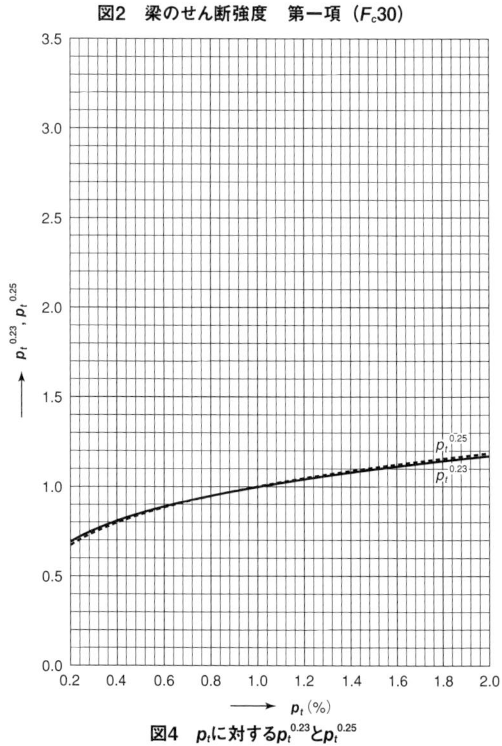

図4　p_tに対する$p_t^{0.23}$と$p_t^{0.25}$

⦿実務での役立て方

梁のせん断強度を上げるためには，コンクリート断面を大きくできない場合，第1項の数値と第2項の数値を考え合わせて，コンクリート強度を上げる，せん断補強筋量を上げる，高強度せん断補強筋を採用するなどの対策を総合的に検討することになる。

むやみに，NGが出たからせん断補強筋量を上げるのではなく，どの項目を上げることが合理的かを，この図表を参考として検討するとよいと思われる。

⦿RC梁・柱のせん断強度式

梁1 $$Q_{su}=\left\{\frac{0.053p_t^{0.23}(F_c+18)}{M/Qd+0.12}+0.85\sqrt{p_w\sigma_{wy}}\right\}bj$$

（付1.3-6）[1]

梁2 $$Q_{su}=\left\{\frac{0.068p_t^{0.23}(F_c+18)}{M/Qd+0.12}+0.85\sqrt{p_w\sigma_{wy}}\right\}bj$$

（付1.3-7）[1]

柱1 $Q_{su}={}_BQ_{su}+0.1\sigma_0 bj$

（付1.3-16）[1]（${}_BQ_{su}$は，（付1.3-6）または（付1.3-7）式のQ_{su}）

柱2 $Q_{su}=(0.9+\sigma_0/25){}_BQ_{su}'$

（付1.3-17）[1]（${}_BQ_{su}'$は，（付1.3-7）式のQ_{su}）

ここに，

p_t：引張鉄筋比（%）

F_c：コンクリートの圧縮強度（N/mm²）

M/Qd：シアスパン比

p_w：せん断補強筋比（小数）

σ_{wy}：せん断補強筋の降伏強度（N/mm²）

σ_0：平均軸方向応力度（$=N/BD$）（N/mm²）

ただし，式（付1.3-16）は$0.4F_c$以下，

式（付1.3-17）では10N/mm²以下

梁のせん断強度は，参考文献1）より式（付1.3-6）または式（付1.3-7）により算出できる。実務設計では式（付1.3-7）を採用することが多いと思われるので，式（付1.3-7）を取り上げ，その第1項と第2項に分けて図示する。

図1と**図2**は，コンクリート強度F_c21とF_c30を対象として，第1項について縦軸をQ_{su}/bj，横軸をp_tとして，M/Qdをパラメータとして表現したものである。**図3**は，第2項について縦軸をQ_{su}/bj，横軸をp_wとして，せん断補強筋の降伏点σ_yに応じてプロットしたものである。梁のせん断強度は，この両者の和となる。

第1項では，図1と図2に見られるように，縦軸のQ_{su}/bjは，あるM/Qd値に対しては，$p_t^{0.23}$の影響による緩い右上がり曲線を描き，(F_c+18)のF_cの比例的に増大する。分母にあるM/Qdの影響は大きく，$M/Qd=1.0$～3.0の間では，Q_{su}/bj値は2.8倍程度に大きくなる。F_c21について具体的な数値を見ると，$p_t=0.8\%$・$M/Qd=3$において$Q_{su}/bj=0.8$ N/mm²のものが，$M/Qd=1$において$Q_{su}/bj=2.2$N/mm²となっている。M/Qdが大きくせん断耐力値Q_{su}/bjに影響していることがわかる。

第2項のQ_{su}/bjは，同一補強量であればσ_yの平方根に比例するので，高強度せん断補強筋を使用すればその効果が大きい。**表1**に示したように，SD295Aに対して高強度せん断補強筋を同じせん断補強筋量で使用すれば，最大2倍程度にQ_{su}/bj値が大きくなる。せん断強度を大きくしたいときには，高強度せん断補強筋の採用が考えられる。

表1　せん断補強筋降伏点の効果*

せん断補強筋の種類	σ_y (N/mm²)	$\sqrt{\sigma_y}$	比率
SD295A	295	17.2	1.00
SHD685	685	26.2	1.52
KSS785	785	28.0	1.63
SPBD1275	1275	35.7	2.08

＊　高強度せん断補強筋の種類は一例のみを示す

⦿$p_t^{0.23}$について

第1項の式の分子には，(F_c+18)に乗じる係数$p_t^{0.23}$があるが，この0.23乗は設計者にとっては数値的に把握しにくい量である。**図4**に，横軸をp_tとして，縦軸にp_tの0.23乗と0.25乗をプロットして可視化してみた。図4を見ると，常用されているp_tが0.2%から2.0%程度の範囲では，$p_t^{0.23}$は0.7～1.2程度の値であり，0.23乗は0.25乗とあまり変わらない数値となっている。$p_t=0.8\%$のときに$p_t^{0.23}=0.950$であり，$p_t^{0.25}=0.946$と同程度の値である。通常の構造計算においては，後者の精度で十分である。このため，簡易な電卓で計算するときには2度平方根をとって，略算値$p_t^{0.25}$を求めて推定値とすることができる。

柱のせん断強度式としては，式（付1.3-16）と式（付1.3-17）が提案されている。いずれも，梁の強度式に軸方向応力度による割増を付加したものである。式（付1.3-16）の場合には，Q_{su}/bjとしては$F_c=21$N/mm²時に，最大$\sigma_0=0.4F_c$として0.84N/mm²のせん断強度が増加される。

（おさだ　あや，てらもと　たかゆき）

【参考文献】

1）2015年版建築物の構造関係技術基準解説書，国土交通省住宅局建築指導課ほか監修，2015年

17

RC造・SRC造

長田亜弥
㈱ジェイアール東日本建築設計事務所
寺本隆幸
東京理科大学名誉教授

RC梁・柱のせん断ひび割れ強度

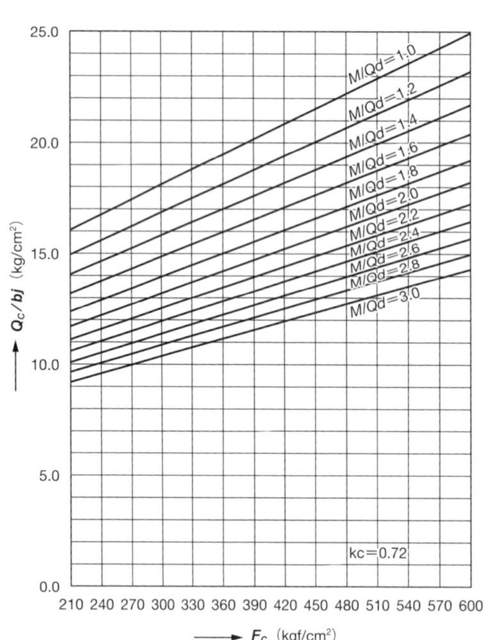

図1　梁のせん断ひび割れ強度

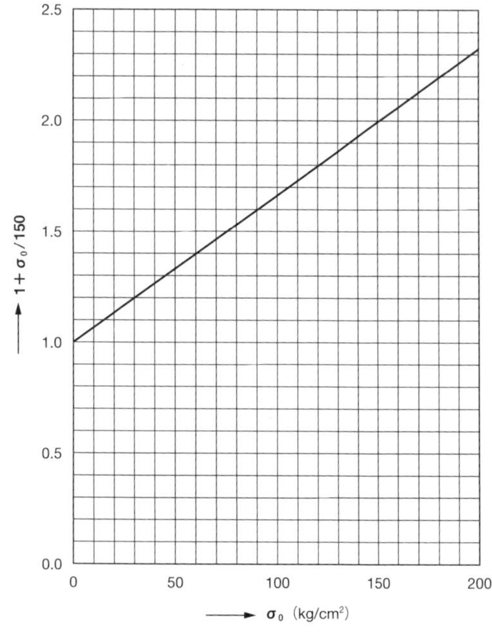

図2　柱用の修正係数（$1+\sigma_0/150$）

⦿実務での役立て方

梁のせん断ひび割れ強度を大きくするには，$M/(Qd)$ を小さくすると有効であり，同一スパンであれば梁せいを大きくすることになる。この式中には，せん断補強筋の項はないので，コンクリート断面のみで対応する必要がある。

柱のせん断ひび割れ強度は，式（付1.3-8）のように梁強度に修正係数（$1+\sigma_0/150$）を乗じて算出できる。**図2**の横軸のσ_0は，式（付1.3-8）が$\sigma_0=(-0.1〜0.6)\,F_c$の試験体に対する式であるため，200kgf/cm²までとしている。$\sigma_0=200$kgf/cm²のとき柱のせん断ひび割れ強度は，梁強度に比べて2.3倍大きくなる程度である。

⦿RC梁・柱のせん断ひび割れ強度式

梁　$$Q_c=\left\{\frac{0.085k_c(F_c+500)}{M/(Qd)+1.7}\right\}bj \qquad (付1.3\text{-}2)^{1)}$$

柱　$$Q_c=\left(1+\frac{\sigma_0}{150}\right)\left\{\frac{0.085k_c(F_c+500)}{M/(Qd)+1.7}\right\}bj \qquad (付1.3\text{-}8)^{1)}$$

ここに，

k_c ：部材せいに対する補正係数（$d>40$cmのとき0.72）
F_c ：コンクリートの圧縮強度（kgf/cm²）
$M/(Qd)$ ：シアスパン比
b ：部材幅（cm）
j ：応力中心距離＝$(7/8)d$(cm)
σ_0 ：軸方向応力度（＝N/bD）(kgf/cm²)

本項の単位系は，参考文献1）に記載されている重力単位系を用いている。

梁のせん断ひび割れ強度式式（付1.3-2）を，縦軸をQ_C/bj，横軸をF_cとして，$M/(Qd)$ に応じてプロットしたものが，**図1**である。この式の適用範囲は，近年の実験データの蓄積により，$F_c=60$N/mm²（≒600kgf/cm²）までとされている。

柱の場合の式（付1.3-8）は，梁の強度式に係数（$1+\sigma_0/150$）を乗じるので，その修正係数を横軸をσ_0として表現したものが，図2である。

梁のせん断ひび割れ強度は，図1の縦軸を近似的にτと考えると，τはおよそF_cに比例し，$M/(Qd)$ に反比例することが図からわかる。Q_c/bjの数値は，9〜25kg/cm²程度の値である。

（おさだ　あや，てらもと　たかゆき）

【参考文献】

1）2015年版建築物の構造関係技術基準解説書，国土交通省住宅局建築指導課ほか監修，2015年

18

寺本隆幸
東京理科大学名誉教授

鉄筋コンクリート構造のコンクリートの部位比率と鉄筋量

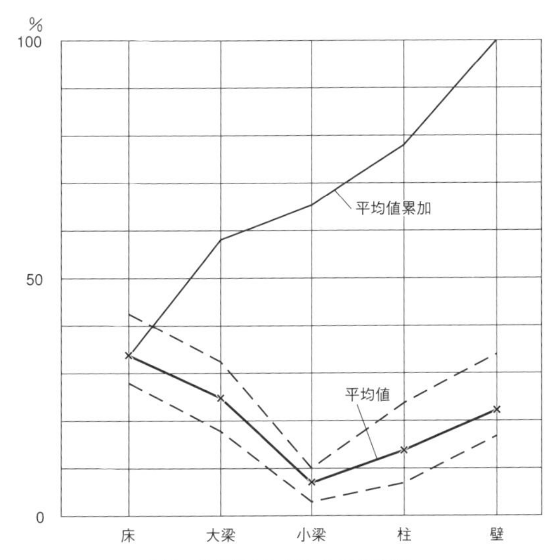

図1　各部位コンクリート量の比率

約30年前の古いデータであるが，鉄筋コンクリート造事務所建物17棟について，床スラブ・大梁・小梁・柱・壁のコンクリート量を計算し，その比率を求めたものが**図1**である。コンピュータ出力結果から求めているので，柱・大梁・小梁からは床スラブ厚相当のコンクリートを除いており，床部分コンクリート量は床のある建物平面の全面について算定している。

これを見ると，床スラブのコンクリート量が35％を占めており，最大の要素であることがわかる。延床面積当たりのコンクリート量は0.7m^3/m^{2}程度であるので，70cm × 0.35 = 24.5cmとなり，実際の床スラブ厚15cmの1.6倍程度となっている。これは，地下のない建物で考えると，コンクリートが打設されるのは1階床からR階床まであり，延床面積にはR階床が含まれていないので，n層の建物では（$n+1$）個の床があることになる。このため，床に関しては延床面積当たりのコンクリート量には，$(n+1)/n$の誤差が生じている。また，基準階においての施工床面積と延床面積との差異，階段部分の床が厚いこと，地下階がある場合には厚い基礎スラブがあること，などに起因していると思われる。

柱のコンクリート量は，設計者が時間をかけて検討する割には，10％程度と大きな要素ではない。当然，建築的な納まりなどからの制約は受けることになるが，使用資材量という観点からのみ考えれば，柱はもっと太くても影響は少ないことになる。

また，床・大梁・小梁の水平部材が合計65％と全体の2/3に当たり，残りの1/3が柱・壁といった鉛直部材である。

床スラブ・梁・柱・壁の各部位について，部材断面と使用鉄筋を仮定した代表的部材のコンクリート量当たりの鉄筋量を略算してみると，**表1**のようになる。

上記の各部位の平均的な鉄筋量に，部位当たりのコンクリート量を乗じて，全体のコンクリート量当たりの鉄筋量を算定してみると，**表2**のようになる。

大梁に使用している鉄筋量が一番多く32％であり，床スラブに使用している鉄筋量が28％と意外に多く，柱に使用している鉄筋量は少ないことがわかる。この数量は，断面当たりのネット数量であり，断面外への定着，その他を考え，1.2倍すると，108 × 1.2 = 130kg/m^{3}と通常のコンクリート量当たりの鉄筋量となる。

（てらもと　たかゆき）

表1　各部位の断面とコンクリート量当たりの鉄筋量

部位	代表的部材断面	鉄筋量 (kg/m^3)
床スラブ	厚120　主筋D10@200ダブル，配力筋D10@300ダブル	77
	厚140　主筋D10D13・D10@200，配力筋D10@200ダブル	88
大梁	350X800　主筋上端5-D25・下端3-D25，Str.D10@200，補助筋4-D10	143
	400X800　主筋上端6-D25・下端4-D25，Str.D13@200，補助筋4-D13	174
小梁	300X600　主筋上端3-D22・下端2-D22，Str.D10@200，補助筋2-D10	117
柱	800X800　主筋12-D25，Hoop D13@100	121
	700X700　主筋12-D22，Hoop D13@100	126
	600X600　主筋8-D22，Hoop D10@100	127
壁	厚160　D10@200　たてよこ ダブル	70
	厚180　D10D13@200　たてよこ ダブル	86
	厚200　D13@200　たてよこ ダブル	100

表2　各部位の使用鉄筋量

部位	コンクリート量当たりの鉄筋量×各部位比率＝各部位の全体コンクリート量当たりの鉄筋量	比率 (%)
床スラブ	85kg/m^3 ×0.35 ＝ 30kg/m^3	28
大梁	140kg/m^3 ×0.25 ＝ 35kg/m^3	32
小梁	120kg/m^3 ×0.05 ＝ 6kg/m^3	6
柱	125kg/m^3 ×0.15 ＝ 19kg/m^3	18
壁	90kg/m^3 ×0.20 ＝ 18kg/m^3	17
合計	108kg/m^3	100

19

大野義照
大阪大学名誉教授

最大ひび割れ幅と引張鉄筋比との関係

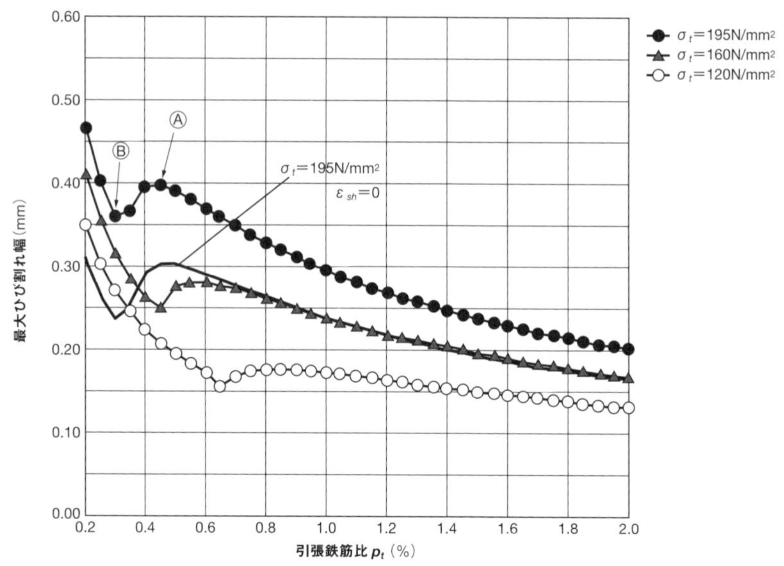

図1　最大ひび割れ幅と引張鉄筋比との関係　F_c=24，D25，$\varepsilon_{sh}=200\times10^{-6}$[1)]

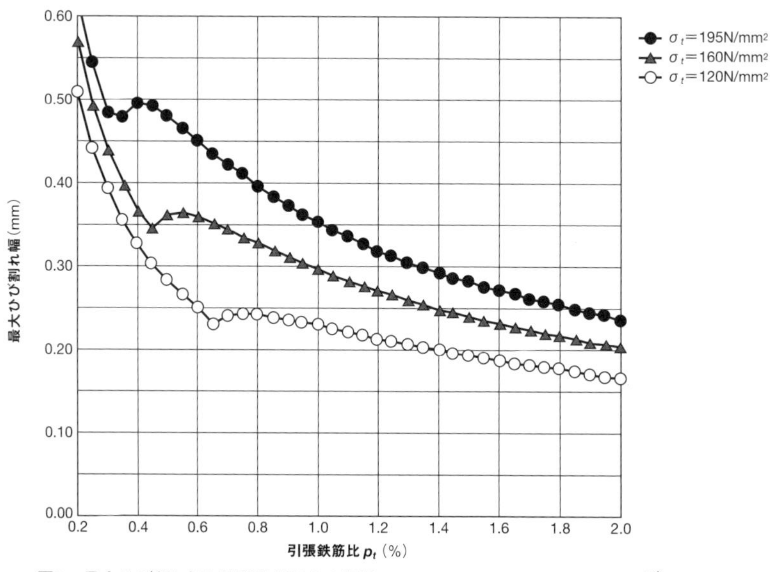

図2　最大ひび割れ幅と引張鉄筋比との関係　F_c=24，D25，$\varepsilon_{sh}=400\times10^{-6}$[1)]

⊙実務での役立て方

図には，梁における引張鉄筋応力度σ_tに対する制御目標値である最大ひび割れ幅と鉄筋比の関係が示されている。通常の断面設計では，短期荷重から断面が決まり，長期荷重による鉄筋応力度がチェックされる。その際に，図を用いてひび割れ幅の確認を行うことができる。なお，図はσ_tが120，160，195N/mm^{2}に対して作成されているが，その間の応力度に対しては線形補間をすればよい。鉄筋径の影響については，D25の場合に対する比率を後述している。

⊙RC　規準付7．長期荷重時におけるひび割れと変形における梁のひび割れ幅の算定式

最大ひび割れ幅：

$$w_{max}=1.5w_{av} \tag{1}$$

平均ひび割れ幅：

$$w_{av}=l_{av}\times\varepsilon_{s,\,av}+l_{av}\times\varepsilon_{sh} \tag{2}$$

ここに，w_{av}：平均ひび割れ幅，l_{av}：ひび割れ間隔，$\varepsilon_{s,\,av}$：平均鉄筋ひずみ，ε_{sh}：ひび割れ間乾燥収縮

平均ひび割れ間隔：

$$l_{av}=2\times\left(C+\frac{s}{10}\right)+k\frac{\phi}{p_e} \tag{3}$$

$k=0.1,\ C=(C_s+C_b)/2$

平均鉄筋ひずみ：

$$\varepsilon_{s,\,av}=\frac{1}{E_s}\left(\sigma_t-k_1k_2\times\frac{F_t}{p_e}\right) \tag{4}$$

$$k_1k_2=1/(2\times10^3\times\varepsilon_{s.\,av}+0.8) \tag{5}$$

ただし

$$\varepsilon_{s,\,av}\geq0.4\sigma_t/E_s \tag{6}$$

$$\varepsilon_{s,\,av}\geq(\sigma_t-105)/E_s \tag{7}$$

s ：鉄筋間隔　ϕ：鉄筋径

C ：かぶり厚　b：部材幅

D ：部材せい

x_n ：圧縮縁から中立軸までの距離

a_t ：鉄筋の断面積

E_s ：鉄筋のヤング係数

σ_t ：鉄筋の引張応力度

F_t ：コンクリートの曲げ引張強度

A_{ce}：有効引張断面積（$(2C_b+\phi)b$）

p_e ：有効引張鉄筋比（$=a_t/A_{ce}$）

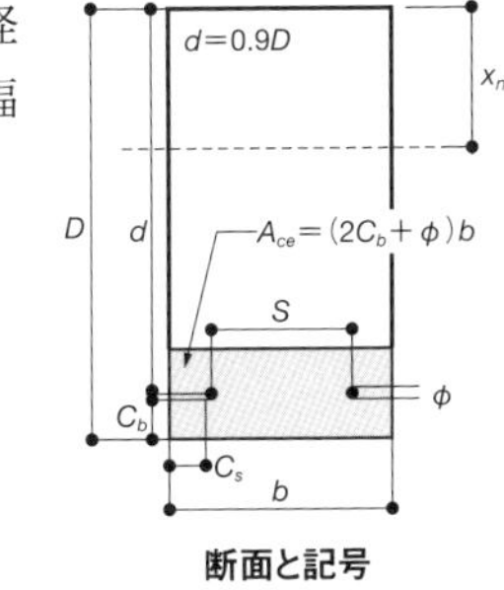

断面と記号

上記の式で計算されるひび割れは，鉄筋位置側面での幅である。梁のひび割れ幅は中立軸位置からの距離に比例し，引張縁で最も大きくなる。通常の断面の場合，$(D-x_n)/(d-x_n)$ は1.2以下なので，引張縁でのひび割れ幅は鉄筋位置高さでの幅の1.2倍とする。また引張鉄筋比p_tは，$p_e=a_t/(0.2/0.9)bd=4.5p_t$の関係より，有効引張鉄筋比$p_e$の1/4.5倍とする。このようにして得られた関係が，**図1，2**である。

引張鉄筋比p_tが小さくなると，ひび割れ間隔が大きくなることから，同じ鉄筋応力度に対して，ひび割れ幅は大きくなる。ただし，p_tが小さくなると，式（4）からわかるように，同じ鉄筋応力度に対する平均鉄筋ひずみは，コンクリートの協力度が大きくなるので小さくなり，図1の$\sigma_t=195$N/mm^{2}での場合で説明すると，A点からはひび割れ幅が小さくなる。コンクリートの強力度を過剰に評価しないように設けた制限が式（6）で，この式によってB点からp_tが小さくなると，急激にひび割れ幅は大きくなる。

⊙留意事項

鉄筋の長期許容応力度は，曲げひび割れ幅の制限から195または215N/mm^{2}に定められている。図1，2から，ひび割れ幅は鉄筋応力度だけでなく，鉄筋比や乾燥収縮の影響を大きく受けることがわかる。

図1に，$\varepsilon_{sh}=0$の場合の$\sigma_t=195$N/mm^{2}における，ひび割れ幅と引張鉄筋比の関係を記号なしの実線で書き加えている。この関係からコンクリートの乾燥収縮を考慮しない場合，すなわちひび割れ発生直後では，鉄筋応力度を長期許容応力度以下に制御しておけば，ひび割れ幅は0.3mm以下にほぼ制御できることがわかる。しかし，常時荷重下のひび割れを対象とすると，ひび割れ間のコンクリートの収縮ε_{sh}を考慮しなければならない。『プレストレスト鉄筋コンクリート構造設計・施工指針・同解説』では，梁に対して$\varepsilon_{sh}=200\times10^{-6}$としている。通常用いられているコンクリートの乾燥収縮は，JISの長さ変化試験の結果で，400〜800$\times10^{-6}$あるいは1,000$\times10^{-6}$と大きな幅があり，乾燥収縮が大きなコンクリートを用いる可能性がある場合はε_{sh}として，400$\times10^{-6}$程度は考慮することが望ましい。図2によると，$\varepsilon_{sh}=400\times10^{-6}$の場合$\sigma_t=160\times10^{-6}$でも，$p_t$が1%を下まわるとひび割れ幅は0.3mmを超える。

図3に，D35の場合の$w_{\max}$とp_eの関係を新たに示す。他の条件は図1と同じである。D25と比べて，$p_e=1$%で，0.1mm程度ひび割れ幅が大きい。鉄筋径が大きくなるとひび割れ間隔が大きくなるので，このようにひび割れ幅は大きくなる。その割合はD25を1とすると，D22は0.9，D29は1.2，D32は1.3，D35は1.4である。コンクリート強度は大きくなると，ひび割れ幅は小さくなるが，その影響は小さい。

（おおの　よしてる）

【参考文献】

1）日本建築学会：鉄筋コンクリート構造計算規準・同解説，2010年

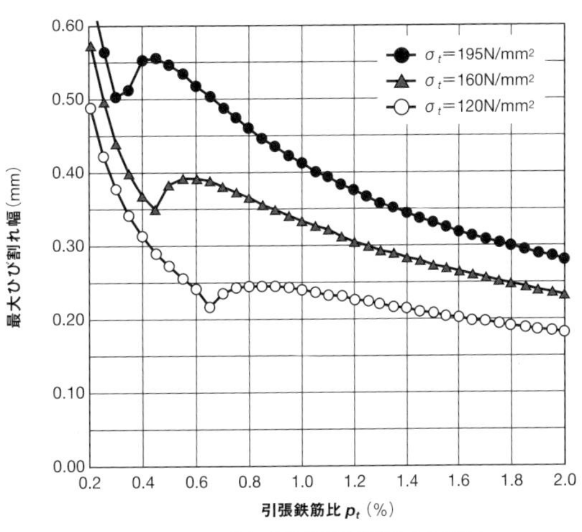

図3　最大ひび割れ幅と引張鉄筋比との関係
$F_c=24$，D35，$\varepsilon_{sh}=200\times10^{-6}$

福島順一
元第一工業大学工学部建築デザイン学科教授

二方向曲げを受ける柱の降伏局面(許容と終局)

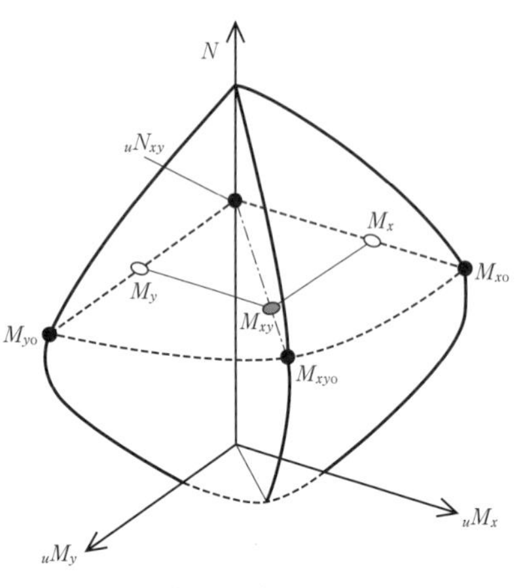

図1　二方向曲げ時の柱インタラクション（終局強度設計）

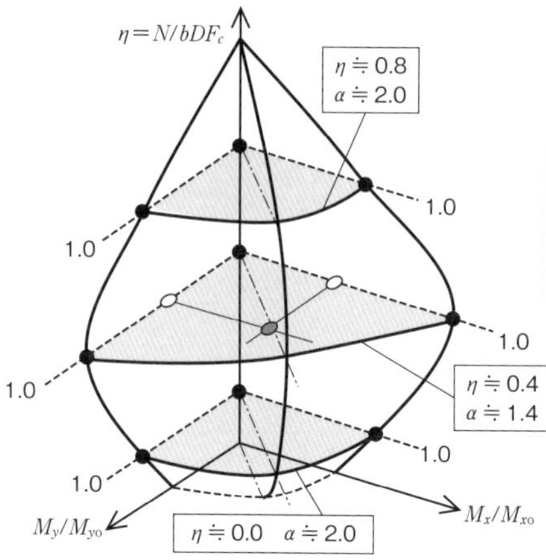

$\eta=N/bDF_c$
$\eta≒0.8$ $\alpha≒2.0$
$\eta≒0.4$ $\alpha≒1.4$
$\eta≒0.0$ $\alpha≒2.0$
M_y/M_{yo}　M_x/M_{xo}

図3より，$\eta≒0.4$近傍のM_{45}/M_0比は0.85であることから，これを下式の体裁で表すと相関係数は$\alpha≒1.4$となる。
$(M_x/M_{xo})^{\alpha}+(M_y/M_{yo})^{\alpha}=1.0$
同様に，軸応力度比が変化するとM_{45}/M_0比は1.0に近づき，この場合の相関係数は$\alpha=2.0$に近づく。

図3　相関係数α値と軸応力度比ηの関係（終局設計時）

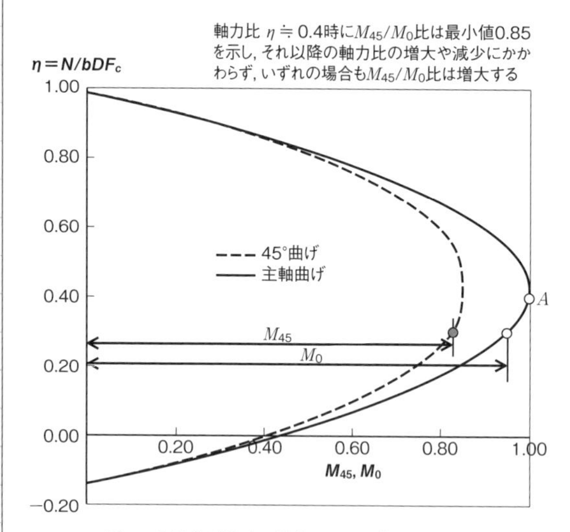

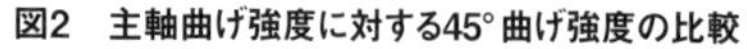

図2　主軸曲げ強度に対する45°曲げ強度の比較

参考文献2）の主軸曲げM_0と45°曲げM_{45}のインタラクション図を，主軸曲げ強度の最大値（A点）を基準（1.0）として描き直した模式図を表す

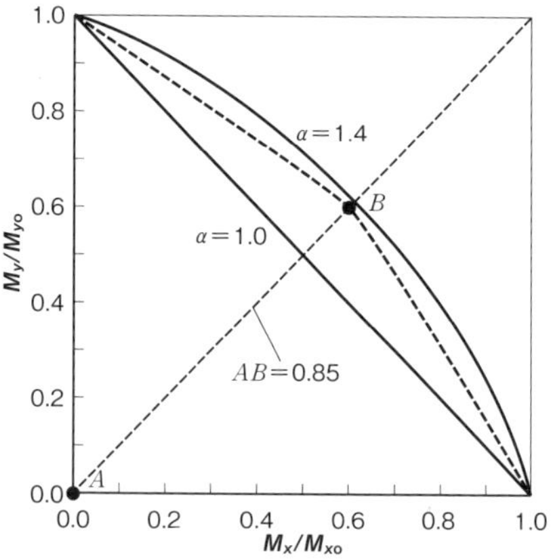

図4　二方向曲げを受ける柱の相関図

①AB=0.85：斜め45°の曲げ強度を一軸曲げの0.85倍とする考えを示し，これを式（1）の体裁で表すと$\alpha≒1.4$になる
②許容応力度設計：式（1）で$\alpha=1.0$とする（長期・短期とも）
③終局強度設計：式（1）で$\alpha=1.4$とする

⦿二方向曲げの検討基本式

大きな長期曲げモーメントを受けている柱が直交方向に地震応力を受ける場合や建物主軸と柱主軸が一致しない場合，あるいは梁主軸に対して柱が斜めに取り付く場合などでは，同時に二方向の応力を受ける柱として式（1）や**図4**を用いて断面検証を行う。

$$\left(\frac{M_x}{M_{xo}}\right)^{\alpha}+\left(\frac{M_y}{M_{yo}}\right)^{\alpha}\leq 1.0 \quad (1)$$

M_{xo}，M_{yo}：軸力の大きさを共通とし，それぞれの主軸方向に関する曲げ強度（許容，終局）を表す

M_x，M_y：主軸まわりの曲げ応力（斜め曲げ応力の場合は主軸まわりに成分を分解したときの曲げ応力）

α：配筋量や軸方向力の大きさによって変化する相関係数で，普通の柱ではほぼ$\alpha=1$～2の範囲にある

式(1)は文献1）に示されている二方向曲げ相関式で，各主軸まわりの曲げ余裕度（M_x/M_{xo}，M_y/M_{yo}）が，強度評価の基本となっている。**図1**は，軸方向力がある一定値の場合で二方向曲げを受ける柱の降伏局面を示す。許容

式と終局式とではインタラクションの形は異なるものの，同一軸力状態で曲げ余裕度を基本とする考えは共通である。なお，式(1)はおおむね正方形断面，かつ，多段配筋（出隅以外にも配筋）が条件であるから，これから大きく外れる場合は，二方向曲げ時のインタラクションを作成した別途の検討が望ましい。

⊙相関係数α値と軸応力度比ηの関係

ここで，相関係数α値について，許容応力度設計と終局強度設計とでは異なる傾向になることを説明する。まず，許容応力度設計では最外端位置の鉄筋やコンクリートの応力度が許容応力度に達した時点を許容限界とするから，柱断面のコーナー部（出隅部）の主筋応力やコンクリートの縁応力に注目すれば，長期短期の区別なく相関係数は$\alpha=1.0$（直線）になることは自明である。

一方，終局強度設計では，中間配置された多段配筋のすべてが圧縮応力あるいは引張応力に有効に抵抗することや，コンクリートの圧縮応力度分布形も断面内部ほど健全に抵抗することなどから，相関係数α値は$\alpha>1.0$になることが予想される。

その他，相関係数に影響を与える要因の一つに軸応力がある。**図2**は主軸曲げと45°方向曲げのインタラクションを比較したもので，参考文献2）の解析結果を軸応力度比ηと曲げ強度比の関係に描き直した模式図である。同図から，軸応力度比$\eta\fallingdotseq0.4$（釣合軸力比）近傍では45°曲げ強度は主軸曲げ強度の約0.85倍に低下（αは1.0に近づく）し，それ以外の軸応力度比では両者の曲げ強度は接近する（αは2.0に近づく）傾向であることが伺える。**図3**はこの傾向を視覚的に表したもので，このように相関係数は軸応力度にも影響を受けることが理解できよう。

一方，45°方向の終局強度を，楕円（$\alpha=2.0$）として考えた場合の0.85倍とする扱いが参考文献2）100頁解説図5.2.10に紹介されている。これは，図2の$\eta\fallingdotseq0.4$における曲げ強度比$\fallingdotseq0.85$とも一致し，この傾向を式(1)の様式で表すと相関係数は$\alpha=1.36\rightarrow1.4$になる。同文献では，終局状態の相関係数を軸応力度とは無関係に一律に$\alpha=1.4$とすれば，安全側の強度が得られることが述べられている。

⊙留意事項

①式(1)における相関係数は，許容応力度設計では$\alpha=1.0$，終局強度設計では安全側に$\alpha=1.4$とする。

②通常の設計では，XY方向それぞれ独立して「曲げ応力＋軸力」の組合せで主筋量の検討を行う。しかし，二方向曲げを検討する場合は応力の同時性を対象としているから，一つの作用軸力に対してX方向とY方向の各曲げ余裕度を求め，図4や式（1）に適用して合否を判定する。

③許容応力度設計における二方向曲げの検討は，各主軸のインタラクションを長期・短期のいずれかに揃える。例えば，X方向の長期応力が卓越する柱にY方向の地震力（短期）が作用した状態を検討する場合，X方向の余裕度も短期インタラクションを用いて求め，軸力にはY方向地震時の変動軸力を加味する。

④終局強度設計における二方向曲げの検討は，各主軸のインタラクションを終局時に揃え，各主軸のメカニズム時曲げ応力と曲げ強度との比（余裕度）を式(1)あるいは図4に適用する。

⑤出隅柱のように斜め入力の考慮が必要な場合の変動軸力は，XY両方向からの影響を適切に考慮する。例えば，式(2)はピロティ階柱に作用する二方向地震入力時の変動軸力の略算法[3]を示したもので，これを参考に主軸まわりの余裕度を計算し，式(1)あるいは図4に適用する。

$$N=N_L\pm N_E\pm0.5N_E^{\prime} \quad (2)$$

N：地震時に柱に作用する軸力

N_L：長期軸直

N_E：主軸方向の地震時変動軸力

$N_E^{\prime}$：直交方向の地震時変動軸力

⊙実務での役立て方

①長期曲げが卓越する隅柱では，前もって図4を利用する。柱の曲げ設計は長期で決まることが少ないことを前提に，従来から方向別に独立した検討がなされている。しかし，この条件から外れる場合，例えば大きな長期曲げを受ける隅柱などでは断面変更が生じないように，あらかじめ図4を利用して二方向曲げを検討しておくとよい。図4のXY軸は，それぞれ軸力を共通値とした場合の曲げ余裕度であり，短期設計では$\alpha=1.0$，2次設計（終局時）では安全を考慮して$\alpha=1.4$とした曲線の範囲内に，余裕度が入ることを確認する。

②釣合軸力近傍（$\eta\fallingdotseq0.4$）では要注意（2次設計時）

図3に示すように，式(1)のα値は釣合軸力近傍で最小になり，直交方向の影響を最も強く受け，二方向曲げ時の曲げ強度は大きく低下する。断面変更などの設計手戻りが生じないよう，事前の断面検討が望ましい。

（ふくしま　じゅんいち）

【参考文献】

1）日本建築学会：鉄筋コンクリート構造計算規準・同解説，pp.138-141，2010年

2）日本建築学会：鉄筋コンクリート造建物の靱性保証型耐震設計指針・同解説，p.358例図6.2.1，1997年

3）国土交通省住宅局建築指導課ほか監修：2015年版建築物の構造関係技術基準解説書，p.746（付1.6-10），2015年

RC・SRC造

21

福島順一
元第一工業大学工学部建築デザイン学科教授

RC接合部の短期許容せん断力

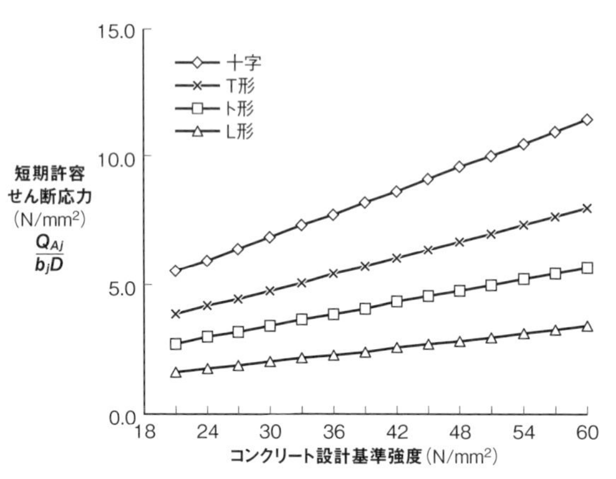

図1　柱梁接合部の短期許容せん断応力とコンクリート設計基準強度との関係

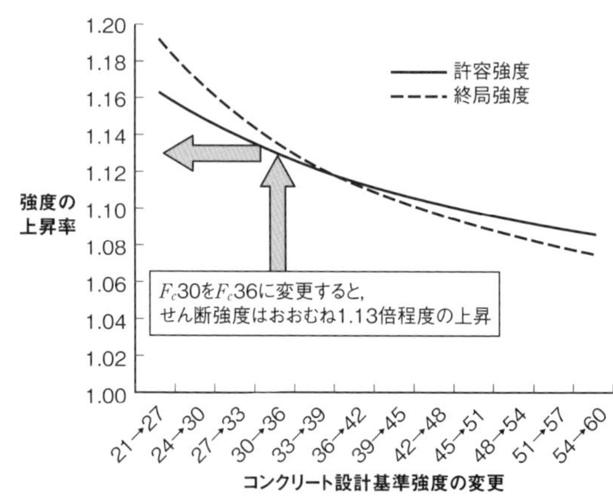

図2　F_cの上昇（Δ6N/mm²アップ）に伴うせん断強度の上昇率

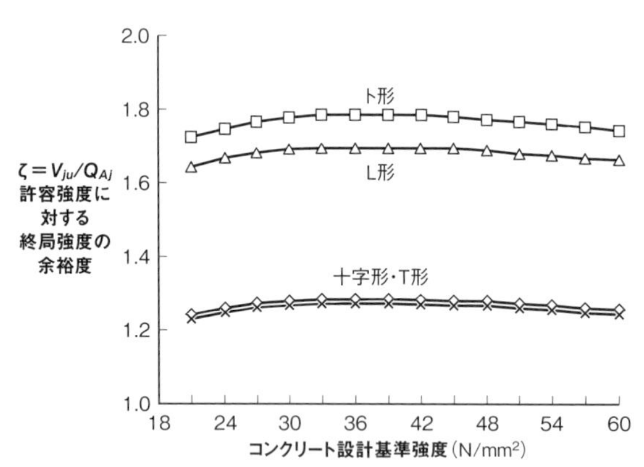

図3　柱梁接合部の許容せん断力の余裕度（両側直交梁付き）

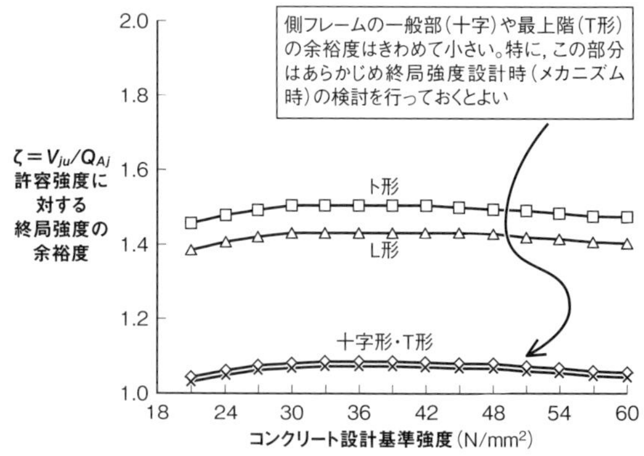

図4　柱梁接合部の許容せん断力の余裕度（片側直交梁付き）

⦿接合部の検討が求められた背景

従来から柱梁接合部の重要性は指摘されてはいたが，壁梁が偏心して取り付く特別な場合などを除いて，今までの地震で特に問題となる被害が出なかったことから，実務設計では主に構造規定（補強筋間隔など）にのみ頼った設計が長い間行われていた。

しかし，1995年兵庫県南部地震では，新耐震以降のいくつかの建物において柱梁接合部に大きな被害が生じ，改めて柱梁接合部の耐震安全性を確保することの重要性が認識された。このような被害を教訓に，1999年版日本建築学会RC規準において，接合部の短期許容せん断力式（1）が提示され，以降，柱梁接合部の検証が義務づけられるようになった。さらに，2010年版日本建築学会RC規準[1)]において，短期の考えが損傷制御と安全性確保の二段階に区分され，柱梁接合部は安全性確保を目標とする検証法として位置づけられた。

⦿RC接合部のせん断強度式

(a)　短期許容せん断力[1)]

$$Q_{Aj} = k_A\ (f_s - 0.5)\ b_j D \tag{1}$$

k_A：柱梁接合部の形状による係数（3～10）

f_s：コンクリートの短期許容せん断応力度

b_j：柱梁接合部の有効幅

D：柱せい

(b) せん断終局強度[2)]

$$V_{ju} = k\phi F_j b_j D_j \quad (2)$$

k ：柱梁接合部の形状による係数（0.4〜1.0）

ϕ ：両側直交梁有無の影響を表す係数（両側梁付き1.0，その他0.85）

F_j：柱梁接合部のせん断強度の基準値

b_j ：柱梁接合部の有効幅

D_j：柱せいまたは90°折曲げ筋の水平投影長さ

(c) 接合部せん断強度の二軸相関関係式[2)]

$$({}_xV_j/{}_xV_{ju})^{\alpha} + ({}_yV_j/{}_yV_{ju})^{\alpha} \leq 1.0 \quad (3)$$

${}_xV_j$，${}_yV_j$ ：接合部せん断力の直交二方向成分

${}_xV_{ju}$，${}_yV_{ju}$：直交二方向の一軸せん断強度

α：接合部せん断強度の二軸相関関係を定める係数で2.0とする

⊙接合部強度に補強筋は寄与しない

式(1)で表される短期許容せん力に補強筋は関与せず，形状係数・コンクリート強度・柱等価水平断面積にのみ影響を受ける。その理由は，2010年版日本建築学会RC規準189頁解説に示すとおりであり，補強筋量の増大によって接合部強度の上昇は図れないことに留意する。**図1**に，短期許容せん断応力とコンクリート強度との関係を示す。**図2**は，コンクリート強度の上昇によってせん断力の上昇を図るのは難しく，例えば，F_c30からF_c36へ6N/mm^{2}のコンクリート強度の上昇では，約13％程度の強度上昇しか期待できないことを示す。手戻りにならないように，構造計画段階での適切な断面設定が望ましい。

⊙側ラーメンの十字形接合部とT形接合部に注意

一方，式(2)は，式(1)の原形となった柱梁接合部のせん断終局強度式[2)]である。この式を用いて許容強度に対する終局強度の余裕度（ζ＝式(2)/式(1)）とコンクリート強度との関係を示したのが**図3**および**図4**である。特に図4は，直交梁が片側にしか付かない「側ラーメンの接合部」を示し，十字形とT形の余裕度はζ＝1.05〜1.10と，かなり低いことがわかる。一般に，柱梁接合部に作用する応力（メカニズム時曲げモーメント）は，主筋強度の上昇やスラブ筋などの考慮によって1〜2割程度は上昇するから，余裕度の少ない側ラーメンの十字形やT形の接合部については，終局状態の検討を先行して行っておくことが望ましい。

また，加力方向に傾斜して設けられた柱梁接合部は，せん断力の二軸相関を考慮する。式(3)はこのような状態の相関式を示し，直交二方向のせん断力に対する各主軸

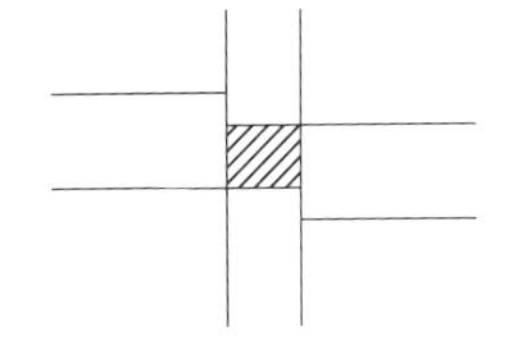

図5　左右で梁せいなどが異なる場合の接合部ゾーン

のせん断強度との比（余裕度）の二乗和を判定の基本としている。詳細は，2010年日本建築学会RC規準解説189頁，あるいは参考文献2）を参考にするとよい。

⊙留意事項

①柱梁接合部の帯筋比は0.2％以上とする。1999年版RC規準から新たに加わった接合部の最小帯筋比の規定である。「一般部分の帯筋間隔の1.5倍以下かつ150mm以下」とする構造規定のみで設計すると，0.2％を満たさない場合がある。また，この最小帯筋比規定は参考文献3）にも明記されているので注意する。

②左右で梁せいや梁レベルが異なる場合などでは，接合部ゾーンは**図5**のハッチ部分であり，それ以外のゾーンは柱の帯筋規定に準ずる。

③2010年版RC規準において，式(2)に基づいてせん断破壊に対する安全性の検討を行えば，式(1)の検討は不要であることが述べられている。よって，図3，図4の傾向から判断して，余裕度の少ない一般部分（十字形）と最上階（T形）については，あらかじめ終局状態を検討しておくことを勧めたい。

④大スパン梁を受ける出隅の柱梁接合部や主軸に対し傾いて配置されている柱梁接合部は，式(3)によって二軸応力状態を考慮する。

⊙実務での役立て方

接合部のせん断強度は，取り付く柱のせいDに大きく依存し，反面，コンクリート強度の影響は緩慢である。補強筋効果も見込めないから，接合部強度アップのために柱断面が増加することもある。図3や図4に示すように，十字形やT形の接合部は許容強度と終局強度の差が少ないことから，2次設計で接合部の適否が定まることも多い。よって，図1の許容せん断力に，図3または図4の余裕度（縦軸の値）を乗じれば終局強度が求まるから，略算的に2次設計の検討ができる。

（ふくしま　じゅんいち）

【参考文献】

1）日本建築学会：鉄筋コンクリート構造計算規準・同解説，pp.150–154，2010年

2）日本建築学会：鉄筋コンクリート造建物の靱性保証型耐震設計指針・同解説，p.245（8.3.1）式，p.249（解8.3.6）式，1997年

3）国土交通省住宅局建築指導課ほか監修：2015年版建築物の構造関係技術基準解説書，p.397④，2015年

22

寺本隆幸
東京理科大学名誉教授

鉄筋コンクリート構造の資材量

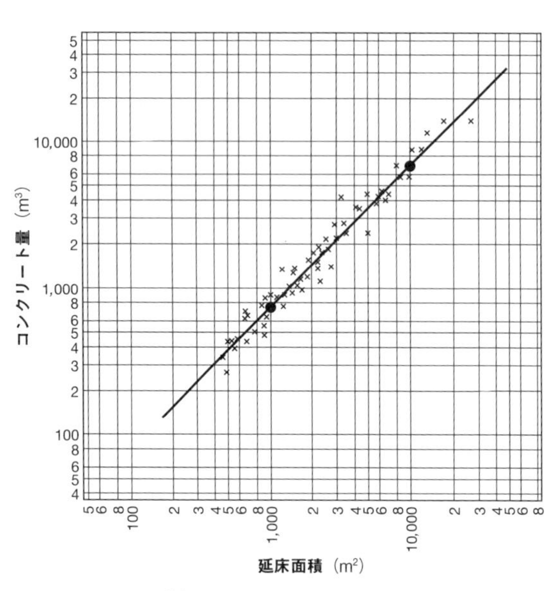

(a) 延床面積～コンクリート量

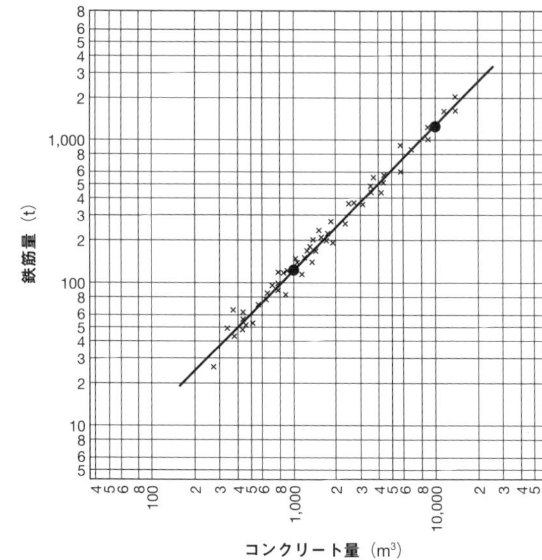

(b) コンクリート量～鉄筋量

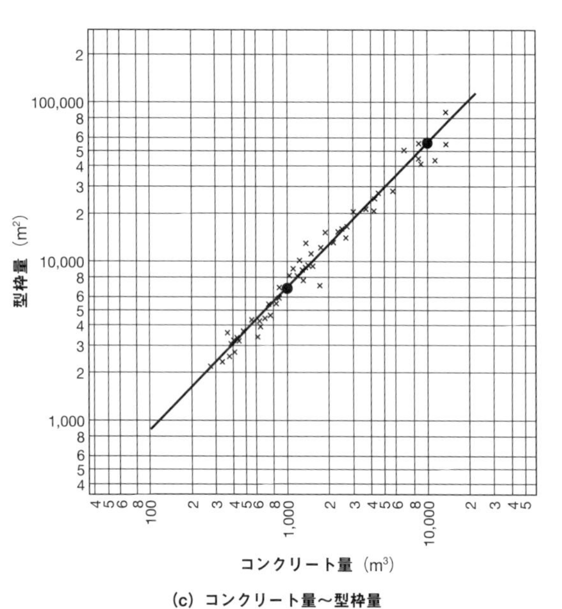

(c) コンクリート量～型枠量

- コンクリート量
  1,000m²……0.75m³/m²
  10,000m²……0.7m³/m²
- 鉄筋量
  1,000m³……125kg/m³
  10,000m³……130kg/m³
- 型枠量
  1,000m³……7.0m²/m³
  10,000m³……5.5m²/m³

図1　鉄筋コンクリート造建物の延床面積・コンクリート量・鉄筋量・型枠量の関係

⊙実務での役立て方

鉄筋コンクリート造建物において，実際に使用されるコンクリート量・鉄筋量・型枠量といった躯体数量は，建物ごとに異なるものであり，構造設計の過程において，部材断面を決定していった結果として躯体数量が定められる。しかし，構造設計者としては，自分の設計する建物にどの程度の数量の構造材料を使うつもりであるかを，具体的な設計行為を始める前に想定しておくべきであろう。

このために，過去に設計された建物の躯体数量の統計的データを，手持ち資料として利用することができる。もちろん，建物が複雑な場合や，吹抜部が大きい場合などには，躯体数量を部分的に計算した結果から推定して，過去の数値を修正して全体の躯体数量を予測する必要がある。

⦿資材量データ

30年ほど前の古いデータであるが，鉄筋コンクリート造建物の平均的な構造躯体数量を推定するために，90棟の事務所建物の躯体数量をデータとしてまとめたものが**図1**である。図1にプロットされた点は，各鉄筋コンクリート造建物について構造設計者が長い時間をかけて設計行為を行った結果であるが，このような躯体数量の統計量として見ると，以外にもばらつきの少ない傾向となっている。

経験的に，コンクリート量は建物面積に比例すると思われるが，建物面積としては，延床面積を使用した。この面積はいわゆる法定床面積であり，必ずしも実際にコンクリートが打設された部分の面積を表しているわけではないが，統計的に扱う際に入手しやすい数値であることから採用した。また，地下のない建物で考えると，コンクリートが打設されるのは1階床からR階床まであり，R階床は床面積に含まれていないので，n階の建物では（$n+1$）個の床があることになる。このため，床・梁の資材量に関しては$(n+1)/n$の誤差が生じるが，この影響を無視して単純に延床面積により床面積を代表させた。

両対数軸に使用躯体数量をプロットしてみると，いくつかの数量の間に直線的な関係が得られた。コンクリート量はおおむね延床面積に比例し，鉄筋量はおおむねコンクリート量に比例し，型枠量はコンクリート量に比例しているようである。

概略の平均的な数量は，

- コンクリート量（延床面積当たり）
  延床面積　1,000m^{2}で　0.75m^3/m^2
  延床面積　10,000m^{2}で　0.70m^3/m^2
- 鉄筋量（コンクリート量当たり）
  コンクリート量　1,000m^{3}で　125kg/m^3
  コンクリート量　10,000m^{3}で　130kg/m^3
- 型枠量（コンクリート量当たり）
  コンクリート量　1,000m^{3}で　7.0m^2/m^3
  コンクリート量　10,000m^{3}で　5.5m^2/m^3

となっている。

しかしながら，この関係は両対数軸による表示のために，相関がよいように見えることに注意すべきである。コンクリート量と延床面積の関係の個々の点を詳細に見てみると，そのばらつきは非常に大きく，場合によると同じ延床面積でコンクリート量が2倍にもなっている。当然，延床面積以外にも変動要因が考えられ，個々の建物の平面形状・外壁面積・地上地下比率・壁の多い少ない・施工床面積と基準法床面積の比率などが，その他の変動要因と考えられるが，その影響を定量的に把握することは困難である。

鉄筋量は，コンクリート量に対して安定した関係が得られている。これは，梁には0.2％以上のせん断補強筋を入れるとか，耐震壁の補強筋量が壁厚ごとに決められていたりして，各設計組織において使用鉄筋量の最小値が仕様規定として定められているので，その影響を受けて変動が少ないものと思われる。

型枠量については，床スラブは下面しか型枠を使用しないので，型枠量は少なく，壁では両面で型枠を使用するので，型枠量は多くなる。床面積が増加しても，外壁やコア壁など壁量は比例的には増加しないので，相対的に床面積当たりの壁量が減少する。このため，床面積が増加してコンクリート量が増加すると，コンクリート量当たりの型枠量は減少することになる。

平均的な使用躯体数量としては，概算的な数量を認識するための一資料として考えれば，以下のようになる。

- コンクリート量（延床面積当たり）　0.7m^3/m^2
- 鉄筋量（コンクリート量当たり）　130kg/m^3
- 型枠量（コンクリート量当たり）　5〜7m^2/m^3

なお，この検討を行ったときに，上記の建物の特徴を表すパラメータ（建物の平面形状・外壁面積・地上地下比率・壁の多い少ない・施工床面積と基準法床面積の比率など）を使用した多変量解析により，よりよい近似が得られないかを検討したが，良好な結果は得られなかった。また，その後に1981年の建築基準法改定の前と後での躯体数量も検討したが，個々の資料のばらつきの方が大きく，有意な差は見られなかった。

ここで示した数量は，ある設計組織において得られた古いデータによるものである。各構造設計者が自分たちで設計した建物の躯体数量データを入力して，用途別のデータベースを作成しておくと，概算数量の推定に利用したり，自分が設計した結果の躯体数量がどのような位置づけになっているかを確認するときに，役立つものと考えられる。

（てらもと　たかゆき）

【参考文献】

1）杉原健児ほか：統計確率的手法による建築費概算把握に関する研究，第1回電子計算機利用シンポジウム，日本建築学会（1979年3月）

23

瀧口克己
東京工業大学名誉教授

SRCの累加強度

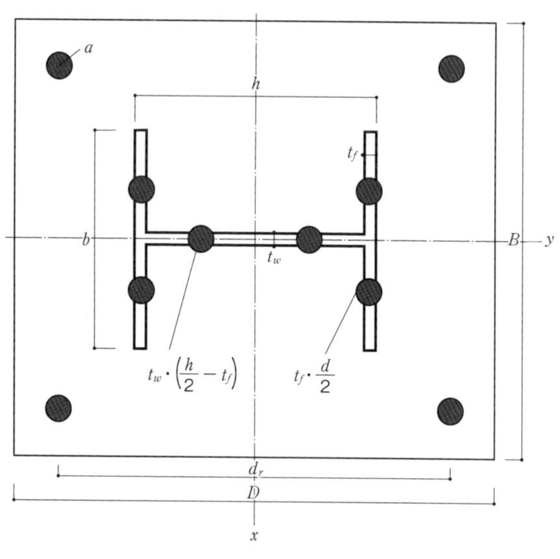

図1　SRC断面例とモデル化例

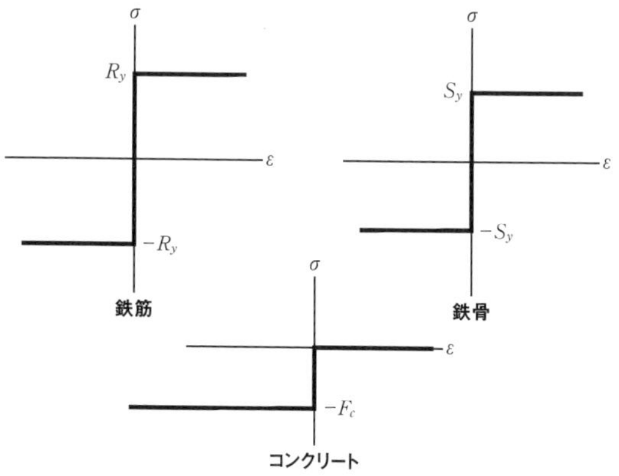

図2　剛完全塑性の仮定

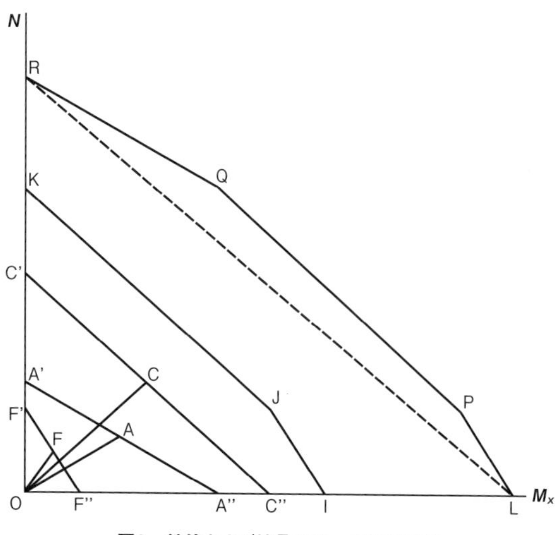

図3　鉄筋および鉄骨のM_x－N相関曲線

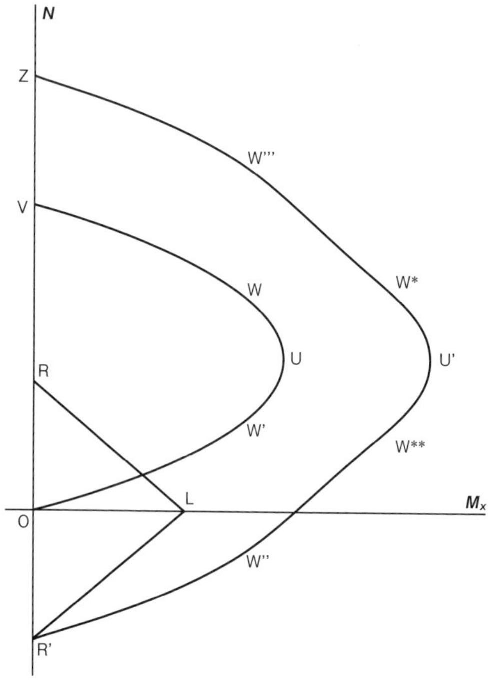

図4　SRC断面のM_x－N相関曲線

⦿はじめに

SRCはそのよい例であるが，異種材料の複合構造部材断面の曲げ耐力を算定する場合，累加強度の考え方に基づき，図を用いれば，大変便利である。

簡便な算定式をつくるときも，図示による理解が不可欠である。ここで，累加強度の考え方による図式解法について述べる。

⦿剛完全塑性と外凸性

材料の応力・ひずみ関係を，**図2**のように，剛完全塑性と仮定する。安定した応力・ひずみ関係の材料であれば，断面の曲げモーメント・軸力強度相関曲線は外に凸となる。

外凸を仮定して論を進める。いろいろな断面で計算してもそうなり，かつ，そう仮定しても種々の力学原理と矛盾しないからである。安定材料の降伏曲面を，外凸と仮定するのと同じである。

原点を通る直線も，原点を通る円も，原点から外に向かって凸の条件を満たしている。

⦿累加則

断面が安定な異種あるいは同種材料で構成され，材料間の適切な力の伝達が可能な場合，この複合断面の強度は，各材料による強度を累加して求めることができるというのが，累加則である。累加強度曲面が最も大きくなるように，強度を足し合わせる。

各材料による強度曲線が原点から外に凸と仮定すれば，図上で累加するのは簡単である。累加強度に関しては，参考文献1）でも論考しているので，参考にしていただきたい。

⦿*M*－*N*強度相関曲線

ここで，**図1**に示すSRC柱断面の曲げモーメント-軸力（$M-N$）強度相関曲線を考える。簡単のために，断面はx，y両軸に関して対称であるとする。

鉄骨，鉄筋，コンクリートの応力-ひずみ関係は，図2に示すように剛塑性であるとする。

これも，簡単のためであるが，鉄骨の断面は図1の黒丸印で示したように，集中しているものと考える。今，曲げモーメントとしてはx軸まわりのもの，M_xを対象とする。

鉄骨と鉄筋はx軸に関して対称であり，塑性応力は正負同値としているから，M_x-N曲線はM_x，N両軸に関して対称となる。

鉄骨ウエッブのx軸に関して，片側のみの相関曲線は**図3**のOF直線となる。片側のみを考えているのでM_x，N軸に関して対称とはならず，原点に関して点対称となる。その曲線とN軸に関して対称となるのが，x軸に関して逆側の鉄骨ウエッブの相関曲線である。その曲線を累加すれば，鉄骨ウエッブの相関曲線が求まり，それはM_x，N両軸に関して対称になり，第一象限では図3のF'FF''となる。同様にして，鉄筋の相関曲線A'AA''，鉄骨フランジのC'CC''が求まる。F'FF''とC'CC''を累加すればKJIとなり，KJIとA'AA''を累加すれば，RQPLとなる。

ここで，強度を少し少なめに評価しておいても大きな問題はない場合であるとして，簡単のために相関曲線RQPLを簡略化する。直線RLを，鉄骨および鉄筋の累加曲線であると考える。

コンクリート断面のM_x-N相関曲線は，**図4**でVWUW'Oの2次曲線となる。コンクリートは引張応力を伝えない仮定であるから，相関曲線はM_x軸に関しては非対称である。N軸に関しては対称であり，N軸との交点が特異点となる。図4のNは軸力であり，圧縮を正とし，N軸の上方向に描くこととする。コンクリート断面の相関曲線に，鉄骨と鉄筋の相関曲線とを累加すれば，SRC断面の相関曲線となる。

SRC断面のM_x-N強度相関曲線は，図4のZW'''W*U'W**W''R'となる。W'，W''，W**点およびW''W**直線の接線勾配は，直線R'Lの勾配に等しく，W，W'''，W*点およびW'''W*直線の接線勾配は直線RLの勾配に等しい。

U'点の曲げモーメントM_x（U'）は，概算で次式となる。

$$M_x(\mathrm{U'})=(1/8)\cdot B\cdot D^2\cdot F_c+2\cdot a\cdot R_y\cdot d_r$$
$$+t_f\cdot S_y\cdot b+(1/4)\cdot t_w\cdot h^2\cdot S_y$$

図3，図4から，鉄骨，鉄筋，コンクリートが負担しうる力の概略がよく理解できる。

⦿モデル化の妥当性

断面のモデル化，材料の応力・ひずみ関係の仮定，相関曲線の単純化，などの妥当性は，当然のことながら，結果を何に使うのかによって判断される。

技術分野で何かを算定する場合，何らかのモデル化は必須である。常に，算定結果の使用目的からモデル化の妥当性は検討されなければならない。妥当性を検討する際も，図で表現されたものがあれば大変便利である。

一例を示す。図4で，W''点とW**点間の曲げ強度は，コンクリートのM_x-N曲線上のW'点に，鉄骨と鉄筋のM_x-N曲線モデルR'Lを加えたものである。断面が図1の柱に加わる最大せん断力を検討するために，柱端に生じうる最大曲げモーメントを算定する場合は，図4より少し大きく考えておくべきであろう。

⦿実務での役立て方

複合構造部材に許容される断面力は，許容応力度から算出するのではなく，終局耐力と安全率から決定する方が理に適っている。ただ，それは許容応力度設計法という大きな枠組みからは，外れてしまう。

複合構造部材の各構成材料が，部材の終局耐力にどのように寄与しているかを示す図は，構成材料のバランスを考えるうえで必須であろう。$M-N$強度相関曲線は，複合構造部材を設計するときに不可欠な図である。

力学特性の作図をしながら設計する利点の一つは，モデル化や仮定の妥当性に立ち返って考えることができるということである。

数値計算機のプログラムに支配されることなく，それを上手に利用するための訓練は重要である。

（たきぐち　かつき）

【参考文献】

1）瀧口克己：非線形構造力学─構造物の多軸挙動と塑性論─，数理工学社，2002年

24

堀 富博
シグマ建築構造研究所

CFT円形鋼管柱充填コンクリート部終局曲げ耐力算定図表

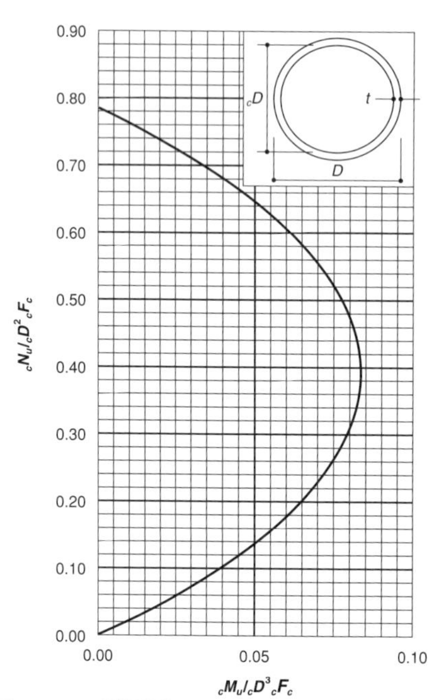

図1　CFT円形鋼管柱充填コンクリート部終局曲げ耐力

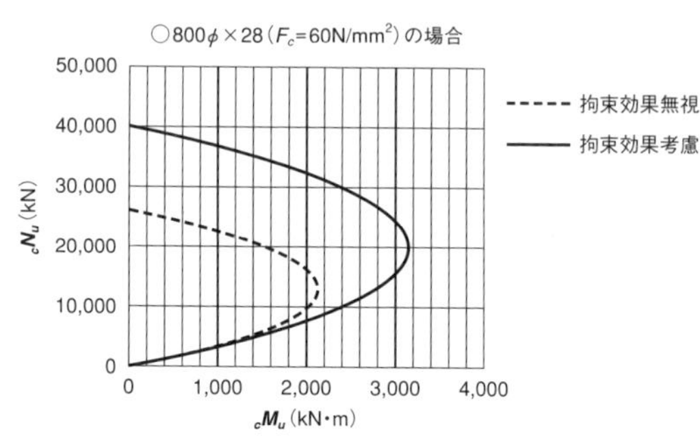

図2　円形鋼管拘束効果の有無による充填コンクリート部終局耐力比較

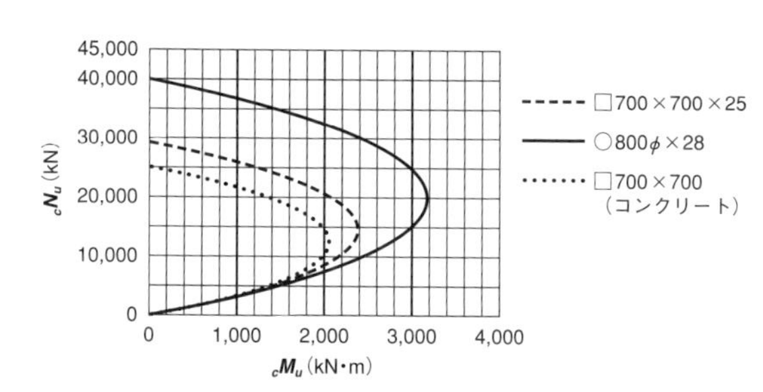

図3　円形，角形鋼管充填コンクリート部終局耐力比較（F_c=60N/mm²）

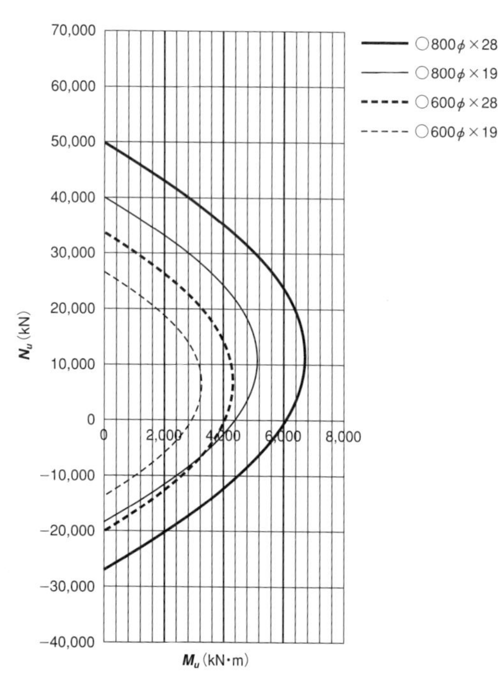

図4　CFT柱の終局M–N曲線例（F_c=36N/mm²）

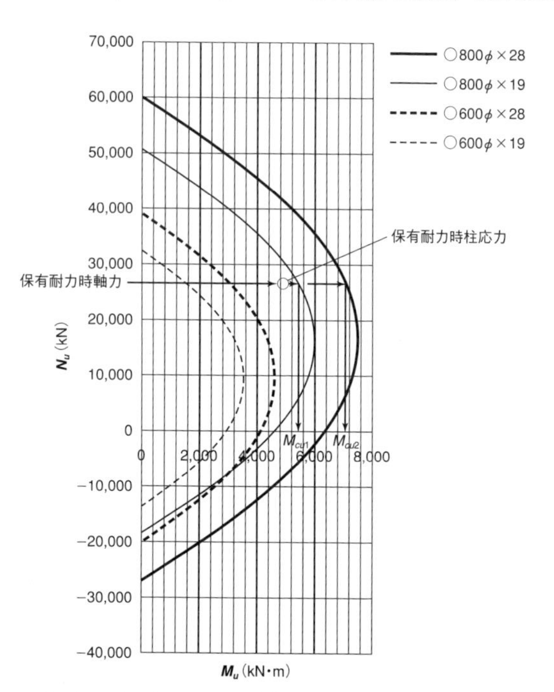

図5　CFT柱の終局M–N曲線例（F_c=60N/mm²）

⦿CFT円形鋼管柱の特長

中空鋼管にコンクリートを充填すると，鋼管と充填コンクリートが相互に拘束しあうことにより，鋼管の座屈防止および充填コンクリートの耐力増大に効果があることは，数多くの実験・研究結果により明らかにされてきた。2002年の告示化や日本建築学会および新都市ハウジング協会の設計指針・技術指針などの整備もあり，近年では，CFT鋼管柱は，中低層から高層・超高層ビルまで広く用いられるようになってきている。中でも円形鋼管構造は，充填コンクリートから作用する面外力に対して円周方向の引張力で抵抗するので，平坦部の面外板曲げで抵抗する角型鋼管と比べて拘束効果が高く，耐力・靭性および耐火性にも優れた性能と経済性を併せもつ構造といえる。

⦿CFT円形鋼管柱充填コンクリート部終局耐力

軸力と曲げを受けるCFT円形鋼管柱の充填コンクリート部，および鋼管部の終局曲げ耐力は，軸力との相関を考慮して，以下の式で表される。

【充填コンクリート部】

$${}_cN_u = (\theta - \sin\theta\cos\theta)\cdot({}_cD^2\cdot{}_cF_c)/4 \quad (1)$$

$${}_cM_u = \sin^3\theta\cdot({}_cD^3\cdot{}_cF_c)/12 \quad (2)$$

ここで，${}_cF_c = F_c + 1.2\cdot 2t/{}_cD\cdot{}_s\sigma_y$（拘束効果考慮）

${}_cF_c = F_c$（拘束効果考慮しない場合）

${}_s\sigma_y$：鋼管の降伏応力度（$=1.1F$）

【鋼管部】

$${}_sN_u = {}_sA/\pi\cdot\{0.82\cdot\theta - 1.12\ (\pi-\theta)\}\cdot{}_s\sigma_y \quad (3)$$

$${}_sM_u = {}_sA/\pi\cdot(1.94\cdot r\sin\theta)\cdot{}_s\sigma_y \quad (4)$$

ここで，${}_sA$＝鋼管断面積

式（1），式（2）を充填コンクリート径および強度で，無次元化したグラフを，**図1**に示す。充填コンクリートの終局曲げ耐力線としては，軸力項に，${}_cD^2\cdot{}_cF_c$，曲げ項に${}_cD^3\cdot{}_cF_c$を乗じることで得られる。ここで${}_cD$は（円形鋼管直径$-2t$）で与えられ，二乗あるいは三乗で効いてくるので，鋼管径や板厚のコンクリート部耐力への影響は大きい。○800ϕ×28，490材，$F_c=60\text{N/mm}^2$の，拘束効果の有無による充填コンクリート部終局耐力比較事例を，**図2**に示す。

式（1）～（4）中の${}_cF_c$の算定式，および鋼管部終局耐力は参考文献1）の指針式によっている。

この指針では，CFT円形鋼管で拘束効果を見込むことができるのは，$h_0/D\leqq 6$（h_0：CFT柱内法高さ，D：円形鋼管直径）の条件を満たす場合としている。

また，図1から無次元化圧縮応力度0.4（充填コンクリート部の軸力比で0.5に相当）の近傍で最大曲げ耐力を有することがわかり，これは，CFT柱として鋼管の耐力線と累加した場合にも，最大曲げ耐力を与えることになる（**図7**）ので，効率的な断面を決定する際の目安となる。実際には，当該柱に期待する靭性値や無耐火被覆とする場合の充填コンクリート部の軸力比などを考慮して，最適な円形鋼管断面を決定することになる。

CFT円形鋼管とほぼ同一のコンクリート断面積・鋼管断面積を有する角形鋼管および拘束効果のないコンクリート断面との終局耐力比較を，**図3**に示す。CFT円形鋼管構造は，拘束効果による耐力増大効果が高いことがわかる。

⦿CFT柱としての終局耐力

図1で，軸力・曲げについて縦・横軸の分母の値を乗じれば，充填コンクリート部の終局耐力線が得られ，円形鋼管の耐力線と累加することで，CFT柱としての終局耐力線を描くことができる。この場合，単純累加と一般化累加によって，耐力線は若干異なってくる（図7）。例として，引張強度490N/mm^{2}の円形鋼管に$F_c=36\text{N/mm}^2$，60N/mm^{2}のコンクリートを充填したCFT柱の一般化累加終局耐力線を**図4，5**に示す。静的増分解析などから求められる保有耐力時の応力を図中にプロットすることにより，終局耐力線内に納まっていること，および大梁との必要曲げ耐力比を確保できているかなどを確認できる。

⦿実務での役立て方

計画段階で，検討対象とする円形鋼管の径・板厚や充填コンクリート強度の組合せを数種類リストアップしておく。保有耐力時軸力に対応する各組合せごとの無次元化軸力と耐力線との関係から，無次元化終局曲げ耐力を求める。この値からCFT柱の終局曲げ耐力を求め，所要の柱梁曲げ耐力比などを満足していることを確認する。（ほり　とみひろ）

【参考文献】

1）新都市ハウジング協会：コンクリート充填鋼管（CFT）造技術指針・同解説

2）日本建築学会：コンクリート充填鋼管構造設計施工指針，2008年

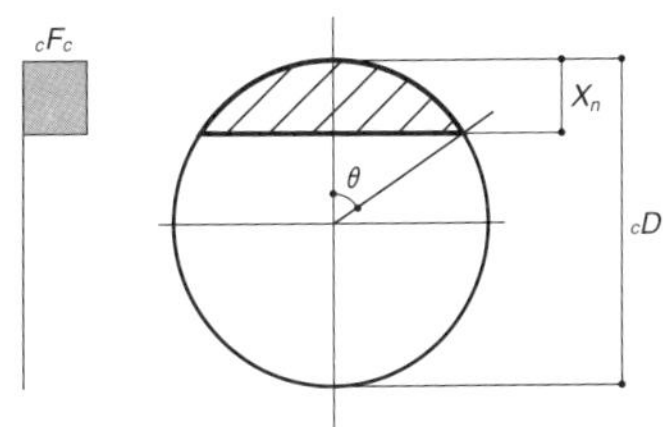

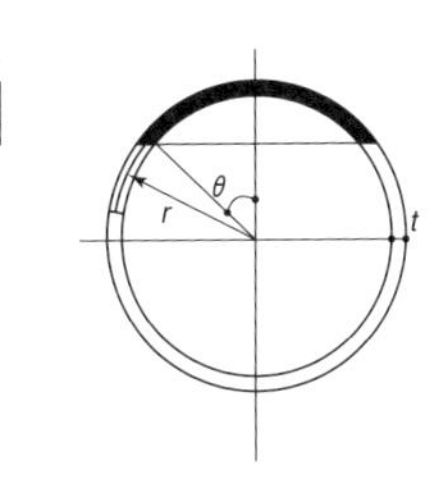

図6　充填コンクリートおよび鋼管の終局時応力分布

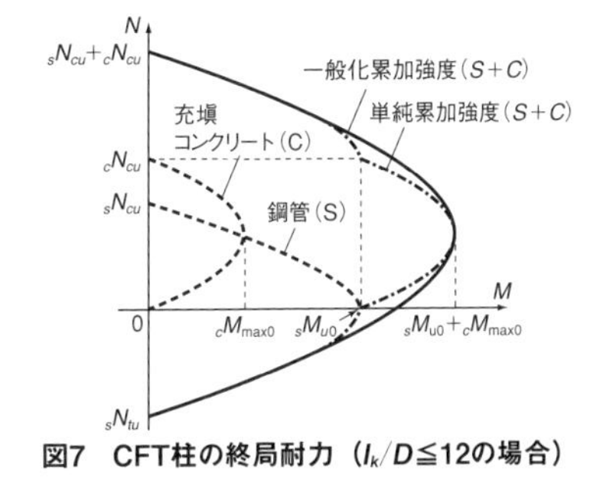

図7　CFT柱の終局耐力（$l_k/D\leqq 12$の場合）

RC造・SRC造

25

松崎育弘
東京理科大学名誉教授

アンカーボルトの最大耐力と有効水平投影面積の関係

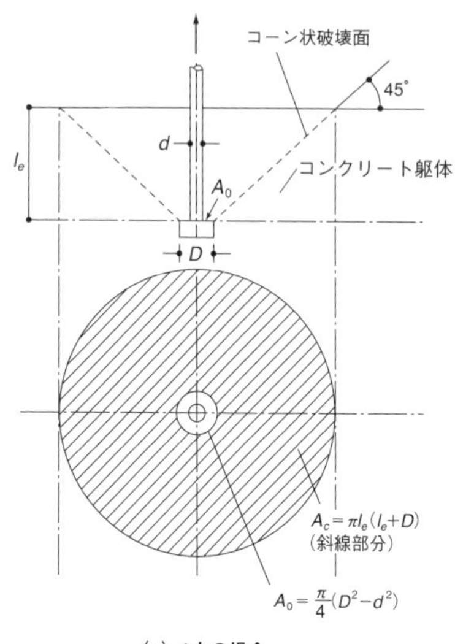

(a) 1本の場合

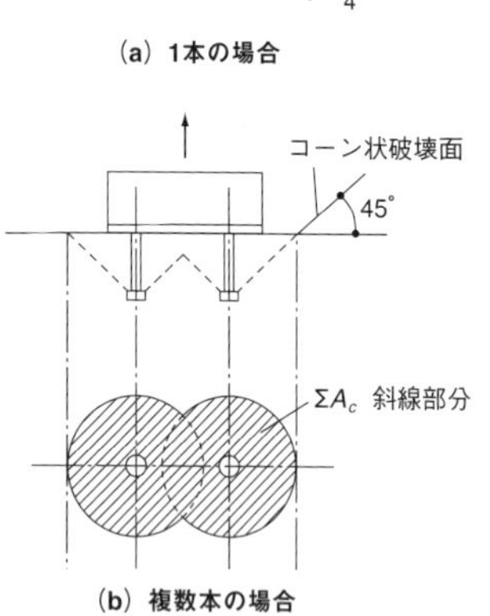

(b) 複数本の場合

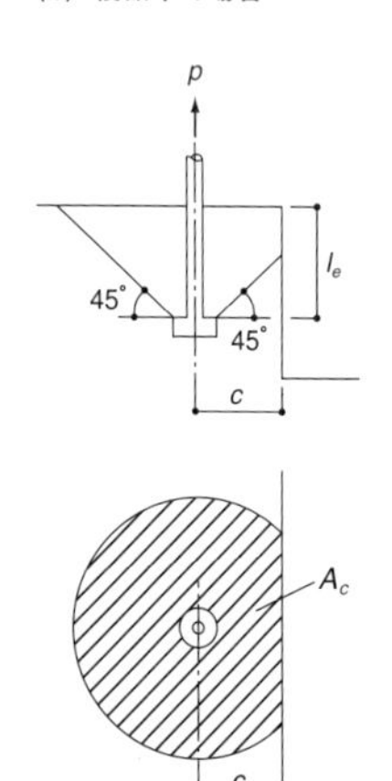

(c) へりあきがある場合

図2　有効水平投影面積（A_c）

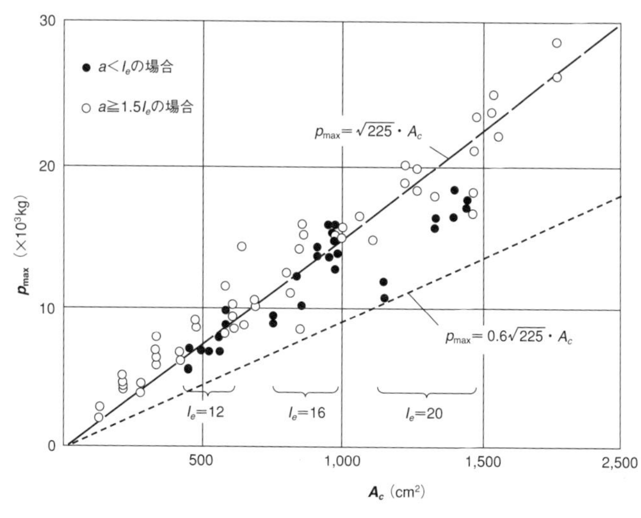

図4　頭付きアンカーボルトの単体実験結果A_cとの関係

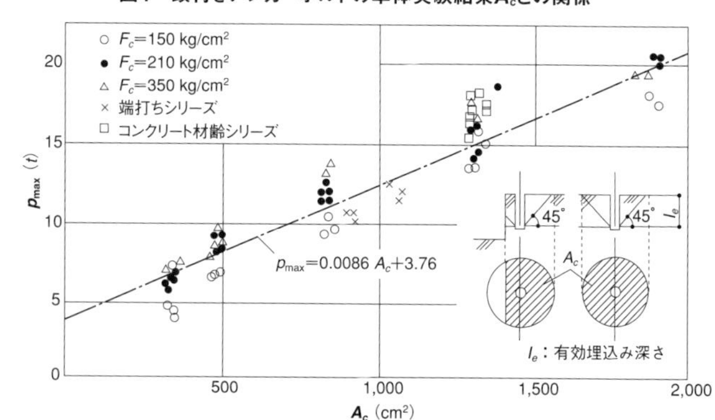

図6　接着系アンカーの単体実験とA_cとの関係

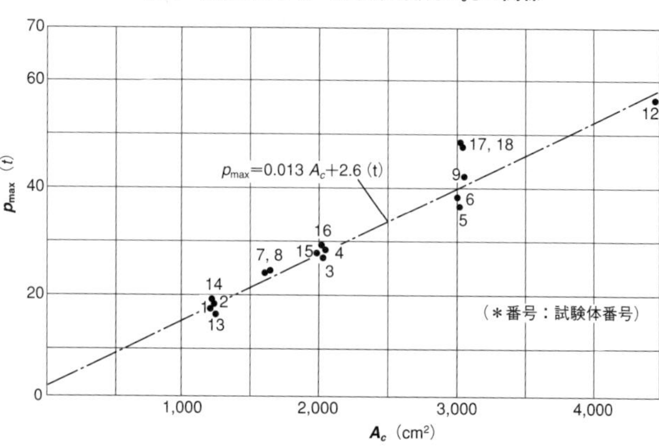

図7　接着系アンカーの群体実験結果とA_cとの関係

⦿引張力を受ける頭付きアンカーボルトの耐力評価

コンクリート中に埋め込まれた（定着された）頭付きアンカーボルト（軸部は丸鋼で，コンクリートとの付着はないとした状態）に，作用する引張力Tに対する耐力算定を行う際，破壊モードとして三つを想定し，そのうちの最小値を採用することとしている。それらは，①アンカーボルト軸部の降伏，さらには破断に至る場合，②**図1**に示したように，頭部に接しているコンクリートの支圧破壊（局部圧縮破壊）によって決まる場合，③コンクリートが円錐状に破壊する場合（これを，「コンクリートのコーン状破壊」と呼ぶ）である。ここでのテーマは，この③の破壊モードにおける最大耐力算定時に用いる「有効水平投影面積A_c（mm^2）」についてである（**図2**）。

A_c：有効水平投影面積　$A_c = \pi \cdot l_e \cdot (l_e + d)$

l_e：有効埋め込み長さ

d：ボルト軸部の径

⦿有効水平投影面積

図3に，頭部をもつアンカーボルトに引張力が作用した場合の弾性応力分布を示す。この図によると，応力は頭部までの埋込み長さhの約2倍の範囲に，勾配をもった分布を示している。このような解析結果および多数の実験結果より，設計にあたっては，頭部エッジから45°の範囲を広がりとし，その範囲内を一様応力分布として算定する方法が提案されている。この円錐状のコンクリート破壊部の底面（コンクリート表面において円となる）における面積を，「有効水平投影面積A_c（mm^2）」と呼ぶこととしている。アンカーボルトが近接して埋め込まれる場合，個々のA_cが近接することにより，有効水平投影面積が重なる場合が生じ，個々の算定値を累加する算定値より小さくなる。アンカーボルトのへりあき寸法cが埋込み長さhより小さければ，同様にA_c値は小さくなる（図2）。

⦿実験結果による検証

図4に，頭付きアンカーボルトに関する実験結果と，算定したA_c値との関係を示す。このように，頭付きアンカーボルトの引張耐力（コンクリートコーン状破壊耐力）をA_cとの関係で評価することは有効であることが理解できる。

⦿「接着系あと施工アンカー」への適用

既存建物の耐震改修に多用されている「接着系アンカーボルト」において，既存コンクリートにあと施工により定着した場合の引張耐力の算定法として，前述のコンクリートにおけるコーン状破壊における耐力算定方法が運用されている。通常，接着系アンカーボルトの先端には頭部がないことから，コーン破壊算定式として運用する場合は，有効埋込み長さl_eは，アンカーボルト径の10倍程度までとし，それを超える場合は，付着破壊モード（**図5**）での引張耐力で決めることが示されている[4]。なお，「接着系アンカーボルト」のコーン状破壊モードにおける有効水平投影面積の算定にあたっては，カットされたボルト先端部を考慮し，ボルト径dを差し引いたl_e値を用いることとしている。**図6**にはアンカーボルト単体の実験値を，**図7**には群体による実験結果を示す。　　　　（まつざき　やすひろ）

【参考文献】

1) 松崎育弘他：機器配管用支持構造物（埋込金物）の耐力に関する実験研究，その9，AIJ大会梗概集，1981年

2) 松崎育弘他：機器配管用支持構造物（埋込金物）の耐力に関する実験研究，その10，AIJ大会梗概集，1982年

3) 松崎育弘他，樹脂アンカーの支持耐力に関する実験研究，JCI年次講演会論文集，1984年

4) 日本建築学会：各種合成構造設計指針・同解説―第4編　各種アンカーボルト設計指針・同解説，2010年

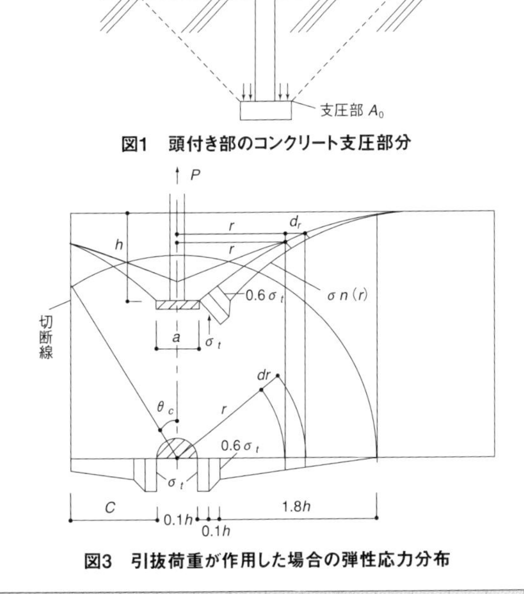

図1　頭付き部のコンクリート支圧部分

図3　引抜荷重が作用した場合の弾性応力分布

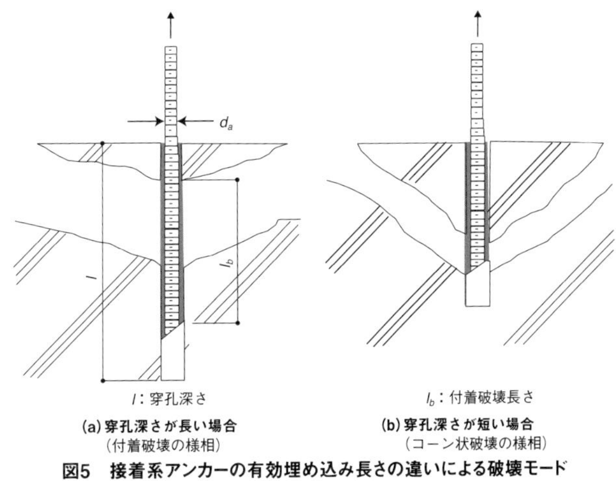

図5　接着系アンカーの有効埋め込み長さの違いによる破壊モード

26

玉松健一郎
一般社団法人構造調査コンサルティング協会名誉会長

中心圧縮材の座屈：材端条件による座屈長さ

移動に対する条件		拘束			自由	
回転に対する条件		両端自由	両端拘束	1端自由他端拘束	両端拘束	1端自由他端拘束
座屈形		(a)	(b)	(c)	(d)	(e)
l_k	理論値	l	$0.5l$	$0.7l$	l	$2l$
	推奨値	l	$0.65l$	$0.8l$	$1.2l$	$2.1l$

図1　理想材端条件に対する座屈長さl_k（l：材長）

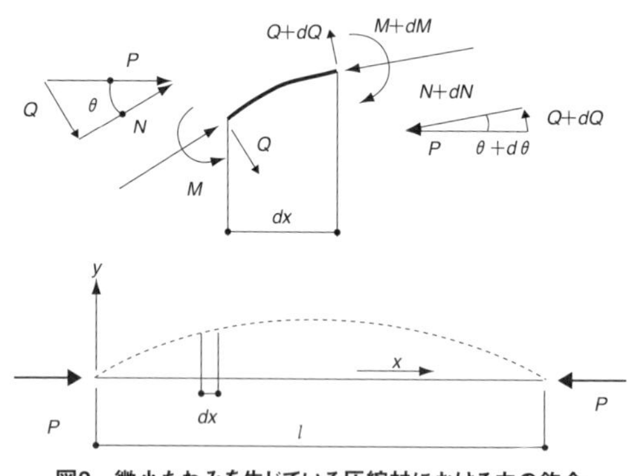

図2　微小たわみを生じている圧縮材における力の釣合

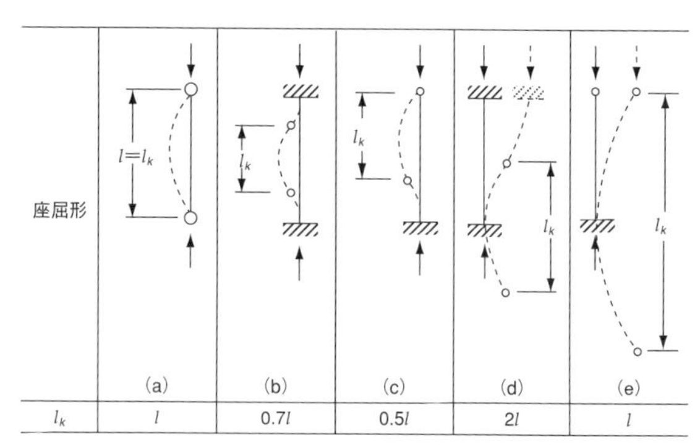

座屈形
l=lk
lk
(a)
(b)
(c)
(d)
(e)
lk
l
0.7l
0.5l
2l
l

図3　反曲点位置と座屈長さ

⦿実務での役立て方

圧縮材の許容応力度や終局耐力の算定において，座屈長さは二乗で関係してくるため，その評価はきわめて重要である。座屈長さは材端の拘束条件の影響を大きく受けるため，その評価を適切に行う必要がある。

⦿中心圧縮材の曲げ座屈の基本式

図2に示すような部材の両端に，材軸（x）方向の圧縮力Pが作用して，直交（y）方向にわずかにたわんだ状態における微小長さdx部分での釣合において，傾斜角は小さいため，$\sin\theta=\theta$，$\cos\theta=1$とおくと，

$$Q=P\sin\theta=P\theta$$

$$Q+dQ=P\sin(\theta+d\theta)=P(\theta+d\theta)$$

$$N=P\cos\theta=P,\quad N+dN=P\cos(\theta+d\theta)=P$$

となる。したがって，式（1）の関係が成り立つ。

$$dQ=P\cdot d\theta \tag{1}$$

ここで，Eをヤング係数，Iをx軸とy軸に直交する軸まわりの断面2次モーメントとして，

$$M=-EI\frac{d^2y}{dx^2},\quad Q=\frac{dM}{dx},\quad dQ=\frac{d^2M}{dx^2}dx,\quad \theta=\frac{dy}{dx},$$

$$d\theta=\frac{d^2y}{dx^2}dx$$

の関係式を，式(1)に代入すると，式(2)が得られる。

$$\frac{d^2}{dx^2}\left(EI\frac{d^2y}{dx^2}\right)+P\frac{d^2y}{dx^2}=0 \quad (2)$$

一様断面部材の座屈荷重を求めると，EIは一定であるから，式(2)の解は式(3)のように得られる。

$$y=C_1\sin\alpha x+C_2\cos\alpha x+C_3x+C_4 \quad (3)$$

$$\alpha=\sqrt{P/EI} \quad (4)$$

⦿基本的な材端条件に対する座屈長さ

式(4)のC_1〜C_4は，材端（$x=0$，$x=l$）の拘束条件に対して，次式の関係がある。

横移動の拘束条件：$y=0$ (5)

$x=0$：$C_2+C_4=0$ (5.a)

$x=l$：$C_1\sin\alpha l+C_2\cos\alpha l+C_3l+C_4=0$ (5.b)

回転の拘束条件：$\frac{dy}{dx}=0$ (6)

$x=0$：$C_1\alpha+C_3=0$ (6.a)

$x=l$：$\alpha(C_1\cos\alpha l-C_2\sin\alpha l)+C_3=0$ (6.b)

回転の自由条件（自由曲げ）：$\frac{d^2y}{dx^2}=0$ (7)

$x=0$：$C_2=0$ (7.a)

$x=l$：$C_1\sin\alpha l+C_2\cos\alpha l=0$ (7.b)

横移動の自由条件（断面に平行方向の分力が0）：

$$Q+P\theta=EI\frac{d^3y}{dx^3}+P\frac{dy}{dx}=0 \quad \therefore \frac{d^3y}{dx^3}+\alpha^2\frac{dy}{dx}=0 \quad (8)$$

$x=0$：$C_3=0$ (8.a)

$x=l$：$C_3=0$ (8.b)

式(6)〜(8)を用いて，**図1**に示すような基本的な材端条件に対する座屈長さは，次のように算定される。

1）両端ピン（**図1（a）**）

式（5.a），（5.b），（7.a），（7.b）から，

$$C_1\sin\alpha l=0 \quad (9)$$

したがって，$\alpha l=n\pi$のときに$C_1\neq0$となる。$n=1$のときにαは最小値となり，座屈形は式(10)となる。

$$y=C_1\sin\alpha x=C_1\sin(\pi x/l) \quad (10)$$

この式を満足する圧縮力P_eを，オイラーの座屈荷重といい，式(11)で算定される。

$$P_e=\frac{\pi^2EI}{l_k^2} \quad (11)$$

ここで，l_kは座屈長さで，式(10)の場合は$l_k=l$

2）両端固定（**図1（b）**）

式（5.a），（6.a），（5.b），（6.b）から，

$C_1(\sin\alpha l-\alpha l)+C_2(\cos\alpha l-1)=0$

$C_1(\cos\alpha l-1)-C_2\sin\alpha l=0$

C_1，C_2がともに0でない（係数行列式が0）ためには，

$(\sin\alpha l-\alpha l)\sin\alpha l+(\cos\alpha l-1)^2$

$=2\sin\alpha l/2(2\sin\alpha l/2-\alpha l\cos\alpha l/2)=0$

したがって，$\sin\alpha l/2=0$，または，$\tan\alpha l/2=\alpha l/2$

第1項からαの最小値は$\alpha=2\pi/l$，座屈形は式(12)で表され，座屈長さは$l_k=l/2$となる。

$$y=C_2(\cos\alpha x-1)=C_2\left(\cos\left(\frac{\pi}{l/2}x\right)-1\right) \quad (12)$$

第2項を満足するαの最小値は，式(13)の場合と同様に$\alpha\fallingdotseq2.862\pi/l$となり，そのときの座屈形は部材中央から下半分が図1（c）の形で，上半分はその点対称形となる。

3）一端固定，他端ピン（**図1（c）**）

式(5.a)，(6.a)，(5.b)，(7.b)による方程式のC_1，C_2に関する係数行列式が0の条件から，

$(\sin\alpha l-\alpha l)\cos\alpha l-(\cos\alpha l-1)\sin\alpha l=0$

したがって，$\sin\alpha l/\cos\alpha l=\tan\alpha l=\alpha l$ (13)

式(13)からαの最小値は$\alpha\fallingdotseq1.431\pi/l$，座屈荷重は式(14)，座屈形は式（15），座屈長さは$l_k=0.7l$となる。

$$P_{cr}=\alpha^2EI\fallingdotseq\frac{(1.43\pi)^2EI}{l^2}\fallingdotseq\frac{\pi^2EI}{(0.7l)^2} \quad (14)$$

$$y=C_1\{(\sin\alpha x-\alpha x)+\tan\alpha l\cdot(1-\cos\alpha x)\} \quad (15)$$

4）一端固定，他端回転のみ拘束（**図1（d）**）

式(5.a)，(6.a)，(6.b)，(8.b)から，

$$C_2\sin\alpha l=0 \quad (16)$$

αの最小値は$\alpha=\pi/l$で，座屈形は式(17)で表され，座屈長さは$l_k=l$となる。

$$y=C_2(\cos\alpha x-1)=C_2\left(\cos\left(\frac{\pi}{l}x\right)-1\right) \quad (17)$$

5）一端固定，他端自由（**図1（e）**）

式(5.a)，(6.a)，(7.b)，(8.b)から

$$C_2\cos\alpha l=0 \quad (18)$$

αの最小値は$\alpha=\pi/(2l)$のときで，座屈形は式(19)で表され，座屈長さは$l_k=2l$となる。

$$y=C_2(\cos\alpha x-1)=C_2\left(\cos\left(\frac{\pi}{2l}x\right)-1\right) \quad (19)$$

⦿留意事項

理想材端条件の圧縮材の座屈長さは，図1を用いて算定される。しかし，実際の設計において，材端を完全なピンや固定とすることは難しいため，日本建築学会の『鋼構造設計規準』,『鋼構造座屈設計指針』では，図1のような推奨値が併記されている。

理想材端条件の座屈長さは，**図3**に示すように部材の反曲点（曲げモーメントが0となる点）間の距離の最大値と考えることができる。固定端の場合は，そこが対称軸となるように折り返して，仮想部材を想定すればよい。

（たままつ　けんいちろう）

【参考文献】
1）日本建築学会：鋼構造設計規準，p. 84，表11.3.1

S造

27

玉松健一郎
一般社団法人構造調査コンサルティング協会名誉会長

柱の座屈長さ係数を求める計算図表

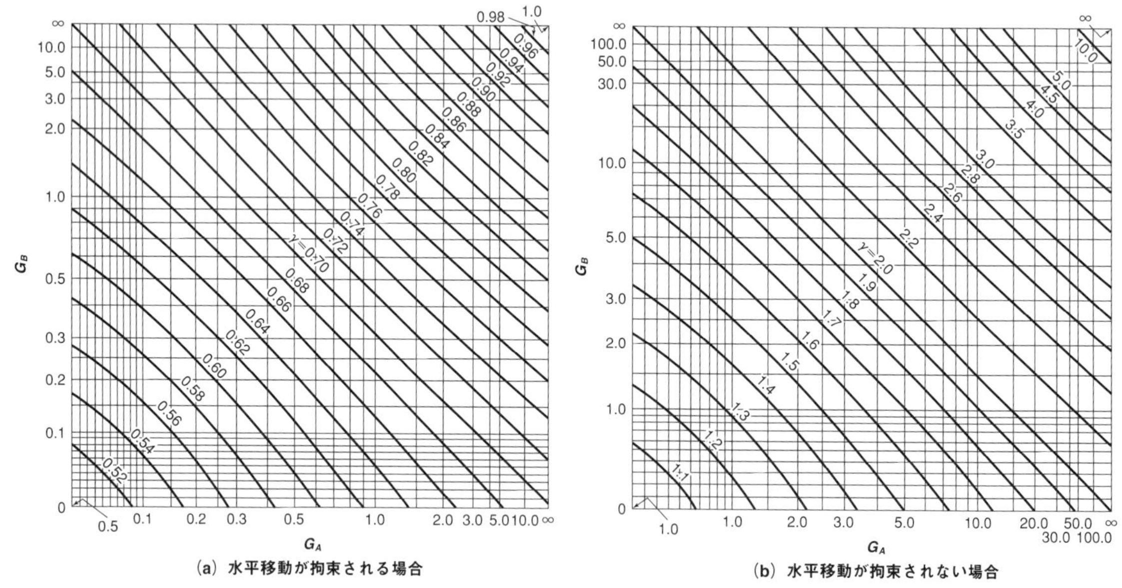

(a) 水平移動が拘束される場合　　(b) 水平移動が拘束されない場合

図1　柱の座屈長さ係数算定図表[1),2)]

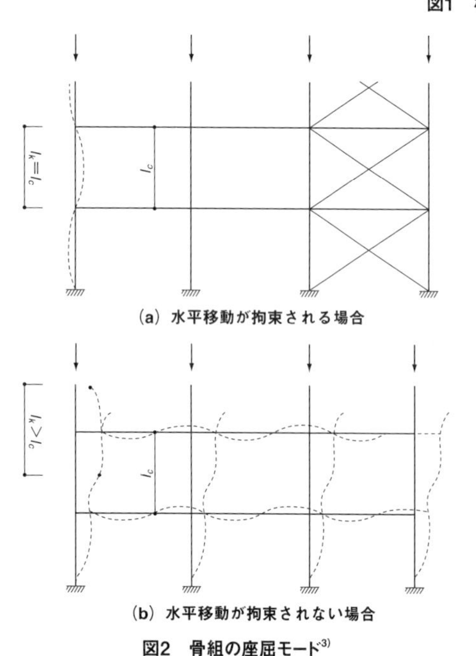

(a) 水平移動が拘束される場合

(b) 水平移動が拘束されない場合

図2　骨組の座屈モード[3)]

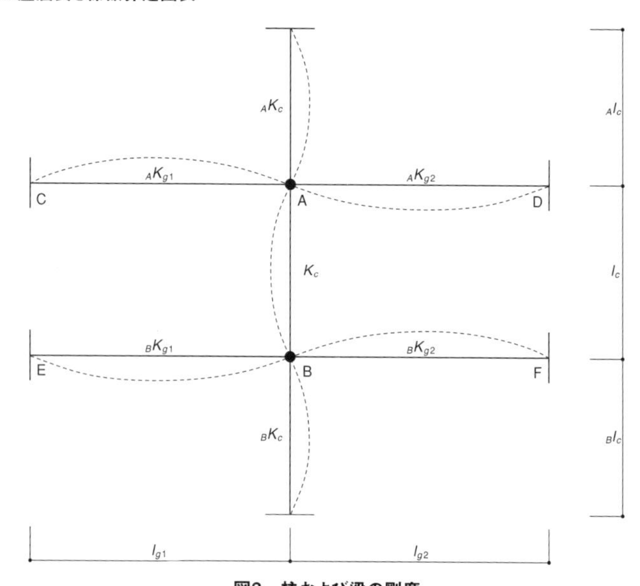

図3　柱および梁の剛度

表1　梁の剛度の係数

	水平移動拘束	水平移動自由
他端ヒンジ	1.5	0.5
他端固定	2.0	0.67

⊙実務での役立て方

骨組内の柱材は，柱の両端部は上下の層の柱および左右の梁と剛接合されており，回転が弾性拘束されている。このような骨組内の柱材の座屈長さを正確に求めるには，骨組の座屈解析が必要となるが，均等な骨組の場合は，図表により近似的に柱の座屈長さを算定することができる。

⊙柱の座屈長さ

柱において均等な骨組の場合は，**図1**に示す図表により，近似的に柱の座屈長さを算定することができる。

座屈長さをl_k，柱長さをl_cとするとき，$l_k = \gamma l_c$となる係数γを，座屈長さ係数と呼ぶ。**図2**に示されるようなラーメン構造骨組において，座屈長さ係数γは近似的に式(1)と式(2)によって算定される。

図2（a）のように，水平移動が拘束される場合

$$\frac{G_A G_B}{4}\left(\frac{\pi}{\gamma}\right)^2 + \left(\frac{G_A + G_B}{2}\right)\left\{1 - \frac{\frac{\pi}{\gamma}}{\tan\left(\frac{\pi}{\gamma}\right)}\right\} + \frac{2\tan\left(\frac{\pi}{2\gamma}\right)}{\frac{\pi}{\gamma}} = 1 \quad (1)$$

図2（b）のように，水平移動が拘束されていない場合

$$\frac{G_A G_B\left(\frac{\pi}{\gamma}\right)^2 - 36}{6(G_A + G_B)} = \frac{\frac{\pi}{\gamma}}{\tan\left(\frac{\pi}{\gamma}\right)} \quad (2)$$

ここで，Gは柱の上端Aと下端Bにおける柱と梁の剛度Kの比を表しており，**図3**について示すと，

$$G_A = \frac{K_c + {}_AK_c}{{}_AK_{g1} + {}_AK_{g2}} \qquad G_B = \frac{K_c + {}_BK_c}{{}_BK_{g1} + {}_BK_{g2}} \quad (3)$$

となる。ここで，剛度$K = I/l$は部材の断面2次モーメントIと長さlの比，添字cは柱，$g1$と$g2$は左右の梁を表している。式(1)と式(2)に基づいて，G_A，G_Bと座屈長さ係数γの関係を示したのが図1である。

このときの解析条件としては，柱端部における両側梁の拘束モーメントがその上下の柱の剛度に応じて配分されるとし，また，梁の両端の節点回転角θは大きさが同じとし，節点の水平移動が拘束されている場合は回転が逆方向，拘束されていない場合は同方向としている。

したがって，この図を用いるに場合に，次のような注意が必要である。

①柱端がヒンジの場には，理論的にはGが無限大であるが，実際には$G = 10$とする。

②柱端が固定の場合には，理論的にはGは0であるが，実際には$G = 1.0$とする。

③梁の剛度は，柱の水平移動状態と梁の他端（対象とする柱から遠い端）の状態によって，**表1**の係数をかける。

⊙留意事項

図2（a）のように節点の水平移動が拘束されている場合は，図1（a）に示されるように座屈長さ係数γは1より小さくなるが，移動が完全に拘束されていることはないため，通常の設計においては安全側に$\gamma = 1$，すなわち階高を座屈長さとしている。図2（b）のように節点の水平移動が拘束されていないラーメン構造では，図1（b）に示されるように座屈長さ係数γは1より大きくなるため，柱の座屈長さを適切に評価することが必要である。

式(1)および式(2)は，次のように誘導される。

圧縮力Pのもとでの，柱材の端部モーメントM_{AB}とM_{BA}は，層間変形角をRとして次式で算定される。

$$M_{AB} = EK_c\{a\theta_A + b\theta_B - (a+b)R\}$$

$$M_{BA} = EK_c\{b\theta_A + a\theta_B - (a+b)R\}$$

ここで，$\alpha = \sqrt{\dfrac{P}{EI_c}} = \sqrt{\dfrac{P}{EK_c l_c}}$として，

$$a = \frac{\alpha l_c(\sin \alpha l_c - \alpha l_c \cos \alpha l_c)}{2(1 - \cos \alpha l_c) - \alpha l_c \sin \alpha l_c}$$

$$b = \frac{\alpha l_c(\alpha l_c - \sin \alpha l_c)}{2(1 - \cos \alpha l_c) - \alpha l_c \sin \alpha l_c}$$

この関係を，座屈たわみ角法という。$P = 0$のときは，$a = 4, b = 2$となる。この式を用いると，68頁で説明した基本的な材端条件に対する座屈方程式は簡略に誘導できる。

1）水平移動が拘束されている場合（$R = 0$）は，梁両端の回転角の大きさが同じで方向は逆であるから，

$$M_{AC} = 2E_AK_{g1}\theta_A,\quad M_{AD} = 2E_AK_{g2}\theta_A$$

$$M_{BE} = 2E_BK_{g1}\theta_B,\quad M_{BF} = 2E_BK_{g2}\theta_B$$

拘束モーメントは，柱の剛度に比例して配分されるから，

$$M_{AB} + \frac{K_c(M_{AC} + M_{AD})}{K_c + {}_AK_c} = 0$$

$$M_{BA} + \frac{K_c(M_{BE} + M_{BF})}{K_c + {}_BK_c} = 0$$

これらの式によるθ_Aとθ_Bに関する関係式において，係数行列式を0とおくと，式(1)が得られる。

2）水平移動が拘束されてない場合は，梁両端の回転角の大きさと方向が同じであるから，

$$M_{AC} = 6E_AK_{g1}\theta_A,\quad M_{AD} = 6E_AK_{g2}\theta_A$$

$$M_{BE} = 6E_BK_{g1}\theta_B,\quad M_{BF} = 6E_BK_{g2}\theta_B$$

拘束モーメントの分配式および次の関係式が成り立つ。

$$M_{AB} + M_{BA} + Pl_cR = 0$$

これらの式から得られるθ_A，θ_B，Rに関する関係式において，係数行列式を0とおくと，式(2)が得られる。

（たままつ　けんいちろう）

【参考文献】

1）日本建築学会：鋼構造座屈設計指針，p. 263，図8.2.3

2）日本建築学会：鋼構造塑性設計指針，pp. 114-115，図6.5.3

3）日本建築学会：鋼構造座屈設計指針，p. 262，図8.2.1

28

玉松健一郎
一般社団法人構造調査コンサルティング協会名誉会長

部材の許容圧縮応力度

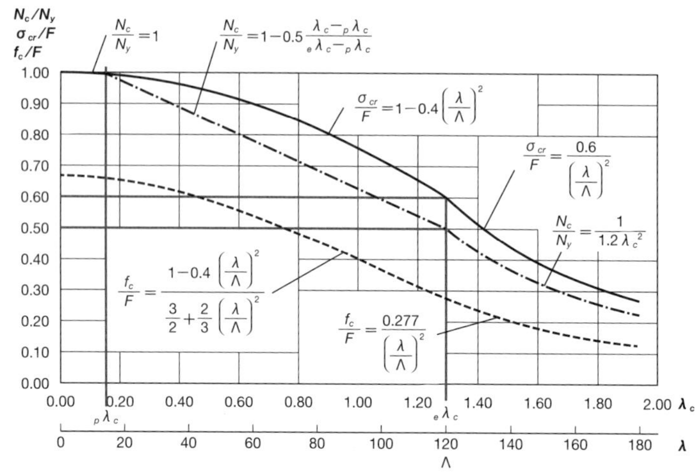

図1　座屈応力度，長期許容圧縮応力度，曲げ座屈限界耐力と細長比の関係

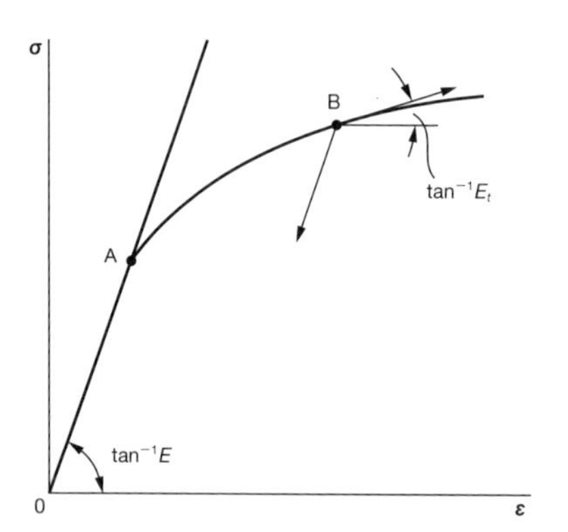

図2　応力度・ひずみ度関係における接線係数

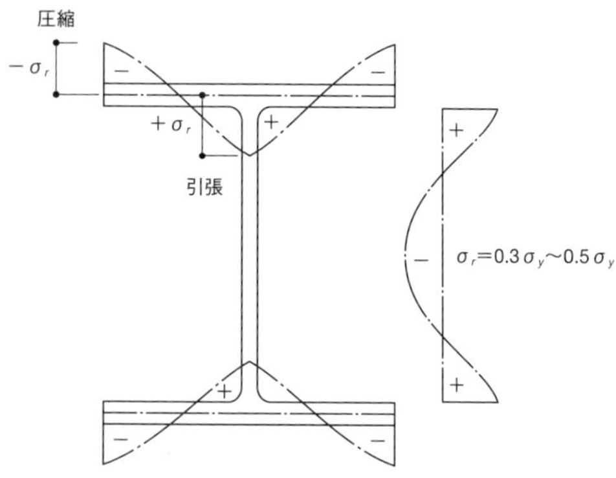

図3　H形鋼の残留応力

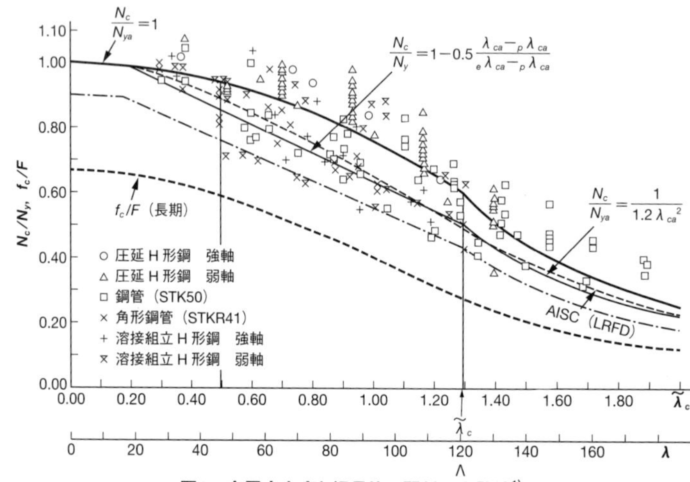

図4　座屈応力度と細長比の関係の実験値[1)]

⊙実務での役立て方

圧縮材の許容応力度および限界耐力は，部材の形状と細長比が決まれば簡単な式で算定できるが，その根拠を理解しておくことは構造設計を行ううえで必要であり，細長比との関係を認識するうえで図表の利用は有効である。

⊙圧縮材の許容応力度の設計式

図1は，中心圧縮材の座屈応力度σ_{cr}（実線）とσ_{cr}を安全率νで除した鋼構造設計規準および建築基準法告示による長期許容応力度f_c（点線），鋼構造限界状態設計指針による曲げ座屈限界耐力N_c（一点鎖線）を，それぞれ降伏応力比として無次元した値について，細長比を横軸にとって図示したものである。

69頁の式（11）に示したように，中心圧縮材の弾性座屈荷重（オイラー荷重）P_eは式(1)で表される。

$$P_e = \pi^2 EI/l_k^2 \tag{1}$$

ここで，Eはヤング係数，Iは断面2次モーメント，l_kは座屈長さである。式(1)を断面積Aで除して，座屈応力度σ_{cr}として示すと，式(2)になる。

$$\sigma_{cr} = \frac{P_e}{A} = \frac{\pi^2 E}{(l_k/i)^2} = \frac{\pi^2 E}{\lambda^2} \tag{2}$$

式(2)中の$i=\sqrt{I/A}$は断面2次半径で，λは細長比といい，式(3)で算定される。

$$\lambda = l_k/i \tag{3}$$

式(2)から，細長式比が小さくなると，座屈応力度は大きくなり，塑性状態になるため，上限がある。圧縮材の応力が断面内で一様に分布しているものとし，応力度とひずみ度が**図2**に示すような関係にあるとする。圧縮力を増大して，部材の応力度が降伏点Aを越えてB点の応力状態にあるときに座屈が生じたとすると，そのときの座屈荷重を接線係数荷重と呼び，式(4)で表される。

$$P_t = \frac{\pi^2 E_t I}{l_k^2} \tag{4}$$

ここで，E_tはB点における剛性で，接線係数という。

圧延形鋼は圧延時の冷却に伴う収縮が一様でないため，断面内に**図3**のような残留応力状態が形成される。このような部材に，一様な圧縮力を加えていくと，圧縮応力の残留している部分から塑性化して剛性が低下するため，座屈耐力が低くなる。

座屈荷重は，完全なピン支持状態で均質で真直ぐな部材の中心を加力するという理想的な条件のもとで得られるが，実際の圧縮材では，端部の回転拘束，残留応力，元曲がり，偏心圧縮などの初期不整が必ず存在し，その影響について，多くの実験報告が蓄積されてきた。**図4**は，図1の上に実験結果をプロットしたもので，実験結果には大きなばらつきがあることがわかる。

図1の鋼構造設計規準の許容応力度σ_{cr}（実線）において，弾性座屈域と非弾性座屈域の限界となる細長比Λは，σ_{cr}が$0.6F$になるときとして式(5)で規定される。

$$\Lambda = \sqrt{\frac{\pi^2 E}{0.6F}} \tag{5}$$

ここで，Fは鋼材の基準強度である。σ_{cr}は，細長比がΛより大きい弾性域では，式(2)の弾性座屈応力度を用い，Λより小さい非弾性座屈域では，ジョンソンの放物線実験式を用いて式(6)としている。

$$\sigma_{cr} = (1-0.4(\lambda/\Lambda)^2)F \tag{6}$$

鋼構造設計規準および建築基準法告示による長期許容圧縮応力度f_c（点線）は，許容応力度σ_{cr}を式(7)の安全率νで除した値としている。

$$\nu \leqq \Lambda : \nu = \frac{3}{2} + \frac{2}{3}\left(\frac{\lambda}{\Lambda}\right)^2, \quad \nu > \Lambda : \nu = \frac{13}{6} \tag{7}$$

図1の鎖線で示される鋼構造限界状態設計指針の曲げ座屈限界耐力N_cの算定においては，降伏軸力N_yと弾性座屈耐力の比に基づく曲げ座屈細長比λ_cを用いている。

$$\lambda_c = \sqrt{\frac{N_y}{P_c}} = \sqrt{\frac{F}{\sigma_{cr}}} = \lambda\sqrt{\frac{F}{\pi^2 E}} \tag{8}$$

図1の横軸のλは実線と点線に対して，λ_cは鎖線に対して用いる。図1では$F=235\mathrm{N/mm^2}$，$E=205{,}000\mathrm{N/mm^2}$としたときの値を示している。$\lambda_c$を用いて式(2)を表すと，$\sigma_{cr}=F/\lambda_c^2$となる。

鋼構造限界状態設計指針では，弾性座屈域における耐力を弾性座屈耐力の1/1.2とし，式(9)を用いている。

$$\frac{N_c}{N_y} = \frac{1}{1.2\lambda_c^2} \tag{9}$$

弾性域と非弾性座屈の限界は，N_cが$0.5N_y$のときとし，それに対応する弾性座屈限界細長比を${}_e\lambda_c=1/\sqrt{0.6}$としている。$\lambda_c$が塑性座屈限界細長比${}_p\lambda_c=0.15$より小さいときは，$N_c/N_y=1$とし，${}_e\lambda_c$と${}_p\lambda_c$の間の非弾性域では，式(10)の直線耐力式としている。

$$\frac{N_c}{N_y} = 1 - \frac{\lambda_c - {}_p\lambda_c}{{}_e\lambda_c - {}_p\lambda_c} \tag{10}$$

⊙留意事項

図4に示されるように，座屈耐力は初期不整の影響を大きく受け，ばらつきが大きいことを設計にあたっては認識しておく必要がある。圧縮筋かいの終局耐力の算定にあたっては，座屈終局耐力ではなく，座屈後耐力を用いなければならない場合があるので留意されたい。

（たままつ　けんいちろう）

【参考文献】

1) 日本建築学会：鋼構造限界状態設計指針・同解説　2010年第3版，p. 161，図C3.2

29

玉松健一郎
一般社団法人構造調査コンサルティング協会名誉会長

部材の許容曲げ応力度

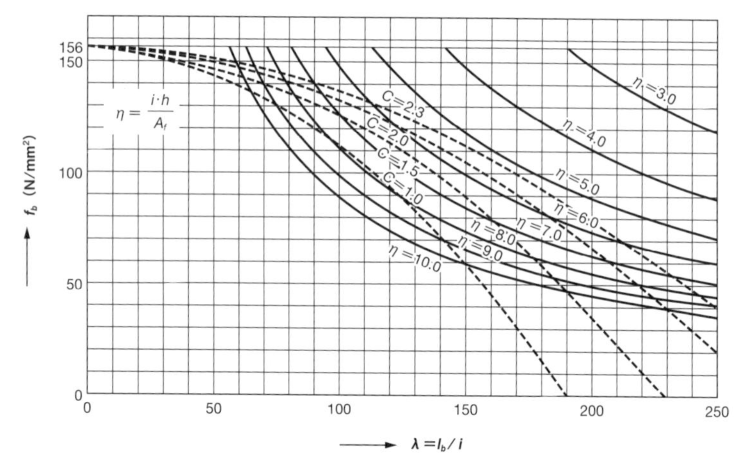

図1　国土交通省告示第1024号による長期許容曲げ応力度[1]

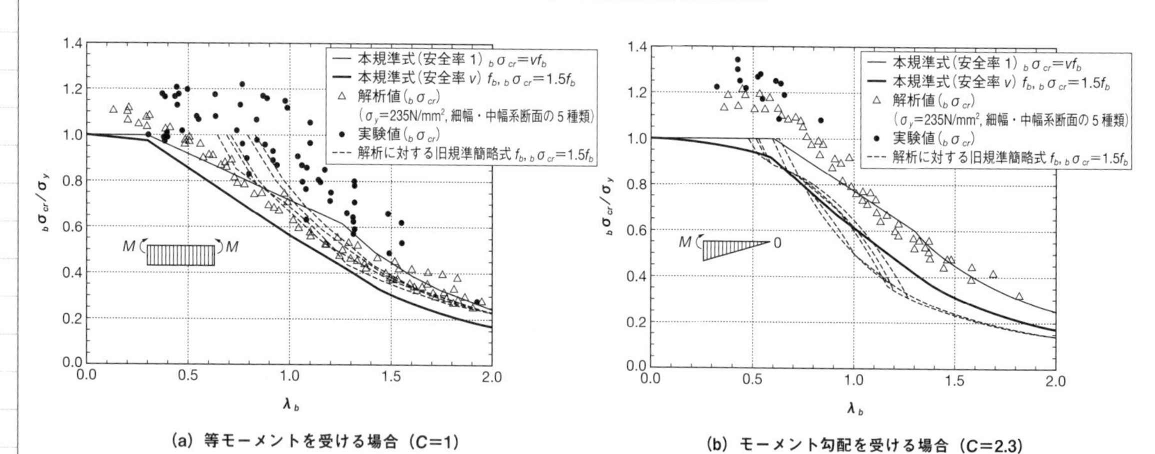

(a) 等モーメントを受ける場合 (C=1)　　(b) モーメント勾配を受ける場合 (C=2.3)

図2　鋼構造設計規準による許容曲げ応力度式と告示式および解析値・実験値との比較[2]

⦿実務での役立て方

圧延形鋼が強軸まわりに曲げを受ける場合の許容応力度（国交省告示）は，部材の形状，圧縮フランジの支点間距離，曲げモーメント分布により算定される二つの式の大きい方の値を用いるが，図を用いることにより細長比に応じてどちらの式を用いるか認識できる。

⦿国土交通省告示による許容曲げ応力度の設計式

国土交通省告示第1024号（平成13年，改正平成19年第625号）では，圧延形鋼などが強軸まわりに曲げを受ける場合の長期許容曲げ応力度f_bを，式(1)と式(2)の大きい方の値を用いるとしている。**図1**はSN400級の鋼材に対して，式(1)を破線で，式(2)を実線で図示したものである。

$$f_b=\left\{1-0.4\frac{(l_b/i)^2}{C\Lambda^2}\right\}\frac{F}{1.5} \tag{1}$$

$$f_b=\frac{0.65E}{1.5\left(\dfrac{l_bh}{A_f}\right)}=\frac{89{,}000}{\left(\dfrac{l_bh}{A_f}\right)} \tag{2}$$

ここで，

l_b：圧縮フランジの支点間距離

i：圧縮フランジと梁せいの1/6からなるT形断面のウェブ軸まわりの断面2次半径

h：梁のせい

$A_f=b\cdot t_f$：圧縮フランジ断面積（bとt_fはフランジ幅と厚）

$\Lambda=\sqrt{\dfrac{\pi^2E}{0.6F}}$：限界細長比

$$C = 1.75 + 1.05\left(\frac{M_2}{M_1}\right) + 0.3\left(\frac{M_2}{M_1}\right)^2 \leqq 2.3$$

M_1，M_2は座屈区間両端部における強軸まわりの曲げモーメントで，$-1 \leqq M_2/M_1 \leqq 1$，M_2/M_1は複曲率の場合を正，単曲率の場合を負とし，座屈区間内で曲げモーメントが最大となる場合は$M_2/M_1 = -1$とする。

⊙鋼構造設計規準による許容曲げ応力度の設計式

日本建築学会の『鋼構造設計規準』では，第3版（2002年）までは式(1)，式(2)が用いられていたが，第4版（2007年）では強軸まわりに曲げを受ける材（矩形中空断面を除く）の圧縮側許容曲げ応力度f_bを，式（3）～（5）で規定している。

$$\lambda_b \leqq {}_p\lambda_b \text{のとき，} f_b = F/\nu \tag{3}$$

$$ {}_p\lambda_b < \lambda_b \leqq {}_e\lambda_b \text{のとき，} f_b = \frac{\left(1 - 0.4\dfrac{\lambda_b - {}_p\lambda_b}{{}_e\lambda_b - {}_p\lambda_b}\right)F}{\nu} \tag{4}$$

$$ {}_e\lambda_b < \lambda_b \text{のとき，} f_b = \frac{1}{\lambda_b^2}\frac{F}{2.17} \tag{5}$$

ここで

$$\text{曲げ材の細長比：}\lambda_b = \sqrt{\frac{M_y}{M_e}} \tag{6}$$

$$\text{弾性限界細長比：}{}_e\lambda_b = \frac{1}{\sqrt{0.6}} \tag{7}$$

$$\text{塑性限界細長比：}{}_p\lambda_b = 0.6 + 0.3\left(\frac{M_2}{M_1}\right) \tag{8}$$

横座屈モーメント：

$$M_e = C\sqrt{\frac{\pi^4 EI_Y \cdot EI_w}{l_b^4} + \frac{\pi^2 EI_Y \cdot GJ}{l_b^2}} \tag{9}$$

$$\text{安全率：}\nu = \frac{3}{2} + \frac{2}{3}\left(\frac{\lambda_b}{{}_e\lambda_b}\right)^2 \tag{10}$$

l_b：圧縮フランジの支点間距離

$M_y = F \cdot Z$：降伏モーメント（Zは断面係数）

I_Y：弱軸まわりの断面2次モーメント

$I_w = I_Y \cdot h^2/4$：曲げねじり定数（hは梁のせい）

$G = E/\{2(1+\nu)\}$：せん断弾性係数

（νはポアソン比$=0.3$）

$J = (h \cdot t_w^3 + 2b \cdot t_f^3)/3$：サンブナンのねじり定数

C：式(1)の場合と同じ値

図2は，鋼構造設計規準に基づく式（3）～(5）の許容曲げ応力度の1.5倍の値（$1.5f_b$）を図示している。(a）は部材が一様に等モーメントを受ける場合，(b）は一端のモーメントが0となるモーメント勾配を受ける場合について示している。図中の細い実線は安全率$\nu=1$とした場合，波線は式(1)と式(2)による値を示し，解析値（△）および実験値（●）もプロットしている。

λ_bが塑性限界${}_p\lambda_b$以下の場合は，式(3)のように降伏応力度Fを安全率νで除したF/νとしている。応力度が$0.6F/\nu$となるときの細長比λ_bを弾性限界細長比${}_e\lambda_b$とし，λ_bが${}_e\lambda_b$より大きい弾性域にあるときは，弾性横座屈モーメントによる応力度を安全率2.17（$=3/2+2/3$）で除した式(5)を用いている。塑性限界と弾性限界との間は，式(4)のように直線補間している。

⊙式(1)，(2）と式（3）～(5）の関係

式(9)で与えられる横座屈モーメントの平方根内の第1項は曲げねじり抵抗の項，第2項はサンブナンのねじり抵抗の項である。$C=1$としたときのM_eを，断面係数Zで除して縁応力度（座屈応力度）として表すと，式(11)が得られる。

$$\sigma_{cr} = \frac{M_e}{Z} = \sqrt{\left(\frac{\pi^2 E\sqrt{I_Y I_w}}{l^2 Z}\right)^2 + \left(\frac{\pi\sqrt{EI_Y GJ}}{lZ}\right)^2} \tag{11}$$

式(11)の第1項において，片側フランジの弱軸まわりの断面2次モーメントを$I_f = b^3 \cdot t_f/12 = I_Y/2$，ウェブの断面積を$A_w = h \cdot t_w$，ウェブの1/6を考慮した断面係数を$Z = (A_f + A_w/6)h$，$i^2 = I_f/(A_f + A_w/6)$とすると，

$$\frac{\pi^2 E\sqrt{I_Y I_w}}{l^2 Z} = \frac{\pi^2 EI_f}{(A_f + A_w/6) \cdot l^2} = \frac{\pi^2 E}{(l/i)^2} = \frac{\pi^2 E}{\lambda^2} \tag{12}$$

式(12)は，フランジとウェブ部分として梁せいの1/6をとったT形断面材が，ウェブ軸まわりにオイラー座屈するときの応力度を表している。式(12)は弾性座屈式であるが，許容圧縮応力度と同様に非弾性座屈域をジョンソンの放物線で補間して，安全率νで除した式が式(1)である。

式(11)の第2項において，ウェブの項を無視すると，$I_Y = A_f \cdot b^2/6$，$J = 2A_f \cdot t_f^2/3$，$Z = A_f \cdot h$の関係があるので，

$$\frac{\pi\sqrt{EI_Y GJ}}{lZ} = \frac{\pi}{3}\sqrt{\frac{1}{2(1+\nu)}}\frac{EA_f}{lh} = \frac{0.65E}{lh/A_f} \tag{13}$$

式(2)は，式(13)を安全率1.5で除した式である。

したがって，式(1)と式(2)の設計式は式(11)の第1項と第2項に対応しており，許容曲げ応力度としては，そのどちらか大きい方を用いることと規定している。

⊙留意事項

式（3）～(5）で規定される鋼構造設計規準の許容曲げ応力度は，式(1)と式(2)で規定される国交省告示の値と異なっており，図2（b）に示したように，告示の値が小さくなる場合がある。このような場合に，鋼構造設計規準の値を用いると，建築基準法違反になるので注意が必要である。

（たままつ　けんいちろう）

【参考文献】

1）日本建築学会：鋼構造設計規準2002年第3版，p. 101，付図1.1

2）日本建築学会：鋼構造設計規準2007年第4版，p. 51，図5.1.5，p. 52，図5.1.6

30

丹野吉雄
東宝舞台(株) 企画開発部

底板中立軸位置の計算図表

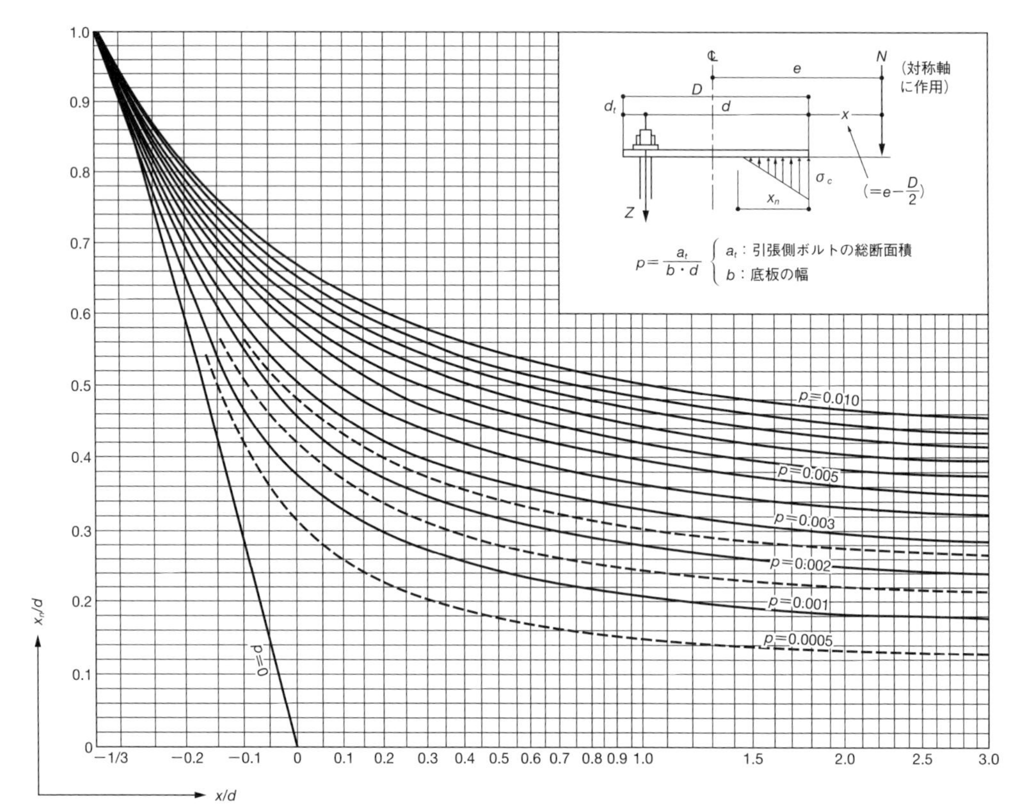

図1 底板中立軸位置の計算図表[3)]

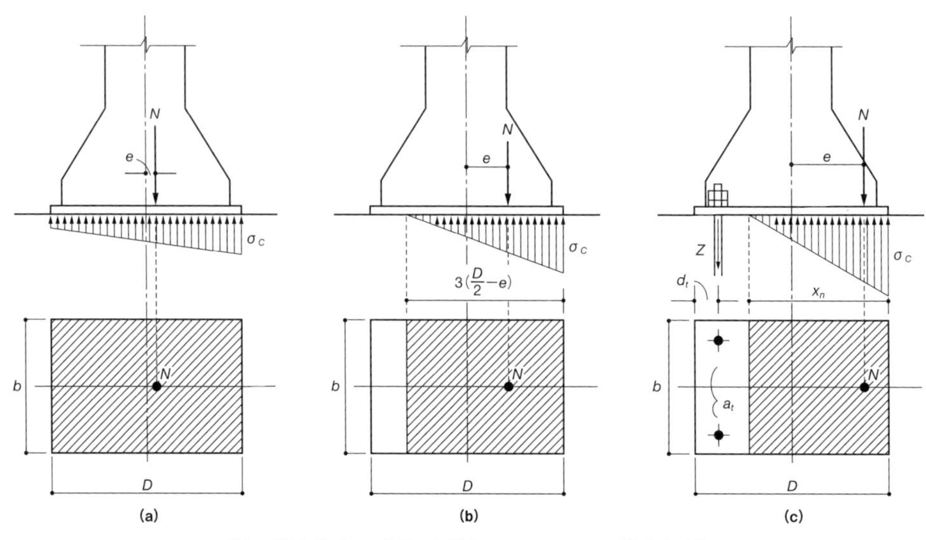

図2 偏心荷重Nが作用した場合のコンクリートの圧縮応力度[1)]

⊙実務での役立て方

鉄骨造の露出柱脚部分には，一般に軸力N，モーメントMおよびせん断力Qが作用している。偏心距離$e=M/N$がベースプレート平面形の「核点」を超える場合には，アンカーボルトには引張力が生じモーメントに抵抗することになる。この場合の総引張力や圧縮縁最大応力度など，柱脚部設計の基本諸量を，図表から中立軸を定めることにより算出することができる。

この図表（**図1**）は，鉄骨造露出柱脚の設計において，軸力Nと曲げモーメントMが作用するベースプレートの中立軸位置x_nを算定するものである。

長方形のベースプレートの主軸の一方向に，偏心荷重Nが加わる場合（**図2**），偏心eによってベースプレート直下のコンクリートに生じる最大圧縮応力度σ_cは次のようになる。

①$e \leq D/6$ならば，全底面が圧縮されて，

$$\sigma_c=\frac{N}{bD}\left(1+\frac{6e}{D}\right) \tag{1}$$

②$e>D/6$ならば，全底面の一部が圧縮されて，

$$\sigma_c=\frac{2N}{3b\left(\dfrac{D}{2}-e\right)} \tag{2}$$

③$e>\left(\dfrac{D}{6}\right)+\left(\dfrac{d_t}{3}\right)$ならば，アンカーボルトに引張力が生じるので式(2)によらず，ベースプレート面をコンクリート断面，引張側アンカーボルトを鉄筋とする長方形柱として算定することができる。この場合，圧縮側アンカーボルトは圧縮に対して有効でないので無視し，平面保持の仮定により中立軸の位置x_nは式(3)により求められる。

$$x_n^3+3\left(e-\frac{D}{2}\right)x_n^2-\left(6n\frac{a_t}{b}\right)\left(e+\frac{D}{2}-d_t\right)\left(D-d_t-x_n\right)=0 \tag{3}$$

ここに，

e：偏心距離（$=M/N$）

a_t：引張側アンカーボルトの総断面積

d_t：ベースプレート縁端から引張側アンカーボルト群図心までの距離

b：ベースプレートの幅

D：ベースプレートのせい

n：コンクリートに対する鋼のヤング係数比

式(3)において，コンクリートに対する鋼のヤング係数比を$n=15$とし，$d=D-d_t$，$x=e-(D/2)$，$p=a_t/(bd)$とおき，縦軸をx_n/d，横軸をx/dとして，pに応じてプロットしたものが**図1**である。

軸力Nと曲げモーメントMから偏心距離eを求め，横軸x/dとpより縦軸x_n/dを読み取り，中立軸位置x_nを決定する。

ここで算定した中立軸位置を用いて，アンカーボルトの総引張力Z，およびコンクリートに生じる最大圧縮応力度σ_cを，式(4)および式(5)により算定し，断面の検定を行う。

$$Z=\frac{N\left(e-\dfrac{D}{2}+\dfrac{x_n}{3}\right)}{D-d_t-\dfrac{x_n}{3}} \tag{4}$$

$$\sigma_c=\frac{2N\left(e+\dfrac{D}{2}-d_t\right)}{bx_n\left(D-d_t-\dfrac{x_n}{3}\right)} \tag{5}$$

この図表は軸力Nが圧縮の場合を対象にしており，引張軸力が作用する場合は使用できない。曲げモーメントが比較的小さく，偏心距離eがベースプレート内側にある場合（$e<D/2$）には横軸x/dは負の値になる。また，$p=0$の線より左側の領域では，アンカーボルトの引張力を期待しなくても，圧縮側反力のみで偏心荷重と釣り合っている状態である。(図2（a）および（b）の状態)。

同じアンカーボルト断面積（pが一定の曲線上）の場合には，偏心距離が大きいほど中立軸位置のx/dも大きくなり，中立軸の位置x_nは小さくなる。この結果式(4)，式(5)より求まるアンカーボルトの総引張力Z，およびコンクリートに生じる最大圧縮応力度σ_cも増加することになる。

⊙留意事項

この稿で解説した計算図表は平面保持の仮定に基づいており，ベースプレートが十分な剛性を保持していること，および弾性設計（1次設計）での活用が前提である。

鉄骨造の柱脚部分は鋼とコンクリート部材の異種構造間の応力伝達部分であり，1995年兵庫県南部地震では多くの被害が報告され，特に露出柱脚部の被害が注目された。これらを踏まえ，現行の耐震規程では，露出柱脚部の回転剛性を適切に評価した応力解析や，崩壊メカニズム時の安定した塑性変形能力の確保が求められている。

しかし，より詳細な検証の入り口の第一歩として，適切な断面や条件の設定は重要であり，その意味からも図上でさまざまなパラメータの影響を見通しよく把握のできる本図表は，設計者にとって有用な道具である。

（たんの　よしお）

【参考文献】

1）日本建築学会：鋼構造設計規準・同解説，1959改，p. 161，41・2図

2）日本建築学会：鋼構造設計規準，1970年

3）日本建築学会：鋼構造設計規準—許容応力度設計法—，p. 180，付5，2005年

4）2007年版　建築物の構造関係技術基準解説書，2007年

31

山辺豊彦
山辺構造設計事務所

曲げ降伏型接合部の降伏せん断図表

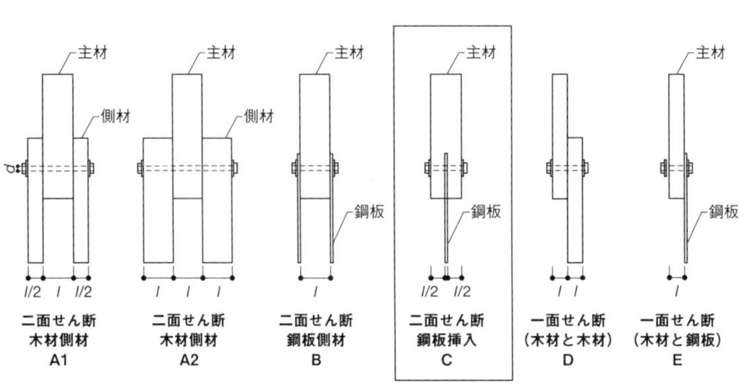

図1　接合形式

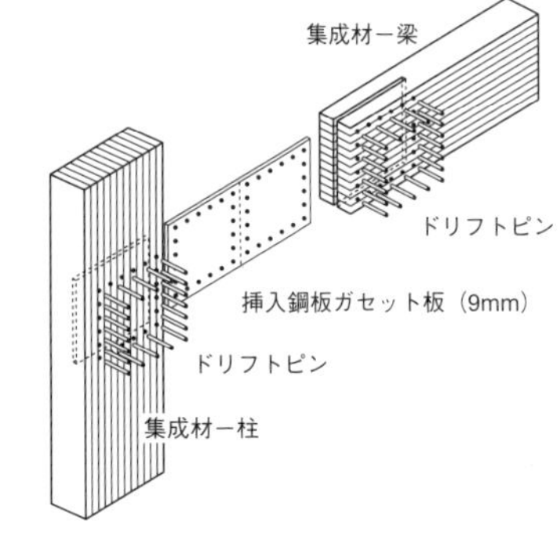

図2　鋼板挿入式ドリフトピン接合（接合形式C）の参考図

表1　樹種グループ

グループ	樹　種	基準比重	基準支圧強度（N/mm²）	
			繊維方向	繊維直角方向
J1	ベイマツ・クロマツ・アカマツ・カラマツ・ツガなど（比重0.50程度）	0.42	25.4	12.7
J2	ベイヒ・ベイツガ・ヒバ・ヒノキ・モミなど（比重0.44程度）	0.37	22.4	11.2
J3	トドマツ・エゾマツ・ベニマツ・スプルース・スギ・ベイスギなど（比重0.38程度）	0.32	19.4	9.7

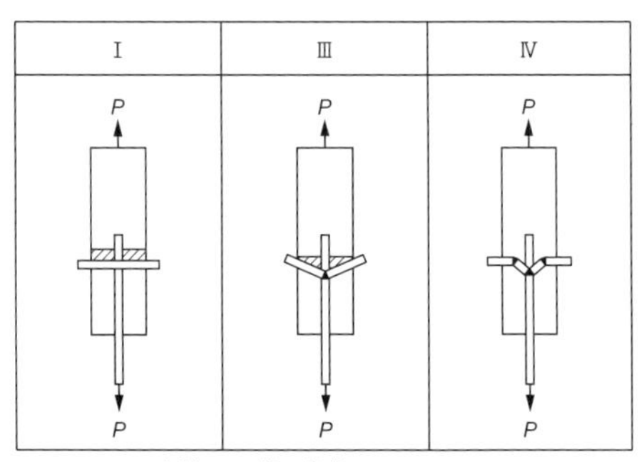

Ⅰ：主材のめり込み降伏
Ⅲ：主材のめり込み降伏＋接合具の曲げ降伏
Ⅳ：接合具の曲げ降伏
※：降伏モードⅡは接合形式Dのみ対応する

図3　接合形式Cの降伏モード

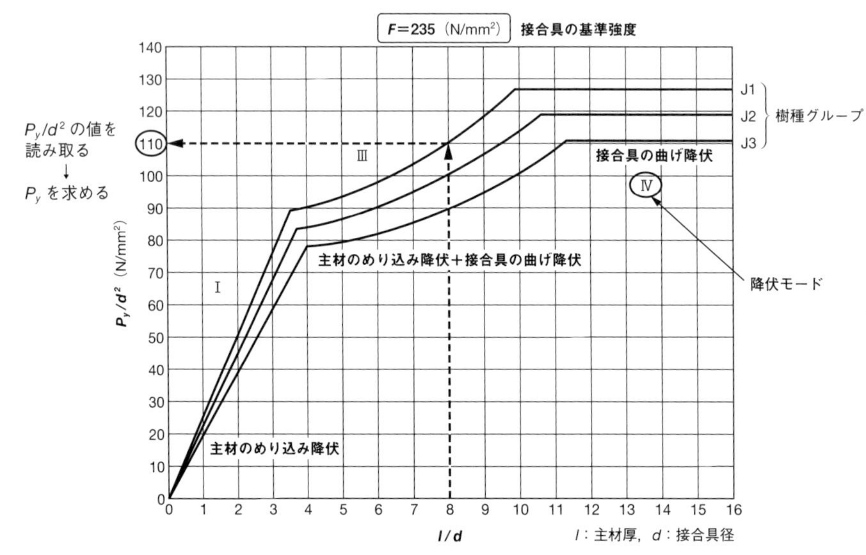

図4　曲げ降伏型接合部の降伏せん断耐力図表（接合形式C，繊維方向加力）

⊙曲げ降伏型接合部

せん断力を伝達させる接合部のうち，ボルト，ドリフトピン，ラグスクリューなど（接合具）を貫通させるか，打ち込むことにより，せん断力に抵抗させる接合部を曲げ降伏型接合部としている（**図1，2**に接合形式を示す）。

いずれの場合も，接合具が側圧により木材にめり込み変形を生じ，木材に接する接合具の有効長さと直径の比l/dが大きいと，終局時に接合具が曲げ降伏となり，l/dが小さいと，木材のめり込み降伏または割裂破壊となる。

このような接合部の降伏機構は，曲げ降伏型接合部に共通で，降伏耐力は接合具の有効長さと直径，木材の支圧強度（**表1**）などのパラメータにより決定される。

⊙単位接合部のせん断耐力

単位接合部の設計用許容せん断耐力P_aは，以下の①→②→③の検討手順で求められる。

①降伏せん断耐力P_yの算定

$P_y = C \cdot F_e \cdot d \cdot l$

C ：接合形式係数

F_e：主材の基準支圧強度

d ：接合具径

l ：主材厚（主材に接する接合具の有効長さ）

②基準許容せん断力P_oの算定

$P_o = \min\left({}_jK_o \cdot P_y,\ {}_jK_o \cdot {}_jK_f \cdot P_{uo}\right)$

P_{uo}：終局せん断耐力

$P_{uo} = \gamma_u \cdot P_y$

γ_u：終局強度比

${}_jK_o$：基準化係数（通常は1/2）

${}_jK_f$：安全係数（通常は2/3）

③設計用許容せん断耐力P_aの算定

$P_a = {}_jK_d \cdot {}_jK_m \cdot P_o$

${}_jK_d$：荷重継続期間影響係数

${}_jK_m$：含水率係数

上記手順を一見すると，設計用許容せん断力P_aを求めるのが少し複雑に感じられるが，①の降伏せん断耐力P_yさえ求まれば，後は係数を乗じるだけである。

降伏せん断耐力P_yを計算により算定する場合，接合形式係数Cは接合形式とその降伏モードの組合せにより各算定式があり，その最小値を採用することになる。**図3**に示す接合形式Cの場合，降伏モードはⅠ，Ⅲ，Ⅳの3パターンが考えられ，それぞれの接合形式係数Cは次のようになる。

モードⅠ ：1.0

モードⅢ：$\sqrt{2 + \frac{8}{3}\gamma\left(\frac{d}{l}\right)^2} - 1$

モードⅣ：$\frac{d}{l}\sqrt{\frac{8}{3}\gamma}$

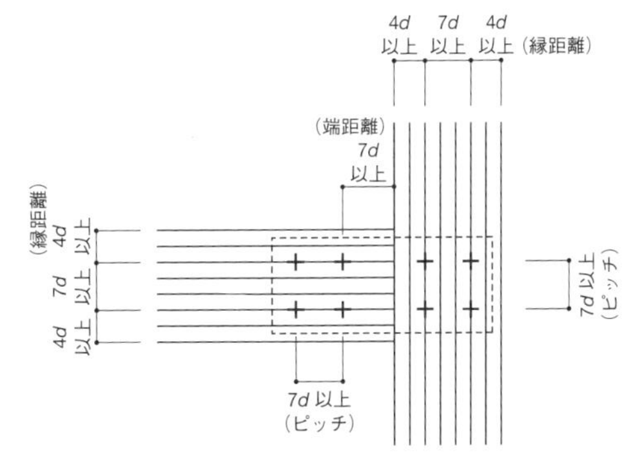

図5　接合部の配置（参考例）

γ：接合具の基準材料強度と主材の基準支圧強度の比

⊙計算図表の利用について

最小となる降伏モード（接合係数）は，主材厚lと接合具径dの比l/dによって変わるため，接合部の検討でトライアンドエラーを繰り返す場合は，その都度すべての降伏モードを検討し比較する必要があり，煩雑な作業となる。そこで，計算図表（**図4**）を利用すると，効率的に降伏せん断耐力P_yを求めることができる。計算図表は各接合形式ごとに降伏モードを考慮して作成されており，主材厚lと接合具径dの比l/d，主材の樹種グループからP_y/d^2の値を図表から読み取り，これにより単位接合部の降伏せん断耐力P_yを求めることができる。

また，計算図表を利用すれば，降伏せん断耐力P_yが効率的に求められるだけでなく，降伏モードも視覚的に判断できる。設定した主材厚と接合具径での降伏モードは木材のめり込み降伏，接合具の曲げ降伏，またはそれらが組み合わさった降伏モードなのかを簡単に読み取れ，接合部の耐力を上げるための方法も推測しやすい。例えば，図1の接合形式Cタイプの図表で，降伏モードⅠおよびⅢの範囲では，主材厚lを大きくするとl/dが大きくなり，降伏せん断耐力P_yの値が大きくなるが，降伏モードⅣの範囲では主材厚lを大きくしても降伏せん断耐力は変わらず，接合具径を大きくしないと降伏せん断耐力P_yの値は大きくならないことがわかる。

⊙実務での役立て方

図表を利用するうえで重要なことは，以下の点である。

接合具の縁端距離・ピッチなどの寸法（**図5**）が短いと，木材の割裂，せん断，引張などによる脆性的な破壊が先行してしまう。逆に，縁端距離，ピッチなどが十分であり，かつ，主材厚lと接合具径dの比l/dが大きく，比較的細長いボルトを用いた場合は，曲げ降伏により接合部は靭性を発揮するが，l/dが小さく，太いボルトを用いた場合は，高い剛性は得られるが，変形性能は木材のめり込み降伏や割裂破壊となるため，靭性に乏しい接合部となることに留意すべきである。　（やまべ　とよひこ）

32

樫原健一
㈱SERB

木造軸組(等価1質点モデル)の耐震性能

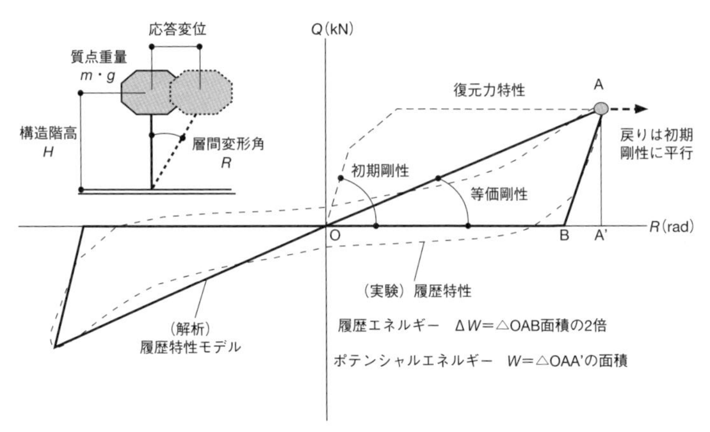

図1 木造軸組の復元力特性

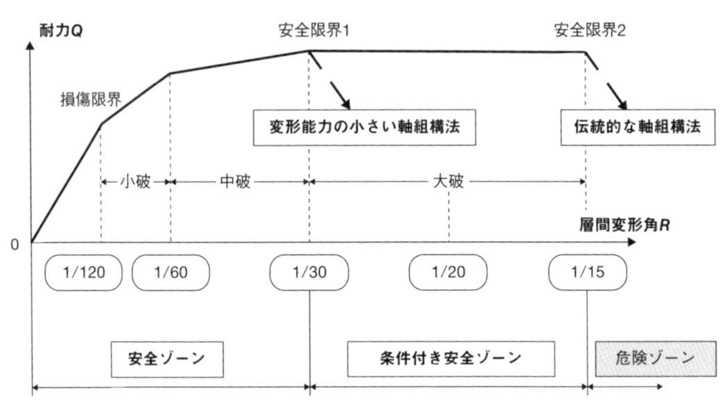

図2 木造軸組の設計クライテリア

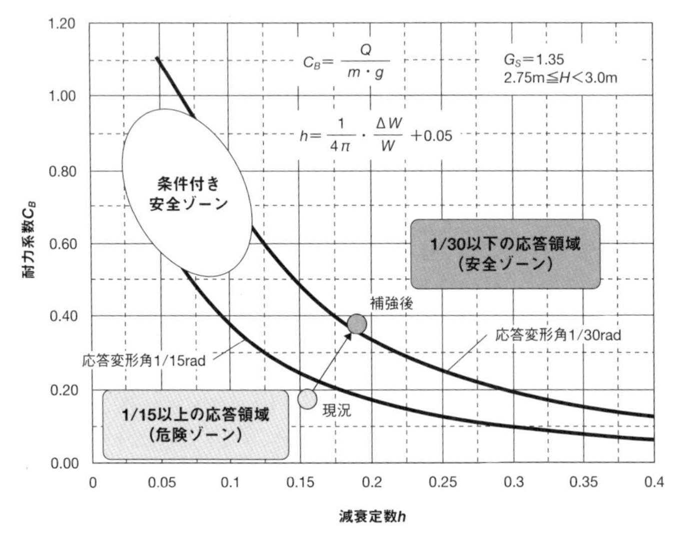

安全限界に対する応答計算式

$$C_B=\frac{1}{R}\cdot\frac{1}{H}\cdot F_h^2\cdot C$$

ただし $T_e \geqq 0.64$sec

$$C=\frac{(5.12\times G_s)^2}{4\pi^2\cdot g}$$

図3 応答計算シート(例)

⊙実務での役立て方

限界耐力計算では，**図1**の復元力特性から求まる設計パラメータのもとに，**図5**のように地盤特性から決まる地震入力（加速度応答スペクトル）との交点を求めることによって，系の最大応答変位が得られる。**図3**の木造軸組構法建物の応答計算シートは，**図4**・図5に示す限界耐力計算の手順で最大応答変位を求める数値計算プロセスをパラメトリックな図表群に変換したものである。

⊙木造軸組（1質点系モデル）の最大応答変位を求める手順

①表層地盤の増幅率G_sを設定するG_sは，0.25ピッチで変化させたシートを用意しているので，例えば，$G_s=1.4$ならば1.5とし，1.6ならば1.75とする。調整係数pを考慮する場合は，G_sにpを乗じた値に該当するシートを選択する（調整係数pは，平屋の場合0.80，2階建の場合0.85）。

②建物の構造階高Hを求める。

③建物の復元力特性より，耐力（耐力係数：C_B）と減衰定数hを求める。最大応答変形角の目標値に対応した，C_Bとhを初期値とする。

④該当する応答計算シートにプロットして，建物の最大応答変形角Rのゾーンを求める。

目標値が1/30なら，最初の仮定として$R=1/30$のときのC_Bおよびhを求め，シート上にプロットする。変形角の線より上にプロットがくれば，その変形角以下の変形となっていることになる。プロットした点が1/30と大きく違えば，求まった応答変形角におけるC_Bおよびhを用いて再度シート上にプロットし，応答変形角が目標値以下になることを確認する。応答計算シートを用いれば，目標とする耐震性能を得るために，どの程度の耐力と減衰定数が必要であるかを容易に推定することができる。すなわち，第1種地盤（$G_s=1.35$）における構造階高3mの1質点系が1/30radの応答変位であるためには，耐力係数0.35かつ減衰定数0.2程度あればよいと判断する。そうして，1/30radまで確実に変形性能を有する耐震要素，あるいは制震ダンパーを組み合わせて，設計することができる。限界変位が1/15radとすれば，さらに小さなベースシア係数と減衰定数の組合せで，目標とする耐震性能を確保することが可能であることがわかる。

⊙留意事項

水平力を受ける木造軸組がせん断変形するとき，図1のようにほぼ三角形上を往復する履歴特性を描くので，**図2**の復元力特性は建物の耐力と層間変位の上限を示す軌跡（骨格曲線）であるといえる。この軌跡が，固有周期や減衰定数を決めるのである。木造軸組の設計クライテリアは，損傷限界変位を1/120rad，安全限界変位を1/30rad（筋かいや面材が主要な耐震要素）または1/15rad（土壁や貫などが主要な耐震要素）とすることができる。ただ，変形モードや接合部のディテールなどに関する設計検討事項を，満足することが必要である[3]。なお，制震ダンパーをもつ建物の場合は，ダンパーが有する減衰性能の木造軸組減衰性能への寄与分を（剛性比例の重み関数を乗じて）減衰定数として加える。そうすれば，ダンパーがあっても評価法としてはまったく同様に，定量的な評価が可能である。つまり，限界耐力計算は耐力と変位の関係に，周期と減衰定数という指標が加わって動的な応答評価としての変位を求めていることになる。

（かたぎはら　けんいち）

【参考文献】

1）樫原健一：耐震性能評価の簡易な方法について-（その1）木造建物の耐力と減衰定数，日本建築学会大会学術講演梗概集（No. 22061），2004年8月

2）樫原健一・河村廣：木造住宅の耐震設計　第3章，技報堂出版，2007年3月

3）日本建築構造技術者協会関西支部：木造住宅・建築物の耐震性能評価・耐震補強マニュアル（追補改訂版），2011年5月（インターネット公開版　http://www.mmjp.or.jp/jsca-kansai/kenkyukai_koshukai/kenkyukai_koshukai.html）

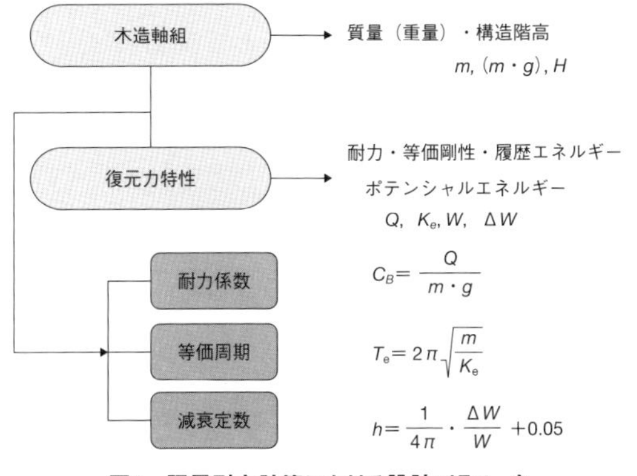

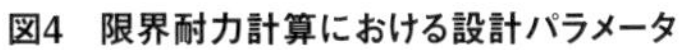

図4　限界耐力計算における設計パラメータ

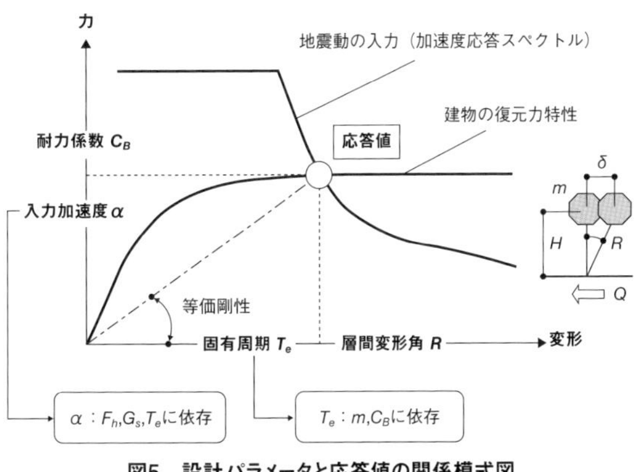

図5　設計パラメータと応答値の関係模式図

木造

33

山辺豊彦
山辺構造設計事務所

木造耐力壁の耐力

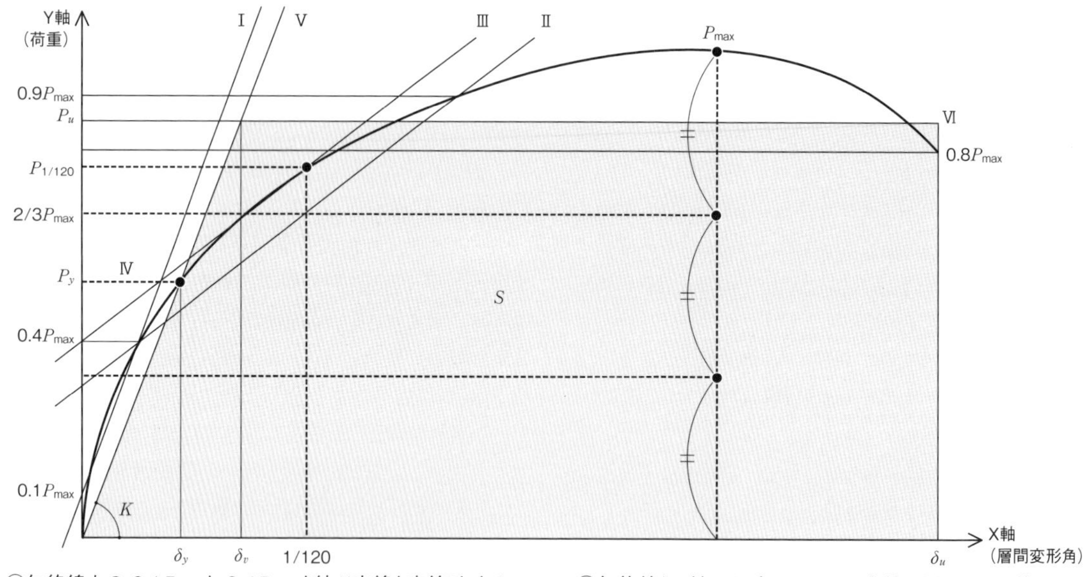

①包絡線上の $0.1P_{max}$ と $0.4P_{max}$ を結ぶ直線を直線Iとする。
②包絡線上の $0.1P_{max}$ と $0.9P_{max}$ を結ぶ直線を直線IIとする。
③包絡線に接するまで直線IIを平行移動し，これを直線IIIとする。
④直線Iと直線IIIとの交点の荷重を P_y とする。この交点から X 軸に平行な直線を直線IVとする。
⑤直線IVと包絡線との交点の変位を降伏変位 δ_y とする。
⑥原点と(δ_y, P_y)を結ぶ直線を直線Vとし，その勾配（X軸となす角度）を初期剛性 K と定める。
⑦最大荷重後に低下した耐力が $0.8P_{max}$ となったときの変位を，終局変位 δ_u と定める。
⑧包絡線とX軸および $X = \delta_u$ の直線で囲まれる面積を S とする。
⑨直線VとX軸と $X = \delta_u$ の直線および直線VIで囲まれる台形の面積が，S と等しくなるように，直線VIを定める。
⑩直線Vと直線VIとの交点の荷重を，完全弾塑性モデルの終局耐力 P_u と定め，その時の変位を降伏点変位 δ_v とする。
⑪塑性率 $\mu = \delta_u / \delta_v$ とする。
⑫構造特性係数 $D_S = 1/\sqrt{2\mu-1}$ とする。

図1　完全弾塑性モデルによる降伏耐力および終局耐力等の求め方
（日本住宅・木材技術センター『木造軸組工法住宅の許容応力度設計2008年版』に加筆）

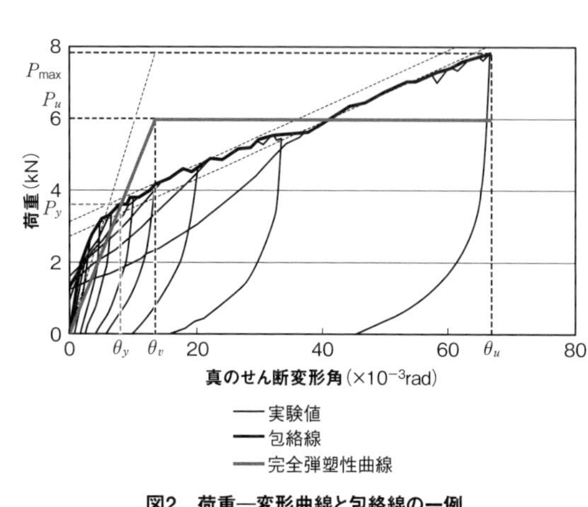

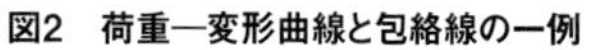

図2　荷重―変形曲線と包絡線の一例

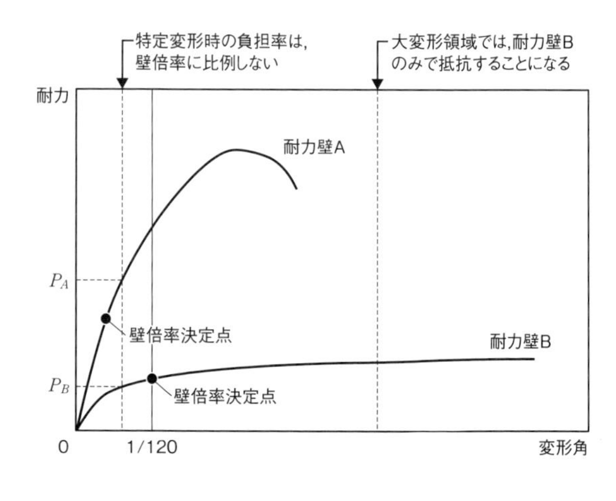

図3　特性の異なる耐力壁の組合せの例

⦿木造の耐力壁の剛性評価方法

木造の耐力壁の剛性は,「壁倍率」という数値で表される。壁倍率1とは,壁長さ(柱芯距離)1m当たりの短期許容せん断耐力が1.96kNであることを意味する。この数値を用いて令第46条第4項の壁量計算を行えば,中地震時の耐震性能を確保すると同時に,大地震時の耐震性能も確保されることとなる。

壁倍率は耐力壁の仕様に応じて,令第46条第4項および昭56建告第1100号に定める値を用いるか,指定機関での試験により大臣認定を取得する。壁倍率を決定するための面内せん断試験方法および評価方法は,日本住宅・木材技術センター『木造軸組工法住宅の許容応力度設計2008年版』に示されており,下記の4項目のうち最小の値を短期基準せん断耐力とする。この値に使用環境などを考慮した低減係数を乗じた値が,設計に用いる許容せん断耐力と壁倍率となる。

ⓐ降伏耐力P_y

ⓑ終局耐力$P_u \times 0.2/D_S$

ⓒ最大耐力$P_{max} \times 2/3$

ⓓ特定変形時の荷重P_t

試験方法がタイロッド式の場合は,真のせん断変形角が1/150のときの耐力,柱脚固定式の場合は見かけの変形角が1/120のときの耐力とする。

このうち,ⓑの値で壁倍率が決定しているときは,変形能力(ねばり)が小さいので,強さで抵抗するしかなく,伝統構法のような靭性指向の建物には不向きである。

一方,ⓓの値で壁倍率が決定しているときは,初期の耐力が低いため,これを耐力壁とした建物は揺れやすいが,大きく傾いたとしても潰れにくい,といえる。

したがって,構造性能を明快にするためには,壁倍率だけでなく,どの要素で壁倍率が決定しているかを把握しておくことも重要である。

なお,上記の各値は,試験により得られた荷重—変形曲線の包絡線から,完全弾塑性モデルを作成して求めることとなる(**図1,2**)。

図1の横軸は層間変形角を,縦軸は荷重を表す。ここでみるポイントは,以下のような事項である。

①曲線の勾配(壁の剛性)
- 初期段階が急勾配なら剛性が高い
- 緩勾配なら剛性は低い

②最大耐力とそのときの変形角
- 変形角が小なら,ねばりが乏しい
- 変形角が大なら,ねばり強い

③最大耐力後の荷重の下がり方(靭性)
- 急激な耐力低下なら,靭性が乏しい
- 緩やかな耐力低下なら,靭性に富む

④最大変形角
- ②③と同様,靭性を示す

⑤曲線に囲まれた面積
- 面積が大きいと,エネルギーの吸収能力が高い(揺れの減衰性が高い)

木造の荷重-変形曲線は鋼材のような明快な降伏点を示さないことと,載荷初期に生じやすいスリップの影響をなくすため,図のような接線を用いて評価することとしている。

ちなみに,耐震診断で用いられる壁基準耐力,壁基準剛性は,壁倍率でなく耐力値そのものを用いている。診断は大地震時の倒壊の可能性の有無のみを対象としていることから,前述の4要素のうちⓑにより求めた値の終局耐力と,靭性により決定される数値を主として採用している。したがって,従来の壁倍率および壁倍率を耐力に換算した値とは異なっている。

また,壁基準耐力の算定では,実験値から算定される基準耐力に耐力低減係数を乗じた値となっているが,一般的には法定の壁倍率に1.96kN/mを乗じた値と異なっており,それより大きな値のものが多い。壁の種類によっては,著しく靭性の乏しい壁の場合,靭性低減係数により低減されるものもある。

⦿実務での役立て方

実務にあたって注意したいのは,耐力壁の組合せである。上記のように個々の耐力壁については,強度および変形の両方に対して安全率を見込んでいるので問題はない。ただし,さまざまな仕様の耐力壁を併用すると,場合によっては建物が水平力を受けて,ある変形角に達したときの負担荷重が壁倍率に比例しない,という問題点が生じることになる。

例えば,初期剛性が高く靭性に乏しい耐力壁Aと,初期剛性が低く靭性に富んだ耐力壁Bを組み合わせると,**図3**のようなかたちとなる。小変形領域では,Aの負担が大きく,Bはほとんど負担していない。一方,大変形領域では,Aは抵抗力を失っており,Bのみで水平力に耐えなければならない。

したがって,構造的には,荷重-変形曲線の形状が似ているものを組み合わせた方が,安定した耐震性能を確保できるといえる。そのためには,壁倍率の決定要因と,荷重-変形曲線も考慮する必要がある。

(やまべ　とよひこ)

【参考文献】

1) 日本住宅・木材技術センター:木造軸組工法住宅の許容応力度設計2008年版

34

山辺豊彦
山辺構造設計事務所

木材の強度比と荷重継続期間の関係

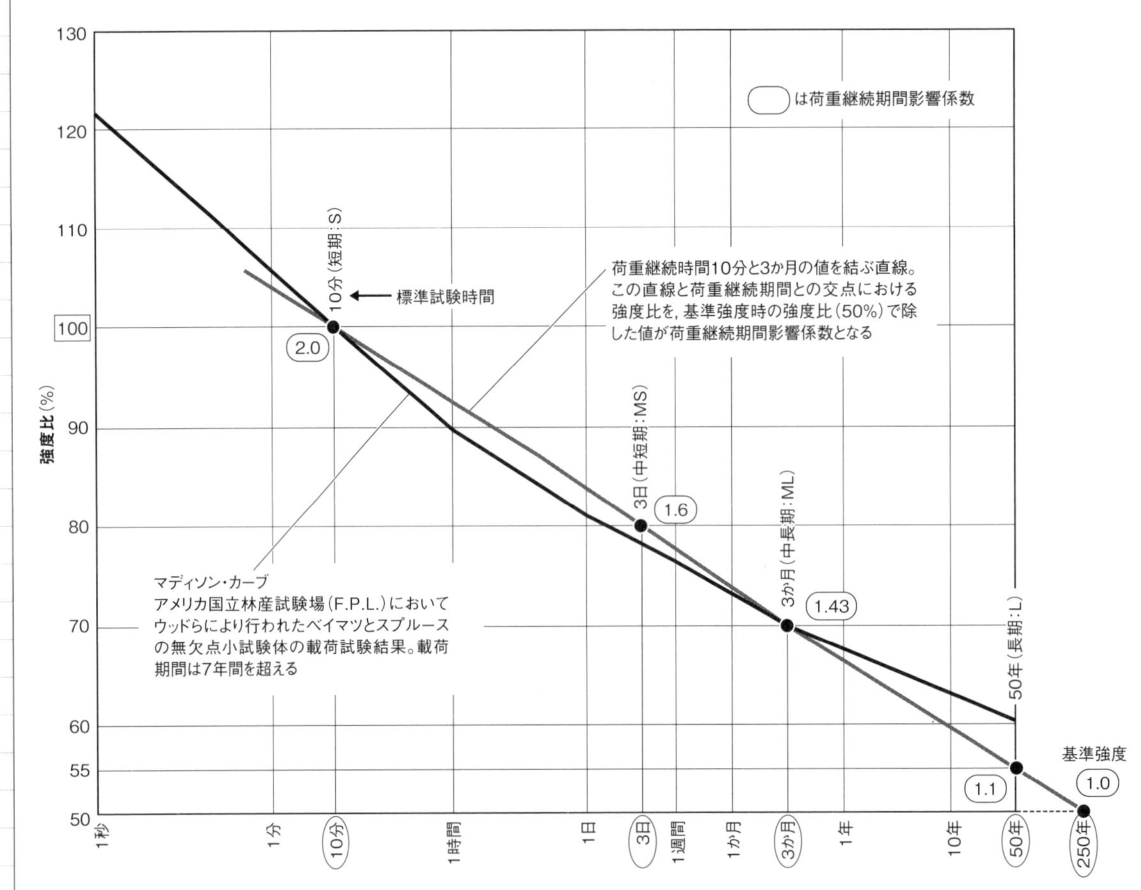

図1　強度比と荷重継続期間の関係
（日本建築学会『木質構造設計規準・同解説』に加筆）

表1　荷重継続期間と木材の許容応力度

荷重継続時間			木材の許容応力度
長期		50年相当	基準強度 $F\times\frac{1.10}{3}$：長期許容応力度
積雪	長期	3か月相当	基準強度 $F\times\frac{1.43}{3}$＝長期許容応力度×1.3
	短期	3日相当	基準強度 $F\times\frac{1.60}{3}$＝長期許容応力度×0.8
短期		10分相当	基準強度 $F\times\frac{2.00}{3}$：短期許容応力度

⊙木材の性質と許容応力度

木材は荷重の継続時間に応じて，支持耐力が変化する性質をもつため，建築基準法施行令では，建物にかかる力の継続時間に応じて，材料の許容応力度および材料強度を定めている。

木材の許容応力度の特徴は，積雪荷重の扱いである。鋼材やコンクリートは，垂直積雪量が1m以上の多雪区域の場合は長期，その他の一般地域では短期荷重として扱い設計を行う。しかし木材の場合は，多雪区域では荷重継続期間を3か月程度と想定し，長期許容応力度の1.3倍の数値を用いることとしている。一方，一般地域は荷重継続期間を3日程度と想定して，短期許容応力度の0.8倍の数値を用いることとしている（**表1**）。日本建築学会『木質構造設計規準・同解説』では，前者を“中長期”，後者を“中短期”と呼んでいる。

その根拠となるのが，**図1**である。図中の曲線はマディソン・カーブと呼ばれるもので，アメリカ国立林産試験場（F.P.L.）において，ウッドらにより行われた，ベイマツとスプルースの無欠点小試験体の載荷試験結果である。載荷期間は7年間を超える。

これを参考に，まず荷重継続時間10分と3か月の値を結ぶ直線を片対数座標上に描き，次にこの直線が荷重継続期間10分の荷重の50％となる点を基準強度とする。このときの荷重継続期間は，約250年に相当することになる。

これに対して，設計上想定している荷重継続期間をそれぞれプロットしていく。わが国の設計思想としては，長期は荷重継続期間を50年，長期積雪は3か月，短期積雪は3日間と想定しているため，これらの値と直線との交点を求める。それらの強度比を，基準強度時の強度比で除した値が「荷重継続期間影響係数」である。すなわち，長期：1.10，中長期：1.43，中短期：1.60，短期：2.00が，基準強度に乗じる安全率（表1の分子の値）となる。

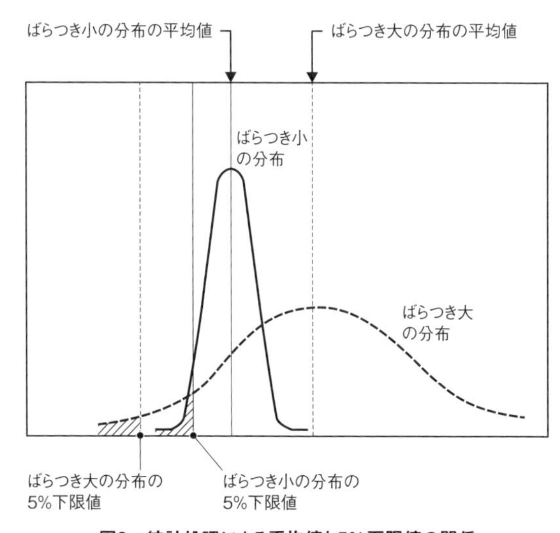

図2　統計処理による平均値と5%下限値の関係

⊙木材の基準強度

木材の強度性能は，例えばE75-F240のように表示される。このうち，Eの数値は曲げヤング係数の平均値が75tf/cm^{2}であることを示している。測定したヤング係数値が，65 tf/cm^{2}以上85tf/cm^{2}未満ある木材は，E75と表示される。

一方，Fの数値は曲げの基準強度の5％下限値が240 kgf/cm^{2}であることを示す。つまり，E75の木材100本のうち，下から5番目に低い曲げ強度値を示しており，これが設計に使用する「基準強度」となる。これは，ばらつきを考慮した統計処理によるものである（**図2**）。

ばらつきの少ない材料であれば，平均値を下まわってもその誤差が小さいため，強度の安全性は確保される。しかし平均値が高くても，ばらつきが大きい場合は，平均値よりも著しく強度の低い木材が多く含まれることになる。

したがって，強度については安全性を確保するために，5％下限値を採用しているのである。

⊙実務での役立て方

木造の構造設計を行う際は，上記のほかに生物材料としての特徴も踏まえたうえで，建物の用途や耐久性といった使用状況に見合った設計のクライテリアを設定すべきであろう。

耐久性を高める設計のポイントは，建物の各部を水分や湿分の浸入や滞留が生じないように，日照，通風，換気，防水，雨仕舞，防湿などに配慮した設計をする。

具体的な建築計画上の注意事項を以下に述べる。①敷地のもつ条件と建物の配置計画に影響され，地域の気候や特性にも配慮すべきである。②平面計画では，複雑で入り組んだ平面形状は，屋根形状にも影響を与えるので，漏水や通風，日照対策などに注意をする。③断面計画では，軒の出，屋根勾配などや道路面と敷地との高さ関係などは，雨水浸入などに注意をする。

変形については，表示されているヤング係数に±10tf/cm^{2}のばらつきがあることと，含水率変化による影響が大きいことに配慮が必要である。

強度については，荷重継続期間を考慮した許容応力度以下に抑えることのほかに，大きな応力が生じる部位に有害な欠点がないことを，目視により確認することも重要である。

（やまべ　とよひこ）

【参考文献】
1）日本建築学会：木質構造設計規準・同解説，2006年
2）2007年版建築物の構造関係技術基準解説書

35

大越俊男
東京工芸大学客員教授

等分布荷重時4辺固定スラブの応力図と中央点のたわみ

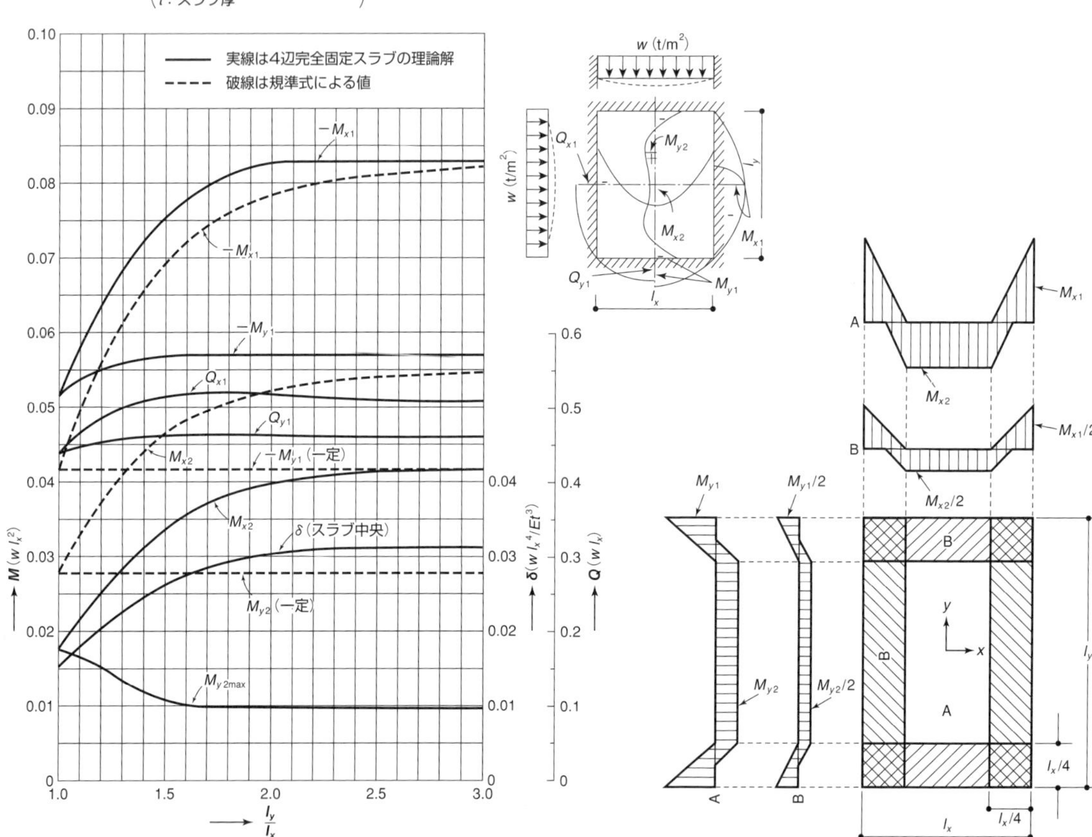

図1　等分布荷重時4辺固定スラブの応力図と中央点のたわみδ（ν＝0）

図2　周辺固定スラブの設計用曲げモーメント

⊙実務での役立て方

4辺固定スラブは，日本では代表的なスラブの構造形式である。

短辺の長さをl_x（cm）とし，長辺の長さをl_y（cm），厚さをt（cm）とする。スラブの辺長比λは次式で示される。

$$\lambda=\frac{l_y}{l_x}\quad(l_y\geq l_x)$$

図1は，各辺の直角方向面外曲げモーメントとせん断力，および中央線上の線方向面外曲げモーメントが示されている。また，スラブ中央のたわみが示されている。

⊙スラブの応力解

鉛直荷重P（x, y）の作用するスラブの変位wは，次式のラプラスの微分方程式で示される。

$$\frac{\partial^4 w}{\partial x^4}+2\frac{\partial^4 w}{\partial x^2\partial y^2}+\frac{\partial^4 w}{\partial y^4}=p(x,\ y)$$

このときの曲げモーメントM_x，M_yとせん断力Q_x，Q_yは，変位wから次式で示される。

$$M_x = -D\left\{\frac{\partial^2 w}{\partial x^2} + \nu\frac{\partial^2 w}{\partial y^2}\right\}$$

$$M_y = -D\left\{\frac{\partial^2 w}{\partial y^2} + \nu\frac{\partial^2 w}{\partial x^2}\right\}$$

$$Q_x = -D\left\{\frac{\partial^3 w}{\partial x^3} + \frac{\partial^3 w}{\partial x \partial y^2}\right\}$$

$$Q_y = -D\left\{\frac{\partial^3 w}{\partial y^3} + \frac{\partial^3 w}{\partial y \partial x^2}\right\}$$

ここに，

$$D = \frac{Et^3}{12(1-\nu^2)}$$

tはスラブ厚さ，Eはコンクリートのヤング係数，νはポアソン比である。

⦿等分布荷重の解

床スラブの大きさを$a \times b$とすると，鉛直荷重は二重フーリエ級数で次式のように示される。

$$p(x, y) = \sum_{m=1}^{\infty}\sum_{n=1}^{\infty} a_{mn} \sin\frac{m\pi x}{a} \sin\frac{n\pi y}{b}$$

$$a_{mn} = \frac{4}{ab}\int_0^a\int_0^b p(x, y) \sin\frac{m\pi x}{a} \sin\frac{n\pi y}{b} d_x d_y$$

スラブの一般解は，特解と一般解の和で示される。

$$w = w_p + w_l$$

特解は鉛直荷重によって決まる解で，境界条件は任意になる。一般解は鉛直荷重がゼロで，変形のみがある解で，特解の境界値に，与えられた境界条件を満足するように加えられる。

等分布荷重時4辺支持スラブの特解は，次式で示される。

$$w_p = \frac{a^4\lambda^4}{\pi^4 D}\sum_{m=1}^{\infty}\sum_{n=1}^{\infty}\frac{a_{mn}}{(\lambda^2 m^2)^2} \sin \alpha_m x \sin \beta_n y$$

ここに，

$$\alpha_m = \frac{m\pi}{a},\ \beta_n = \frac{n\pi}{b},\ \lambda = \frac{b}{a}$$

一般解は，次式で示される。

$$w_l = \sum_{m=1}^{\infty}(A_m \cos h\alpha_m y + B_m \alpha_m y \sin h\alpha_m y + C_m \sin h\alpha_m y + D_m \alpha_m \cos h\alpha_m y) \sin \alpha_m x$$

ここに，A_m，B_m，C_m，D_mは積分乗数で，境界条件から決定される。

⦿応力図と中央点のたわみ図

なお，この解法は100年前につくられたもので，このほかにも，収束が早くなるように工夫した解法がいくつか発表されている。図1が，どの解法によるものかはわからない。

図1の実線は，必要な点の位置を決め，級数解を簡単にして，その点の応力を求め，それらの点を近似して求められたものである。

現在では，有限要素法や差分法を用いて，直接応力や変形が求められている。

短辺の長さをl_x（cm）とし，長辺の長さをl_y（cm），厚さをt（cm）とする。スラブの辺長比λは，次式で示される。

$$\lambda = \frac{l_y}{l_x}$$

$$l_y \geq l_x$$

図1は，横軸が辺長比λ，左の縦軸が曲げモーメントM（wl_x^2），右の縦軸がせん断力Q（wl_x）で表され，各辺の直角方向面外曲げモーメントとせん断力，および中央線上の線方向面外曲げモーメントが示されている。また，右の縦軸の一部がたわみδ（wl_x^4/Et^3）で，スラブ中央のたわみが示されている。

図1の破線は，**図2**に示される日本建築学会『鉄筋コンクリート構造計算規準』9条長方形スラブの規準式で，この応力を用いて配筋が決められている。

配筋は，図2に示されるように，柱列帯と中央部，短辺方向と長辺方向に分けられ，端部と中央部では，ベント筋によって一体化され，鉄筋が最小になるように配筋された。しかしこれは，人件費が安く，鉄筋費が高かった時代のもので，今では，上端筋と下端筋が同じで，長辺方向と短辺方向で間隔の違うメッシュ筋によるものが主流である。ベント筋は見られなくなった。すなわち，短辺と長辺の中央部の端部曲げモーメントM_{x1}とM_{y1}だけで短辺方向筋と長辺方向筋が決定されている。

⦿留意事項

端部の曲げモーメントは固定端モーメントであり，スラブの固定度が小さければ，中央部の曲げモーメントが大きくなり，中央部のたわみが大きくなるので，注意が必要である。

スラブ中央のたわみは弾性解析のもので，実際のたわみは，コンクリートのクリープによる弾性たわみの16倍程度になることが確かめられている。長期たわみの限界値は，短辺実長の1/250以下である。したがって，弾性たわみは1/1,600以下にする必要がある。

これらを元に，日本建築学会『鉄筋コンクリート構造計算規準』では，スラブの厚さを次式で規定している。

$$t = 0{,}02\left(\frac{\lambda - 0.7}{\lambda - 0.6}\right)\left(1 + \frac{w_p}{10} + \frac{l_x}{10000}\right)l_x$$

ここに，w_pは，積載荷重と仕上荷重の和（kN/m^2）。

（おおこし　としお）

【参考文献】

1）日本建築学会：鉄筋コンクリート構造計算用資料集，pp. 37-45，2001年

大越俊男
東京工芸大学客員教授

等変分布荷重時3辺固定1辺自由スラブの応力図と自由辺中央のたわみ

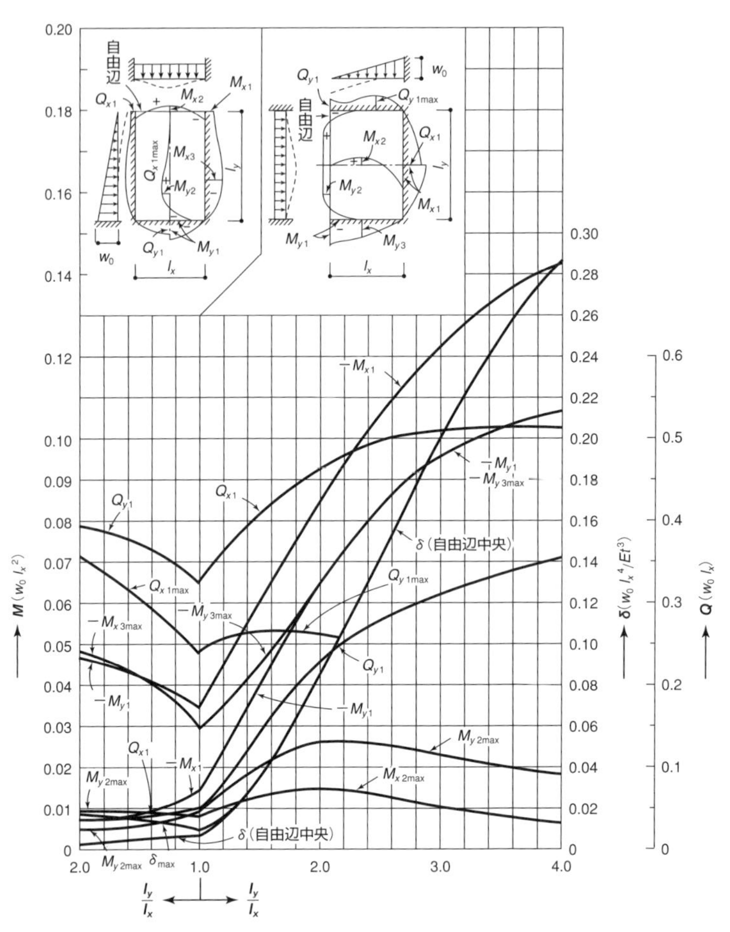

図1　等辺分布荷重時3辺固定1辺自由スラブの応力図と自由辺中央のたわみδ（$\nu=0$）

⦿実務での役立て方

等変分布荷重は，水圧や土圧のように，深さに応じて一様に変化する荷重のことである。したがって，スラブではなく，擁壁や土圧壁，水槽壁というべきであろう。

控え壁の付いた擁壁の土圧壁や，エレベータシャフト，地下駐車場シャフトなどの地下外壁は，上の辺に床スラブがなく，1辺自由辺・他辺固定端の版になる。上の辺に床スラブと梁のある場合は，4辺固定の版になる。

⦿スラブの応力解

スラブの応力解は，86頁で示されるように，平板の偏微分方程式から求められるが，等辺分布荷重をフーリエ級数に展開し，境界条件を満足する級数解の和として求められる。

⦿等変分布荷重時3辺固定1辺自由スラブ

図1の左半分（$\lambda \leqq 1.0$）が，上の辺が自由端で，残りの3辺が固定端の場合で，また図1の右半分（$\lambda \geqq 1.0$）が，左の辺が自由端で，残りの3辺が固定端の場合で，土圧壁の中央位置鉛直線の下端と中央付近での鉛直方向面外曲げモーメントM（wl_x^2），下の辺での鉛直方向面外曲げモーメントM（wl_x^2）とせん断力Q（wl_x）が示されている。また，左右の辺での水平方向面外曲げモーメントや，上の辺での水平方向面外曲げモーメント，中央でのたわみδ（wl_x^4/Et^3）が示されている。いずれも，短辺の長さl_xが基本になっている。

等変分布荷重時4辺固定スラブの応力図と中央点のたわみ

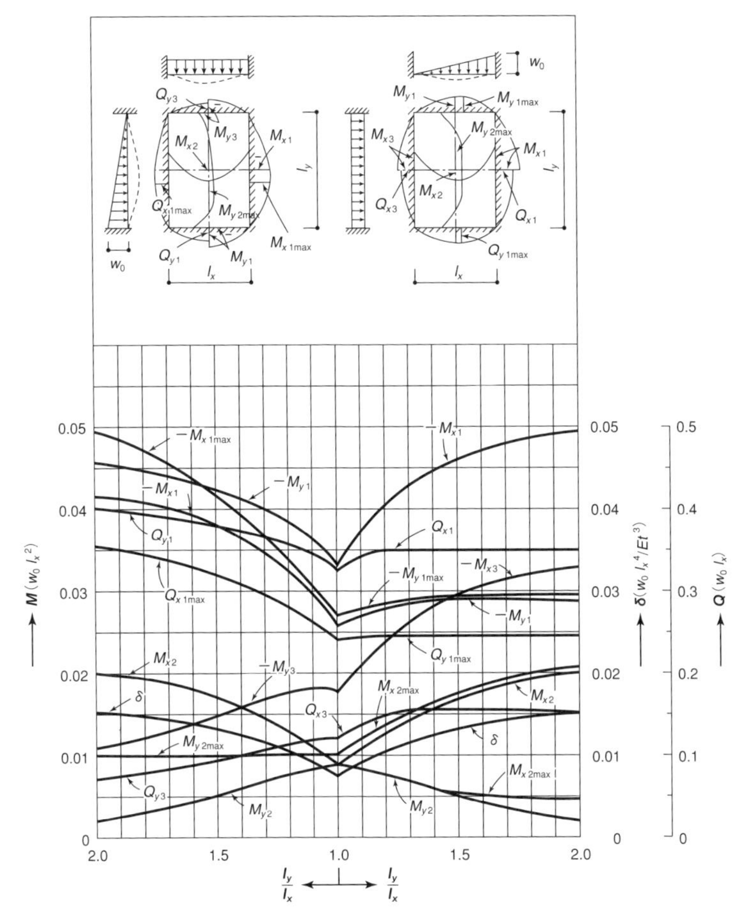

図2　等変分布荷重時4辺固定スラブの応力図と自由辺中央のたわみδ（$\nu=0$）

⊙等変分布荷重時4辺固定スラブ

図2は，4辺固定端の場合で，図1で示されたもの以外に，土圧壁の中央高さ位置の水平線の端部と中央の水平方向面外曲げモーメント，および上の辺での鉛直方向面外曲げモーメントが示されている。現在では，有限要素法や差分法を用いて，直接応力や変形が求められている。

⊙留意事項

端部の応力は，隣接する壁や下端の床スラブの曲げ反力として釣り合わなければならない。また，隣接する壁や床スラブによっては，端部の固定度がなく，各部の応力が変わるので，注意が必要である。

土圧壁では，本来，外防水が原則であるが，日本では，敷地の制約や土止め工法から外防水ができず，二重壁が一般工法になっている。漏水を最小限に抑えるために，地下外壁の配筋は，ひび割れ幅を考慮した水槽壁の配筋規準を守るべきである。

土圧を決定する場合，降水による水位の上昇や季節による水位の変動，液状化時の泥水の比重などを考慮する必要がある。（おおこし　としお）

【参考文献】
1）日本建築学会：鉄筋コンクリート構造計算用資料集，pp. 37-45，2001年

37

大越俊男
東京工芸大学客員教授

床スラブの振動評価曲線, 周辺支持および固定長方形スラブの1次固有振動数

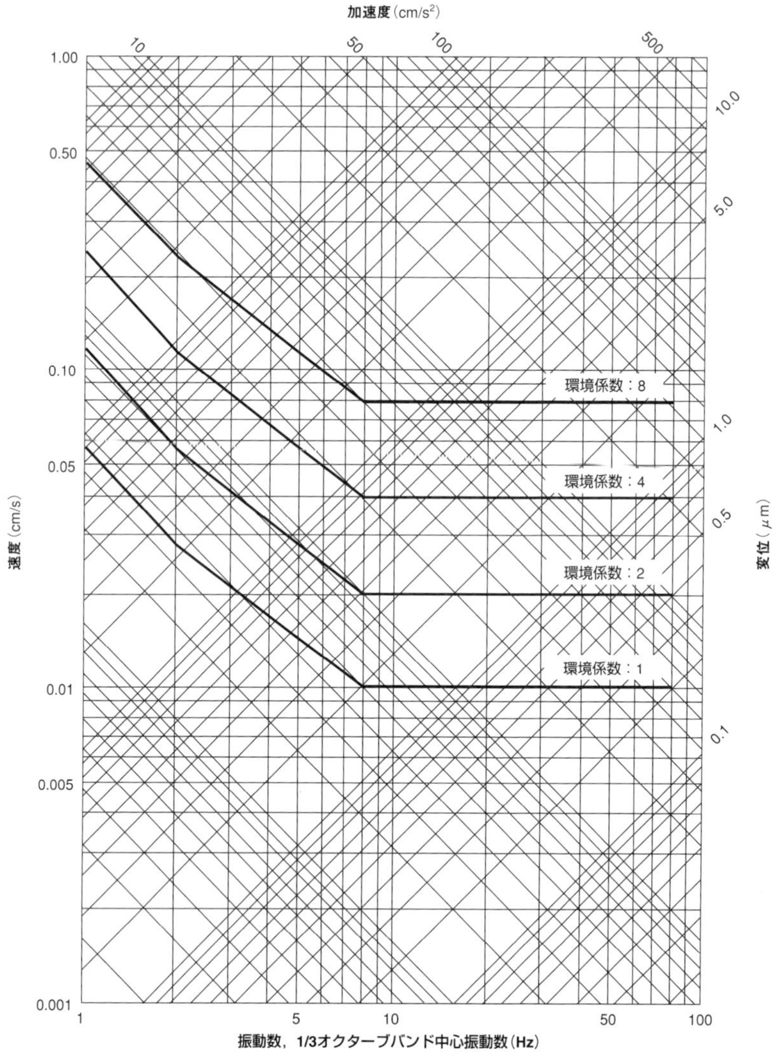

図1　床スラブの振動評価曲線

表1　環境係数

用途	環境係数	用途	環境係数
精密作業区域	1.0	事務所・学校	4.0
住宅・病院	2.0	作業所	8.0

⊙実務での役立て方

床スラブに求められる性能には，安全性以外に，居住性がある。居住性は，平らであることや揺れないこと，遮音できることである。

床スラブが揺れないことはありえないので，数値で評価することになる。

⊙床スラブの振動評価基準

日本建築学会による評価基準には，『鉄筋コンクリート

構造計算基準（1999）』の「床スラブの振動評価曲線」と『建築物の振動に関する居住性能評価指針（2004）』の床振動に関する性能評価基準とがある。

図1は，前者のもので，成人男子が飛び跳ねたときや歩行時の最大変位振幅で評価するものである。環境係数は，**表1**に示される。

⊙床スラブの固有振動数

短辺の長さをl_x（cm）とし，長辺の長さをl_y（cm），厚さをt（cm）とする。スラブの辺長比λは，次式で示される。

$$\lambda=\frac{l_y}{l_x}\geq 1.0 \quad (l_y\geq l_x)$$

$l_y\geq l_x$

床スラブの固有振動数fは，4辺単純支持として，次式によって求められ，**図2**に示されている。なお，この図はスラブ厚さが10cmのもので，15cmのものでは，図の値を1.5倍する必要がある。

$$f=\frac{\pi}{2\,l_x^2}\left(1+\frac{1}{\lambda^2}\right)\sqrt{\frac{D}{\rho t}}$$

ここに，ρは密度，Dは曲げ剛性で，次式で示されている。

$$D=\frac{Et^3}{12(1-\nu^2)}$$

ここに，Eはヤング係数，νはポアソン比。

⊙床スラブの最大変位振幅

最大変位振幅δは，次式によって求められ，**図3**に示されている。

$$\delta=\frac{\mu V_0}{2\pi f M_e}$$

ここに，V_0は力積で，飛び跳ね時に1.8kgf・s，歩行時に0.3kgf・sを与える。M_eは有効質量で，**図4**に示される。

なお，飛び跳ね時を評価する場合，その変形を3分の1程度に小さくして，評価される。

⊙留意事項

床スラブの振動評価が満足しない場合，スラブを厚くすると，固有振動数が大きくなり（評価点が右に移動する），変位が小さくなり（評価点が右下に移動する），結果的に，評価曲線に平行に移ることになり，振動評価が変化しないことが多い。

そこで，スラブ厚を変えずに，小梁を追加すると，この固有振動数はかなり大きくなり，再評価すると満足することができる。

なお，小梁が小さいと，スラブの周辺の固定度が小さくなり，かえって悪くなることがある。

（おおこし　としお）

【参考文献】

1）日本建築学会：鉄筋コンクリート構造計算規準・同解説

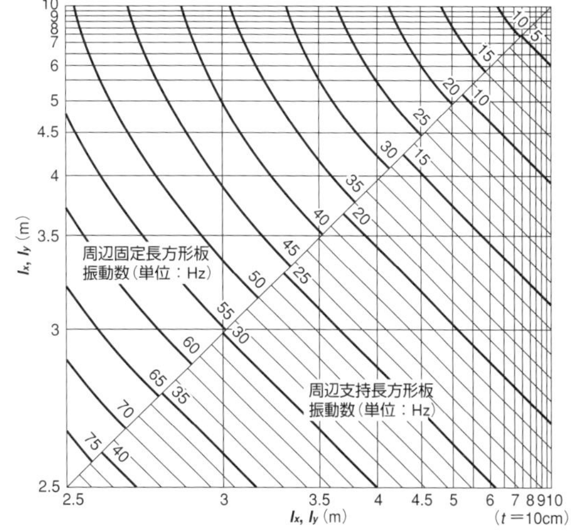

図2　長方形板の1次固有振動数算定図表

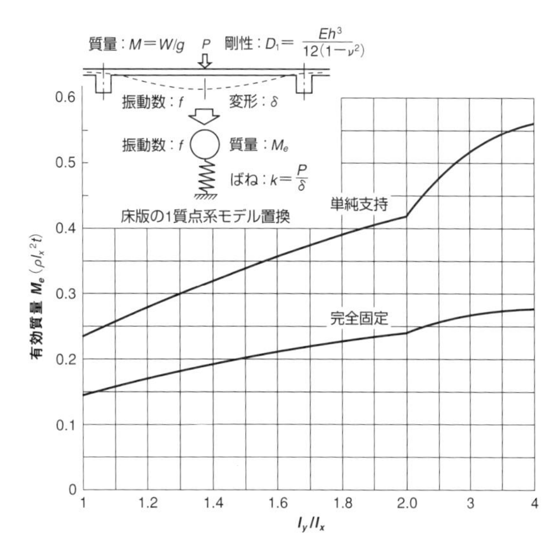

図3　長方形スラブの有効質量

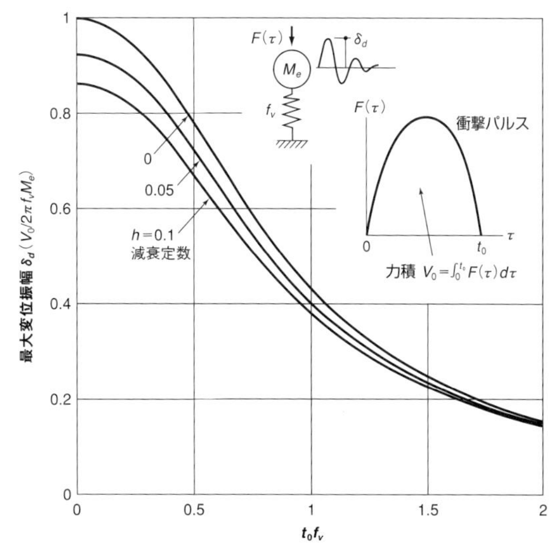

図4　正弦衝撃パルスによる応答の変位

小柳光生
㈱コンステック

小梁付き床スラブの略算式

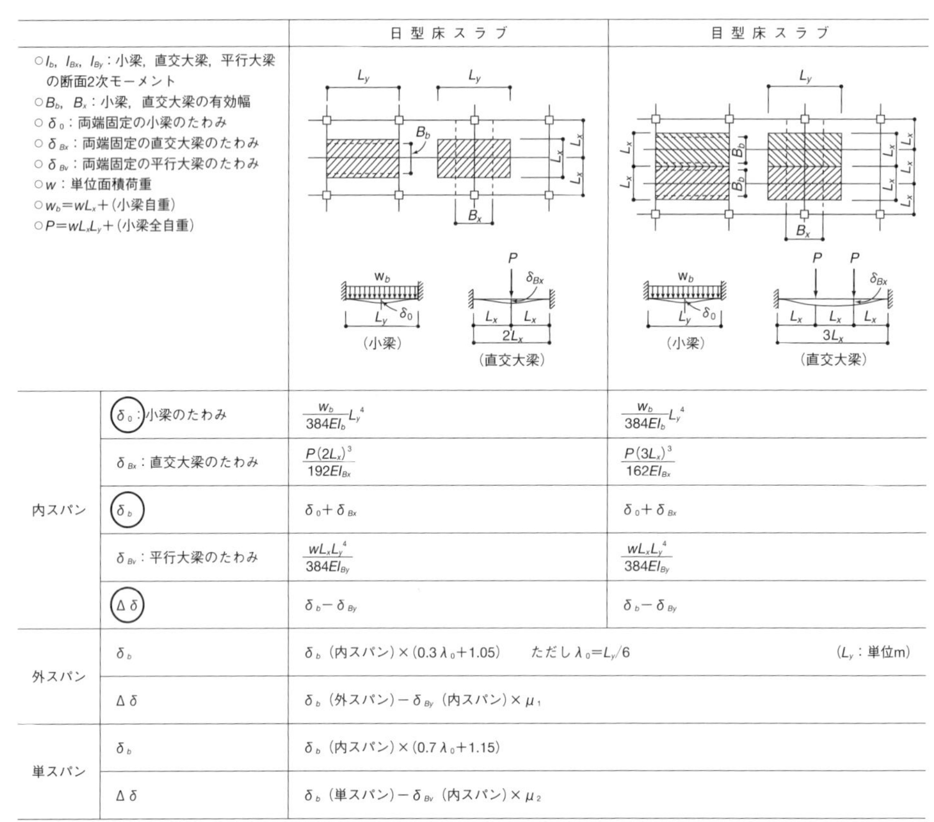

		日型床スラブ	目型床スラブ
内スパン	(δ_0)：小梁のたわみ	$\frac{w_b}{384EI_b}L_y^4$	$\frac{w_b}{384EI_b}L_y^4$
	δ_{Bx}：直交大梁のたわみ	$\frac{P(2L_x)^3}{192EI_{Bx}}$	$\frac{P(3L_x)^3}{162EI_{Bx}}$
	(δ_b)	$\delta_0+\delta_{Bx}$	$\delta_0+\delta_{Bx}$
	δ_{By}：平行大梁のたわみ	$\frac{wL_xL_y^4}{384EI_{By}}$	$\frac{wL_xL_y^4}{384EI_{By}}$
	($\Delta\delta$)	$\delta_b-\delta_{By}$	$\delta_b-\delta_{By}$
外スパン	δ_b	δ_b（内スパン）×$(0.3\lambda_0+1.05)$　ただし $\lambda_0=L_y/6$　（L_y：単位m）	
	$\Delta\delta$	δ_b（外スパン）－δ_{By}（内スパン）×μ_1	
単スパン	δ_b	δ_b（内スパン）×$(0.7\lambda_0+1.15)$	
	$\Delta\delta$	δ_b（単スパン）－δ_{By}（内スパン）×μ_2	

［注］μ_1，μ_2は内スパンのδ_{By}に対する外スパンおよび単スパンのδ_{By}の比率

図1　小梁付き床スラブのたわみ略算式

⊙実務での役立て方

小梁は大梁に比べて剛性が小さいため，床スラブの設計（応力度，変形）にあたり，小梁のたわみを考慮しないと床スラブに曲げひび割れ，過大たわみなど不具合を生じる場合がある。特に最近，鉄骨造の床スラブ架構にこの種の不具合が見受けられるようである。この**図1**は，小梁付き床スラブの略算式を示しており，該当する床スラブの設計に利用されたい。

⊙床スラブ　架構タイプ

鉄筋コンクリート造建物の場合，大梁で囲まれた（支持された）1枚の床スラブの面積が広くなると，作用する曲げモーメントやたわみ量が増大する。そのため，柱間隔や大梁スパンを長くした架構を採用する場合，小梁を設けて床スラブ面積を小さくする手法が講じられてきた。小梁の設置方法はさまざまな架け方があるが，代表的なものは大梁間に1本設ける日型や2本設ける目型である。小梁のないロ型スラブの場合，最大曲げモーメントの計算は辺長比の影響を受けるものの，一般に，4辺固定支持という条件で，比較的簡単な曲げモーメント計算，たわみ計算が可能である。

⊙小梁付き床スラブの留意点

小梁がある場合，床スラブの曲げモーメントは小梁剛性の影響を受けるので留意する必要がある。つまり，小梁の剛性が小さい場合，**図2**のように相対する大梁との間にたわみ差を生じて，大梁と床スラブの接合面の負の曲げモーメントが増大することが起こり，床スラブのたわみ変形にも影響する。

最大曲げモーメント＝固定支持モーメント（M_x）
　　　　　　　　＋付加モーメント（ΔM_x）

付加モーメントは固定支持モーメントと同等以上の大き

さとなることも多く，小梁剛性の確保が不十分であると，大梁に沿って過大なひび割れを生じたり，大たわみ障害を誘発するおそれがあるので，解説表は，小梁剛性の確保が十分であるかどうか，評価するための指標となる。

⦿解説表の使い方

RC規準では，小梁付き床スラブの検討フローを掲げ，小梁のスパンせい比やたわみ制限の目安を設けるなど注意を促している。具体的には，小梁たわみ制限値として2.5mm（弾性たわみ），20mm（長期たわみ）を示し，そのたわみ略算式を解説表18.1に示している（図1）。柱（不動点）からの小梁たわみを問題とするので，小梁自体のたわみδ_0の他，直交大梁のたわみδ_{Bx}の累計値が小梁たわみとなる（$\delta_b = \delta_0 + \delta_{Bx}$）。

さらに，厳密に付加モーメントを考慮した床スラブの最大縁応力度を算出する場合にも，この図1は有益な計算表となる。付加たわみ$\Delta\delta$から付加モーメントを算出する方法を式(1)に示す。小梁とこれに平行する大梁のたわみ差$\Delta\delta$を解説表から求めると，ΔM_xは，略算的に次式により求められる。

$$\Delta M_x = -6(EI_s/l_x^2) \times \Delta\delta \quad (1)$$

（kNm：単位幅1m当たり）

算定の詳細は，RC規準271〜272頁に検討例が載っているので参照されたい。

⦿活用事例

一つの活用事例は，合理的な床スラブ支保工存置期間への適用である。

通常，床スラブの型枠の存置期間は，設計基準強度が発現してから部材下の支柱を撤去することになっているが，設計基準強度以下で支保工を除去しても，曲げひび割れや有害なたわみを生じないことが確認できる「適切な計算方法」を用いれば，設計基準強度以下で支保工を除去してよいということが，『鉄筋コンクリート工事（JASS 5：2009年版）』9.10節型枠の存置期間f. 項に規定されている。

最近，鉄筋コンクリート造建物の床スラブ厚が厚くなっていることや使用コンクリートが高強度化していることもあって，『型枠の設計施工指針（2011年版）』8章の合理的な型枠存置期間の計算例ではこの図1を活用して，予想される施工荷重に対して床スラブの曲げモーメント，縁応力度を算出し，必要な存置期間を求め，合理的に支保工を除去するケースを提案し，すでに数多く活用されている。その中で，図1はこの合理的な型枠存置計算システムを支える根拠となる計算式として重宝されている。

⦿鉄骨造デッキスラブの課題

今後，この小梁たわみを考慮した検討フローを必要とするのは，鉄骨造のデッキスラブ架構ではないかと思われる。現行の鉄骨造床スラブ架構の場合，もちろん最低の小梁剛性チェック（たわみ/スパン比の制限）は梁単体として行われているが，床スラブの最大縁応力度算定はあくまで大梁・小梁で囲まれた小さな床スラブ規模での検討ではないだろうか。この図1のような柱間で囲まれた梁架構全体の評価として，床スラブの縁応力度を確認するまでには至っていないように思われる。鉄骨梁剛性算定時のスラブ有効幅の設置をどうするかなどの問題はあるにせよ，もっと活用すれば，現在，いまだに不具合として多く見受けられる鉄骨造のデッキスラブのひび割れ問題が，少しは解決するのではないだろうか。

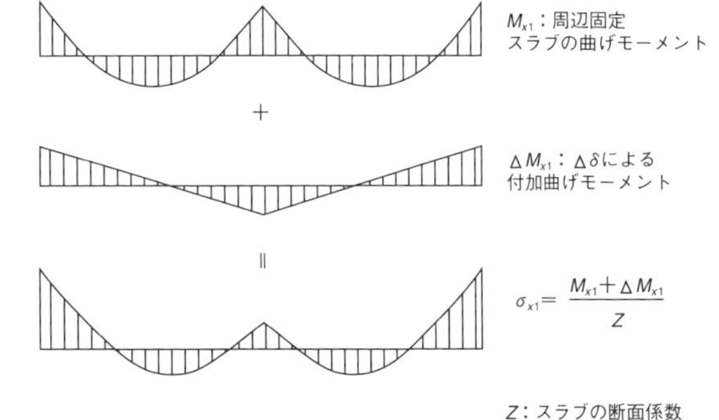

図2　小梁たわみによる床スラブの曲げモーメントの変動

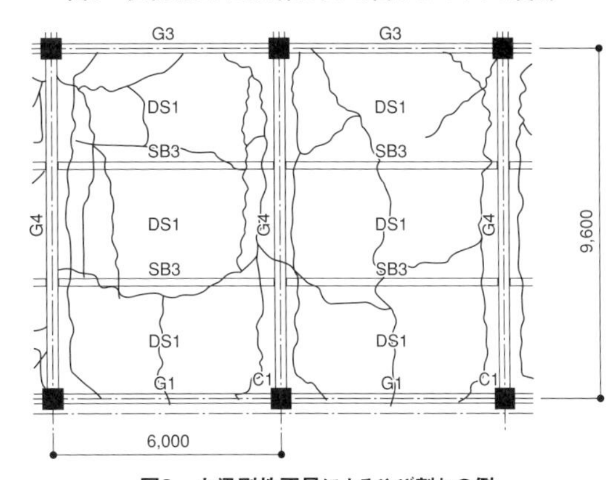

図3　小梁剛性不足によるひび割れの例

⦿小梁剛性不足によるひび割れの例

図3は鉄骨造のスパン6m×9.6mの小梁付きスラブ（目型）であるが，強辺方向と平行に，梁端部にひび割れが目立っている。これは小梁の剛性が小さすぎたためと思われる。検討の結果，式(1)の負荷モーメントもかなり大きかったが，スラブ配力筋量が少ないためか，それ以上に強辺方向の端部曲げひび割れが目立ってしまった。小梁剛性の確保は重要である。

（こやなぎ　みつお）

【参考文献】

1）日本建築学会：鉄筋コンクリート構造計算規準・同解説，p. 267

荷重・力学 RC造・SRC造 S造 木造 床スラブ・床組 基礎・地盤 免震・制振 施工 材料・仕上げ 設備 環境 計画

石川孝重
日本女子大学家政学部住居学科教授

床振動に関する性能評価

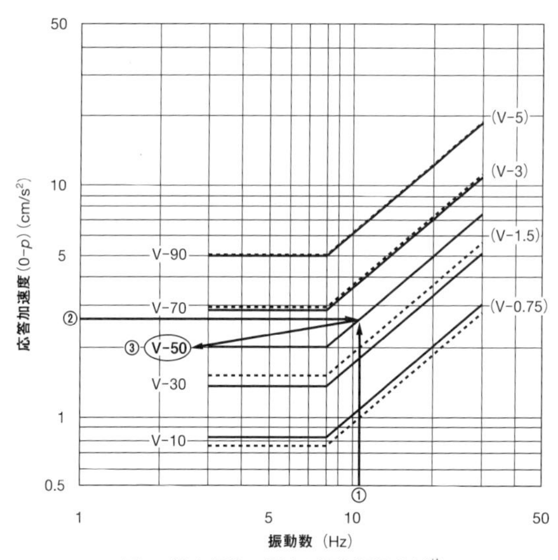

図1　鉛直振動に関する性能評価曲線[1]

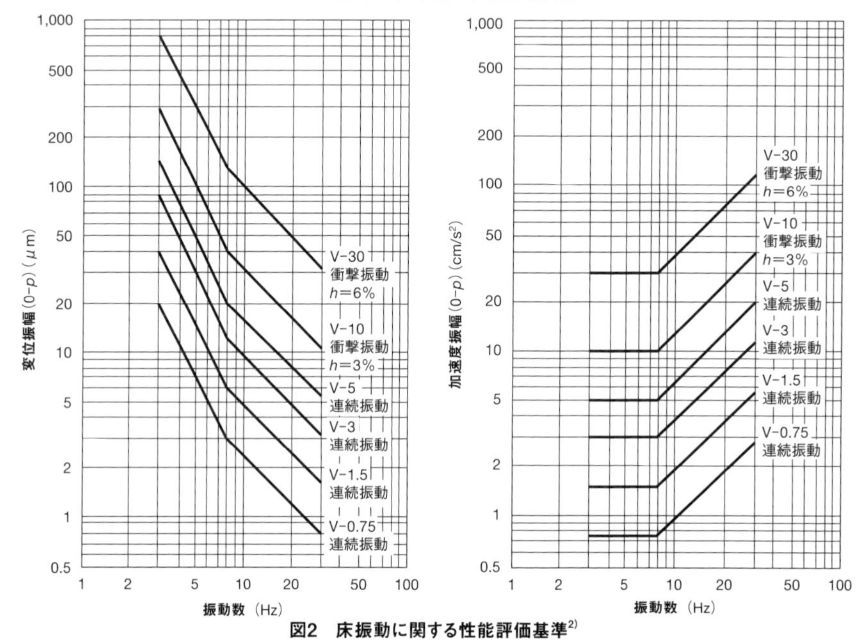

図2　床振動に関する性能評価基準[2]

⊙実務での役立て方

2000年の建築基準法の改訂により，性能設計に基づく設計体系になった。また，建築を取り巻く環境は日々変化しており，生活の24時間化，社会や人びととの性能に対する要求も厳しさを増してきている。日常の振動に対する評価もしかりである。建築主の要求性能を正しく汲み取り，目標性能が合意されれば，評価曲線[1]との照合により建物性能を定めることができる。

⊙床の鉛直振動に対する性能評価の基準

大スパン化など空間・構造的要因や，生活の多様化に伴う加振源の多様化・長時間化などにより，建築はさまざまな振動発生要因に常にさらされている。日常的に発生する環境振動は，居住性能の確保が目的となり，その評価基準である人の知覚・感覚の主観性も反映して，多様な要求が発生し得る。

そこで求められるのは，評価対象である振動の物理量と評価主体である人の知覚・感覚的反応を対応させる評価ツールである。**図1，2**は，このような建物内の振動を居住性能の観点から評価する国内唯一の指針である，居住性能評価指針の第2版[1)]および初版[2)]が提示する床の鉛直振動に関する性能評価曲線である。

同指針で評価対象とするのは，人の動作や設備機器などで発生する振動である。建築内で実測・予測される振動の振動数と振幅を，図1，2の縦軸・横軸に照合し，居住性能レベルを評価する。図2の旧指針の評価曲線[2)]では，別に提示される用途別性能評価区分に従って，各建物内の環境振動に対する居住性能レベルを位置づけることとなる。

⦿人の知覚確率に基づいた床振動の居住性能評価

図1の実線は，現行指針[1)]に掲載している床の鉛直振動に関する性能評価曲線である。一方，同図中の点線は旧指針[2)]の性能評価曲線であり，図1では両者の比較をあわせて示している。

旧指針の評価曲線（図2）は，連続振動と衝撃振動を対象とした5種類の評価曲線を提示している。既往の評価規準類などに変位振幅で評価する事例があるため，縦軸を変位振幅と加速度振幅の両方で表現した。現行指針では，これら物理量との対応が一目できるよう，トリパタイト図を用いた評価曲線を解説中に掲載している。

図1に見るように，新旧の評価曲線には若干の違いがある。両者の評価曲線設定の根拠は異なるが，結果的にこのような対応関係を示していることは興味深い。旧指針の評価曲線は，既往の床振動に関する規準類，既往研究などの結果との相互関係から，研究・技術的経験値を考慮して設定されたものである。

一方，現行指針は人の鉛直振動に対する知覚確率を根拠として設定されたものであり，評価曲線の添え字V-○の10～90の数字部分が知覚確率を表している。例えば，実測振動の振動数が約11Hz（図1中①），加速度最大値が約2.8cm/s^2（図1中②）の振動の場合，図に照合するとV-50（図1中③）の評価曲線と一致し，知覚確率50％程度であることがわかる。この根拠となる研究結果は，主に連続した正弦振動を対象とした実験により導かれているが，旧指針で連続振動を対象としたV-0.75～V-5までの曲線の範囲が，現行指針のV-10～V-90までの範囲とほぼ一致し，よく対応している。

図1では，便宜上，20％ごとの離散的な知覚確率に対応させて評価曲線を示しているが，人の知覚閾の分布は連続的なものである。解説では，実験結果における知覚確率分布の特性値に基づいて，任意の振動数・加速度最大値の振動に対応した知覚確率の算出式も示しており，連続的な評価が可能である。

現行指針では，評価に用いる振動の諸元として，1/3オクターブバンド分析による応答加速度の最大値（0-p，cm/s^2）を基本として，中心周波数と各バンドの最大値を図1に照合することとしている。これはFFT分析では，条件により結果の違いが大きくなりやすいことなどを考慮して，できるだけ共通の結果が得られるように配慮したものである。1/3オクターブバンド分析ができない場合には，応答波形から読み取った卓越振動数と振動振幅の最大値を照合することも可能である。

⦿建築主の性能要求を踏まえた目標性能の設定

現行指針では，旧指針で示した性能ランクとしての位置づけや推奨値，許容値などは提示せず，個々の床の性能をどのレベルに位置づけるかは，基本的に設計者の判断に委ねている。

性能設計においては，個別の建物の環境条件などを総合的に勘案し，建築主の要求に応じた目標性能を個別に設定することとなる。特に，床振動の居住性能の場合，構造的な安全性と異なり，人命の損失に直結する可能性は低い。だからこそ，建築主の多様な要求を汲み取り，それを設計条件として成立させ，技術的に実現することが設計者の重要な職務になる。

現行指針では，この目標性能の設定において，設計者が建築主とのコミュニケーションを図るためのツールとして，知覚確率という人の評価基準を，振動の物理量という設計指標と対応させて説明できるようにしている。すなわち，振動数・加速度といった物理量では実感をもって捉えにくい振動を，100人中○人，○％の人が感じる振動であると表現することで，建築主にもイメージしやすく説明することができる。

振動の評価は，実体験が伴わない場合，言葉によるコミュニケーションに限界があるのも事実だが，現行指針の解説やその後まとめた性能設計ハンドブック[3)]では，不快感や大きさなどの感覚表現と振動の物理量とを対応させた図表も掲載している。できるかぎり建築主がイメージしやすいよう，振動を受けたときの状況を多角的に説明するための補足資料として活用できる。

（いしかわ　たかしげ）

【参考文献】

1）日本建築学会：建築物の振動に関する居住性能評価指針・同解説（第2版），2004年

2）日本建築学会：建築物の振動に関する居住性能評価指針・同解説（初版），1991年

3）日本建築学会：環境振動性能設計ハンドブック，2010年

40

向山裕司
㈱東京ソイルリサーチ 技術管理部

粒径加積曲線, 三角座標による土の分類(地盤調査)と液状化

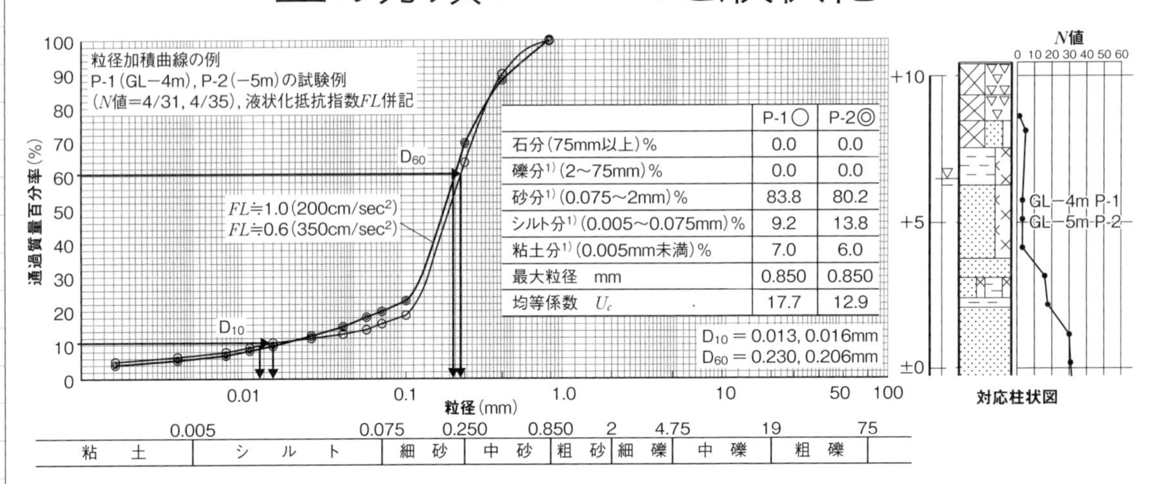

	P-1○	P-2◎
石分(75mm以上)%	0.0	0.0
礫分[1](2〜75mm)%	0.0	0.0
砂分[1](0.075〜2mm)%	83.8	80.2
シルト分[1](0.005〜0.075mm)%	9.2	13.8
粘土分[1](0.005mm未満)%	7.0	6.0
最大粒径 mm	0.850	0.850
均等係数 U_c	17.7	12.9

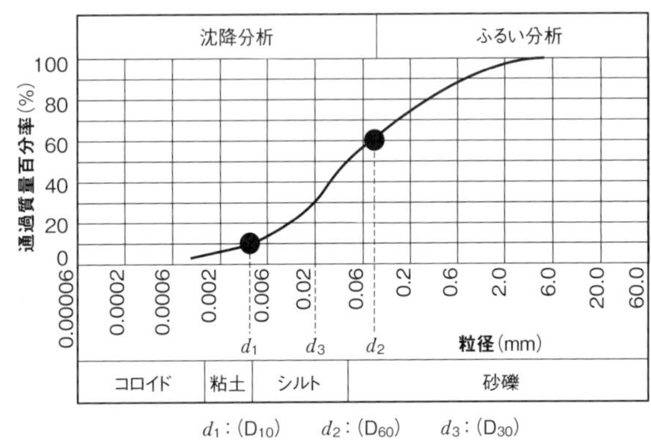

図1　粒径加積曲線の一例

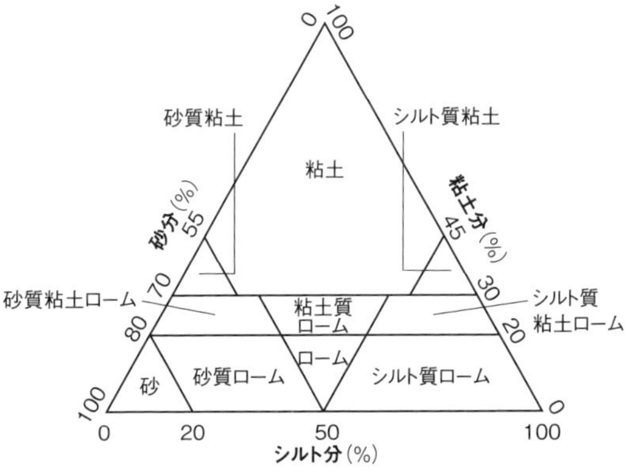

図2　三角座標分類（細粒土）

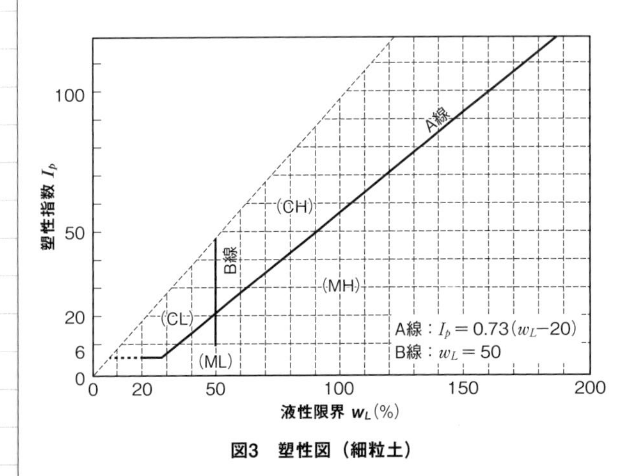

図3　塑性図（細粒土）

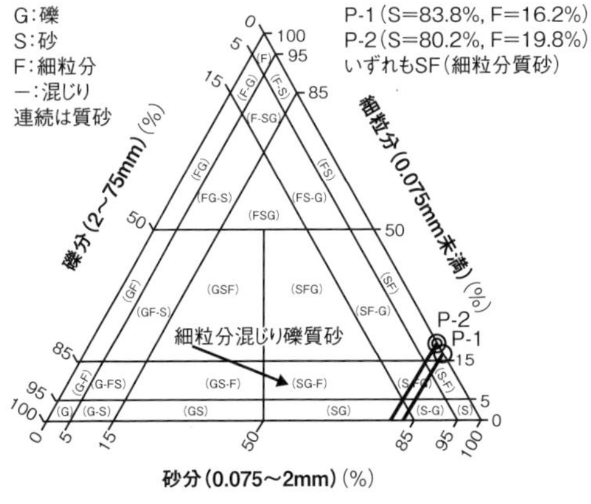

図4　三角座標分類（粗粒土）

⦿実務での役立て方

建築計画の対象地盤は，複雑な土砂で構成されていることが多い。建物の基礎設計では，支持地盤の評価が重要で，土砂分類を明確にすることが必要になる。そのため，深さ方向の粒度試験を実施することが有効である。粒度試験の結果は，三角座標分類あるいは粒径加積曲線で示され，特に粒径加積曲線の形状は，地盤がもつ諸問題をある程度把握できる。以下に説明する粒度試験結果の図表は，材料特性の良否，支持層評価，液状化，透水性などの指標になることから，建物，仮設工事，基礎工事などに非常に有効といえる。

⦿粒度試験結果

粒径加積曲線は，粒径ごとの累積を曲線で表したもので，**図1**には一例として砂の粒度試験結果を加筆した。同図に示すd_1～d_3のように基準割合（%）の粒径（mm）を逆引きすることで，曲線の特性値も求められる。

以下に示す特性値からは，曲線のなだらかさあるいは土の分級状態が判明する。

均等係数$U_c = D_{60}/D_{10}$

曲率係数$U_c' = (D_{30})^2/(D_{60} \times D_{10})$

$U_c' = 1$～3：粒径幅が広いと評価される

$U_c < 10$：分級された，$U_c \geqq 10$：粒径幅が広い

ここに，$U_c < 10$は均等粒径であり，砂の場合あまり締まらない材料として評価される。一般的な粒径加積曲線の形状で評価される特性の例を，**図5**に示す。(a) のように立ち上がるような形状の土は，分級された均等粒径の「粒度の悪い土」と評価される。

また，細粒土を対象とした**図2**の三角座標分類は，1927年の米国土壌局分類を基本に，1956年道路土工指針に採用された。しかし，本分類は，現在塑性特性を考慮した**図3**の地盤材料工学的分類の塑性図に置き換わっており，ほとんど使われていない。

一方，**図4**の粗粒土分類は，現在も主に土質，材料分類で大いに利用されている。一例として，冒頭の砂試料は，同図中のSF（細粒土質砂）に分類される。粗粒土の分類は，盛土などの造成や擁壁背面土，充填材料の良否，また直接・杭基礎の支持層を評価するうえでの判断材料になる。傾向としては，細粒分が多く中間土に近づくほど，締固め不足や長期沈下の可能性を残す。

⦿液状化特性

港湾施設の仕様では，液状化の危険性に対し，粒径加積曲線の形状から**図6**のように均等係数の大小で分類している。参考までに，冒頭に加筆した砂試料を分類したところ，均等係数の大きな砂の「特に可能性あり」の範囲に分類される。さらに，同試料を『建築基礎構造設計指針』による液状化判定も行ったところ，水平加速度200cm/s^{2}でほぼ液状化抵抗指数$FL \fallingdotseq 1.0$，350cm/s^{2}では$FL \fallingdotseq 0.6$（FLが1以下で液状化危険性大）と，液状化抵抗が低めな結果となり，図6の指摘範囲とほぼ合致する結果を得ている。また，同指針では，埋土などの人工造成土に限り，塑性指数I_p15以下の低塑性粘性土も液状化対象としている。飽和砂地盤の液状化問題は，最近の大地震の際に必ず発生し，東北地方太平洋沖地震，千葉県東方沖地震（1987年）では，東京湾沿岸の人工造成土からの噴砂（埋立てシルト）現象が多く見られた。このような液状化被害を見ても，液状化の検討においては，塑性評価を加味したI_p分類の重要性が指摘されている。

⦿透水係数の推定

粒度試験から詳細に求められる細粒分は，土の透水性を支配する要素として，ハーゼンは有効径D_{10}の二乗に透水係数が比例すると推定し，またクレーガーは20％粒径D_{20}と透水係数の関係を粒径に応じ細かく提案した。地盤の透水係数は，原位置での測定が最も実状に近いが，上記した簡便な透水係数でも，ばらつきはあるものの，ほぼ近似する傾向を示す。山留め工事などの影響半径，仮設工事の揚水量の算定など，貯留状態を仮定すれば，概略検討には便利である。

（むかいやま　ゆうじ）

【参考文献】

1）建築構造ポケットブック編集委員会編：建築基礎構造ポケットブック，共立出版，平成23年5月

2）地盤工学会編：土質試験の基本と手引き，平成22年3月

3）最新土木工学シリーズ21：最新土質実験，松尾稔，昭和54年2月

4）国土交通省編：港湾の施設の技術上の基準・同解説，2007年版

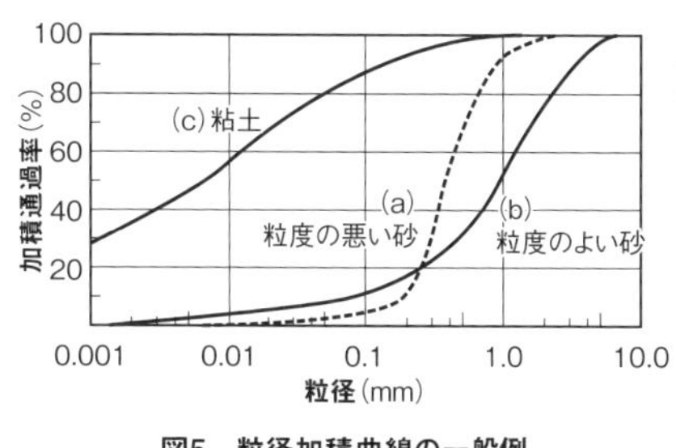

図5　粒径加積曲線の一般例

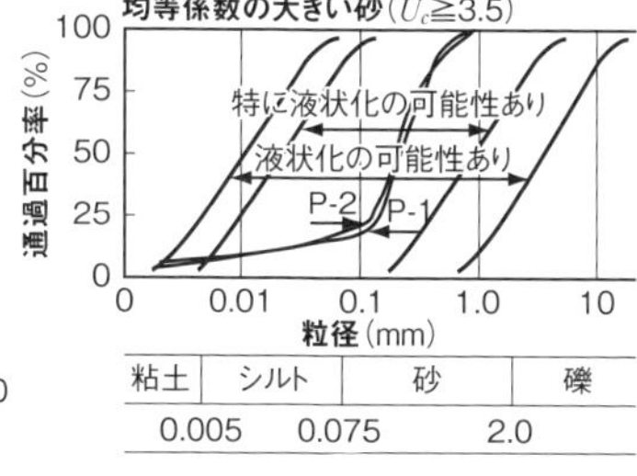

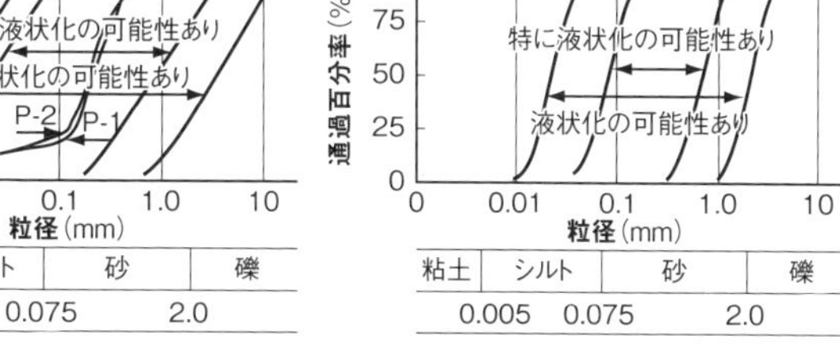

図6　港湾施設の液状化判定曲線

41

吉田洋之
東電設計㈱ 建築本部建築原子力部

地盤の非線形特性

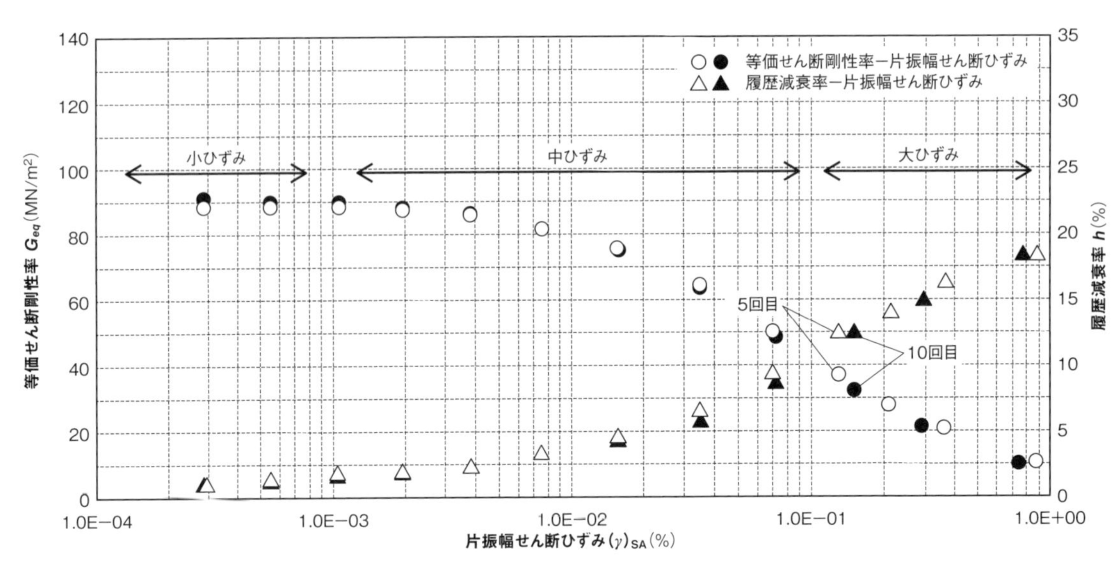

図1 土の変形特性試験結果（文献1）に追記）

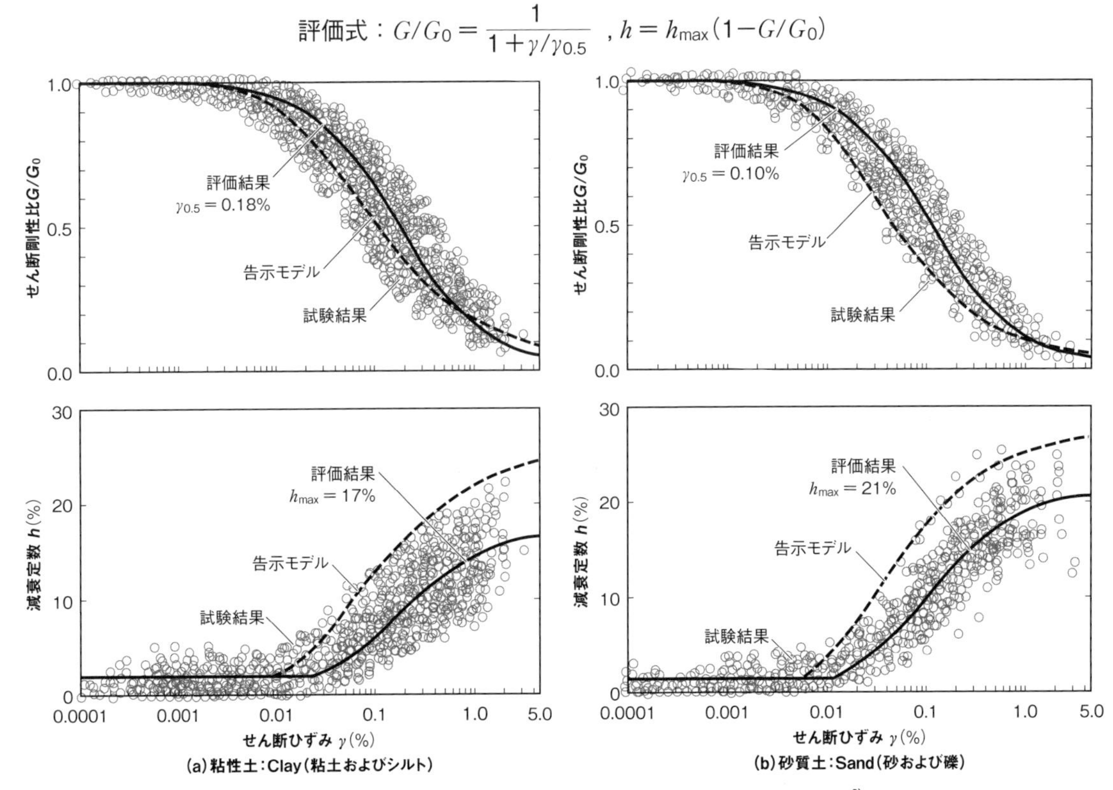

図2 167種類の試料に対する試験結果から評価した土の変形特性試験結果[3)]

⦿実務での役立て方

地震時における地盤のせん断剛性率や減衰定数を，地震応答解析などにより予測されるせん断ひずみから推定する際に用いる。SHAKE[4]などの地盤応答解析プログラムで用いられることが多い。

⦿土の変形特性の表し方

土は比較的小さいひずみレベルから非線形的な挙動を示し，ひずみレベルが大きくなると非線形性は顕著となる。そのため，地盤の地震時挙動を評価する際は，土の変形特性を考慮することが重要である。

地盤工学会[1]では，土の変形特性を求める試験方法を定めている。**図3**に示すように，供試体に一定の繰返しせん断応力振幅を与えて，得られたせん断応力τとせん断ひずみγの関係から，各せん断ひずみ振幅γに対する等価せん断剛性率G（**図1**ではG_{eq}）および履歴減衰率hを求め，図1のようなかたちで整理される。小ひずみ領域では弾性に近い挙動を示すが，中ひずみ領域ではGの低下が顕著となり，hも大きくなる。さらに，$\gamma \geqq 10^{-1}$%程度となる大ひずみ領域では，ダイレイタンシー（粒状体がせん断変形に伴って体積を変えようとする性質）の影響により，繰返し回数が多くなるほどGが低下する。図1において，5回目と10回目におけるGとhの差が大きくなるのはこの性質の影響である。大ひずみ領域に対して土の変形特性を用いる場合には，この繰返しによる影響を念頭におくことが重要である。

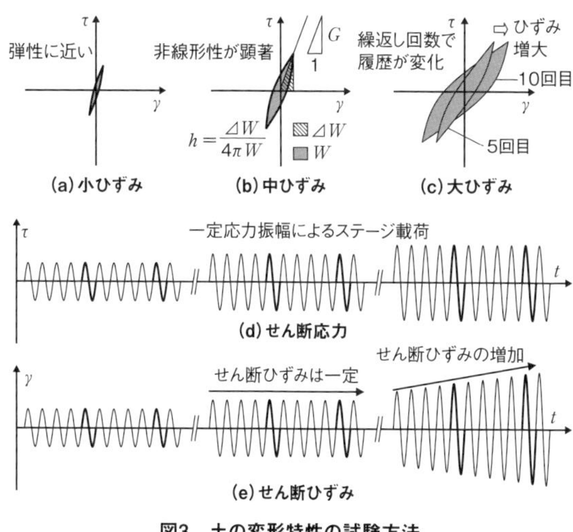

図3　土の変形特性の試験方法

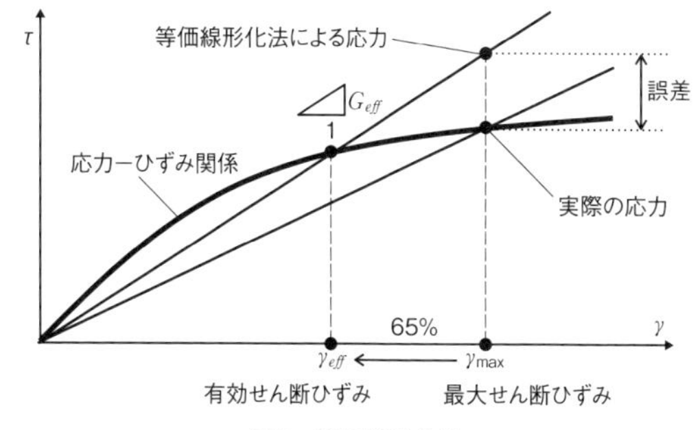

図4　等価線形化法

一方，多地点での原位置採取試料の試験結果を整理して，土の平均的な変形特性として表すという試みが行われている。その一例[3]が**図2**で，砂質土と粘性土に分類して整理されている。なお，縦軸は初期せん断剛性率G_0で基準化したせん断剛性比G/G_0で示している。試験結果は大きくばらついており，対象地点ごとに地盤調査を行って確認することが望ましいことが容易に理解できる。したがって，止むを得ず平均的な変形特性を用いる場合には，このようなばらつきを念頭に置いたうえで用いることが重要である。

⦿土の変形特性の利用方法

地盤の地震時挙動評価が行われる際の土の変形特性の考慮方法は，等価線形化法と非線形法の二通りに大別される。

等価線形化法は，地震時の挙動が等価となるようにGおよびhを設定し，線形解析を行うという方法である。一般には，**図4**に示すように，最大せん断ひずみγ_{max}の65％を有効せん断ひずみγ_{eff}として与え，このγ_{eff}に対応した等価なせん断剛性率G_{eff}および履歴減衰率h_{eff}を設定する。この方法を用いた代表的解析プログラムとして，SHAKE[4]やFLUSH[5]が挙げられる。図4に示すように，等価線形化法による最大応力は実際の最大応力よりも過大評価する傾向があることに注意が必要である。

非線形法は，図4で示したような$\tau-\gamma$関係を数値関数でモデル化し，できるだけ忠実に土の変形特性を表現しようとする方法である。その数値関数の選択で種々の方法があり，Hardin-Drnevich（H-D）モデルやRamberg-Osgood（R-O）モデルが代表的である。ただし，土の変形特性を全ひずみ領域にわたって数値関数で表現することは難しく，図1のようなかたちで与えられた変形特性から，直接的に$\tau-\gamma$関係を設定するという方法も提案されている。

（よしだ　ひろゆき）

【参考文献】
1）地盤工学会：地盤材料の試験法と解説，2009年
2）日本建築学会：入門・建物と地盤との動的相互作用，1996年
3）日本建築学会：建物と地盤の動的相互作用を考慮した応答解析と耐震設計，2006年
4）Schnabel, P. B., Lysmer, J. and Seed, H. B.（1972）：SHAKE A computer program for earthquake response analysis of horizontally layered sites, Report No. EERC72-12, University of California, Berkeley
5）Lysmer, J., Udaka, T., Tsai, C.-F. and Seed, H. B.（1975）：FLUSH a computer program for approximate 3-D analysis of soil-structure interaction problems, Report No. EERC75-30, University of California, Berkeley

42

田部井哲夫
㈱東京ソイルリサーチ

N値と孔内水平載荷試験による変形係数との関係

表1　基準水平地盤反力係数の式

$$k_{h0}=\alpha\cdot\xi\cdot E_0\cdot B^{-3/4}$$

k_{h0}：基準水平地盤反力係数（kN/m³）　E_0：変形係数（kN/m²）
α　：評価法によって決まる定数（m⁻¹）　B：無次元化杭径
ξ　：群杭の影響を考慮した係数

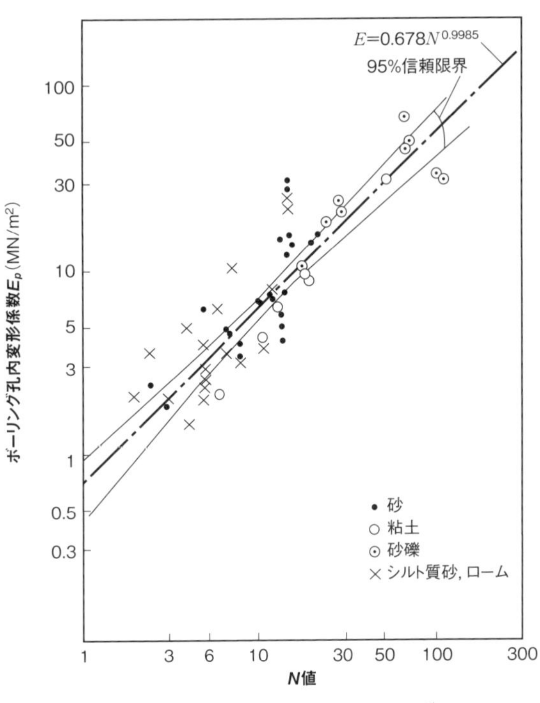

図1　N値と孔内水平載荷試験のE_bの関係[1]

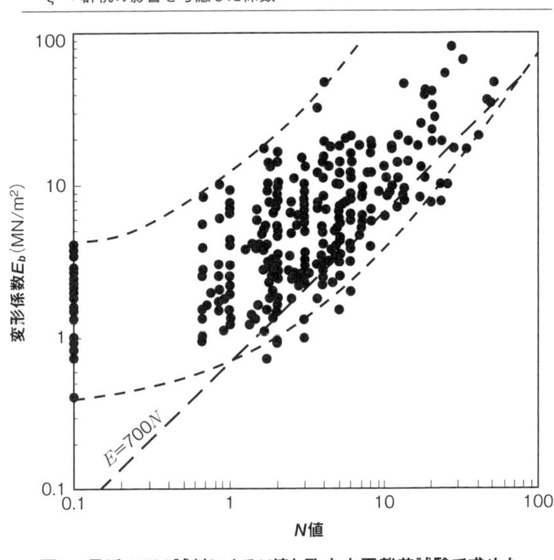

図2　最近の700試料によるN値と孔内水平載荷試験で求めた変形係数の関係[2]

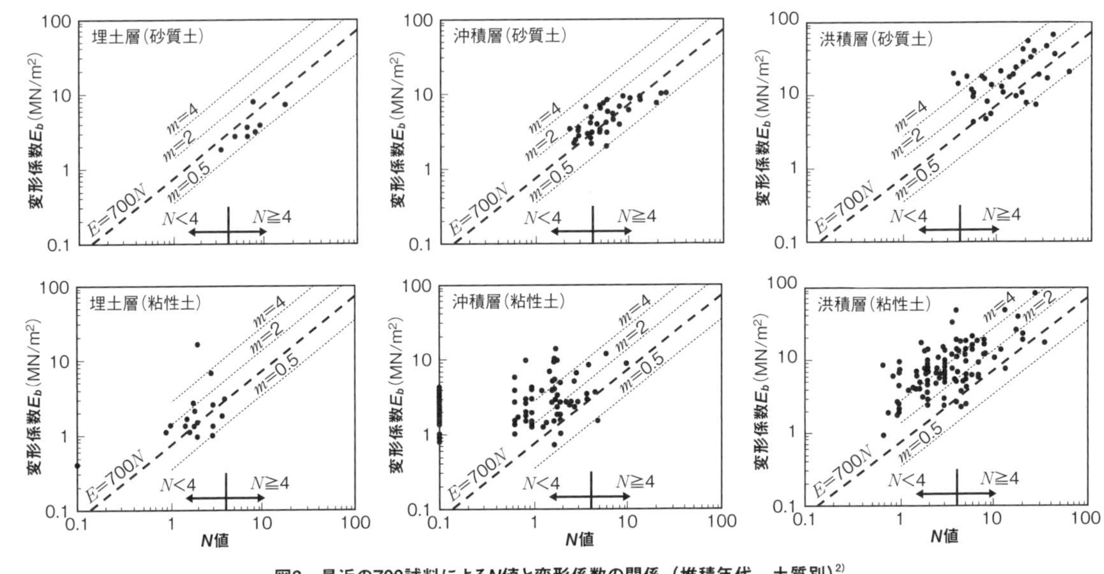

図3　最近の700試料によるN値と変形係数の関係（堆積年代，土質別）[2]

⦿実務での役立て方

『建築基礎構造設計指針』（日本建築学会，2001年）では，杭の水平抵抗力の検討に使われる地盤の変形係数EをN値から推定する式として$E=700N$が示されている。この相関式は，一様地盤中の杭を対象として，地盤も杭も弾性体とした微分方程式の解から杭の応力と変位を求める場合（いわゆるChang式）に利用される。具体的には，**表1**の基準水平地盤反力係数k_{h0}（杭頭部の水平変位量1cmのとき）を求める式において，変形係数E_0をN値から推定するときに使用する。本稿では，$E=700N$の基となった研究と，データのばらつきの実態について解説する。

⦿吉中の提案式

図1は，いくつかの実測値に基づいて整理されたN値と変形係数Eの関係図である。変形係数は，ボーリング孔を利用した孔内水平載荷試験の結果である。今から約50年前の1967年の吉中[1)]の報告であり，$E=0.678N^{0.9985}$MN/m^2$=678N^{0.9985}$kN/m^{2}が示されている。

吉中は，使用した試料のほとんどが砂質土であることと，粘性土の強度をN値から判定することは適当でないとの立場から，この関係式は砂質土，礫質土に適用すべきとした。

現在は，吉中の研究に基づいて，$E=700N$kN/m^{2}が建築設計で使われている。なお，吉中の意図に反して，適用範囲が粘性土を含むすべての土質にまで拡張されている。

⦿最近の地盤資料による再整理

図2は，最近の首都圏の約700試料について，孔内水平載荷試験から求めた変形係数E_bとN値との関係を整理したものである。孔内水平載荷試験はプレボーリング方式であり，試験機は1室型を用いた。標準貫入試験は，すべて半自動落下装置を用いている。N値0（ゼロ）のデータは，便宜的に0.1の位置にプロットした。図2は$E=700N$に対して，これを下限値として全体に上方にデータが存在する。また，$N<4$の範囲では，$E=700N$から大きく外れるように見える。

図3は，図2のデータを堆積年代別（埋土層，沖積層，洪積層）と土質別（砂質土，粘性土）に分けて，再整理したものである。図中のmは，$E=700N$に対する比率を表し，$m=0.5$の場合は$E=350N$，$m=2$の場合は$E=1{,}400N$を表す。

砂質土は，埋土層ではほとんどのデータが$E=700N$を下まわる。沖積・洪積層では，$E=700N$の2〜4倍の変形係数を示すものが多いが，下まわるものも存在する。

粘性土は，埋土層では$E=700N$の0.5〜2倍の範囲にあり，約半数は$E=700N$を下まわる。沖積層・洪積層では$E=700N$の1〜5倍の値を示し，$E=700N$は下限値である。

孔内水平載荷試験で求めた変形係数は，測定時のボーリング孔壁の影響を受ける。埋土層の砂質土，粘性土で測定結果が$E=700N$を下まわるものが多いのは，地盤が若齢のために孔壁に緩みが生じていた可能性も考えられる。

⦿設計に適用する場合の留意点

以上のように，孔内水平載荷試験から直接求めた地盤の変形係数Eは，$E=700N$に対して大きなばらつきを有し，かつ，その傾向は地盤の堆積年代や土質により異なる。特に沖積層・洪積層の粘性土では，$E=700N$の数倍大きな変形係数を示した。また，$N<4$の範囲では，$E=700N$の関係が成り立たないことも確認した。

一様な地盤を想定し，いわゆるChangの式を適用して杭の曲げ応力や水平変位を算出する場合，$E=700N$から求めた小さめの変形係数を用いることは，必ずしも安全側の設計になるとは限らない。$E=700N$を使用する場合は，ばらつきの実態を知ったうえで，そのばらつきが杭の設計に及ぼす影響の程度を評価し，設計に反映することが望ましい。

⦿おわりに

2013年3月に改訂されたJIS A 1219：2013では，設計に用いるN値は，ハンマーの落下法を半自動落下装置によることとされた。図1では，ハンマーの落下法としてエネルギーロスの大きなコーンプーリー法が用いられていたと考えられ，本来は見直しが必要である。

また，図1が提案されてから約50年が経過し，この間，試験装置の改良もわずかではあるが進み，地盤調査者の技量も向上した。地盤の静的な変形特性である変形係数を，動的な試験である標準貫入試験から推定することには限界もある。したがって，杭の水平抵抗の検討に用いる変形係数は，ボーリング孔を利用した孔内水平載荷試験から直接求めることが望ましい。

（たべい　てつお）

【参考文献】

1）吉中竜之進：地盤反力係数とその載荷幅による補正，土木研究所資料，第299号，1967年

2）菅谷憲一，井上波彦，加倉井正昭，桑原文夫，田部井哲夫：基礎及び敷地に関する基準の整備における技術的検討（その3）地盤調査：N値とEの関係，日本建築学会学術講演梗概集（関東），pp.401-402，2011年

基礎・地盤

43

吉田 正
㈱東京ソイルリサーチ 技術管理部

補正N値と液状化抵抗・動的せん断ひずみの関係

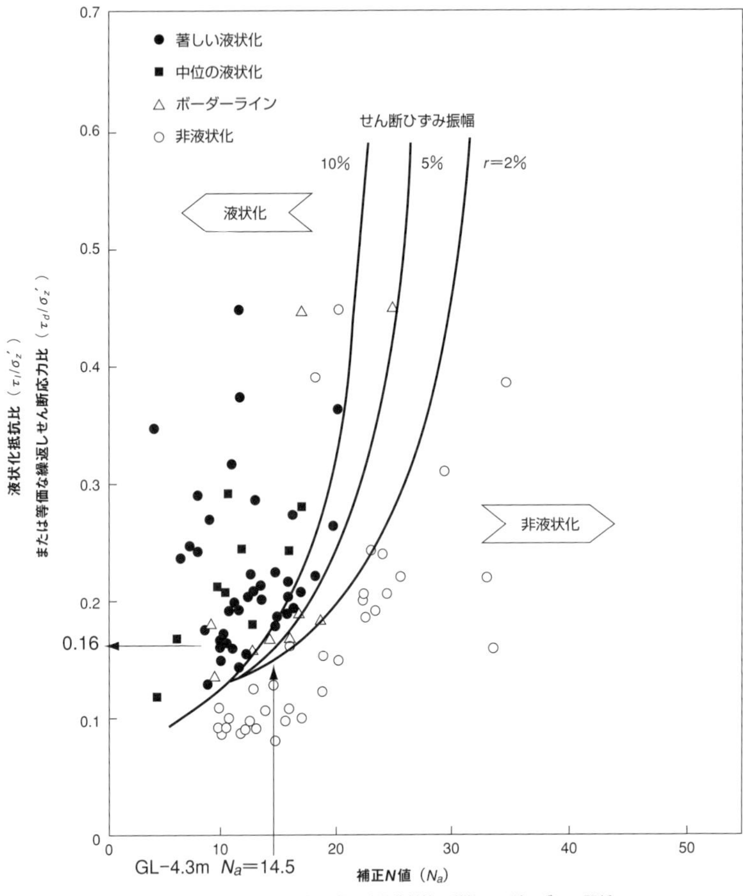

図4.5.1 補正N値と液状化抵抗，動的せん断ひずみの関係
（出典 日本建築学会：建築基礎構造設計指針，p. 63，2001（液状化判定例の読取り値を加筆））

図1 補正N値N_aと液状化抵抗・動的せん断ひずみの関係

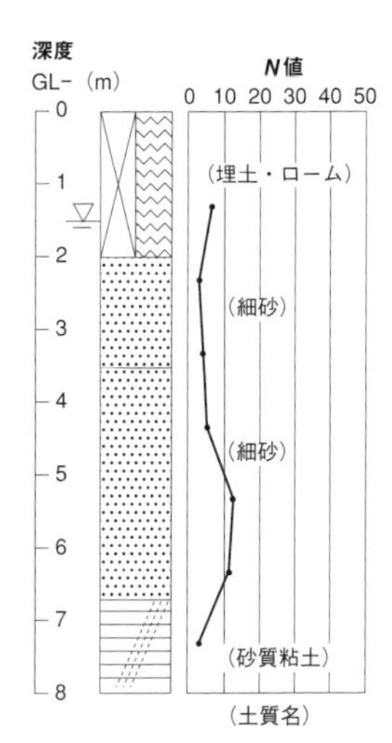

図2 液状化判定例の地盤

表1 液状化判定の例

判定条件
・地下水位：深度GL−1.5m
・地表面加速度：α_{max}=200cm/s²
・地震マグニチュード：M=7.5

深度 GL−(m)	N値	細粒分 F_c (%)	土かぶり圧 (kN/m²)		換算 N値 N_1	N値 増分 ΔN_f	補正 N値 N_a	液状化 抵抗比 τ_l/σ'_z	低減 係数 γ_d	繰返しせん断 応力比 τ_d/σ'_z	安全率 F_l
			σ_z	σ'_z							
2.3	3	12.0	36.7	28.9	5.5	6.4	11.9	0.14	0.966	0.16	0.88
3.3	4	13.2	54.4	36.8	6.5	6.6	13.1	0.15	0.951	0.19	0.81
4.3	6	9.7	72.1	44.7	8.9	5.6	14.5	0.16	0.936	0.20	0.81
5.3	12	13.4	89.8	52.5	16.4	6.7	23.1	0.35	0.921	0.21	1.65
6.3	11	13.0	107.5	60.4	14.0	6.6	20.6	0.25	0.906	0.22	1.18
7.3	3	63.1	123.2	66.3	3.6	11.0	14.6	＜対象外＞	0.891	0.22	—

⊙実務での役立て方

日本建築学会『建築基礎構造設計指針（2001年版）』の4.5節 地盤の液状化 1.液状化判定の項では，N値・細粒分含有率を用いた地盤の液状化判定法が記載され

ている。この液状化判定法は，地震外力（繰返しせん断応力比）は想定する地震マグニチュードと地表面加速度から推定し，地盤の液状化強度（液状化抵抗比）は，標準貫入試験のN値と室内土質試験から求まる細粒分含有率F_cを用いて推定し，その両者との比較（F_l値）から地盤の液状化発生の可能性を求める方法である。

同指針における図4.5.1は，この液状化判定における液状化抵抗比を，土層の補正N値N_a（有効土かぶり圧と細粒分により補正したN値）から求める換算図として位置づけられている。

⦿図4.5.1の概要・成立ち

同指針の図4.5.1の縦軸は，液状化抵抗比（τ_l/σ'_z）と等価な繰返しせん断応力比（τ_d/σ'_z）が併記されている。

旧版の『建築基礎構造設計指針（1988年版）』[1]では，縦軸に示される両者は別々の図として示されていたが，現行の指針では一つの図にまとめて示されている。以下に，吉見ら[2]および大岡[3]の文献から一部を引用し，同図の成立ちなどについて概要を示す。

1）等価な繰返しせん断応力比（τ_d/σ'_z）〜N_aの関係

従来，液状化の判定法として限界N値が用いられてきた。『建築基礎構造設計規準・同解説』(1974)[4]では，震度0.2程度の地震に対して，液状化が発生するかどうかの限界となるN値が深度方向に示されていた。その後，N値における測定深度の影響を除くため，測定深度の有効土かぶり圧を用いて換算した換算N値N_1が用いられるようになった。また，任意の加速度に対する限界N値を求めるため，等価な繰返しせん断応力比（τ_d/σ'_z）が用いられるようになり，その両者の関係図上に，被災事例に基づく「液状化が発生した場合」と「発生しなかった場合」を区別してプロットし，両者を区分する境界線をもって限界N値とする試みが行われた。

同指針の図4.5.1に示される等価な繰返しせん断応力比（τ_d/σ'_z）〜N_aの関係は，時松・吉見[2),5)]による上記の研究成果である。なお，同図の横軸は換算N値N_1に替えて，細粒分含有率によるN値の増分（液状化抵抗比の増分）をN_1に加えた補正N値N_aが用いられている。

時松・吉見の研究では，国内10件の強震における70か所の記録に関し，強震記録の他，墓石転倒率，木造家屋崩壊率などを極力利用して，地表面の最大加速度の値をできるだけ定量的に把握することが行われた。加えて，外国の20か所の記録についても同様の検討を行っている。図4.5.1では，これらの液状化被災事例からτ_d/σ'_z〜N_a関係を求め，液状化被災状況を4段階に区分してプロットしている。4段階の分類基準を以下に示す。

- **著しい液状化**：噴砂発生のほか地盤の沈下量が層厚の2％以上，または重量構造物の沈下量が20cm以上の場合。
- **普通の液状化**（指針の表示は中位の液状化）：噴砂発生のほか地盤の沈下量が層厚の2％以下，または重量構造物の沈下量が20cm以下の場合。
- **境界地点**（指針の表示はボーダーライン）：液状化地点と非液状化地点の境目にある場合。
- **非液状化**：噴砂も沈下もない場合。

一方，非排水繰返し三軸試験（液状化試験）の結果などから得られた数種の実験式を組み合わせて求められたせん断ひずみの等値線が，同図に示されたせん断ひずみをパラメータとした曲線である。曲線は，それぞれのせん断ひずみを起こさせるのに必要なτ_d/σ'_zとN_aの関係を表している。このうち，せん断ひずみ$\gamma=5\%$が上記の被災事例の液状化有無の境界と最もよく合う曲線と判断されており，これが液状化判定の基準となり，限界N値を示す曲線に相当する。

2）液状化抵抗比（τ_l/σ'_z）〜N_aの関係

この液状化有無の境界を示すせん断ひずみ$\gamma=5\%$の曲線は，同時に補正N値N_aの土層がもっている液状化強度（液状化抵抗比）を示すことになる。すなわち，対象土層のN_aを横軸に取り，せん断ひずみ振幅$\gamma=5\%$の曲線に対応する縦軸の値が液状化抵抗比となる。このため，現行の指針では同じ図にまとめて示されており，旧指針においては，せん断ひずみ曲線からの液状化抵抗比の読み取りやすさを考慮して，個々の図に分けて記載されていたものと推察される。

⦿液状化抵抗比の読み取りとF_l計算の例

液状化判定例を**表1**に示すとともに，GL-4.3mの液状化抵抗比τ_l/σ'_zの読み取り例を**図1**に合わせて示す。

なお，実務では，市販のF_l計算ソフトなどに見られるように参考文献5）などを参考に，せん断ひずみの曲線式を用いてN_aに対するτ_l/σ'_zを計算式から求めて，F_l計算が行われることが多いと推察される。同指針にせん断ひずみの曲線式の記載がないことを踏まえると，本来の判定精度を考慮したF_l計算結果の取り扱いも必要と考える。

（よしだ　ただし）

【参考文献】

1）日本建築学会：建築基礎構造設計指針，pp. 163-167，1988年

2）吉見吉昭・時松孝次・大岡弘：飽和砂の原位置における耐震強度について，地盤と基礎の地震災害に関するシンポジウム発表論文集，pp. 113-118，土質工学会，1983年

3）大岡弘：海外およびわが国の耐震規定と最近の研究成果―とくに液状化判定法について―，基礎工，pp. 39-44，1985年5月

4）日本建築学会：建築基礎構造設計規準・同解説，p. 131，1974年

5）Tokimatsu. K. and Yoshimi. Y.：Empirical Correlation of Soil Liquefaction Based on SPT N-Value and Fines Content, S & F Vol. 23, No. 4, pp. 56-74, 1983

44

倉持博之＋三町直志
㈱日本設計 構造設計群

頭部に水平力と曲げモーメントを受ける杭の水平抵抗

表1 一様地盤中の弾性支承梁の解（頭部に水平力と曲げモーメントを受ける杭の水平抵抗）[1),2)]

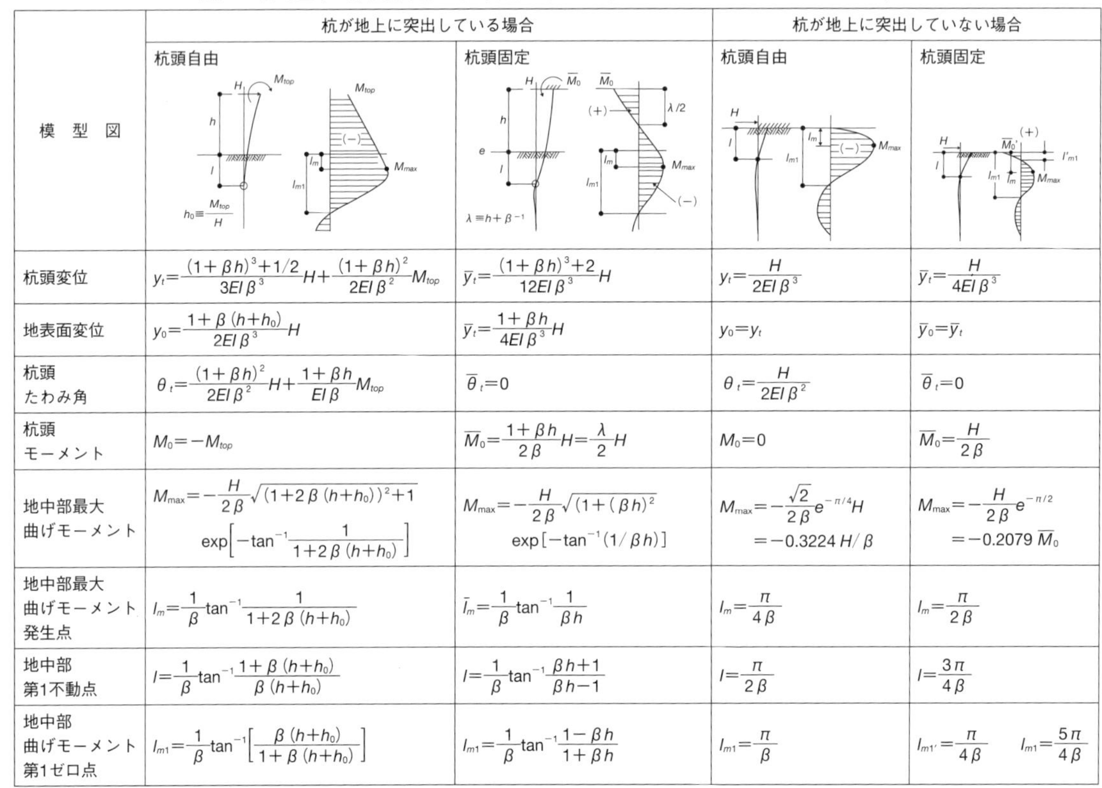

	杭が地上に突出している場合		杭が地上に突出していない場合	
	杭頭自由	杭頭固定	杭頭自由	杭頭固定
模型図	$h_0\equiv\frac{M_{top}}{H}$	$\lambda\equiv h+\beta^{-1}$		
杭頭変位	$y_t=\frac{(1+\beta h)^3+1/2}{3EI\beta^3}H+\frac{(1+\beta h)^2}{2EI\beta^2}M_{top}$	$\bar{y}_t=\frac{(1+\beta h)^3+2}{12EI\beta^3}H$	$y_t=\frac{H}{2EI\beta^3}$	$\bar{y}_t=\frac{H}{4EI\beta^3}$
地表面変位	$y_0=\frac{1+\beta(h+h_0)}{2EI\beta^3}H$	$\bar{y}_t=\frac{1+\beta h}{4EI\beta^3}H$	$y_0=y_t$	$\bar{y}_0=\bar{y}_t$
杭頭たわみ角	$\theta_t=\frac{(1+\beta h)^2}{2EI\beta^2}H+\frac{1+\beta h}{EI\beta}M_{top}$	$\bar{\theta}_t=0$	$\theta_t=\frac{H}{2EI\beta^2}$	$\bar{\theta}_t=0$
杭頭モーメント	$M_0=-M_{top}$	$\bar{M}_0=\frac{1+\beta h}{2\beta}H=\frac{\lambda}{2}H$	$M_0=0$	$\bar{M}_0=\frac{H}{2\beta}$
地中部最大曲げモーメント	$M_{max}=-\frac{H}{2\beta}\sqrt{(1+2\beta(h+h_0))^2+1}\exp\left[-\tan^{-1}\frac{1}{1+2\beta(h+h_0)}\right]$	$M_{max}=-\frac{H}{2\beta}\sqrt{1+(\beta h)^2}\exp[-\tan^{-1}(1/\beta h)]$	$M_{max}=-\frac{\sqrt{2}}{2\beta}e^{-\pi/4}H=-0.3224H/\beta$	$M_{max}=-\frac{H}{2\beta}e^{-\pi/2}=-0.2079\bar{M}_0$
地中部最大曲げモーメント発生点	$l_m=\frac{1}{\beta}\tan^{-1}\frac{1}{1+2\beta(h+h_0)}$	$\bar{l}_m=\frac{1}{\beta}\tan^{-1}\frac{1}{\beta h}$	$l_m=\frac{\pi}{4\beta}$	$l_m=\frac{\pi}{2\beta}$
地中部第1不動点	$l=\frac{1}{\beta}\tan^{-1}\frac{1+\beta(h+h_0)}{\beta(h+h_0)}$	$l=\frac{1}{\beta}\tan^{-1}\frac{\beta h+1}{\beta h-1}$	$l=\frac{\pi}{2\beta}$	$l=\frac{3\pi}{4\beta}$
地中部曲げモーメント第1ゼロ点	$l_{m1}=\frac{1}{\beta}\tan^{-1}\left[\frac{\beta(h+h_0)}{1+\beta(h+h_0)}\right]$	$l_{m1}=\frac{1}{\beta}\tan^{-1}\frac{1-\beta h}{1+\beta h}$	$l_{m1}=\frac{\pi}{\beta}$	$l_{m1'}=\frac{\pi}{4\beta}$　$l_{m1}=\frac{5\pi}{4\beta}$

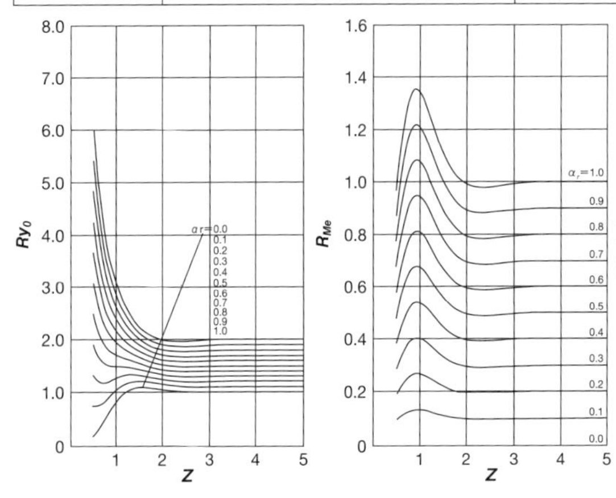

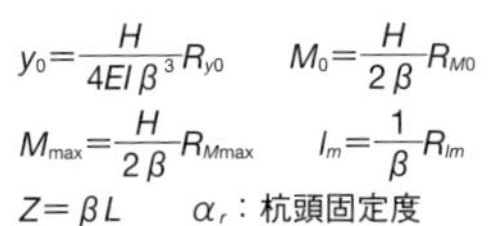

$$y_0=\frac{H}{4EI\beta^3}R_{y0}\qquad M_0=\frac{H}{2\beta}R_{M0}$$

$$M_{max}=\frac{H}{2\beta}R_{Mmax}\qquad l_m=\frac{1}{\beta}R_{lm}$$

$Z=\beta L$　α_r：杭頭固定度

図1 短い杭の応力・変形計算図表R_{y0}，R_{M0} [2)]

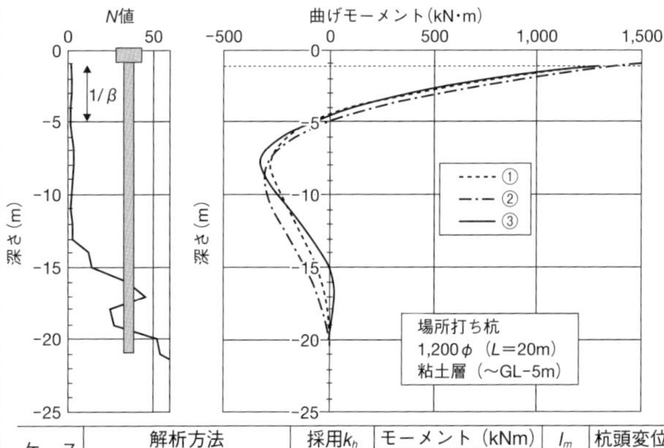

ケース	解析方法（計算で採用したk_h）	採用k_h (kN/m³)	モーメント（kNm）杭頭	モーメント（kNm）地中	l_m (m)	杭頭変位 (cm)
①	Changの式（k_hは，1/β内の平均値）	1,120	1,328	276	7.0	0.61
②	Changの式（k_hは，1/β内の最小値）	700	1,494	311	7.8	0.87
③	マトリックス変位法（多層地盤）	地層毎	1,343	326	6.8	0.55

図2 杭の地中内曲げモーメント（地盤反力係数の影響）

⊙実務での役立て方

地震時に杭に生じる変位，応力を求める方法として，参考文献1)，2）より**表1**に示す算定式を紹介する。杭頭部の水平力と杭および地盤の剛性（H, EI, k_h）から，手計算で設計上主要な値を求めることができる。この算定式（Changの式）を用いた計算方法のほか，適用範囲について紹介する。

⊙杭の水平抵抗力の計算方法

杭の水平抵抗力の計算方法としては，杭体および地盤を弾性と仮定する弾性計算と両者の非線形性を考慮に入れた弾塑性計算法がある。一般的に中地震だけを対象とした計算方法では，弾性計算法を，また，大地震を対象とした計算では，地盤の非線形性を考慮し弾塑性計算法を採用している。水平抵抗力の計算に用いられる解析手法は，適用範囲を含め**表2**のように整理できる。

⊙一様地盤中の弾性支承梁理論による算定式（Changの式）

1）Changの式

杭を弾性支承上の梁として取り扱うこの方法は，梁の地盤反力が変形に一次比例するとして，下記の微分方程式を解いて杭の応力や変位が求められる。

$$\frac{d^2}{dz^2}\left[EI\frac{d^2y}{dz^2}\right]+k_h y\cdot B=0$$

z　：地表面からの深さ（m）

EI：杭体の曲げ剛性（kN・m²）

B　：杭径（m）

y　：杭体の水平変位（m）

k_h　：深さZにおける水平地盤反力係数（kN/m³）

表1は，その応力・変位の算定式であり，杭長を無限長と考えて解かれた杭頭固定と杭頭自由の理論解を，杭が地上に突出した場合としない場合について示している。杭が地上に突出した場合の解は，液状化地盤などに適用できる。

表2　水平抵抗力の解析手法[1]

地震動の大きさ	地層構成	非線形性		解析方法
		地盤	杭材	
中地震時	一様地盤	弾性	弾性	弾性支承梁理論による算定式（Changの式）
中地震時	多層地盤	弾性	弾性	弾性支承梁理論により多元連立一次方程式の解マトリックス変位法による線材解析
中地震時（液状化・軟弱地盤）	一様地盤	非線形	弾性	Changの式による収斂計算
大地震時	一様地盤	非線形	非線形	直接反復法（Changの式を用いた略算法）
中地震時（液状化・軟弱地盤）・大地震時	多層地盤	非線形	非線形	荷重増分法による静的弾塑性解析

2）適用範囲について

表1の式は「長い杭」を対象としたものであり，適用条件としては，杭長が無限として扱える下記の条件を満足する必要がある。

$\beta L>2.25$

$\beta=[k_h\cdot B/(4EI)]^{1/4}$

L：杭の地中長さ

上記の条件を満足しない場合は，「短い杭」の式として，杭頭固定のChangの式に補正係数を組み合わせた計算式が用意されている（**図1**）。詳細については，参考文献2）を参照されたい。

3）地盤反力係数（k_h）について

杭頭に水平力を受ける杭の水平抵抗に支配的な影響を与える地盤の範囲は，地表面から（$1/\beta$）程度の深さまでであり，この範囲内の地盤がほぼ一様であればこの算定式を適用できる。実際には，完全に一様な地盤は存在しないため，計算するにあたりモデル化が必要となる。

採用した地盤反力係数の違いによる計算結果の一例を，**図2**に示す。この例では，Chang式（①②）による最大曲げモーメントの値は，精算解（③）と比較すると杭頭・地中部ともに1割程度の差が生じる結果となっている。また，地中部曲げモーメントの分布については，15m以深の水平剛性の高い地層の影響により，精算解（③）と異なる結果となっている。設計にあたっては，地層構成による影響も配慮し，検討結果を利用されたい。

4）Changの式を用いた非線形性を考慮した計算

• 地盤の非線形性考慮（Chang式による収斂計算）

地盤反力係数k_hは，杭頭変位1.0cmを基準として変位の増大とともに$y^{1/2}$に反比例して値が低下する。杭頭変位1.0cmを超えることが予想される軟弱地盤，液状化が予想される地盤では，計算で求めた地表面変位に従ってk_hを補正し，初期値との変形の誤差を小さくするよう，収斂計算を行って解を求める必要がある。

• 地盤・杭体の非線形性考慮（直接反復法）

大地震時においては，地盤および杭体の非線形性を適切に考慮する必要がある。杭体の曲げモーメントMと曲率ϕの関係，および杭頭固定と杭頭自由の弾性理論式（表1）による解を用いて，反復計算を行う方法が参考文献1）に提示されており，杭頭降伏を考慮した大地震時の変形を略算的に予測することが可能である。詳細については，参考文献1）を参照されたい。

（くらもち　ひろゆき，みまち　ただし）

【参考文献】
1）日本建築学会：建築基礎構造設計指針2001年改定，2001年10月
2）日本建築センター：地震力に対する建築物の基礎の設計指針，1985年

45

梅野 岳
㈱梓設計

杭の終局水平抵抗力の算定図
（Bromsの方法の利用法）

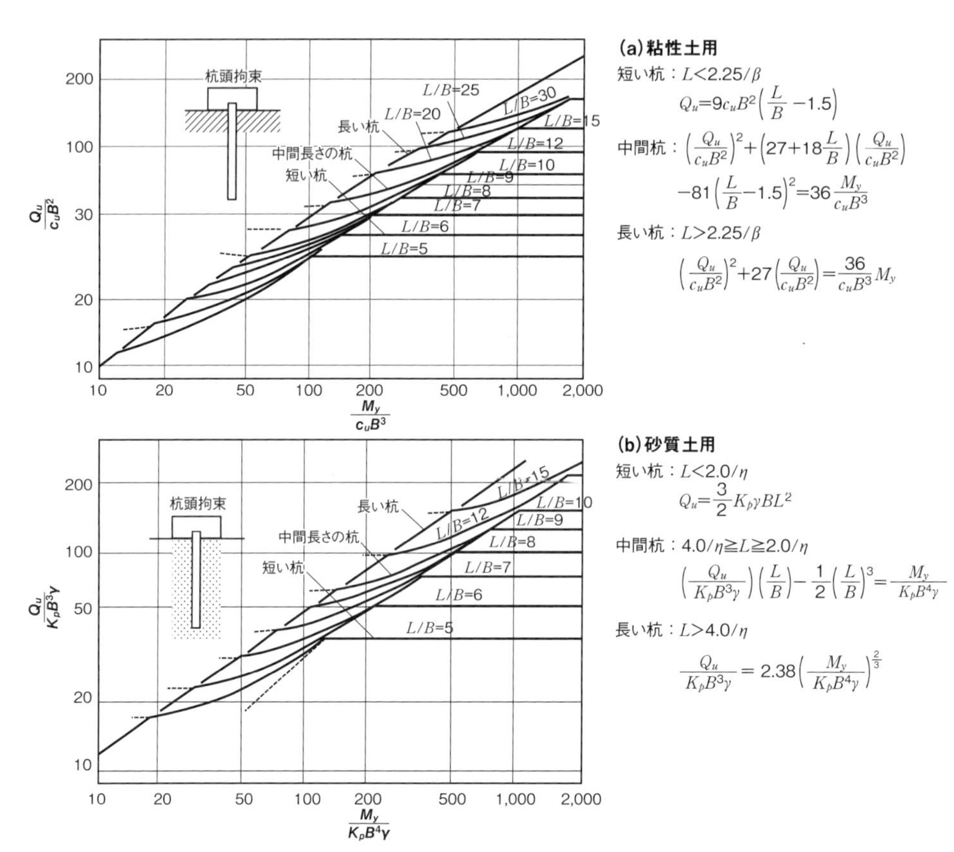

図1 Bromsの方法による杭の極限水平抵抗力算定図表合体版[1)]

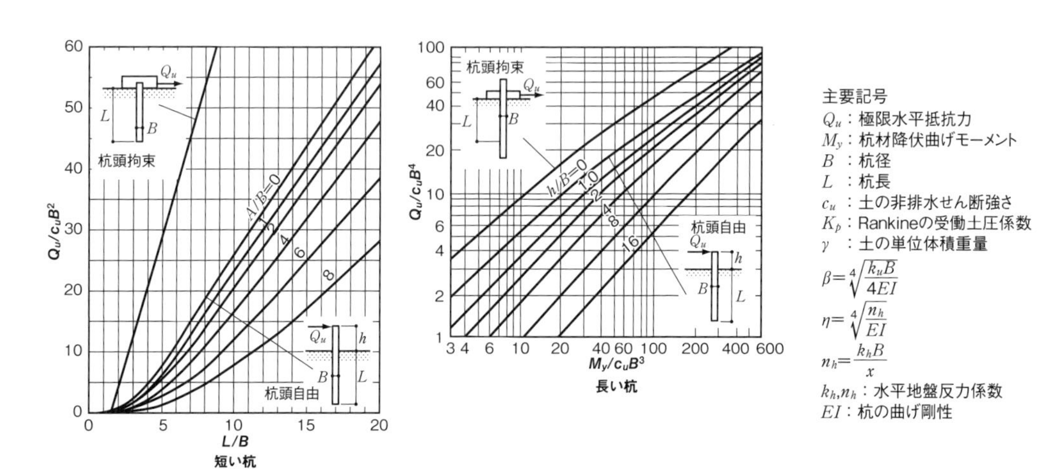

図2 Bromsの方法による杭の極限水平抵抗力算定オリジナル版（粘性土）[2)]

⦿Bromsの手法の今日的意味

杭の極限水平抵抗力の算定法として，Bromsの方法が日本建築学会の基礎規準に登場するのは，1974年版[2]に遡る。今日でいう1次設計手法として，Changの式とともに採用された。現行の基礎指針[3]では，ウインクラー型地盤ばねによる弾性支承梁モデルが主流となり，1次設計では弾性解析，2次設計では地盤・杭双方の非線形性状を考慮するため，荷重増分法解析や線形計算の繰返しによる直接反復法が推奨される。極限状態として，杭頭と地中部2点の塑性ヒンジ形成を仮定するため，対象が靭性に富んだ杭に限定されるうえ，各種杭体の塑性回転性能が十分究明されていないなどにより，水平変形も求められないBromsの方法は影が薄い。

⦿実務での役立て方

杭基礎用の荷重増分法プログラムがすでに利用可能であるにもかかわらず，半世紀前の手計算手法を取り上げた理由は，地盤-杭系の複雑なモデルや膨大な数値出力で結果の適否判断に苦戦する設計者に，簡便なチェックツールとしての利用を提唱することにある。

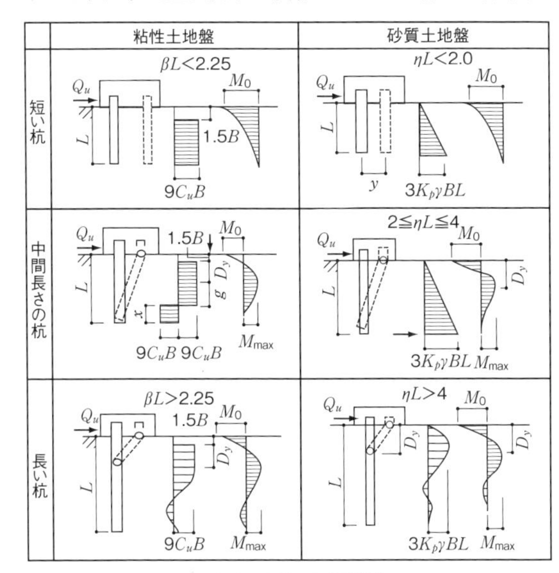

図3　Bromusの想定した杭の極限状態，地盤反力，曲げモーメント分布（杭頭回転拘束）

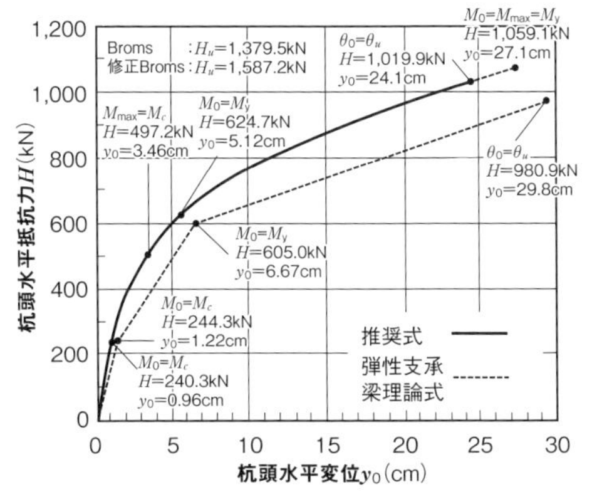

図4　基礎指針推奨法（直接反復法）とBromsの方法の比較例[3]

⦿Bromsの方法の概要

Bromsの方法では，一層地盤中の杭基礎の崩壊形を，ヒンジ発生位置と水平地盤反力の極限分布形の組合せで仮定する。図3には杭頭固定条件における，崩壊形，地盤水平反力分布，モーメント分布の仮定条件を示した。極限地盤反力の評価を粘性土と砂質土に区分したうえで，水平地盤反力係数や杭長を指標とするβL，ηLにより「長い杭」「中間杭」，および「短い杭」に分類。それぞれの崩壊形を仮定して，簡単な力の釣合式を誘導することで，極限水平抵抗力を手計算で可能とした。算定式の誘導は参考文献1)〜3）に譲り，図1には算定式のみ注記した。実はBromsの提案した元々の算定図表は，図2のように長い杭と短い杭の図が別々であった。これを1978年，日本の技術者が実務上の利便性を勘案し，一つの算定図表に描き直して提案されたのが図1[1]である。

⦿Bromsの方法の留意点

Bromsは極限域での地盤反力分布を，粘性土では深さにかかわらず一定，砂質土では三角形分布とし，極限値を粘性土では$9C_u$に，砂質土ではRankineの受働土圧の3倍と仮定した。この状態に至る杭頭水平変位は，杭径の20％程度とBromsが記していることに留意願いたい。

また，このような極限状態に到達するためには杭体ヒンジ部に十部な塑性回転能力が必要で，Broms自身は適用杭を鋼管杭とした。現状ではSC杭やPRC杭，また鋼管巻場所打ち杭やせん断補強を十分行った場所打ち杭などが適用対象に挙げられている。なお，杭頭接合部を含め杭種ごとの塑性回転性能の究明が課題として残る。

⦿算定図（図1）利用のポイント

図4は直接反復法の計算例[3]で，Bromsの方法による結果も併記している。計算結果実線をBroms値まで外挿すると，杭頭変位は50cm台となること，2点ヒンジに到達前に仮定した限界回転能に達すること，極限支持力は35％程度（1,379.5/1,019.9）の相違であることなど示唆に富む。図1の利用にあたっては，これらを理解しオーダーチェックと割り切るか，極限地盤反力を低く抑えるか，また，杭頭のみのヒンジ形成を仮定した仮想長さの中間杭として扱うか，さらにはchang式と併用するかなど，適用上の工夫を施すとよい。　　　　（うめの　たかし）

【参考文献】

1）佐藤輝行ほか：くいの設計とその支持力確認―水平力に対するB.B.Bromsの設計法を中心として，建築技術1978年4月号
2）日本建築学会：建築基礎構造計算規準・同解説，1974年11月
3）日本建築学会：建築基礎構造設計指針2001改定，2001年10月

46

倉持博之＋三町直志
㈱日本設計 構造設計群

既製杭の許容曲げモーメントと軸力相関図（SCパイル, PHCパイル）

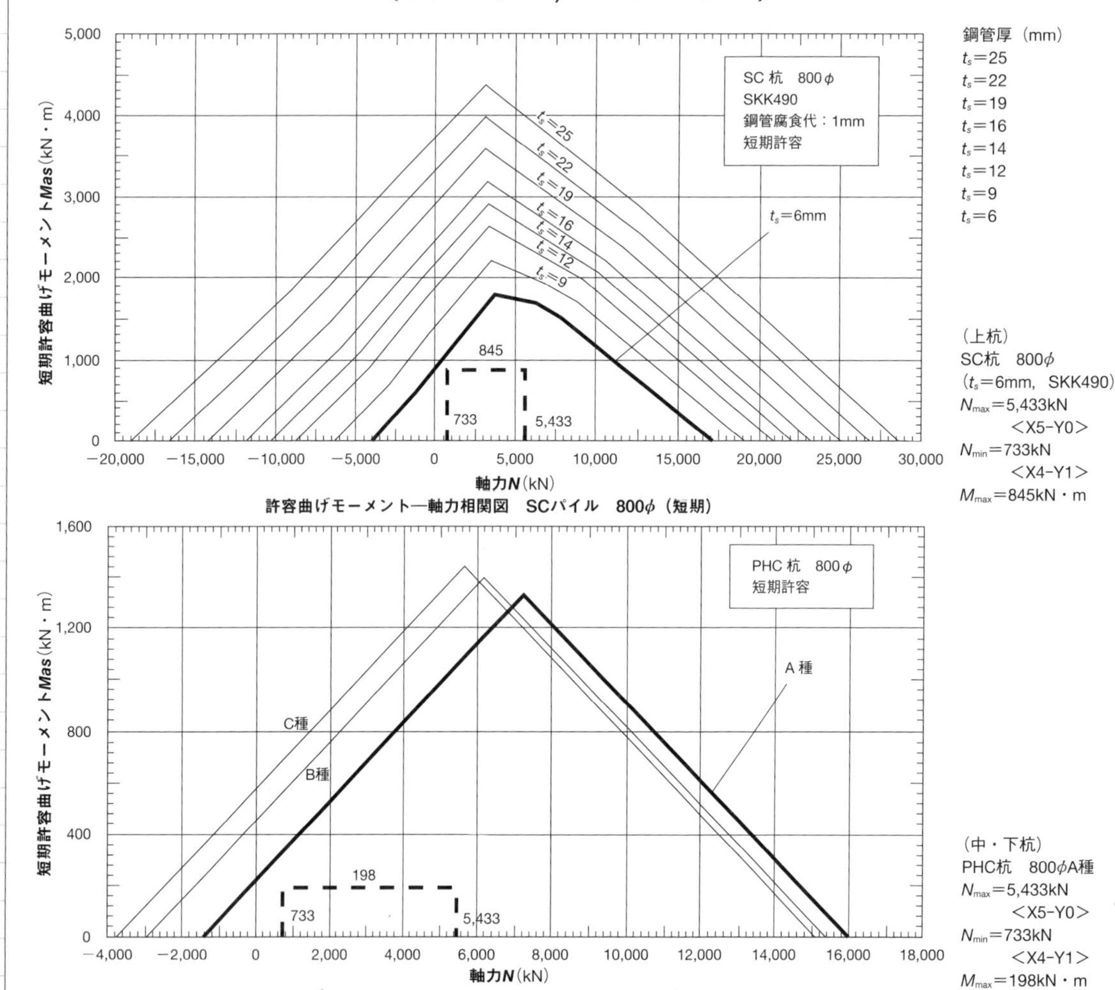

許容曲げモーメント―軸力相関図　SCパイル　800φ（短期）

許容曲げモーメント―軸力相関図　PHCパイル　800φ（短期）

図1　既製杭の断面検定結果の一例

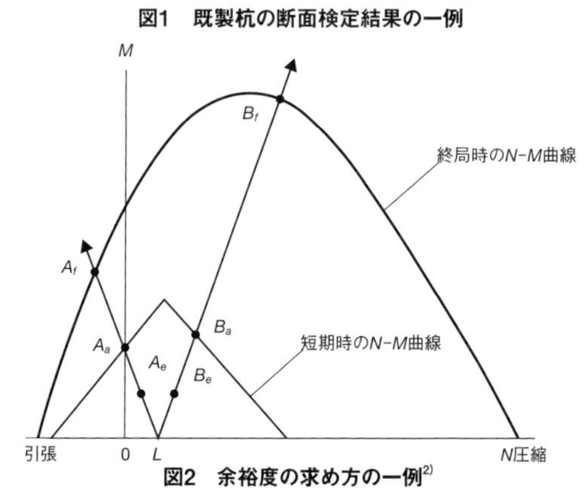

図2　余裕度の求め方の一例[2)]

⊙実務での役立て方

PHC杭は，有効プレストレス量に応じてA種，B種，C種の三つに分類される。

地震時に大きな曲げモーメントが発生する上杭部分，引張力が生じる杭にはC種あるいはB種，曲げモーメントが小さな下杭部分ではA種を用いることが多い。

SC杭は，外周に鋼管を巻いた杭であり，PHC杭よりも大きな曲げ強度およびせん断強度を確保できる。また，非常に大きな靭性を有している。杭種を選定するにあたり，許容曲げモーメントと軸力相関図を活用していただきたい。

⊙許容曲げモーメントと軸力相関図（*N*–*M*曲線）

1）断面の検討方法

既製杭の許容曲げモーメントと軸力相間図は，杭の地震時の断面検討で使用される。

図1の下図は，PHC杭の断面算定図表であり，次式を満足する軸力と短期許容曲げモーメントの相関図を示している。

$$-f_b \leqq \frac{N}{A_e} + \sigma_e + \frac{M}{I_e} y \leqq f_c$$

f_b：コンクリートの許容曲げ引張応力度（N/mm^2）
f_c：コンクリートの許容圧縮応力度（N/mm^2）
N：杭体に作用する軸力（N），圧縮＋，引張－
M：杭体に作用する曲げモーメント（N・mm）
A_e：コンクリート換算断面積（mm^2）
I_e：コンクリート換算断面2次モーメント（mm^4）
σ_e：有効プレストレス量（N/mm^2）
y：杭の半径（mm）

A種からC種の順にプレストレス量が大きいため，有効プレストレス量が最も大きいC種が，軸力が小さい側では，引張強度や許容曲げモーメントが高く，逆に軸力が大きい側では，許容曲げモーメントは低くなる。

図1の上図は，SC杭の断面算定図表であり，軸力と短期許容曲げモーメントの相関について，鋼管の板厚に応じて整理された図である。

N–*M*曲線の相関図については，杭材の仕様により異なるため，各杭材メーカーから用意されている図を入手し利用する場合が多い。

図1に，杭の断面検定結果の一例を示す。杭の長期曲げモーメントは，特殊な状態を除き原則ゼロであるため，地震時の杭に生じる曲げモーメントは，同一の杭で地層構成が同じであれば建物の平面的な配置によらず短期曲げモーメントの値は同じとなる。そのため，杭の最大軸力と最小軸力の範囲を図中に記載し，その範囲（図中点線）が採用する杭の*N*–*M*曲線（図中太線）の内側に入っていることで，杭ごとに整理して計算をまとめるとよい。杭長が異なる場合，複雑な地層で水平地盤反力係数が平面的に異なる場合は，同一な杭であっても地震時の曲げモーメントの値は異なるため，別途まとめる必要がある。

2）余裕度の検討

図2は，*N*–*M*曲線の相関図に地震時における荷重の変化を示したものであり，水平力に対する余裕度を示した図[2]である。長期軸力を受けた状態を*L*点，1次設計の地震時における軸力変動および水平力による曲げモーメントの複合力を受けた状態をA_e，B_e点とする。LA_e，LB_eの延長線と短期時の*N*–*M*曲線との交点をそれぞれA_a，B_aとし，次式の比をとると，${}_a\alpha_T$，${}_a\alpha_C$はそれぞれ短期荷重時に対する水平外力の余裕率を示すことになる。

$$ {}_a\alpha_T = \frac{LA_a}{LA_e} \qquad {}_a\alpha_C = \frac{LB_a}{LB_e} $$

また，杭を塑性化させない設計の場合，LA_e，LB_eの延長線と終局時の*N*–*M*曲線との交点をそれぞれA_f，B_fとすると，${}_f\alpha_T$，${}_f\alpha_C$はそれぞれ終局耐力に対する余裕率を示すことになる。

$$ {}_f\alpha_T = \frac{LA_f}{LA_e} \qquad {}_f\alpha_C = \frac{LB_f}{LB_e} $$

${}_f\alpha_T$，${}_f\alpha_C$は杭の保有水平耐力と1次設計の地震時応力の倍率を示すことになり，地上建物の構造特性係数D_S値との関係を比較することで，地上部が保有水平耐力時の杭の状態を確認することができる。実際は，上部建物，地盤の塑性化の影響もあり，応力が比例的に弾性的挙動を示すことは少ないが，大地震時の安全性を検討する際のおおむねの目安として利用できる。

3）留意事項

杭頭固定の既製杭の杭頭接合法は，アンカー筋による接合，埋込み方式がある。アンカー筋により応力を伝達する場合，仮想RC断面で決定された鉄筋本数をフーチング内に配置することになる。杭耐力が大きいと鉄筋本数が多くなるため，アンカー筋の間隔確保，配筋時の基礎梁主筋との干渉に注意が必要である。

既製杭の高支持力化に伴い杭の1柱1本化が進み，杭1本当たりの地震時の負担水平力および軸力が大きくなっている。杭の断面検討において，杭種・杭径の決定の際に十分に配慮されたい。

（くらもち　ひろゆき，みまち　ただし）

【参考文献】

1）日本建築学会：建築基礎構造設計指針2001年改定，2001年10月
2）日本建築センター：地震力に対する建築物の基礎の設計指針，1985年

47

梅野 岳
㈱梓設計

既製杭の許容曲げモーメントと軸力相関図（続編）
（SCパイル，PHCパイル＋継手部＆杭頭接合部）

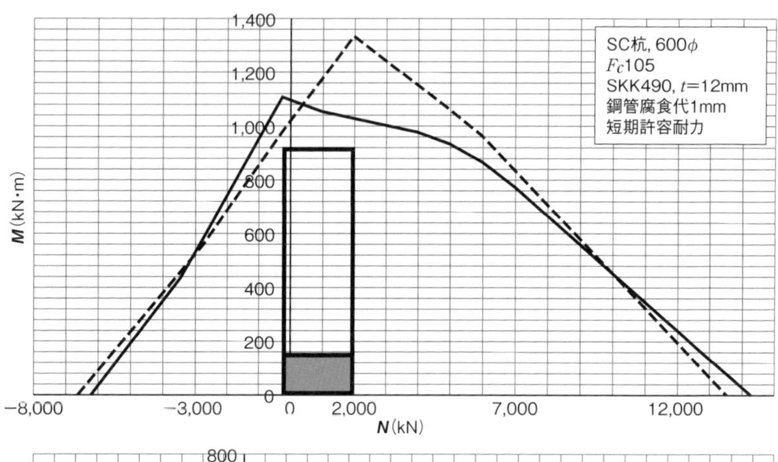

(a) 上杭SC杭のN-M曲線
点線：杭体の短期許容耐力
※中杭側無溶接継手の引張耐力の有効率は40%
実線：杭頭定着鉄筋によるパイルキャップ内の仮想円柱の短期許容耐力
※定着鉄筋は鋼管側面に溶接接合
14-D38（SD390）
太線：杭体設計応力域
アミ掛け：下部継手位置設計応力

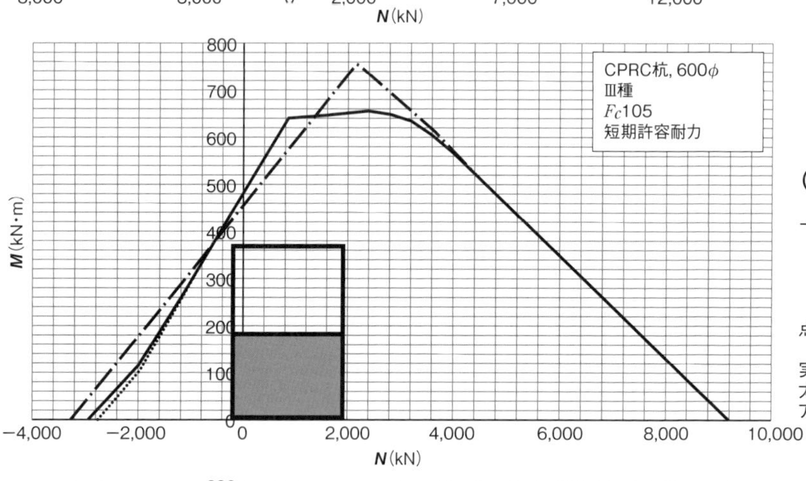

(b) 中杭PRC杭のN-M曲線
※CPRCはコピタ型PRC杭
一点鎖線：無溶接継手工法による短期許容耐力の一例（引張側点線）
※引張耐力に対する無溶接継手の有効率95%（継手金具で決まる）
点線：杭体継手部の短期許容耐力
※溶接継手の引張耐力に有効率
実線：杭体の短期許容耐力
太線：杭体設計応力域
アミ掛け：継手位置設計応力

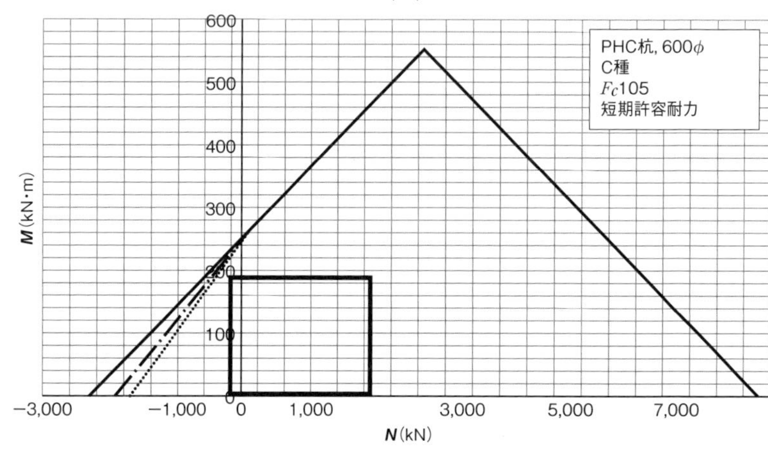

(c) 下杭PHC杭のN-M曲線
点線：無溶接継手工法による短期許容耐力の例
※引張耐力に対する有効率75%
一点鎖線：溶接継手とした場合の許容耐力線の例
※引張耐力に対する有効率85%
実線：杭体の短期許容耐力
太線：杭体設計応力域
※継手位置設計応力は太線に同じ

図1　引張力が作用する既製杭基礎の短期時断面検定例（引張側修正N-M曲線）

⊙はじめに

本稿は，108頁「既製杭の許容曲げモーメント軸力相関図」の続編である。前回はメーカーカタログの許容曲げモーメント軸力相関図（許容N–M相関図）を利用するうえでの基本的知識や留意点が述べられた。今回は特殊な条件として，連層耐震壁脚部などで時々遭遇する地震時に引張力が作用する杭基礎の場合を取り上げる。

⊙実務での役立て方

図1は，このような場合の許容N–M相関図の例である。地盤が軟弱なため，曲げ耐力の大きい順に上杭をSC杭，中杭をPRC杭，下杭をC種PHC杭としている。

引張力作用時には，継手部耐力が杭本体の耐力を下まわることがあり，メーカーカタロクのN–M相関図を修正しなければならない場合が生じる。メーカーに問い合わせ，引張力対応の継手仕様が選択できるか確認するとともに，継手耐力を考慮したN–M曲線の入手が不可欠となる。図1をその際の参考として活用されたい。

⊙既製コンクリート杭基礎の構成要素

既製コンクリート杭基礎は，杭本体と，現場で杭体を相互に接続する継手部，パイルキャップとの杭頭接合部で構成され，それぞれが断面検定を要する。継手部には，杭体と一体製造の継手金具の端板を現場で溶接する端板式溶接継手が従来は一般的であった。近年，継手金具に別の金物を被せ機械的に接続する無溶接継手が登場し，施工性のよさから急速に普及した。

図2および**表1**は，PHC杭の溶接用継手金具の例である。金具は端板と補強バンドで構成され，メーカーごとに仕様が異なり，後述のように継手部での引張耐力の有効率（耐力低減率）も微妙に変化する。この例では，補強バンドが溝付鋼板（非構造鋼材）のA種用，縞鋼板（構造用鋼材）を用いるB，C種用に継手仕様が3区分される。typeⅢでは，継手部の応力検討は不要であるが，typeⅠ，Ⅱでは，継手部の検討が必要というわけである。

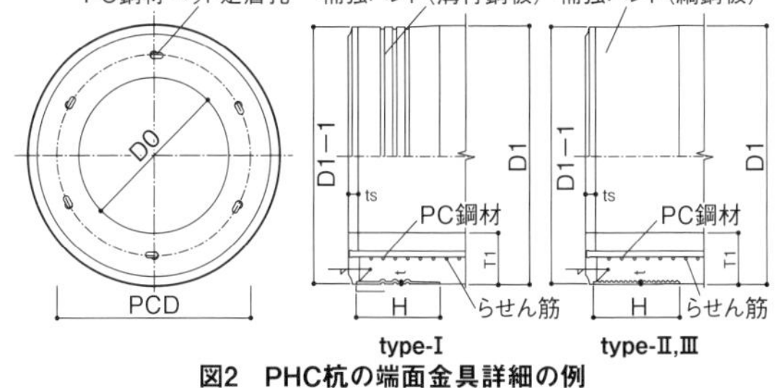

図2　PHC杭の端面金具詳細の例

表1　PHC杭の継手金具仕様と引張耐力に対する有効率（C種105N/mm²杭，溶接継手）

杭径	type-Ⅰ（A種との継手用）			type-Ⅱ（B,C種との継手用）			type-Ⅲ（B,C種との継手用）		
	端板	溝付鋼板	有効率	端板	縞鋼板	有効率	端板	縞鋼板	有効率
300	19	1.6×100	100						
350	同上	同上	100						
400	同上	同上	100						
450	同上	1.6×150	100						
500	同上	同上	78	19	2.3×200	100			
600	同上	同上	61	同上	同上	86	19	3.2×200	100
700	22	2.3×200	65	22	2.3×300	87	22	3.2×300	100
800	同上	同上	61	同上	同上	81	25	同上	100
900	同上	3.2×250	50	同上	3.2×350	81	25	4.5×350	100
1,000	同上	同上	42	同上	同上	71	27	同上	100
1,100	27	3.2×300	61	27	3.2×400	88	同上	4.5×400	100
1,200	同上	同上	60	27	同上	84	28	同上	100

⊙既製コンクリート杭継手部の引張耐力

2001年の基準法改正で，既製杭の許容応力度（告示第1113号）や，コンクリートのかぶり厚さ（告示第1372号）が規定化され，杭体の大臣認定は任意評定と変った。この際，制定のPHC杭体等の評定基準[1)]の中に杭継手部の短期引張耐力の審査が登場した。コンクリートパイル建設技術協会による継手部引張試験や耐力評価法の検討を経て，杭体の許容引張耐力に対する継手部の有効率（耐力低減率）という現行の継手引張耐力の評価法[2),3)]が暫定的に決められた。図1（b），（c）の点線や一点鎖線がこれにあたり，N–M相関図上で，軸力ゼロ点M値と杭体の純引張耐力に有効率を掛けた点を，単純に結ぶ方法である。表1には溶接継手の有効率も例示した。無溶接継手では有効率が異なる。なお，引張考慮の場合，杭本体と継手金具に，引張仕様や有効率を表示することになっているので，図面に引張力作用杭と特記することが欠かせない。残念ながら，現在これらを詳述する説明書きがカタログに見当たらないので注意を要する。もっとも，メーカーの設計支援を受けていると，この状況はほとんど認識できない。設計者の意識改革を切望する。

⊙継手部設計法の課題

図1を改めて眺めてほしい。杭体の耐力線の内側に継手部耐力線が入った部分があり，存在応力設計の現実に気付かされる。許容応力度設計による現行の杭設計の中で，継手部や杭頭接合部を含む杭基礎の大地震時の安全性をどう担保するか。鋼構造の柱継手設計法[4)]にならい杭体以上の耐力を継手部で確保すべきか否か，設計者の検討が望まれる。一方，高支持力杭が普及し既製コンクリート杭の細径化が進む現状を考えると，柱部材のような軸力比制限も課題であろう。

（うめの　たかし）

【参考文献】

1）日本建築センター基礎評定委員会：基礎評定に関する評定基準の一部改訂について，ビルディングレター，2005年4月

2）村上浩：既製コンクリート杭の引抜き特性，基礎工，2011年11月

3）村上浩：既製コンクリート杭の継手の性能，基礎工，2007年7月

4）日本建築学会：鋼構造接合部設計指針（第3版），2012年3月

基礎・地盤

48

池田隼人
㈱日本設計 構造設計群

場所打ちコンクリート杭の断面算定図表

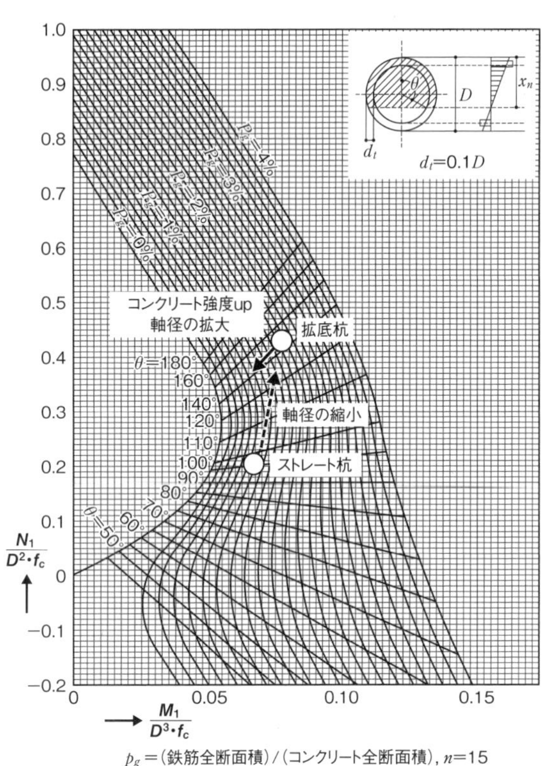

p_g =（鉄筋全断面積）/（コンクリート全断面積），n=15

(a)円形断面柱（コンクリートで耐力の決まる場合）

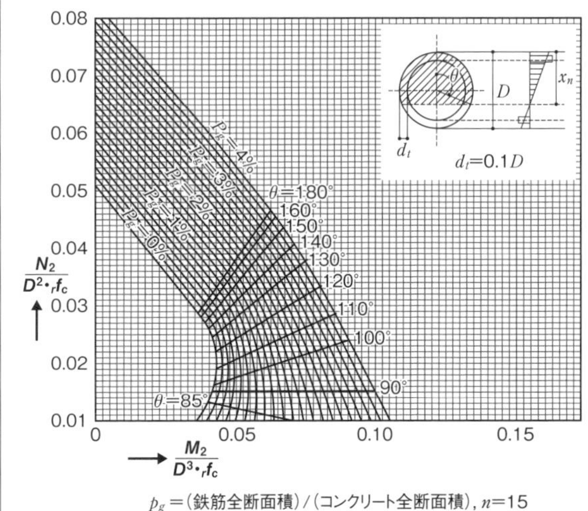

p_g =（鉄筋全断面積）/（コンクリート全断面積），n=15

(b)円形断面柱（圧縮鉄筋で耐力の決まる場合）

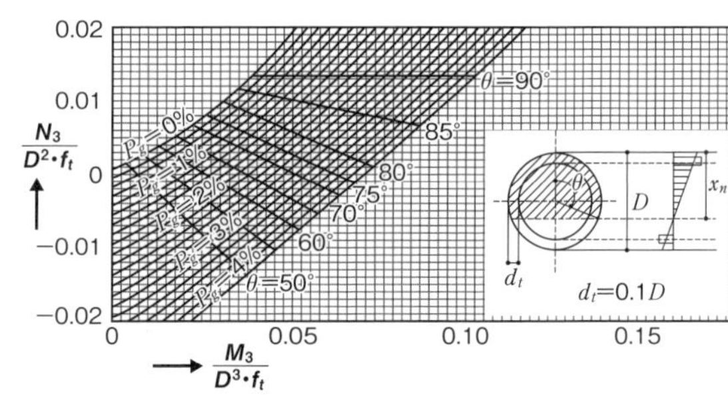

p_g =（鉄筋全断面積）/（コンクリート全断面積），n=15

(c)円形断面柱（引張鉄筋で耐力の決まる場合）

図1　場所打ちコンクリート杭の断面算定図[1)]

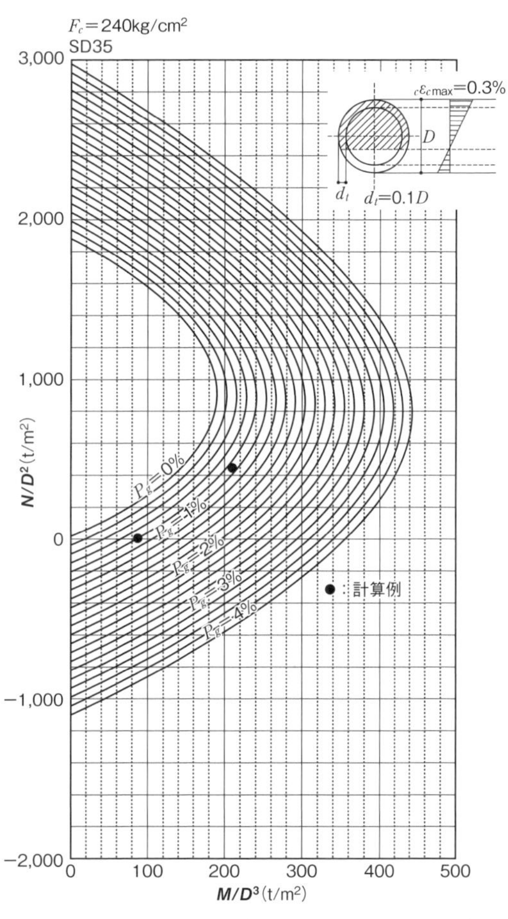

図2　終局M-N曲線の一例（場所打ちコンクリート杭）[2)]

⊙実務での役立て方

場所打ちコンクリート杭は，地中に構築する円形柱と考えることができ，鉄筋コンクリート計算規準を参考に部材設計が行われている。

上部構造の設計により求められる鉛直支持性能を保持する観点から仮定の杭径を決めることが多いが，地震時水平力を受け流す性能を確保する観点から，配筋やせん断力に対する補強が必要となってくる。

また，大地震時に対する安全性の確保のために，上部構造の柱の部材ランクの概念を準用して，靭性のある部材とするための検討を行うこともできる。

⊙断面算定図表の使い方

場所打ちコンクリート杭の設計は，軸力，曲げ，せん断を受ける部材と捉えて，鉄筋コンクリート柱と同様に扱うことができる。

図1は，1991年版の『鉄筋コンクリート計算規準・同解説』に円形断面として示されている算定図である。断面形状が円形であるため，下式のように，中立軸x_n，引張鉄筋比p_tに替わって，それぞれθ，鉄筋全断面積のコンクリートに対する割合p_gを使って作図している。

$x_n = r(1-\cos\theta)$

p_g＝鉄筋全断面積／コンクリート全断面積

　r：コンクリート断面の半径

算定結果としては，長期，短期の軸力Nおよび曲げモーメントMについて，三つの曲線を使って求まる最大のp_gにて杭主筋を決めることとなる。

拡底杭の検討を考えてみると，軸径の縮小により，算定点は右上に移動することになり，必要な配筋は多くなってしまう。鉄筋量の増も密な配筋も両方避けたいので，コンクリート強度を上げた方がよいか，軸径を少し戻した方がよいかの加減を調整することができる。

図2の終局強度曲線については，圧縮側のコンクリートがすべて平均終局応力度に達していると仮定した強度に，圧縮側鉄筋の降伏強度または引張側鉄筋の降伏強度を加えたものとなっている。

表1　鉄筋コンクリート柱の区分

h_0/D	σ_0/F_c	p_t (%)	τ_u/F_c	種別
2.5以上	0.35以下	0.8以下	0.1以下	FA
2.0以上	0.45以下	1.0以下	0.125以下	FB
−	0.55以下	−	0.15以下	FC
上記以外				FD

ここで，h_0：柱の内法高さ，F_c：コンクリートの設計基準強度
　　D：柱の幅，p_t：引張鉄筋比（%）
　　σ_0，τ_u：崩壊型判定時の軸応力度または平均せん断応力度

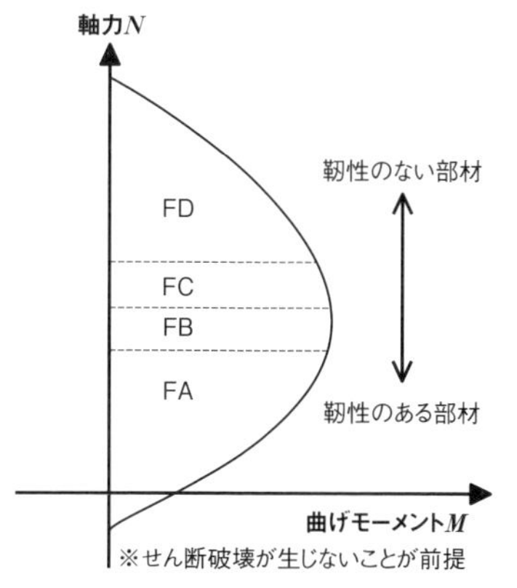

図3　終局N-M耐力と部材ランク（σ_0/F_c）

⊙部材ランクとの関係

表1のように，鉄筋コンクリート造柱の種別は，曲げ破壊以外の破壊形式を想定して制限値を設けており，靭性のある順にFAから4種別に分けている。

場所打ちコンクリート杭についても同様に，部材ランクを考えてみると，主筋のp_tの制限が関連しており，円形断面を等価断面積の正方形に置換したときの一辺に並ぶ鉄筋の本数にてp_tを決めることとすると，引張鉄筋本数の4倍弱が杭の全主筋本数となり，FAランクとするためには，$p_t < 0.8$%の制限は$p_g < 3.0$%程度と読み替えることができる。例えば，1,000ϕの杭であれば，45-D25以下とすればよい。しかし実際には，配筋納まりから150ピッチ程度とすると18-D25くらいに並べたいので，二重配筋でも36-D25となり，もし曲げ耐力不足なら断面を大きくするか，杭1本当たりの外力を減らす工夫に設計を修正していくことが多い。杭の中央に中空をもたない中実な断面形状のおかげで，結果としてFAランクの部材とすることができる。

図3のσ_0/F_cの制限で考えてみると，杭体強度より地盤支持力が小さい傾向のストレート杭であれば，0.3程度でFAランクになることが多いが，拡底杭になると軸部の応力度は大きくなるので，部材ランクは下がってくる。

算定図では，せん断力に対して検討していないが，杭は柱とは異なり，地盤によって支持されているので，反曲点の深度に注意が必要である。1次設計時にせん断力を1.5倍に割増して検討することで，終局状態の確認を省略することも，柱と同様に行われているため，鉛直支持力よりもせん断余裕度で軸部断面積が決まり，軸耐力に対する靭性の確保ができることになる。

場所打ちコンクリート杭を採用し，コンクリート柱の考え方を取り入れて，図表によって建物性能を可視化して確認しながら設計を進めすることで，靭性に期待した基礎構造計画とし，大地震後も安心・安全な建物とすることができる。

（いけだ　はやと）

【参考文献】
1）日本建築学会：鉄筋コンクリート計算規準・同解説，1991年
2）日本建築学会：建築耐震設計における保有耐力と変形性能（1990），1990年

基礎・地盤

49

内山晴夫
㈱久米設計 札幌支社

基礎の接地圧の算定図表

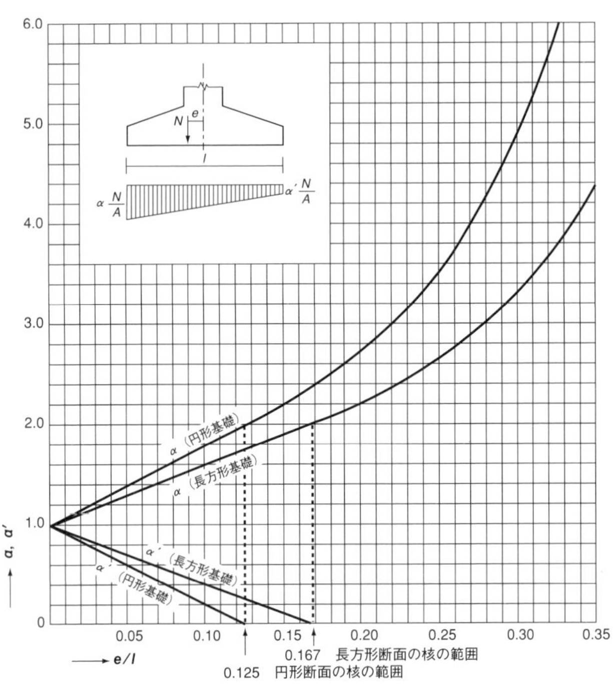

図1 基礎底面接地圧の倍率算定図表[1]（244頁，図19.1）

⊙基礎底面の接地圧の算定

荷重偏在がない場合に対する基礎底面縁端部接地圧の倍率は，**図2**に示すような算定式により求められる。この算定式は，日本建築学会『鉄筋コンクリート計算規準・同解説』[1]に記載されているが，これは任意形状の柱断面に作用する軸力と，曲げモーメントの釣合いから誘導され，式の形がやや複雑になっている。

本稿では，複雑に見える式を，基礎スラブを長方形と仮定し，力学の基礎的な公式により式の展開を行い，力学的な意味を考えてみる。

⊙基礎底面に浮上がりが生じない場合

基礎底面に浮上がりが生じない場合の応力分布は**図3**に示すように，中心圧縮荷重Nによる応力σ_cと曲げモーメントNeよる応力分布の足し合わせとなる。このとき浮上がりは生じていないので，$\sigma_c-\sigma_b\geqq 0$という条件が必要になる。

この関係を基礎底面の幅をb，長さをl，底面積$A=b\times l$，断面係数をZとして表すと，

$$\sigma_c=\frac{N}{bl}\qquad \sigma_b=\frac{M}{Z}=\frac{Ne}{Z}=\frac{Ne}{\frac{1}{6}\times bl^2}=\frac{6Ne}{bl^2}$$

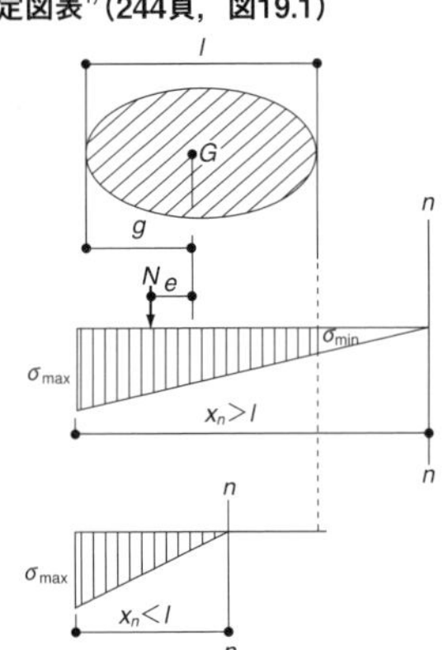

$$x_n-g+e=\frac{I_n}{S_n}$$

$$\sigma_{max}=\frac{X_n\times N}{S_n}=\alpha\frac{N}{A}$$

$$\sigma_{min}=\frac{(X_n-l)\times N}{S_n}=\alpha'\frac{N}{A}$$

$$\alpha=\frac{X_n\times A}{S_n}$$

$$\alpha'=\frac{(X_n-l)\times A}{S_n}$$

ここで，
I_n：断面2次モーメント
S_n：断面1次モーメント
X_n：中立軸位置

図2 基礎底面の荷重偏心がない場合に対する基礎端部接地圧倍率の誘導（記号の詳細は参考文献1を参照）。参考文献1，242頁，図19.1

最外縁の応力は：

$$\sigma_c+\sigma_b=\frac{N}{bl}+\frac{6Ne}{bl^2}=\frac{N}{bl}\left(1+6\frac{e}{l}\right)=\frac{N}{A}\alpha \qquad (1)$$

ただし，$\alpha=1+6(e/l)$

$$\sigma_c-\sigma_b=\frac{N}{bl}-\frac{6Ne}{bl^2}=\frac{N}{bl}\left(1-6\frac{e}{l}\right)=\frac{N}{A}\alpha' \qquad (2)$$

ただし，$\alpha'=1-6(e/l)$

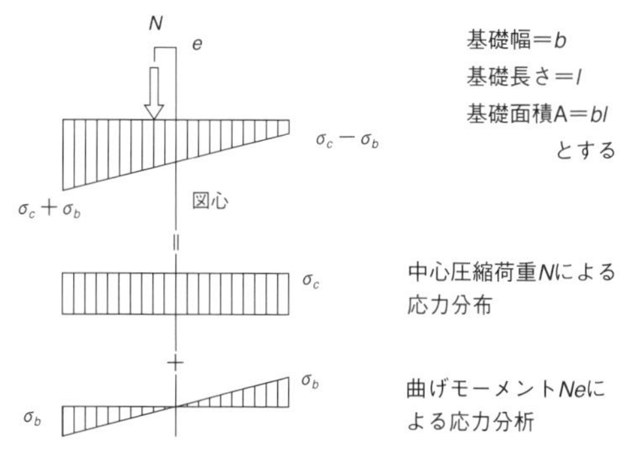

図3　応力分布（浮上がりのない場合）

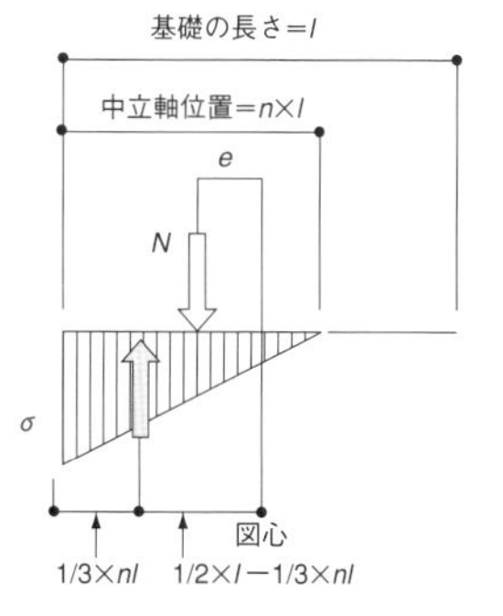

図4　応力分布（浮上がる場合）

式(2)の場合には，底面に引張は生じないので，

$\sigma_c - \sigma_b \geqq 0$　したがって，

$$1-6\frac{e}{l} \geqq 0 \quad より \quad \frac{e}{l} \leqq \frac{1}{6} \qquad (3)$$ が得られる。

式(1)～(3)は参考文献1）の19.3，19.4，19.8，19.9，19.10式と同じ結果が得られている。なお，式(3)を変形すると，

$$e \leqq \frac{1}{6}l \ (\fallingdotseq 0.167l) \qquad (4)$$

の関係が得られるが，eは荷重には無関係で，荷重点の図心からの距離eが式(4)を満足すれば，断面内に生じる応力が同符号（中立軸が断面外）となることを示し，断面の核と呼ばれている。接地圧算定図表も，e/lが小さいうちは接地圧の倍率αは直線分布であるが，ある値を超えると曲線分布となり，その境界が式(4)で得られる$e/l = 0.167$となっている。なお，円形断面では式(5)となる。

$$e \leqq \frac{1}{8}l \ (=0.125l) \qquad (5)$$

（lは直径を示す）

⦿基礎底面に浮上がりが生じる場合

中立軸が断面内にある場合にも前項の方法を適用すると，浮上がり側に引張応力が生じてしまう。基礎底面と地盤の間では引張力を負担できないので，基礎底面の力の釣合いから応力分布を求めることになる。

図3に，長方形基礎の例を示す。式(6)，式(7)で，軸力とモーメントの釣合いを考え，式を展開すると式(10)が得られ，参考文献1）の19.12式と同じ結果を得ることができた。

$$\frac{1}{2} \times b \times nl \times \sigma = N \qquad (6)$$

軸力の釣合い。左辺は，圧縮応力が三角形分布の場合の基礎底面の圧縮合力

$$\frac{1}{2} \times b \times nl \times \sigma\left(\frac{l}{2} - \frac{1}{3} \times nl\right) = Ne \qquad (7)$$

図心に関するモーメントの釣合い

$$nl = 2N/b\sigma \qquad (8)$$

式(6)を変形したもの

$$\frac{1}{2} \times b \times \frac{2N}{b\sigma} \times \sigma\left(\frac{l}{2} - \frac{1}{3} \times \frac{2N}{b\sigma}\right) = Ne$$

式(8)を式(7)に代入する

$$\frac{l}{2} - \frac{2N}{3b\sigma} = e$$

代入後の計算結果

$$\frac{l}{2} - e = \frac{2N}{3b\sigma} \qquad (9)$$

式(9)を変形して，圧縮縁のσについて表す式にすると，以下が得られる。

$$\sigma = \frac{2N}{3bl\left(\frac{1}{2} - \frac{e}{l}\right)} = \frac{N}{bl}\left[\frac{2}{3\left(\frac{1}{2} - \frac{e}{l}\right)}\right] = \frac{N}{A}\alpha \qquad (10)$$

⦿実務での役立て方

接地面のように引張抵抗が期待できない場合，**図1**に示すように偏心距離$e = M/N$が断面の核を越えると圧縮応力の増大率αが急激に増大する。すなわち仮定条件，施工誤差などの差異によるわずかなeの変化でも，圧縮側の接地圧が大きく増大することを意味している。地盤は本来強度のばらつきの多いものであるので，構造物を安全に支持するためにはeをできるだけ小さくする配慮が必要となる。

⦿まとめ

接地圧の算定式も条件を単純にすることで，比較的容易に導けることがおわかりいただけただろうか。その式の展開のなかで，力の釣合いという力学の基本的な事項について，再確認できるのではないかと思われる。

基礎の設計として，e/lをどこまで許容するかという点については議論のあるところであるが，紙面も尽きてしまったので別の機会に譲りたい。

なお，鉄骨柱のベースプレート下部の中立軸位置算定図表（『建築物の技術基準解説2007』609頁）なども，本稿の応用であるので，興味ある方は参考文献2）などを参考に，式の誘導にチャレンジしてみることをお勧めする。

（うちやま　はるお）

【参考文献】
1）日本建築学会：鉄筋コンクリート構造計算規準・同解説 1991
※最新版は2010であるが，本稿に関しては式の誘導が一部省略されているので，1991版によった。
2）若林實：鉄骨の設計，p. 123，p. 240，共立出版

50

田部井哲夫
㈱東京ソイルリサーチ

分布荷重による地中応力を求める図

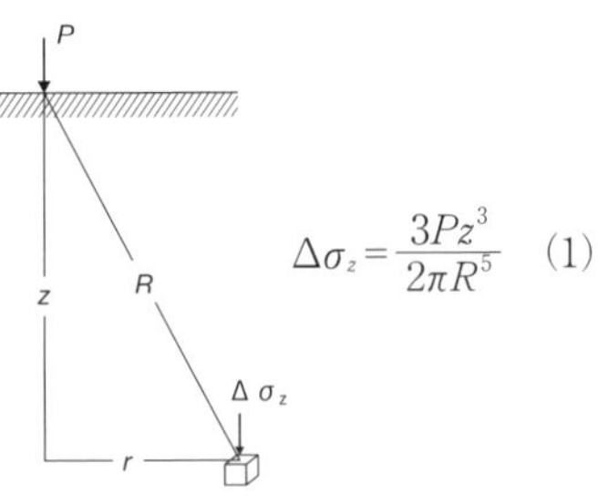

$$\Delta\sigma_z=\frac{3Pz^3}{2\pi R^5} \quad (1)$$

図1　地表面に作用した集中荷重による任意の位置の鉛直増加応力（Boussinesq）

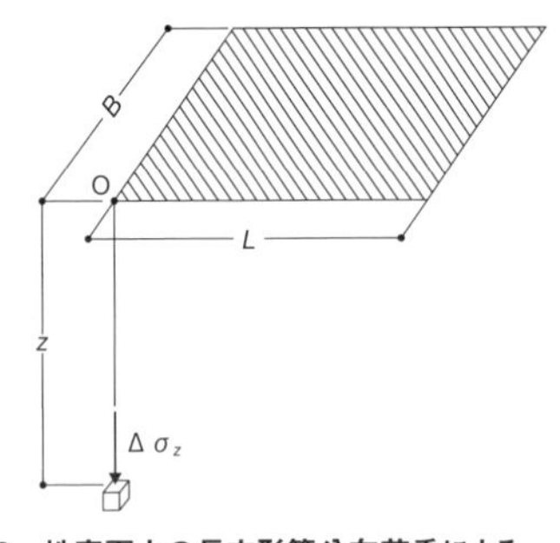

図2　地表面上の長方形等分布荷重による隅角部直下鉛直増加応力（Steinbrenner）

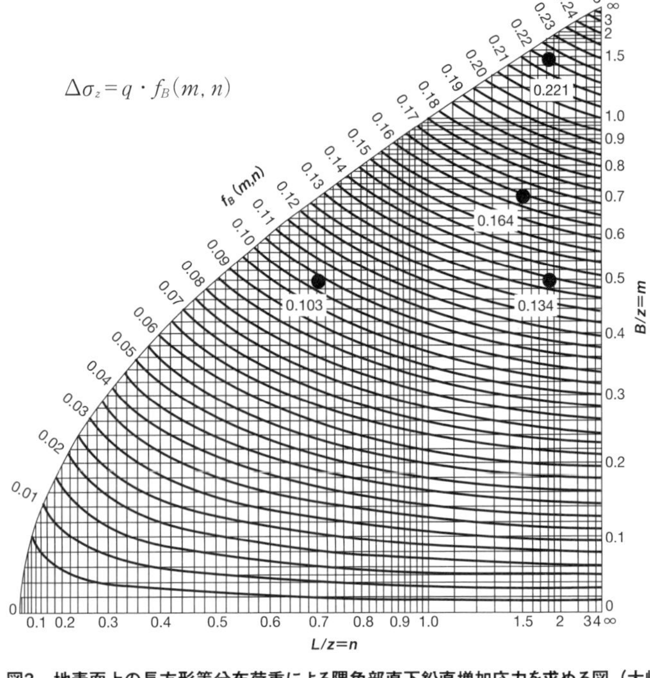

図3　地表面上の長方形等分布荷重による隅角部直下鉛直増加応力を求める図（大崎）

$$\Delta\sigma_z=\frac{q}{2\pi}\left\{\frac{mn}{\sqrt{m^2+n^2+1}}\cdot\frac{m^2+n^2+2}{(m^2+1)(n^2+1)}+\sin^{-1}\frac{mn}{\sqrt{(m^2+1)(n^2+1)}}\right\} \quad (2)$$

ここで，$m=B/z$，$n=L/z$であり，$\sin^{-1}$の項はラジアン

地表面上の長方形等分布荷重による隅角部直下鉛直増加応力（Steinbrenner）

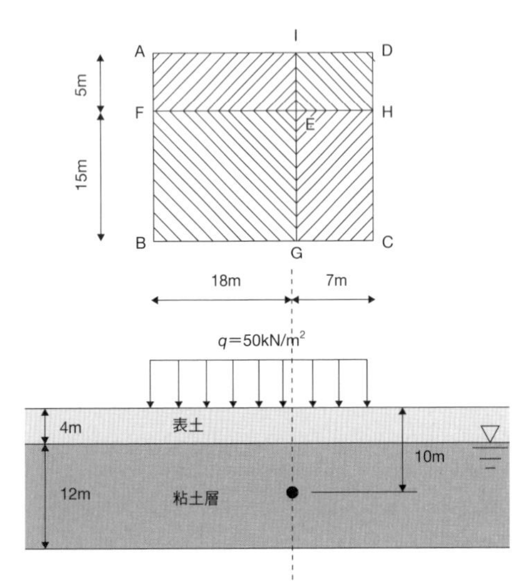

図4　圧密沈下計算を行う地盤の条件と等分布荷重形状

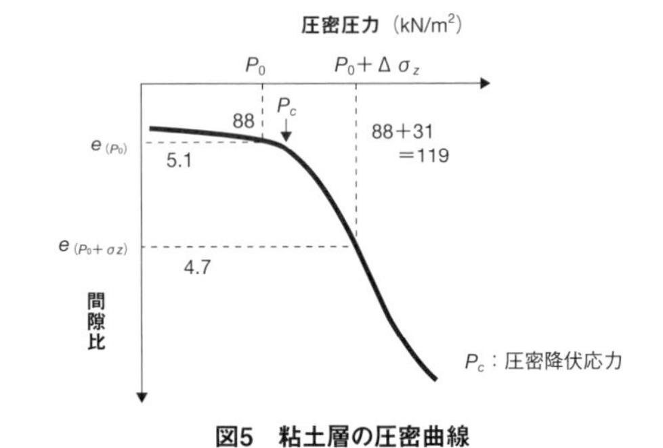

図5　粘土層の圧密曲線

図6　剛な基礎の地盤反力分布

⦿実務での役立て方

直接基礎では，建物荷重が基礎底面を介して地盤に伝達され，地盤の沈下が生じる。沈下には，建築工事の進捗（荷重増加）に伴ってほぼ同時に発生する即時沈下と，地盤中の間隙水が徐々に排出されることで長期にわたって発生する圧密沈下とがある。

本稿では，圧密沈下の算定に必要な地中鉛直増加応力を求める**図3**について，その起源と使い方を解説するとともに，圧密沈下量計算の実例を示す。

⦿起源はブーシネスクの厳密解

Boussinesqは，等方等質弾性体の地表面に単一集中荷重が作用したときの，地盤中の任意の位置における鉛直応力成分の厳密解を示した（**図1**，式(1)）。鉛直応力を求める式(1)には，地盤の弾性定数やポアソン比が含まれていないため，地盤の種類や地質層序にかかわらず本式が適用可能であることがわかる。これが，Boussinesqの厳密解が地盤解析で使われる理由である。

Steinbrennerは，これを拡張して幅B，長さLの地表面上の長方形等分布荷重qが作用したときの，隅角部直下の深さzにおける鉛直増加応力を求める式を示した（**図2**，式(2)）。

式(2)は，以下の式(3)の形に書き直すことができ，大崎は，第2項の地中鉛直増加応力成分（f_B（m，n））を，幅B，長さL，深さzから簡易に読み取ることができる図表を示した（図3）。

$$\Delta\sigma_z = q \cdot f_B\ (m,\ n) \tag{3}$$

⦿簡易図の使い方

図4に，圧密沈下量計算を行う地盤条件と地表面等分布荷重形状を示した。長方形ABCD面に等分布荷重q（$=50\text{kN/m}^2$）が作用したときに，面内のE点直下の深さz（$=10\text{m}$）に作用する鉛直増加応力は，長方形ABCDを長方形EIAF，EFBG，EGCH，EHDIに分割し，それぞれの長方形の隅角部（E点）の深さz（$=10\text{m}$）の鉛直増加応力成分を図3より求め，これらを合成することで求められる（**表1**）。

したがって，地中鉛直増加応力$\Delta\sigma_z$は，

$$\Delta\sigma_z = q \cdot f_B\ (m,\ n) = 50 \times 0.622 = 31.1\text{kN/m}^2$$

⦿圧密沈下量の計算

図5は，図4の深度10m付近で採取した粘土層の圧密試験結果である。この図から，深度10m位置の初期の有効上載圧（P_0）と構造物荷重による地中鉛直増加応力が加わったときの地中応力（$P_0+\Delta\sigma_z$）に対応する間隙比をそれぞれ**表2**のように読み取り，式(4)により粘土層の圧密沈下量（S）を求める。

表1　地中鉛直増加応力の計算例

長方形	B (m)	L (m)	$m=B/Z$	$n=L/Z$	f_B (m, n)
EIAF	5	18	0.5	1.8	0.134
EFBG	15	18	1.5	1.8	0.221
EGCH	7	15	0.7	1.5	0.164
EHDI	5	7	0.5	0.7	0.103
合 計	—	—	—	—	0.622

表2　地中応力と対応する粘土層の間隙比

地層名	層厚 (m)	湿潤密度 (kN/m³)	深度10mの有効上載圧 P_0 (kN/m²)	対応間隙比 e	
				P_0	$P_0+\Delta\sigma_z$
表土	4	16	—	—	—
粘土層	12	14	88	5.1	4.7

※$P_0=\gamma\cdot H=16\times4+(14-10)\times12/2=88\text{kN/m}^2$
$e_{(P_0)}=5.1$（図5より）
$e_{(\sigma_z)}=4.7$（図5より）

$$S = H \cdot \frac{e_{(P_0)} - e_{(P_0+\Delta\sigma_z)}}{1+e_{(P_0)}} \tag{4}$$

$$= 12 \cdot \frac{5.1-4.7}{1+5.1} = 0.79\text{m}$$

なお，図4では簡単のために層厚12mの一様な粘土層を仮定したが，実際には地盤のばらつきや深度方向の圧密特性の変化があるため，層厚3m程度に分割して検討する必要がある。

また，本稿では説明を容易にするために，有効上載圧と構造物荷重による地中鉛直増加応力を加えた値（$P_0+\Delta\sigma_z$）が圧密降伏応力P_cを超えるように設定しているが（図5），これでは長期の圧密沈下が生じることになる。設計の実務では，（$P_0+\Delta\sigma_z$）がP_cを超えないように配慮し，建物の沈下が弾性範囲（即時沈下）に納まるように設計する。

⦿簡易図使用上の留意点

図3に示す簡易図は，盛土やたわみ性の基礎のように，地表面に一様に等分布荷重が作用する場合を想定したものである。剛な基礎の場合は，**図6**に示すように地盤反力が一様にならないので，詳細な検討を行う場合は，基礎梁や基礎スラブの剛性を考慮して地盤反力を求め，これをいくつかの等分布荷重の組合せとして分割して，それぞれの分割片による地中鉛直増加応力を求め，それらを重ね合せる必要がある。

（たべい　てつお）

【参考文献】

1）木村孟：土の応力伝播，鹿島出版会，1978年3月
2）日本建築学会：建築基礎構造設計指針，2001年10月
3）地盤工学会：基礎の沈下予測と実際，2000年2月

51

田部井哲夫
㈱東京ソイルリサーチ

地盤の設計用支持力係数

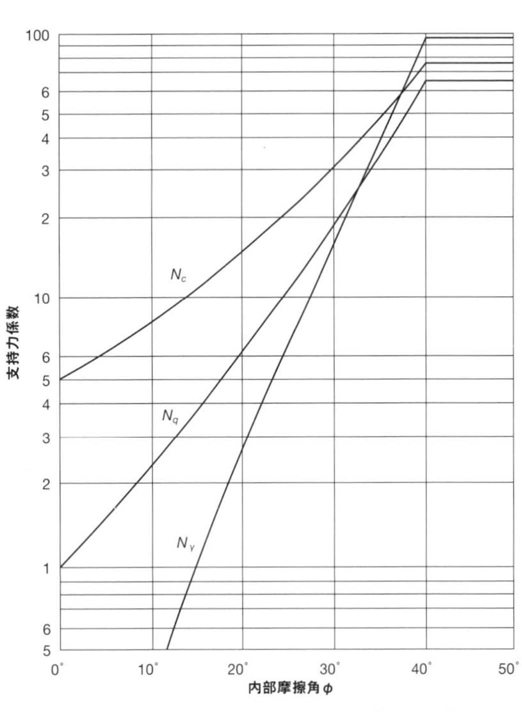

図1　支持力係数と内部摩擦角の関係（基礎指針）

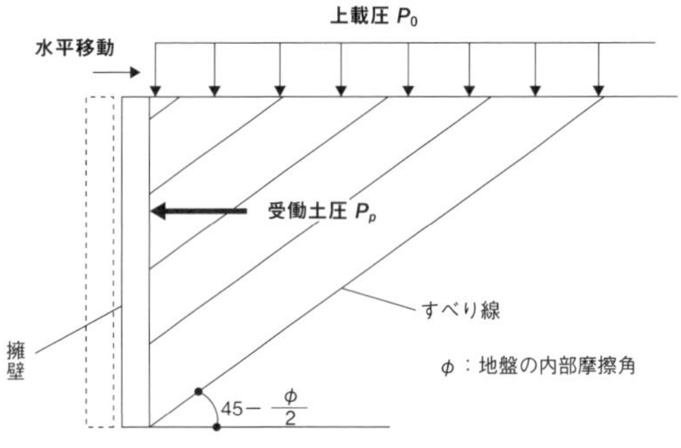

図2　擁壁に作用する受働土圧の概念図

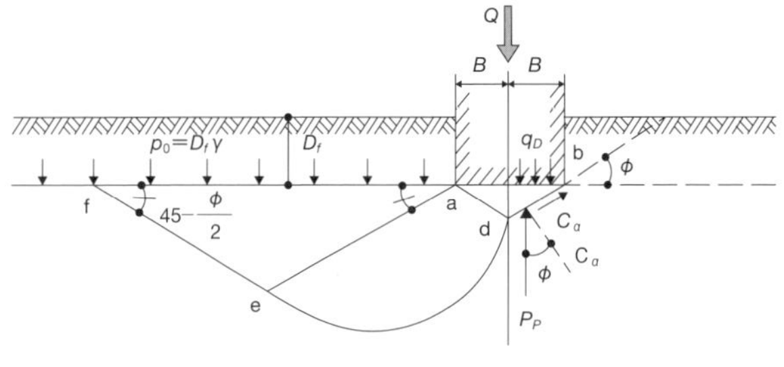

図3　テルツァーギが仮定した破壊のメカニズム

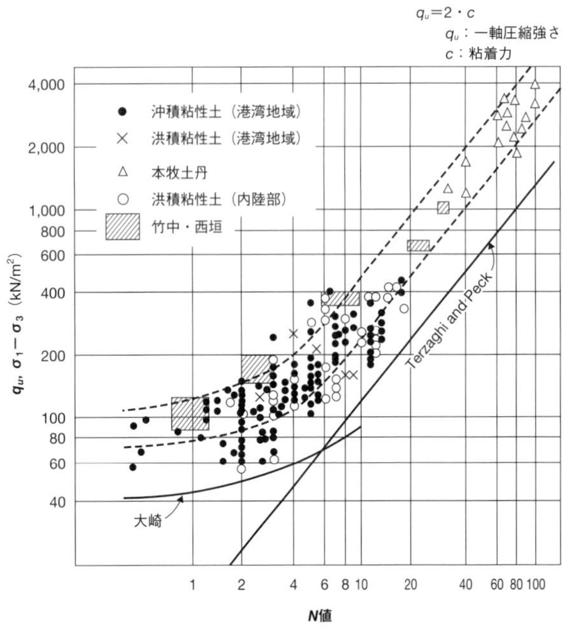

図4　N値と一軸圧縮強さの関係

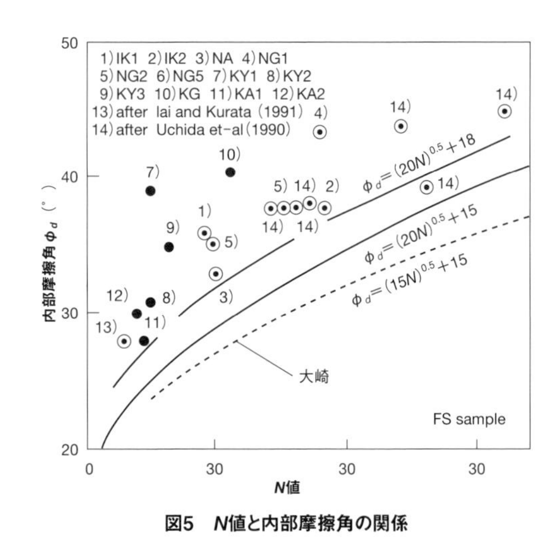

図5　N値と内部摩擦角の関係

⊙実務での役立て方

図1は，直接基礎の支持力算定で使用する「支持力係数」である。本稿では，図1が導かれた背景を解説するとともに，支持力算定に必要な地盤の粘着力c，内部摩擦角ϕについて解説する。

⊙支持力は土圧問題

図2は，擁壁が背面地盤を押す方向に水平移動した場合に生じる受働土圧の概念図である。ランキンは背面地盤において塑性破壊状態で（$45-\phi/2$）°のすべり面が発生するとした。

図3は，テルツァーギが仮定した浅い基礎に対する地盤の破壊メカニズムである。幅$2B$の基礎下に形成される三角形のくさびを考え，これに作用する力を建物荷重Q，基礎底面に作用する荷重q_p，受働土圧P_p，付着力c_a，基礎の根入れ効果（上載圧$P_0=D_f\cdot\gamma$）とし，それらの釣合いから塑性破壊状態の支持力Qとして式(1)を導いた。

$$Q=P_p+2B_{Ca}\tan\phi-\gamma B^2\tan\phi \qquad (1)$$

以上のように，支持力は受働土圧P_pを解くことに帰着し，ランキンの受働土圧係数Kが地盤の内部摩擦角ϕだけの関数で決まる無次元量であることから，式(1)は内部摩擦角を指標とした係数を使って書き換えることができる。テルツァーギは，その係数をN_q，N_c，N_γとし支持力係数と呼んだ。

⊙支持力係数

『建築基礎構造設計指針』（日本建築学会，2001年10月）では，塑性破壊状態の支持力q_uを式(2)のように設定し，支持力係数は，最近の知見に基づいてN_qはPrandtlの式，N_cはReissnerの式，N_γはMeyerhofの式をそれぞれ採用した。

$$q_u=cN_c+\frac{1}{2}\gamma BN_\gamma+p_0N_q \qquad (2)$$

$$N_q=\frac{1+\sin\phi}{1-\sin\phi}\cdot\exp(\pi\tan\phi) \qquad \text{(Prandtlの解)}$$

$$N_c=(N_q-1)\cdot\cot\phi \qquad \text{(Reissnerの解)}$$

$$N_\gamma=(N_q-1)\cdot\tan(1.4\phi) \qquad \text{(Meyerhofの近似解)}$$

以上のように，塑性破壊状態の地盤の支持力q_uは，地盤の粘着力c，単位重量γ，有効上載圧P_0，支持力係数（N_q，N_c，N_γ）から決まる。また，支持力係数は，地盤の内部摩擦角ϕだけによって決まる係数であり，図1にϕと設計用支持力係数の関係を示した。

なお，説明のために式(2)を示したが，実務では，基礎の形状係数，基礎幅による低減係数，荷重の傾斜などを考慮した式(3)を用いる（記号説明省略）。

$$q_u=i_c\cdot\alpha\cdot c\cdot N_c+i_\gamma\cdot\beta\cdot\gamma_1\cdot B\cdot\eta\cdot N_\gamma+i_q\cdot\gamma_2\cdot D_f\cdot N_q \qquad (3)$$

⊙地盤の設計定数（c，φ，γ）

地盤は，粒径0.075mm以下の細粒土を主体とする粘性土，0.075mm以上の粗粒土を主体とする砂質土・礫質土，両者の中間的な土粒子からなる中間土に分けられる。

一方，地盤のせん断強度τ式は，式(4)で求められる。

$$\tau=c+\sigma\tan\phi \qquad (4)$$

ここで，cは，細粒土で発揮される電気化学的な付着力（粘着力），$\sigma\tan\phi$は粗粒土で発揮される摩擦抵抗力で，σは拘束圧，ϕは内部摩擦角である。

一般の設計では，簡便のために地盤を粘性土，砂質土・礫質土の二つに分けて地盤の支持力の検討を行うため，それぞれのせん断強度は次のように設定する。

粘性土　　　　：$\tau=c(\phi=0)$

砂質土・礫質土：$\tau=\sigma\tan\phi(c=0)$

ここで，粘着力cは，ボーリングによって粘性土層から乱さない試料を採取し，一軸圧縮試験，三軸圧縮試験を実施して求めることが原則である。何らかの理由でそれが困難な場合は，**図4**に示す既往の測定結果を利用して標準貫入試験のN値から推定することも行われる。

内部摩擦角ϕは，三軸圧縮試験によって求めることが理想であるが，砂地盤から良質な乱さない試料を採取することが容易ではないため，一般にN値から推定することが行われる。『建築基礎構造設計指針』では，式(5)に示す大崎の式を用いる。

$$\phi=\sqrt{20N}+15° \qquad (5)$$

なお，**図5**は，凍結サンプリングにより採取した高品質な乱さない試料の三軸圧縮試験結果であるが，大崎の式は安全側であることがわかる。

⊙支持力係数と内部摩擦角の関係図の見方

地盤が粘性土の場合，$\phi=0$であるため，図1より$N_c=5.1$，$N_q=1.0$，$N_\gamma=0$となり，式(2)の第2項はゼロとなる。

地盤が砂質土・礫質土とすると，締まり方（N値）に応じた内部摩擦角ϕが発揮されるので，図1よりϕを指標として，N_c，N_q，N_γを読み取る。ただし，$c=0$であるので，式(2)の第1項はゼロとなる。

図1は，$\phi=40°$で頭打ちとなるが，これは，支持力係数が無制限に大きくなることを防いでいる。畑中の研究によると，凍結サンプリング試料の三軸圧縮試験結からϕは40°が上限であることがわかっており，これとも符合する。

（たべい　てつお）

【参考文献】

1）土質工学会：支持力入門，入門シリーズ16，1990年11月
2）日本建築学会：建築基礎構造設計指針，2001年10月
3）地盤工学会：地盤調査の方法と解説，2004年6月

免震・制振

52

高山峯夫
福岡大学工学部教授

積層ゴムの水平特性

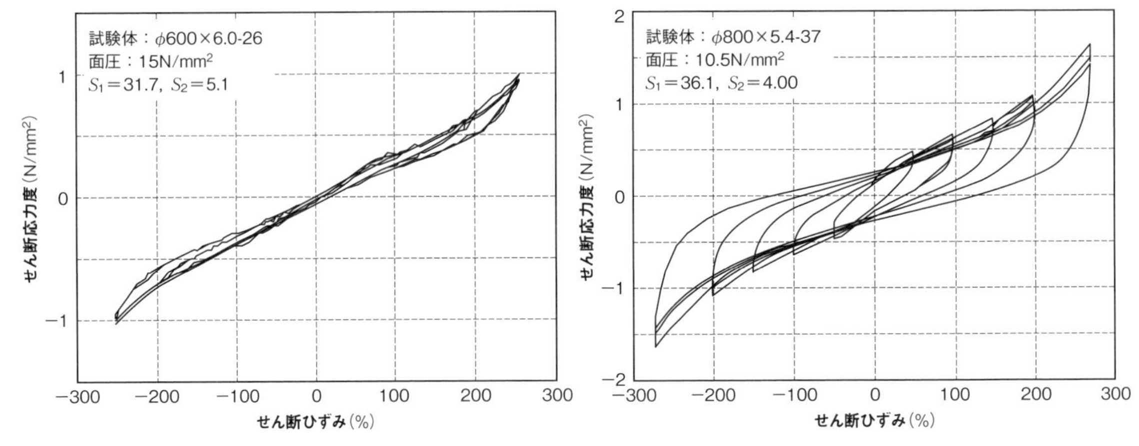

図1　天然ゴム系積層ゴムの水平履歴曲線

図2　高減衰積層ゴムの水平履歴曲線

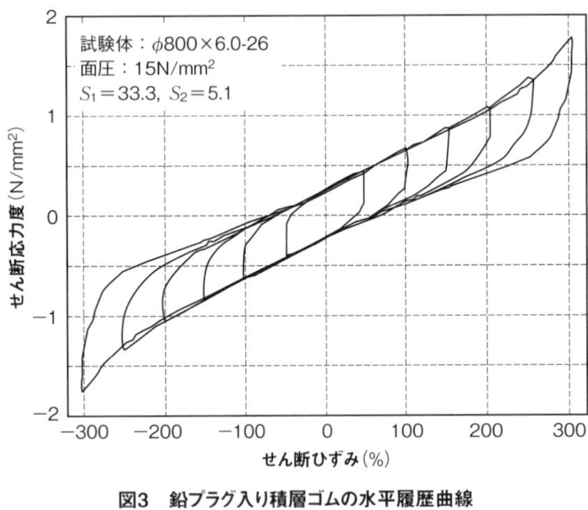

図3　鉛プラグ入り積層ゴムの水平履歴曲線

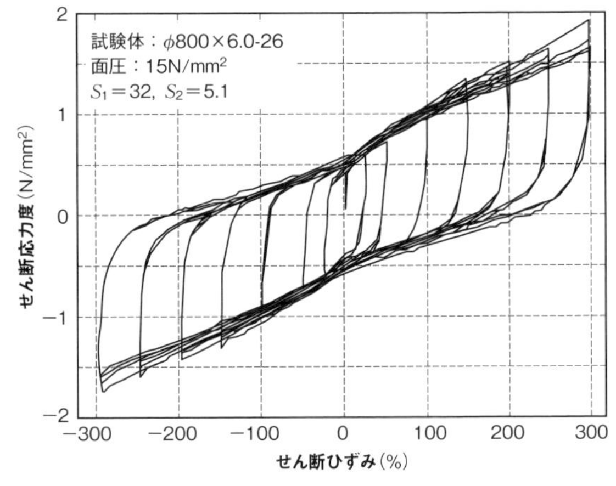

図4　錫プラグ入り積層ゴムの水平履歴曲線

表1　面圧と水平剛性の低下率

σ / σ_{cr}	K_H/K_{H0}
0.2	0.96
0.25	0.94
0.3	0.91
0.35	0.88
0.4	0.84
0.5	0.75
0.6	0.64
0.7	0.51

0.875（0.2→0.4）
0.798（0.25→0.5）
0.703（0.3→0.6）
0.580（0.35→0.7）

⊙基本特性

図1～図4に，各種積層ゴムの水平履歴曲線を示す。横軸は，水平変形量をゴム全層厚さで除したせん断ひずみで描いている。縦軸は，水平せん断力を積層ゴム断面積で除したせん断応力度としている。このように描くと，積層ゴムの形状（直径やゴム層厚）の影響を取り除くことができ，各種の積層ゴムの特性を比較する場合に便利である。これらの履歴曲線の傾きが，ゴムのせん断弾性率Gに相当する。

図1の天然ゴム系積層ゴムの履歴曲線は線形であり，履歴面積が小さく，エネルギー吸収はほとんどしないことがわかる。

図2の高減衰積層ゴムの履歴曲線は，せん断変形が大きくなるに従って，履歴曲線の等価剛性が小さくなっていき，バイリニア型に近い履歴形状を示すようになる。復元力モデルとしては，実験による等価減衰定数などと近似した修正バイリニア型などが用いられることが多い。

図3の鉛プラグ入り積層ゴムの履歴特性は小振幅時からバイリニア型を示し，2次剛性がゴムのせん断弾性率に対応する。

図4の錫プラグ入り積層ゴムの履歴特性は鉛プラグ入り積層ゴムに比べて高い降伏荷重を示すものの，履歴曲線は変位0付近で少ししぼんだような形状を示す。

いずれの図からも，せん断変形率が250％程度までは，ほぼ線形の特性を示すことがわかる。

⊙各種依存性

図1～4に示した履歴曲線は，面圧15MPa（高減衰積層ゴムのみ10MPa）を載荷した状態でのせん断ひずみ300％程度までの試験結果である。面圧がさらに高くなったり，水平変形が大きくなった場合には，ここで示した履歴曲線とは異なってくる。水平変形がさらに大きくなると，履歴曲線はハードニング（硬化）を示し，面圧が高くなると水平剛性が低下し，座屈傾向を示すようになってくる。水平剛性の面圧依存性は，次式でおおむね評価できる。詳細は，『免震構造設計指針』（日本建築学会）を参照願いたい。

$$\frac{K_H}{K_{H0}} = 1 - \left(\frac{\sigma}{\sigma_{cr}}\right)^2$$

K_{H0}：面圧が0のときの水平剛性

σ_{cr}：座屈応力度

σ　：面圧

この式から面圧が高くなると，水平剛性は放物線を描いて低下していくことがわかる。この式に基づいて，水平剛性の低下率を求めたのが**表1**である。積層ゴムの長期面圧が座屈応力度の0.2倍から0.35倍程度の範囲とし，地震時の短期面圧が長期の2倍と想定した場合の水平剛性の低下率を表中に示している。これによると水平剛性の低下率は，高い長期面圧で使用している場合ほど高くなり，30％から40％程度も低下することが予想される。

面圧依存性以外にも，速度依存性，繰返し依存性，温度依存性，2方向加力の依存性などがある。積層ゴムの特性は，完全に解明できているわけではない。一つのデバイスに多くの機能を詰め込めば，複雑な特性を示すことになる。

わが国には，大口径の積層ゴムを実速度・実変位で加力できる試験装置はない。積層ゴムの動的特性は，縮小試験体を使って求めており，長周期地震動による繰返し変形による発熱，およびそれに伴う特性の変化を正しく把握するのは簡単ではない。一方で，アメリカやイタリア，そして中国や台湾でも実大動的試験装置が設置されている。わが国では多数の免震構造が建設され，高度な免震・制振技術が実用化されているが，その土台を支える試験装置は世界水準には達していない。

このように，実大試験体を使った実変位，実速度での試験が困難な状況では，さまざまなデータを集積したうえで，積層ゴムの性能を把握することが求められる。

⊙実務での役立て方

積層ゴムをはじめとする免震部材の復元力特性は，免震構造の地震・強風時応答の特性を決める重要な要素となる。

図1から図4に示されたような復元力特性を，忠実にモデル化することも応答特性を評価する際には重要なことであるが，大局的に復元力特性をモデル化し，免震構造の応答を評価する試みもある。

『免震構造設計指針』では，エネルギーの釣合いに基づいた応答予測手法が提案されている。このときの免震層は，単純なバイリニア型としてモデル化されている。免震層の最大応答を支配しているのは，免震周期と降伏せん断力係数である。ここでいう免震周期とは，図2から図4の復元力特性でいえば，降伏後剛性に相当する剛性に基づいた周期である。降伏せん断力係数は，図2～図4の復元力特性の切片荷重を支持荷重で除した値となる。想定される地震時の応答変形に近い復元力特性から，降伏後剛性と切片荷重を求めることで，エネルギーの釣合いに基づいた応答予測につなげることができる[1)]。

（たかやま　みねお）

【参考文献】

1）鳥居，室田ほか：高減衰型積層ゴムの各種依存性を評価した解析手法と製品検査に関する一考察―エネルギーの釣り合いに基づく包絡解析法の適用―，日本建築学会技術報告集，第8号，1999年6月

免震・制振

53

高山峯夫
福岡大学工学部教授

積層ゴムの圧縮せん断限界性能

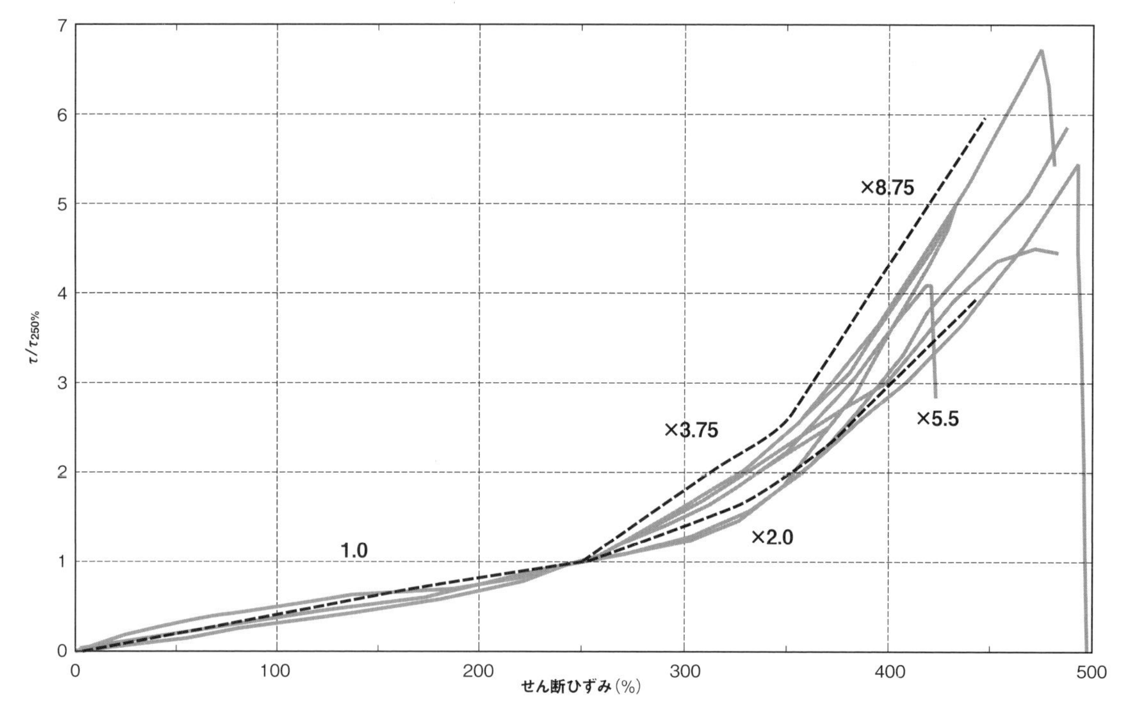

図1　天然ゴム系積層ゴムの大変形特性（参考文献1に加筆）

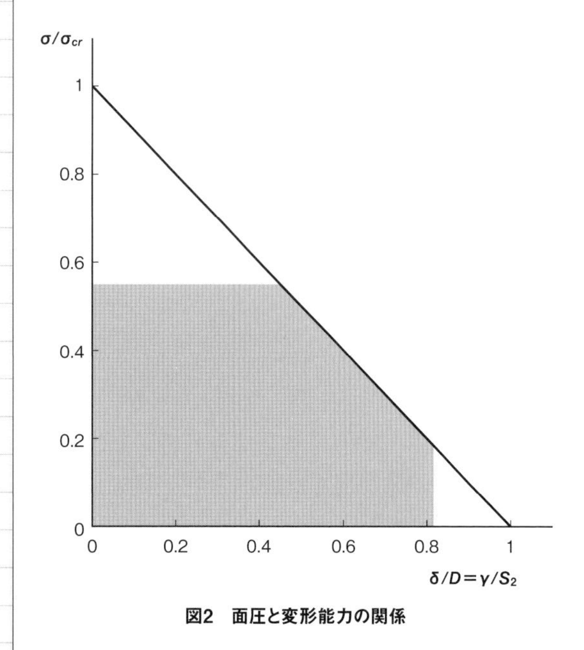

図2　面圧と変形能力の関係

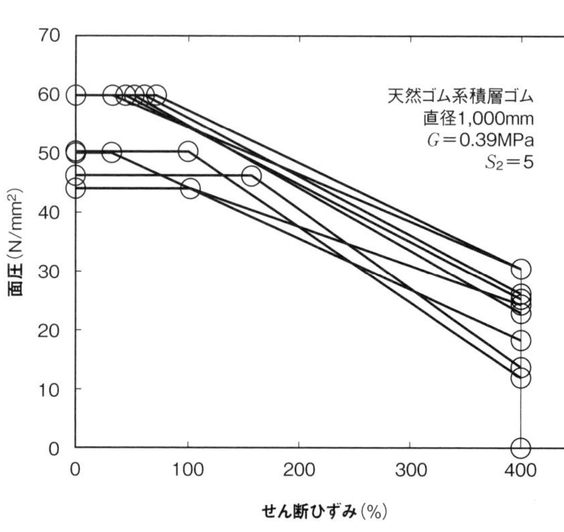

図3　天然ゴム系積層ゴムの圧縮限界曲線の比較

⊙実務での役立て方

図1には，天然ゴム系積層ゴムの水平破断試験から求めた特性の一例を示す（参考文献1）に加筆）。同図の横軸は積層ゴムのせん断ひずみで，縦軸はせん断応力度をせん断ひずみ250％時のせん断応力度で基準化した値である。積層ゴムの剛性はせん断ひずみ250％程度までは線形を示すものの，それ以降，剛性は大きくなる（ハードニングという）。積層ゴムの破断は，せん断ひずみで400％以上となっている。同図には，せん断ひずみ250～450％間での最小と最大の剛性も点線で描かれている。これによると，せん断ひずみ250～350％間では初期剛性の2～3.75倍，350％以降では5倍以上の剛性を示すことがわかる。免震建物の大変形時の応答特性を評価する場合には，積層ゴムのハードニング特性を適切に評価することが必要となる。ハードニングにより免震層に作用するせん断力は，せん断ひずみ250％時に想定していたせん断力の2倍とか3倍のせん断力が生じることになり，これが上部構造の応答増幅をもたらすことになる。天然ゴム系積層ゴム以外の積層ゴムでも同様の傾向にあり，限界性能の確認にあたっては，注意が必要である。

積層ゴムのハードニングは，免震建物のフロアレスポンスにとっては都合が悪いものの，免震層の変位抑制に対しては効果がある。最近では，長周期地震動や断層近傍の地震動など，設計地震動を超える地震動も検討する必要性に迫られている。免震建物の限界性能を検討する場合には，積層ゴムのハードニングを含めた免震層の限界性能を十分に把握することが必要となる。その際，免震構造の上部構造には免震層のせん断力以上の力が作用することには，留意が必要となる。

⊙安定限界変形

積層ゴムが大きく水平に変形しても，転倒などが起きないのは，ゴム内部の圧力分布が変化して，転倒モーメントが打ち消されるようになっているためである。積層ゴムが水平に変形しているときには，圧縮荷重の大部分を上下面の重複部分で支持していると考えることができる。この重複部分の断面積で圧縮荷重を除して求めた圧縮応力度が，座屈応力度に一致するときが一つの安定限界と考えられる。この関係をもっと単純に考えると，水平変形量に応じて座屈荷重を低減させるという考えに行き着く。この考えによれば，安定せん断変形は次式で求められることになる。

$$\frac{\sigma}{\sigma_{cr}}=1-\frac{\delta_{cr}}{D}=1-\frac{\gamma}{S_2}$$

γ：せん断変形率

S_2：積層ゴムの2次形状係数

D：積層ゴムの直径

図2に，上式の関係を示す。図中の網掛け部分は，積層ゴムの使用範囲の一例である。積層ゴムは安定した性能を発揮できる領域内で使用することが，免震建物の設計では重要となる。ただし，この範囲内にあったとしても，積層ゴムの履歴特性は面圧依存性やひずみ依存性により変化する。この変化が免震建物の応答にどの程度影響を与えるかについても，検討が必要である。

日本免震構造協会では『免震部材標準品リスト2009』をまとめている。この中から天然ゴム系積層ゴム（直径1,000mm，2次形状係数は約5，ゴムのせん断弾性率0.39 MPa）の圧縮限界曲線を示したのが，図3である。同じ形状・材質でありながら，圧縮限界強度には1.5～2倍ほどの幅がある。圧縮限界強度は積層ゴムの圧縮せん断試験において，座屈や破断をしない領域として求められたものである。しかし，この領域を検証するための実験はそれほど多くはない。特に，せん断ひずみが小さい範囲では，座屈するような高い面圧まで加力することが難しいなどの理由により，座屈理論式に基づいて決めている例もある。

⊙免震層の安定限界

免震層には，複数の積層ゴムなどのアイソレータが配置されるのが一般的である。建物のねじれ応答や軸力の変動などがあり，すべての積層ゴムが同じタイミングで破断したり座屈するとは考えにくい。一部の積層ゴムが限界状態に達すれば，支持機能などが失われることになるものの，参考文献2）では積層ゴムが多数配置されていれば，免震層全体の復元力がすぐに失われることはないことが示されている。また，参考文献3）では，大型振動台を使った積層ゴムの限界試験が行われている。そこでは6台の積層ゴムのうち2台が破断しても，上部構造が転倒したりせず，さらに破断後でも設計レベルの地震入力に対して，免震効果が発揮できることも確認されている。積層ゴム単体の限界性能だけでなく，免震層全体の限界性能を評価することも必要となる。

（たかやま　みねお）

【参考文献】

1）中澤俊幸，吉敷祥一ほか：免震構造物における耐震安全性の確率論的評価に関する基礎検討，日本建築学会構造系論文集，No.662，2011年4月

2）I.G.Buckle et al.：Stability of Elastomeric Isolation Systems for Buildings, International Workshop on Recent Development in Base-Isolation Techniques for Buildings, Tokyo, April, 1992

3）北村誠司，矢花修一，佐野剛志ほか：大型震動台を用いたFBR水平免震システムの終局挙動把握試験，日本建築学会大会学術講演梗概集，2009年8月

荷重・力学 RC造・SRC造 S造 木造 床スラブ・床組 基礎・地盤 免震・制振 施工 材料・仕上げ 設備 環境 計画

54

高山峯夫
福岡大学工学部教授

積層ゴムの引張限界性能

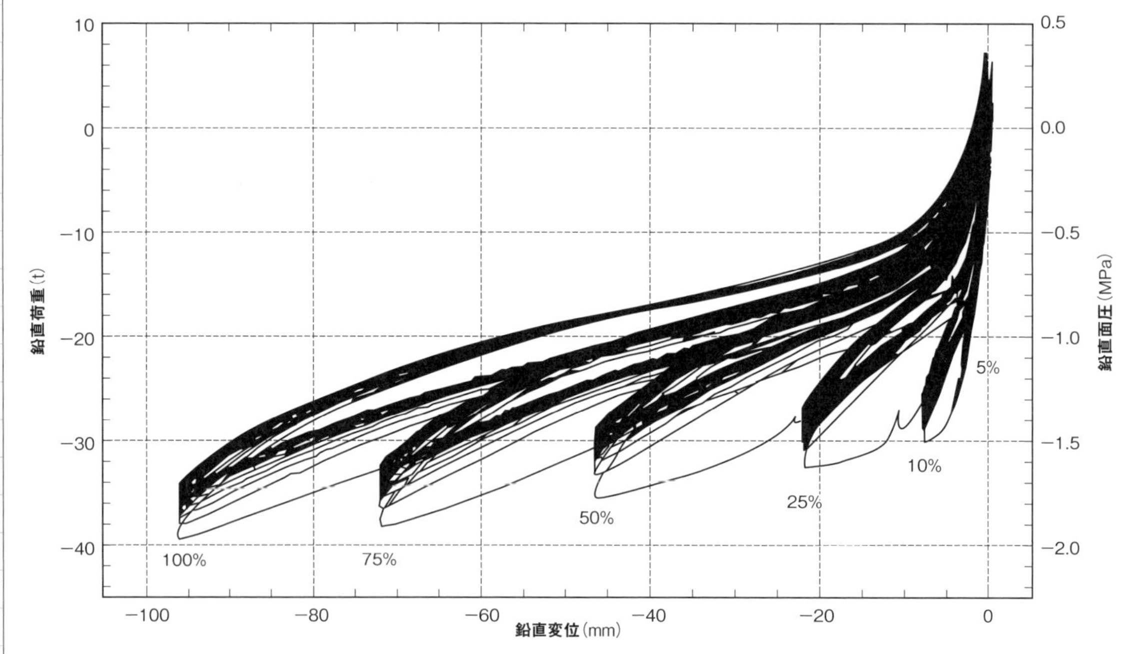

図1　天然ゴム系積層ゴムのオフセットせん断引張試験

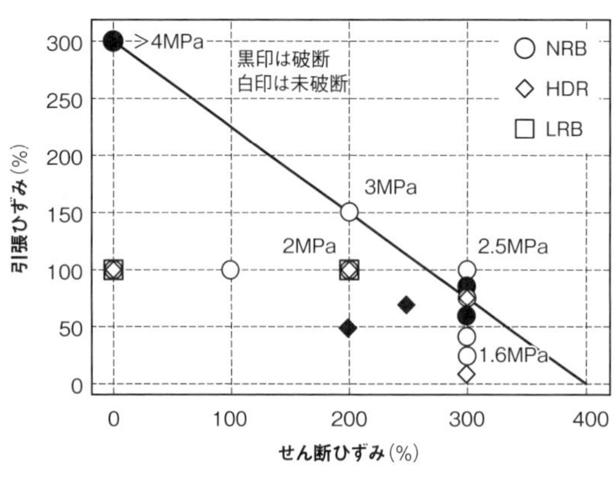

図2　限界引張ひずみ

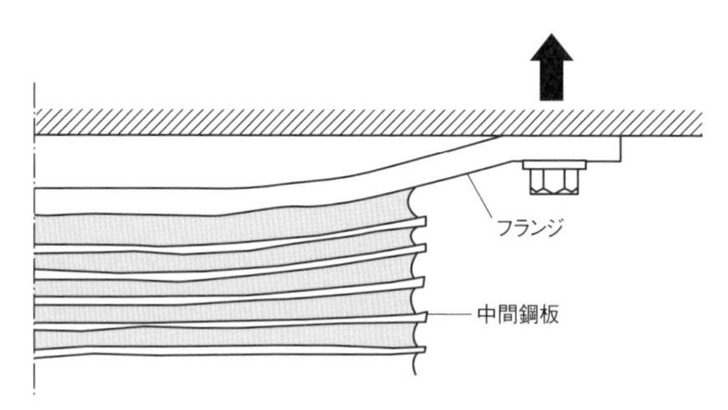

図3　引張荷重が作用した積層ゴムの変形

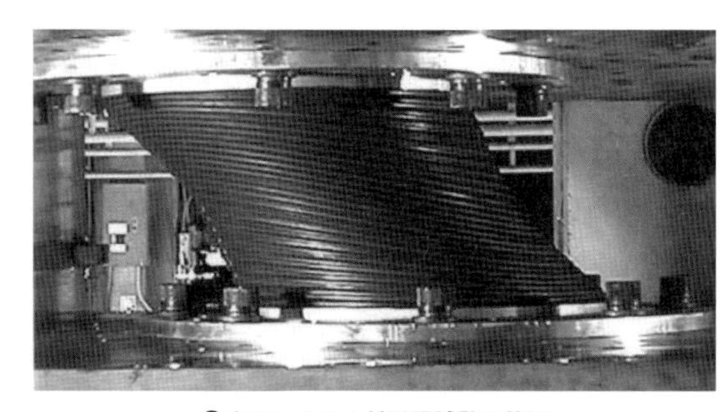

❶オフセットせん断引張試験の状況
(せん断ひずみ200%＋引張ひずみ100%)

⦿実務での役立て方

ゴム材料は，体積変化が小さいのが特徴である（非圧縮性，ポアソン比が0.5に近い）。積層ゴムは薄いゴムを積層することで，大きな圧縮荷重に対して鉛直変形量も小さく，高い荷重支持性能を発揮できるようになる。しかし，引張荷重に対しては，体積変化がほとんどできない形状とゴム物性の特徴により，強度と剛性は高くない。そのため，積層ゴムの引張強度は圧縮側に比べると格段に小さい。

図1に，天然ゴム系積層ゴム（直径500mm，ゴム厚3.75mm，26層）にオフセットせん断ひずみ200％を与えた状態から，引張方向に単調に載荷したときの履歴特性を示す[1)]。ゴム材料のせん断弾性係数Gは0.44MPaである。引張ひずみ（鉛直変形／ゴム総厚）は，5％から100％まで変化させている。引張ひずみ10％，引張応力度1.5MPa程度までは，ほぼ弾性的な挙動を示す。それ以降の変形域では，剛性が急激に低下し，バイリニア的な挙動となる。せん断ひずみ200％の状態から，引張ひずみ100％を与えたときの変形状態を，**写❶**に示す。中間鋼板が回転を起こし，ゴム層のひずみも不均一であることがわかる。しかし，外観上有害な損傷は認められない。

初期の引張剛性は圧縮剛性に比べ1/5～1/10程度で，降伏応力度（降伏と同じ現象ではないが）はゴム材料のヤング率（3G）相当もしくはそれ以上である。繰返し履歴を受けることで，引張剛性は変化しており，剛性を評価する引張ひずみの範囲によっても引張剛性は変化する。せん断ひずみが大きくなるに従い，引張剛性や線形引張応力度は低下する傾向にある。積層ゴムの健全性を評価するには，引張応力度だけでなく，引張変形に着目する必要もあると思われる。また，鉛プラグ入り積層ゴムなどが，どの程度の引張荷重までならエネルギー吸収能力を十分発揮できるのかなどについても，引張せん断試験を行うなどして確認する必要があろう。

⦿せん断変形に応じた引張限界

図2は，積層ゴムの引張試験での限界ひずみを示している。白印は試験での最大ひずみであり，積層ゴムは破断していない。データは十分とはいいがたいが，せん断ひずみが大きくなると，破断引張ひずみは小さくなる。せん断ひずみ200％時点では，引張ひずみ100％まで変形しても破断しないケースも見られる。図中の数値は，試験での最大引張応力度である。引張応力度は2MPa前後であり，強度は高くないことがわかる。

また，大きな引張ひずみを受けた後の基本特性を調査した試験結果からは，圧縮剛性や水平剛性が多少低下する程度で大きな変化は見られなかった。しかし，引張試験での引張荷重は低下しており，ゴム層に損傷が発生していることは確認された。引張試験後の積層ゴムを用いて圧縮せん断破壊試験が実施されたが，破断性能が特に低下することは認められていない[2)]。

積層ゴムに引張力が作用する場合，1MPaが限界引応力度とされているようだ。この根拠は，図1のような実験結果が根拠となっていると思われる。しかし，引張力で限界を決めるよりも，引張変形に注目することが合理的な場合もある。その際には，積層ゴムの引張特性を適切にモデル化することが必要となる。

⦿引張変形の緩和策

積層ゴムに作用する引張変形を小さくするために，取付ボルトやベースプレートにばねや曲げ剛性を利用した部材を直列に接続する方法[3)～6)]なども提案されている。引張荷重は，取付ボルトとフランジを介して積層ゴムに作用する。フランジの面外剛性が十分高ければ，積層ゴムは一様に引張を受けることになるが，面外剛性が不足していると**図3**のように変形して，積層ゴムの引張ひずみが一様にならないことも考えられる。このような場合には，引張側の特性を引張応力度（＝引張荷重/断面積）で規定することは不合理といえる。

フランジの面外変形の寄与が大きいことは参考文献7）でも言及されており，積層ゴムの引張特性を正しく把握するためには，フランジの面外剛性などの適切な評価も欠かせない。

（たかやま　みねお）

【参考文献】

1）岩部直征，高山峯夫ほか：天然ゴム系・高減衰型・鉛プラグ入り積層ゴムのオフセットせん断-引張特性試験（その1）～（その3），日本建築学会大会学術講演梗概集，pp.559-564，1999年9月

2）高山峯夫：積層ゴムアイソレータのオフセットせん断-引張試験（続報），日本免震構造協会MENSHIN，No.30，2000年11月

3）伊澤清治，大西良広，西川典男ほか：積層ゴムに作用する引張力の弾性ゴムワッシャーによる低減，構造工学論文集，Vol.46B，pp.261-270，2000年3月

4）佐野剛志，勘坂幸弘，花村浩嗣ほか：積層ゴム用引抜き力制御ベースプレートの開発，日本建築学会大会学術講演B-2，pp.497-498，2002年8月

5）竹中康雄，吉松敏行，田上淳ほか：翼状鋼板を用いた積層ゴム引張対策据付法の基礎実験，日本建築学会大会学術講演B-2，pp.467-468，2004年8月

6）荻野伸行，加藤直樹，柳勝幸ほか：IBTワッシャーを用いた□1100積層ゴムの性能確認実験，日本建築学会大会学術講演B-2，pp.837-838，2009年8月

7）高山峯夫：免震構造用天然ゴム系積層ゴムアイソレータの限界性能，日本建築学会技術報告集，第1号，1995年12月

免震・制振

55

北村佳久
清水建設㈱ 設計本部

包絡解析法による応答予測

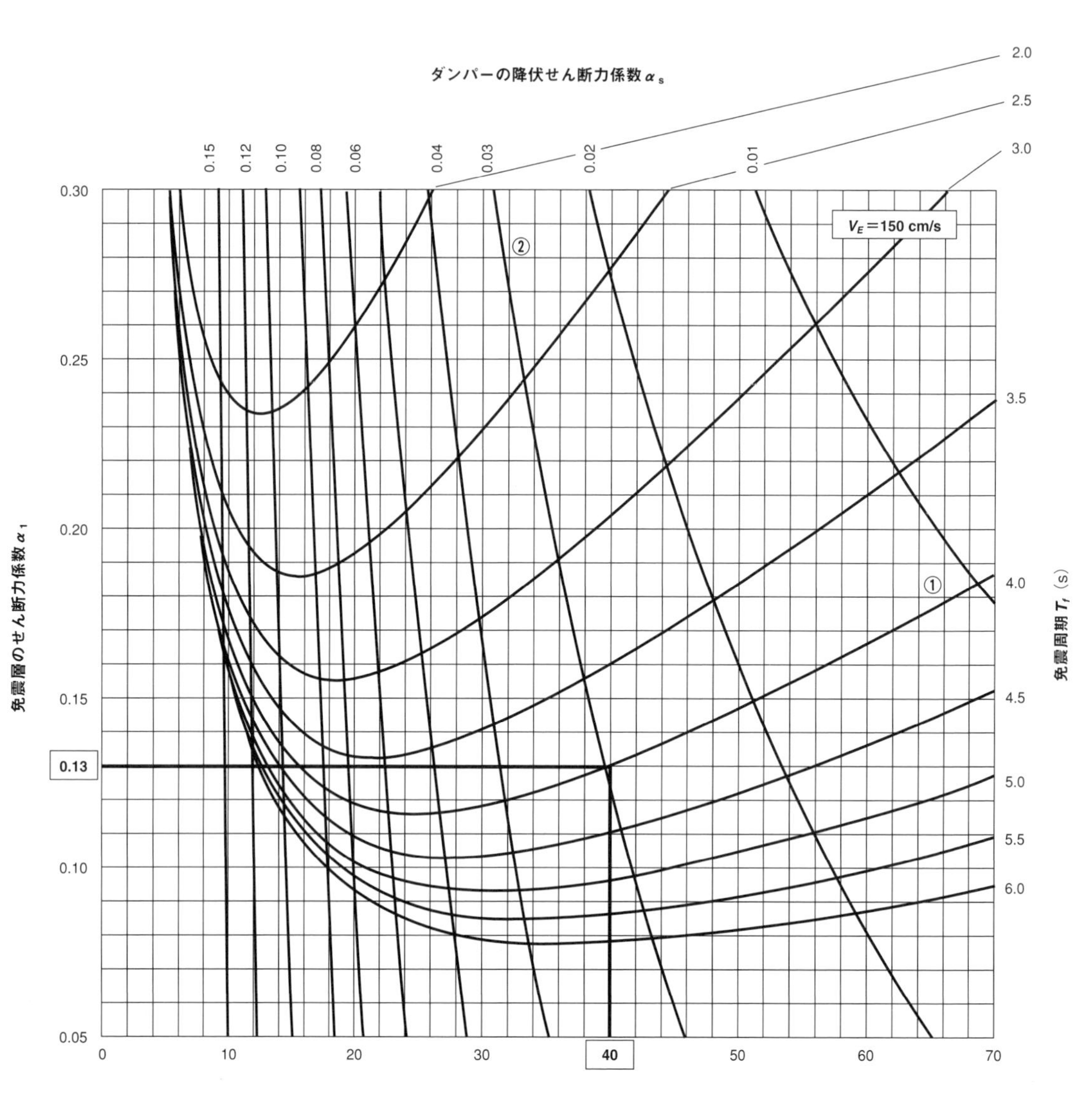

図1　包絡解析法による応答予測

⦿実務での役立て方

この包絡解析法による応答予測式を使って，その建物にとって最適な免震周期とダンパー量を容易に求めることができる。設計においては，その最適値を実現できる積層ゴム，ダンパーを選定することにより，高性能で合理的な免震建物とすることが可能となる。

⦿エネルギーの釣合いに基づいた応答予測式

免震構造は免震層に地震時の変形を集中させ，地震エネルギーのほとんどを免震層で吸収するという明快な構造形態である。このため，1質点系に置換した解析モデルを用いて，入力エネルギーと吸収エネルギーの釣合いに基づき，応答せん断力係数と応答変位を簡易的に求めることができる。これを，包絡解析法と呼んでいる。

この方法では，上部建物は剛体とし，免震層の復元力特性は，完全弾性のアイソレータと完全弾塑性のダンパーとでモデル化する。このとき，免震層の変位が最大になる時刻t_mにおけるエネルギーの釣合式は，次のように求められる。

$$We(t_m)+Wp(t_m)=E(t_m) \tag{1}$$

ここで，

$We(t_m)$：アイソレータの弾性ひずみエネルギー

$Wp(t_m)$：ダンパーの塑性ひずみエネルギー

$E(t_m)$　：地震による入力エネルギー

免震建物では，累積塑性ひずみエネルギーの比率が大きく，$E(t_m)$ はほぼ単調増加するので，地震終了時$t=t_0$のエネルギー入力値$E(t_0)$ は$E(t_m)$ よりも大きくなり，安全側の評価として式(1)の右辺は$E(t_0)$＝総入力エネルギーとすることができる。また，総入力エネルギーEは，下式に示すようにエネルギーの等価速度V_Eに変換して，用いられることが多い。

$$V_E=\sqrt{\frac{2E}{M}} \tag{2}$$

免震層の応答を支配するのは，アイソレータの剛性により求めた免震周期T_fと，ダンパーの降伏耐力を建物の総質量で除した降伏せん断力係数α_sであり，それぞれ下式により求められる。

$$T_f=2\pi\sqrt{\frac{M}{K_f}} \qquad \alpha_s=\frac{{}_sQ_y}{Mg} \tag{3}$$

ここに，

M ：建物総質量

K_f：アイソレータの水平剛性

${}_sQ_y$：ダンパーの降伏耐力

g ：重力加速度

ダンパーの吸収エネルギーは過去の応答解析結果より，平均的には最大変形下での2サイクル分に相当するといわれており，それに基づいて式(1)を展開すると免震層のベースシア係数α_1，免震層の最大変位δ_{max}は下式により求められる。

$$\delta_{max}=\frac{2g\alpha_s T_f^{\,2}}{\pi^2}\left[-1+\sqrt{\left(\frac{\pi V_E}{4g\alpha_s T_f}\right)^2+1}\right] \tag{4}$$

$$\alpha_1=\frac{15\pi^2\delta_{max}}{4gT_f^{\,2}}+\frac{V_E^{\,2}}{16g\delta_{max}} \tag{5}$$

⦿応答予測図

地震動の等価速度V_Eを定めれば，式(4)および式(5)に基づいて，免震層の最大変位δ_{max}とベースシア係数α_1の図を書くことができる。**図1**は，免震周期T_fを一定として，降伏せん断力係数α_sを変化させたときのδ_{max}とα_1の予測値，およびα_sを一定として，T_fを変化させたときのδ_{max}とα_1の予測値を図示したものである。例えば，図中の①の線は，$T_f=4.0$秒としてα_sを変化させたときのδ_{max}とα_1をプロットしたものであり，②の線は$\alpha_s=0.03$として，T_fを変化させたときのδ_{max}とα_1をプロットしたものである。この2本の線の交点が$T_f=4.0$秒，$\alpha_s=0.03$としたときの応答予測値であり，$\delta_{max}\fallingdotseq 40$cm，$\alpha_1\fallingdotseq 0.13$と予測することができる。

図を見て明らかなように，T_fを長くするとα_1は小さくなるが，δ_{max}は大きくなる。また，T_fが同じ場合には，α_sが大きくなると，α_1もδ_{max}も小さくなっていくが，α_1の低下には下限値があり，それよりもα_sが大きくなると，α_1も大きくなってしまう。このように，T_fごとにダンパーの減衰量には，最適値があることがわかる。また，このダンパーの最適値は，T_fが長くなるほど小さくなる傾向にある。

このような応答予測図は，V_Eごとに書くことができる。設計にあたっては，設計に用いる地震動のエネルギースペクトルを求め，それに基づいて，このような応答予測図を作成する必要がある。参考文献1）によれば，免震構造の周期帯ではV_Eは一定値を示し，地盤種別1～4に対してV_E＝120，150，200，300cm/sとされており，地盤が軟弱になるほどV_Eは大きくなっている。V_E＝120，150，200cm/sの応答予測図は参考文献2）などに掲載されており，設計の初期段階では地盤種別に応じたこれらの図を用いて検討することができる。

免震建物の設計にあたっては，まず目標とするα_1とδ_{max}を定め，予想されるV_Eの応答予測図に基づいて，最適なT_fとα_sを求める必要がある。そして，それを可能にする積層ゴム支承の径やダンパー量を設定することが，よい免震建物を設計する近道である。　　　（きたむら　よしひさ）

【参考文献】

1）秋山宏：エネルギーの釣合に基づく建築物の耐震設計，技報堂出版，1999年

2）日本免震構造協会：免震構造入門，オーム社，1995年

56

竹内 徹
東京工業大学大学院教授

パッシブ制振構造の制振性能曲線

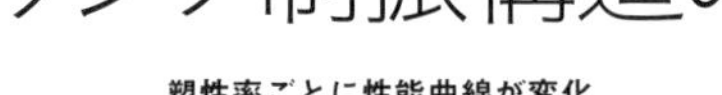

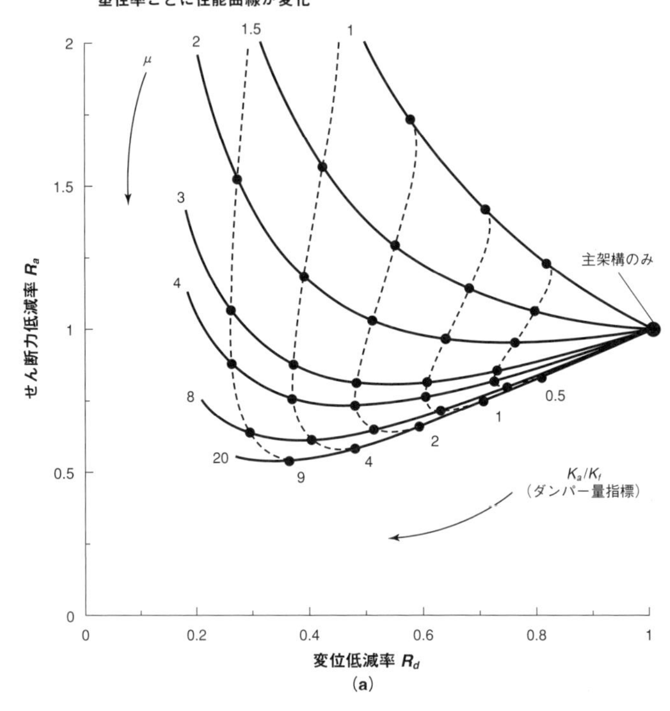

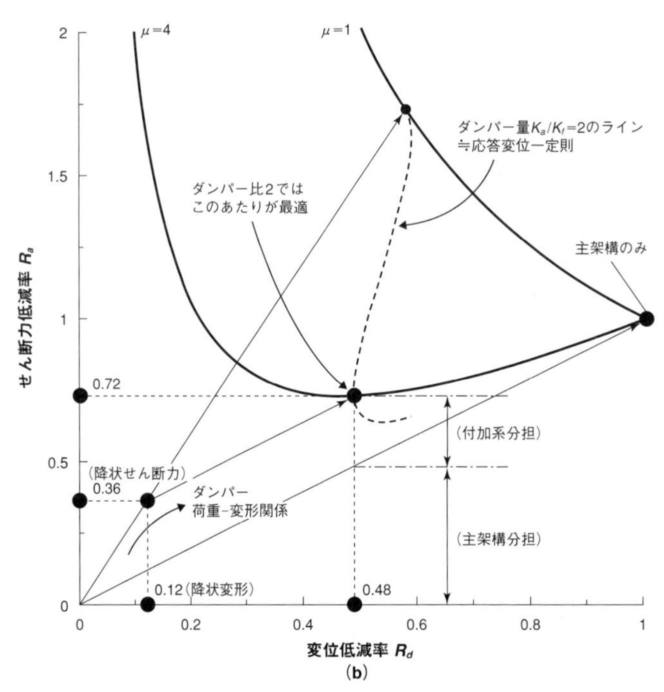

図1 弾塑性システムの制振性能曲線

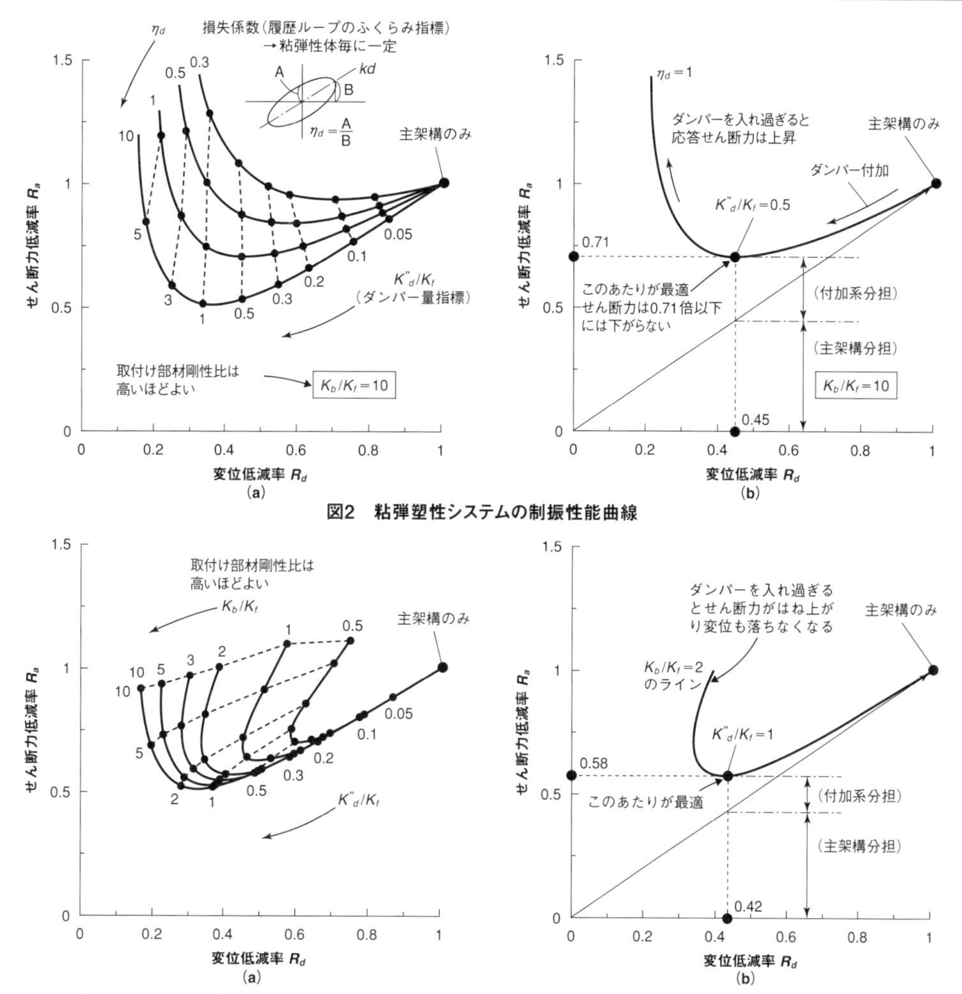

図2　粘弾塑性システムの制振性能曲線

図3　バイリニアシステム性能曲線（$\mu_d=2$, $p=0.05$の場合/図中K''_dはリニア挙動（$\mu_d<1$）の場合における特性値）

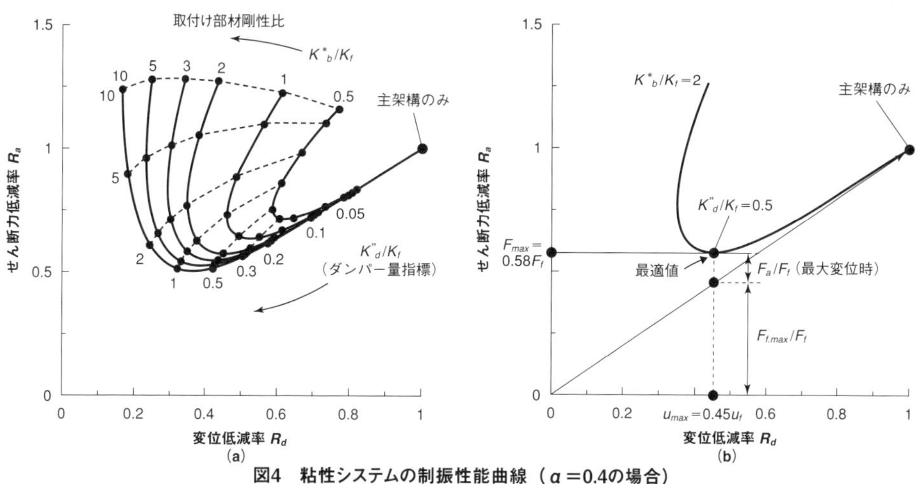

図4　粘性システムの制振性能曲線（$\alpha=0.4$の場合）

⦿実務での役立て方

パッシブ制振構造が一般化し，各種ダンパーの履歴特性が組み込まれた骨組解析プログラムも市販されるようになった。

しかし，目標応答に対し，どの種類のダンパーをどの程度配置するかの目処がなければ，いたずらに見当違いのトライアンドエラーを繰り返すことになりかねない。

ここで紹介する制振性能曲線[1)]は，構造計画段階でダンパー量の設定と応答量の推定を行ううえで，有効なツールとなる。

⊙共通事項

以下4種の性能曲線は，共通して以下の前提の下で作成されている。

1) 系は，等価1質点系に集約され（限界耐力計算法等参照），主架構は弾性範囲にとどまるものとする。

3) 系は，ダンパー付加前後で比較的長周期（0.6秒程度，鉄骨造で高さ20m程度以上）で，応答速度スペクトルS_{pv}一定領域の範囲に位置しているとする。このとき，ダンパー設置により付加剛性・付加減衰が加わり，以下の効果が現れる。

①固有周期が短くなり，応答加速度は周期に反比例して増加し，応答変位は周期に比例して減少する。

②付加減衰により，応答加速度・応答変位ともに減少する。

以上の効果を定式化すると，以下のようになる。

$$\text{応答変位低減率} R_d = D_h \frac{T_{eq}}{T_f} \tag{1}$$

$$\text{応答せん断力低減率} R_{pa} = D_h \frac{T_f}{T_{eq}} \tag{2}$$

ただし，T_f：主架構のみの固有周期，T_{eq}：ダンパー付加後の固有周期，

$$D_h = \sqrt{\frac{1+25h_0}{1+25h_{eq}}} \tag{3}$$

ただし，h_0：主架構のみの粘性減衰，h_{eq}：ダンパー付加後の等価減衰である。

この考え方を元にダンパー付加前の主架構のみの状態から，ダンパー付加により最大応答加速度（応答せん断力）および最大応答変位がどの程度低減するかをそれぞれ縦軸，横軸にプロットしたものが**図1～4**に示す性能曲線である。式(1)～(3) を算定するためには，各ダンパー付加による固有周期の変化（剛性の変化），および減衰の変化を評価する必要がある。以下，詳述する。

⊙粘弾性システムの制振性能曲線（図2）

まず，線形剛性・線形粘性減衰を有する粘弾性システムより説明する。粘弾性ダンパー付加後の周期・減衰は，以下のように評価できる。

$$T_{eq} = T_f \sqrt{\frac{K_f}{K_f + K'_a}} \tag{4}$$

$$K'_a = \frac{\{(1+\eta^2_d)K'_d + K_b\}K'_d K_b}{(K'_d + K_b)^2 + (\eta_d K'_d)^2} \tag{5}$$

$$h_{eq} = h_0 + 0.92h'_{eq} \tag{6}$$

$$h'_{eq} = \frac{1}{2} \cdot \frac{\eta_a}{1 + K_f/K'_a} \tag{7}$$

$$\eta_a = \frac{\eta_d}{1 + (1+\eta^2_d)\ K'_d/K_b} \tag{8}$$

ただし，K_f：主架構のみの水平剛性，K'_d：粘弾性ダンパーの貯蔵剛性，η_d：粘弾性ダンパーの損失係数（履歴ループの膨らみを示し，アクリル系粘弾性で$\eta_d = 1.0$程度），K_b：取付け部材の剛性である。履歴ループの膨らみより，最大応答せん断力低減率は下式となる。

$$R_a = \sqrt{1 + 4h^2_{eq}} R_{pa} \tag{9}$$

式（9）より各損失係数η_dごとの履歴曲線が図2（a），$\eta_d =$ 1の性能曲線が図2（b）のように描ける。各図右端が主架構のみの応答でせん断力低減率$R_a = 1$，変位低減率$R_d =$ 1である。$K''_d/K_f = \eta_d K'_d/K_f$はダンパー損失剛性の主架構剛性$K_f$に対する比で，ダンパー量の指標となる。ダンパー量を増やすにつれ，応答は変位・せん断力ともに低減していくが，$K''_d/K_f = 0.5$を超えたあたりから変位低減は鈍くなり，せん断力はかえって増加してしまう。式(2)中，短固有周期化による応答増幅が付加減衰による低減効果を上まわったためで，これ以上ダンパーを増やしても逆効果となる。また，ダンパーに直列接続される接合部などの取付け部材剛性K_bも，応答低減効果に大きな影響を及ぼす。図1は$K_b/K_f = 10$の例であるが，K_b/K_fが低くなると，低減効果が悪化するため，注意が必要である。

⊙弾塑性システムの制振性能曲線（図1）

鋼材ダンパーや摩擦ダンパーなどの弾塑性ダンパーは，おおむねバイリニアの荷重-変形曲線を有し，ダンパー塑性率μの関数として，以下のように付加剛性・付加減衰が変化する。

$$T_{eq} = T_f \sqrt{\frac{K_f}{\mu + K_a/K_f}} \tag{10}$$

$$K_a = \frac{K_d K_b}{K_d + K_b} \tag{11}$$

$$h_{eq} = h_0 + \frac{2}{\mu\pi p} \ln \frac{1 + p(\mu - 1)}{\mu^p} \tag{12}$$

$$\text{2次剛性比} p = \frac{1}{1 + K_a/K_f} \tag{13}$$

ここに，K_f：主架構のみの水平剛性，K_d：弾塑性ダンパーの弾性剛性，μ：弾塑性ダンパーの塑性率，K_b：取付け部材の剛性である。

これより図1の性能曲線も，μにより異なったものとなる。取付け部材剛性K_bの影響は，ダンパー量指標K_a/K_fの中に含まれている。目標変形/ダンパー系降伏変形よりμを設定すれば，目標せん断力低減率に応じたK_a/K_fが得られ，ダンパー量が求まる。一方，設定したダンパー量に対する応答評価を行うには仮のμを設定し，得られた応答変位より再度μを設定し直す収斂計算を行えばよい。図1 (b) からは，一定のK_a/K_fに対し降伏変位を変化させても，よほど降伏変位が小さくならない限り，応答変位はほぼ一定となる性質が読み取れる。

⦿バイリニアシステムの制振性能曲線（図3）

ここでは，リリーフ弁などにより荷重-速度関係をバイリニアで表現できるオイルダンパーをバイリニアシステムと呼ぶ。参考文献1）では，同システムを等価な線形粘性減衰システムに置き換えた性能評価法を採用している。等価線形粘性システム付加後の固有周期と付加減衰は，下式で評価できる。

$$T_{eqL} = T_f \sqrt{\frac{K_f}{1 + K'_{aL}/K_f}} \tag{14}$$

$$\frac{K'_{aL}}{K_f} = \frac{(K''_{dL}/K^*_b)^2}{1 + (K''_{dL}/K^*_b)^2} \cdot \frac{K^*_b}{K_f} \tag{15}$$

$$\frac{K'_{dL}}{K''_d} \approx \frac{C_{dL}}{C_d} = \frac{(p\mu_d - p + 1)^2 + P - 1}{p\mu^2_d} \tag{16}$$

$$K''_d \ (\mu_d < 1) = C_d\omega,$$
$$K''_d \ (\mu_d \geq 1) = \{p + (1-p)/\mu_d\} C_d\omega \tag{17}$$

$$h_{eq} = h_0 + 0.8h'_{eqL} \tag{18}$$

$$h'_{eqL} = \frac{1}{2} \cdot \frac{K''_{dL}/K_f}{1 + (1 + K^*_b/K_f)(K''_{dL}/K^*_b)^2} \tag{19}$$

ここで，K_f：主架構のみの水平剛性，K'_d：オイルダンパーの貯蔵剛性，K'_{dL}：オイルダンパーの等価線形貯蔵剛性，μ_d：オイルダンパーの塑性率，K^*_b：取付け部材の剛性である。

ダンパーの損失剛性は，等価線形粘性係数C_{dL}を用いて，$K''_d = C_{dL}\omega$で表現でき，主架構剛性K_fとの比がダンパー量指標となる。ダンパー付加剛性のない線形減衰であれば，ダンパーを増やせば増やすほど応答せん断力・変位ともに低下していきそうであるが，現実には取付け部材や構成部材自身の弾性剛性により等価な付加剛性が生じ，取付け部材剛性比K_b/K_fが低いほど応答低減率は早い時期に頭打ちとなることが，図3（a）よりわかる。バイリニアシステムでは，一般的にリリーフ後の最大速度比$\mu_d = \dot{u}_{dmax}/\dot{u}_{dy}$が2程度のとき，制御効果が最もよくなることが知られており，図3（b）は$\mu_d = 2$に基づいて描かれている。取付け部材剛性比$K_b/K_f = 2$程度の場合には最適ダンパー量は$K''_d/K_f = 1$程度となり，応答せん断力低減率は0.58，応答変位低減率は0.42程度となる。

⦿粘性システムの制振性能曲線（図4）

粘性制振壁やシリンダー型粘性ダンパーのように，抵抗力が速度のα乗に比例するようなダンパーをここでは粘性ダンパーと呼ぶ。

$\alpha = 1$のとき線形粘性ダンパー，$\alpha = 0$のとき剛塑性履歴ダンパーとなり，参考文献1）では，両者を補間する形で定式化を行っている。

$$K''_a = \frac{\min(K''_d, K^{*1-\alpha}_b K''^{\alpha}_d)}{1 + (K''_d/K^*_b)^{1+\alpha}} \tag{20}$$

$$K''_d = \frac{C_d\omega^\alpha}{u^{1-\alpha}_{dmax}} \tag{21}$$

$\alpha = 0$のとき

$$T_{eq} = T_f \sqrt{\frac{K_f}{K_f + K'_a|_{\alpha=0}}} \tag{22}$$

$$h_{eq} = h_0 + \frac{2}{(K^*_b/K''_d + 1)\pi p} 1\mathrm{n} \frac{1 + p(K^*_b/K''_d)}{(K^*_b/K''_b + 1)^p} \tag{23}$$

$$2次剛性比 p = \frac{1}{1 + K^*_b/K_f} \tag{24}$$

$\alpha = 1$のとき

$$T_{eq} = T_f \sqrt{\frac{K_f}{K_f + K'_a|_{\alpha=1}}} \tag{25}$$

$$h_{eq} = h_0 + 0.8h'_{eq} \tag{26}$$

$$h'_{eq} = \frac{1}{2} \cdot \frac{K''_d/K_f}{1 + (1 + K^*_b/K_f)(K''_d/K^*_b)^2} \tag{27}$$

以上を補間して任意のαに対し，

$$R_d = R_d|_{\alpha=0} - (R_d|_{\alpha=0} - R_d|_{\alpha=1})\sqrt{\alpha(2-\alpha)} \tag{28}$$

$$R_a = R_a|_{\alpha=0} - (R_a|_{\alpha=0} - R_a|_{\alpha=1})\sqrt{\alpha(2-\alpha)} \tag{29}$$

ただし，

$$R_a|_{\alpha=1} = \sqrt{1 + 4h^2_{eq}} R_{pa}|_{\alpha=1} \tag{30}$$

αは一般的には0.4～0.6程度のものが多く，**図4**は$\alpha = 0.4$の性能曲線である。ここでも，等価取付け部材剛性比K^*_b/K_fによって，限界応答低減率が定まっている。図4（b）は$K^*_b/K_f = 2$の場合の性能曲線であり，同図中のF_a/F_fは最大変形時のときのダンパーせん断力である。したがって，「粘性ダンパーは位相が主架構と$\pi/2$ずれているので，最大応答変形時に反力は0となり，ダンパー反力を主架構設計に考慮する必要はない」という売り文句は，取付け剛性が無限大でない限り成立しない。

⦿おわりに

各ダンパーの履歴特性を骨組解析に組み込んで時刻歴応答解析を行うにあたっては，取付け部材の剛性を適切にモデル化することが重要である。また，取付け部材剛性に応じた応答低減効果の限界値が存在し，むやみにダンパーを増やしても，応答せん断力低減効果はない。1質点系の性能曲線より，多層骨組のダンパー配置計画を行う際には，各層で同じダンパー量指標となるように配置することが基本となるが，参考文献1），2）中に各種の手法が紹介されている。

（たけうち　とおる）

【参考文献】

1）パッシブ制振構造設計・施工マニュアル（第2版），日本免震構造協会，2005年

2）免震・制振構造の設計―学びやすい構造設計―，日本建築学会関東支部，2007年・2016年

57

安達和男
Adachi Archi Associate

ネットワーク工程表

⊙実務での役立て方

建築は芸術とは違う。一人ではつくれない。発注者，設計者，施工者，材料・資材メーカー，監理者，許認可機関，他の多くの人たちの役割分担と協力で完成する。多くの人たちがかかわる中で，適切な時期に必要な人，物，エネルギーが設計や施工に投入されなければならない。そこで「段取り」が必要になる。その段取りを可視化して，時間軸で共有する手段が工程表である。工程表を作成する過程で，仮設，材料，工法，搬入，養生などの要点が見えてくる。

⊙工程表も種類がある

工程表には，ガントチャート，バーチャート，グラフ式などがある。1950年代から60年代の工業生産近代化の中で，工程管理技術が開発された。軍事や宇宙開発などのビッグプロジェクトの遂行で，工程表も進化した。ネットワーク工程表は，アメリカ海軍とジェネラル・ダイナミクス社が1957年に電算機利用を前提に開発したPERT（Program Evaluation & Review Technique）を基礎理論としている。日本には，1960年頃紹介された。ちょうど超高層ビルの曙，霞が関ビル建設の時期である。

⊙ネットワーク工程表とは

PERTはプロジェクトのタスク（要素的な仕事）を分析し，タスク完了の必要時間を集計することでプロジェクト完了の最小時間を算出する。このタスク間の相互関係と時間の流れを矢印で結んで表した図を，アローダイヤグラムという。これを建設工事に用いたのが，ネットワーク工程表である。現場では物をつくるハード工程表と，図面，仕様書，工事計画書などをつくるソフト工程表の二つが必要である。

⊙用語

- アクティビティ（作業）：矢印で作業を示す。コンクリート工事や配線工事など
- イベント（結合点）：○印で表し，作業の開始点，終了点を示す
- ダミー：点線で表し，作業の前後の関係のみを示す。作業および時間の要素は含まず，相互関係を結びつける
- クリティカルパス：ネットワーク工程で，開始結合点から最終結合点に至る各ルートに沿って日数を計算し，このうちの最大日数の工期が工事全体の工期（最短工事日数）でクリティカルパスとなる。工期内に工事を完了させるためには，このルート上の作業が遅れないように管理する必要がある。工期を短縮するには，このルート上で日数を短縮しなければならない
- 最早開始時刻（E.S.T）：ある結合点で作業○→○が最も早く開始できる時刻をいう。計算については，矢印線上の所要時間を加える
- 最遅終了時刻（L.F.T）：工事を所要時間内に終了するために，各結合点が遅くとも終了しなくてはいけない時刻をいう。計算は最早開始時刻（E.S.T）で加算したのとは逆で，引き算で求める
- フロート（余裕時間）：結合点に二つ以上の作業が集まる場合，作業の中で最も遅く終了する作業以外の作業には余裕が生じる。この余裕をフロート（余裕時間）という

⊙工程を管理する

プロジェクトを予定どおりに進めるためには，工程の管理が必要である。現場では，工程表を基に進捗具合を確認する工程管理会議を開く。月に一度か，週に一度が多い。会議では遅れている日数，原因，回復策などが検討される。進んでいる場合も，対処策が必要である。遅れの原因は多様である。施工図や施工方法の未決定，製品の納入遅れ，作業員の手配ミスなど不測要素は数多い。大きな工程見直しを避けられるように，全関係者の協力が必要である。

⊙調整をして約束を守る

一つの建築をつくるためには，何百人もの人がかかわる。何千tもの資材が，何万時間もかけて組み上げられる。ネットワーク工程表で，その流れがわかる。工程表をつくるには，関係者，物，時間，工法などの間を十分に調整しなければならない。そして，つくった工程表は守らなければならない。建築は，調整と信頼でできている。

（あだち　かずお）

【参考文献】
1）横浜市：工事標準工程表（ネットワークの例）
2）建築の専門情報サイト「ネットワーク工程表」，ホクユウ創研「ネットワーク工程表の総て」

表1　工事標準工程表（ネットワークの例）

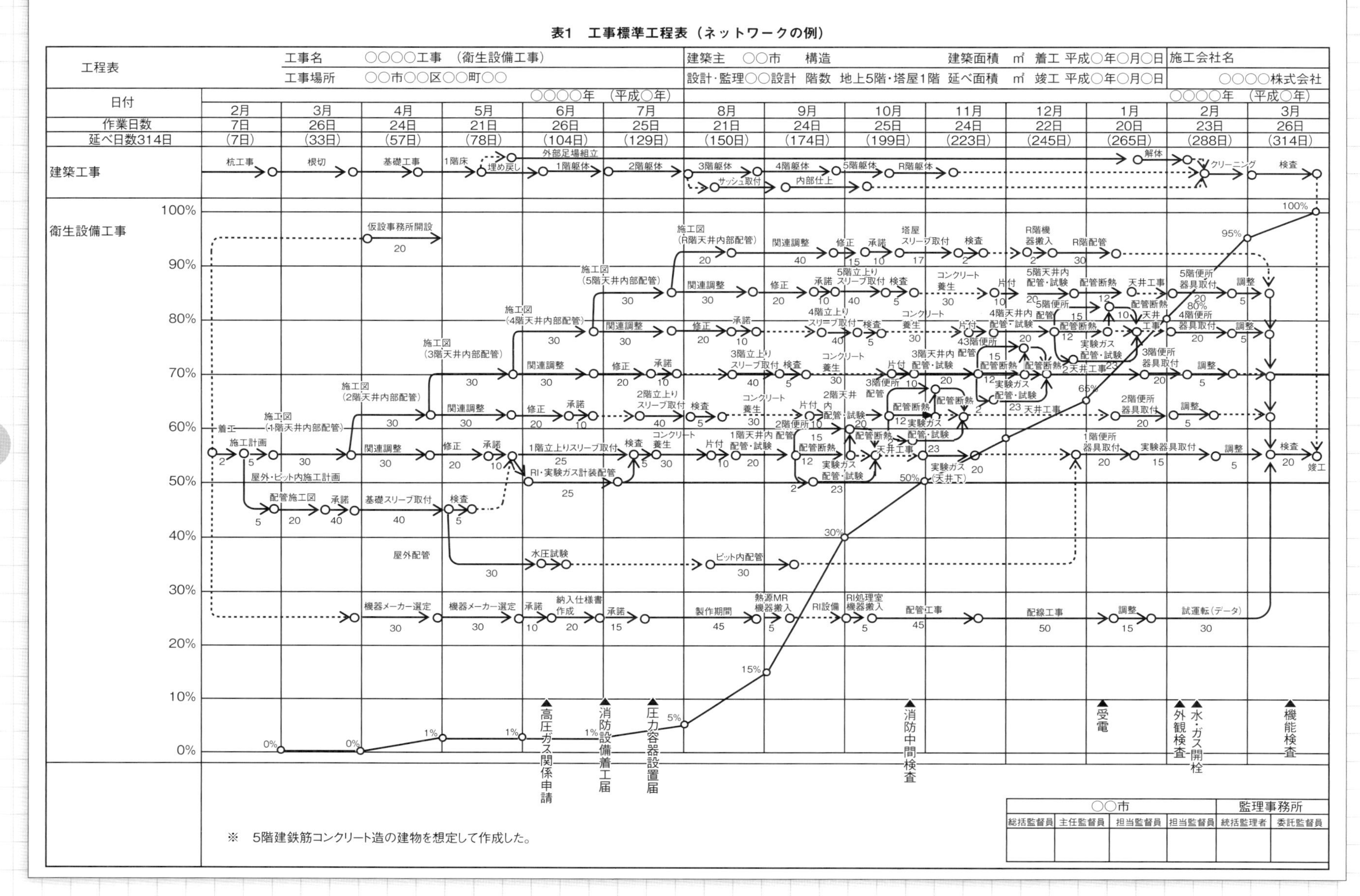

※　5階建鉄筋コンクリート造の建物を想定して作成した。

施工

58

小島正朗
㈱竹中工務店 技術研究所

コンクリートの養生温度と打重ね許容時間の関係

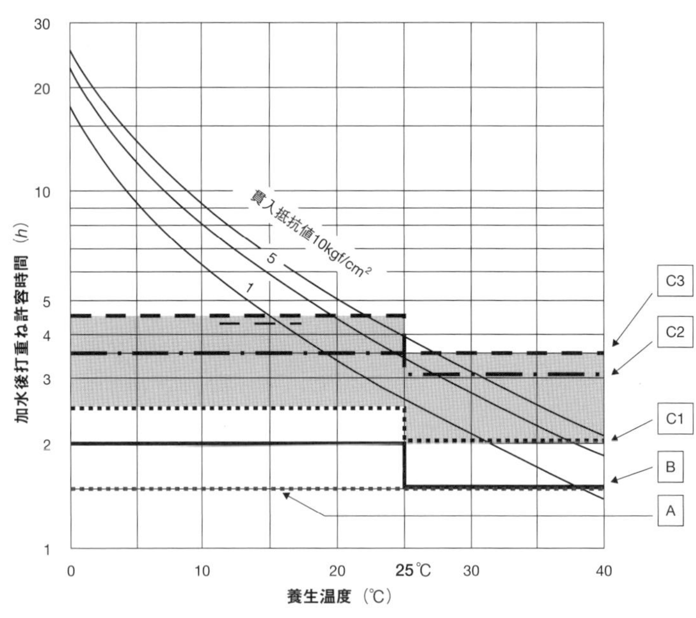

貫入抵抗値
1kgf/cm²：打放しなど重要な部材
5kgf/cm²：一般の場合
10kgf/cm²：内部振動その他適当な処置をするとき

C3：打込み終了の限度時間からの打重ねの限度（JASS 5）
C2：混練から1時間後に打込み終了した場合の打重ねの限度（JASS 5）
C1：混練直後から考えたときの打重ねの限度（JASS 5）
B：打込み終了の限度（JASS 5）
A：荷卸しの限度（JIS A 5308）

図1　コンクリートの養生温度と打重ね許容時間の関係

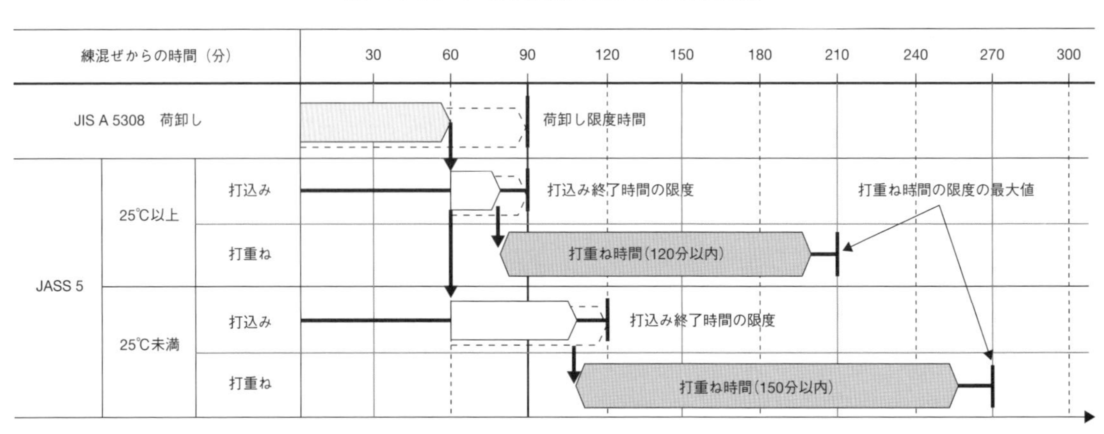

図2　JIS A 5308およびJASS 5における荷卸し，打込み終了および打重ね時間の限度の関係

⊙フレッシュコンクリートの注水からの時間経過に伴う変化

コンクリートを練り混ぜて水とセメントが接触すると，その直後から水和反応が起こり，時間とともに性状が著しく変化してゆく。まず，水とセメント成分のうち間隙物質の反応が生じ，しばらく流動性が保持されているが，やがてセメントの主要成分の一つであるエーライト（C_3S）の反応が始まるころには，流動性がなくなり，凝結し，強度が発現してゆく。一般に，化学反応は温度が高いほど反応速度が大きくなるが，セメントの水和反応も同じであり，温度が高いほど活発になってコンクリートの硬化は早くなる。

施工時には，このようなコンクリートの特性を踏まえ，条件に応じて施工計画を立案し，確実に施工して密実で均質な躯体を構築することが重要となる。先に打ち込んだ層がこわばって再振動できない状態になると，新しく打ち込む層とコールドジョイントになるため，一体性が確保できず，品質上の問題になるおそれがある。

本稿で紹介する**図1**は，このようなときに活用できる図で，温度の条件によって先行して打ち込んだコンクリートに，新たにコンクリートに打重ねる場合の，時間間隔の限度の目安を与えてくれる。

⦿図から読み取れること，使い方

コンクリートの養生温度と打重ね許容時間の関係を示す図1は，温度と打重ね時間間隔の目安の関係を示す図として，日本建築学会『標準仕様書・同解説JASS 5鉄筋コンクリート工事』[1)]（以下，JASS 5）の「7.5打込み」の節で，解説図として引用されている。この図からは，コンクリートの貫入抵抗値が1，5，10kgf/cm^{2}となるときの，コンクリートの養生温度と加水後からの時間の関係を読み取ることができる。図の注釈に，コンクリートの仕様ごとに参照する貫入抵抗値が示されており，「打ち放しコンクリートとした場合」は貫入抵抗値が1kgf/cm^{2}の線をたどれば，温度と打重ね許容時間の関係を読み取ることができる。同じようにして，「一般のコンクリートの場合」は5kgf/cm^{2}の線をたどり，「内部振動その他の適当な処置をする場合」は貫入抵抗値が10kgf/cm^{2}の線をたどると，それぞれの仕様で温度と打重ね許容時間の関係を読み取ることができる。

貫入抵抗値は，JIS A 1147（コンクリートの凝結時間試験方法）に試験方法が定められており，コンクリートから粗骨材を取り除いたスクリーニングモルタルに，先端が平らな円柱状の針を所定の深さまで押し込むときの抵抗値である。貫入抵抗値が3.5N/mm^2（≒35kgf/cm^2）のときがコンクリートの凝結の始発時間であり，貫入抵抗値が28N/mm^2（≒280kgf/cm^2）となる時間を，凝結の終結時間としている。したがって，図中に示される最も大きい貫入抵抗値10kgf/cm^{2}の場合でも，コンクリートはまだなお凝結の始発にも至っていない。このような状態であれば，再振動により締固めを行うことができるため，先行して打ち込まれた層に内部振動機の先端を挿入し，後から打ち込んだ層と同時に締め固めることができれば，コールドジョイントのない一体のコンクリートとすることができる。図1からは，温度の条件とコンクリート仕様に応じて，打重ね許容時間の目安を知ることができるため，上手に利用すればコールドジョイントの抑制に大いに役立つ。

⦿JIS A 5308およびJASS 5におけるフレッシュコンクリートのさまざまな時間限度の規定

フレッシュコンクリートについて，JIS A 5308およびJASS 5では，時間に関していくつかの限度を定めている。JIS A 5308（レディーミクストコンクリート）では，練混ぜ開始から1.5時間以内に荷卸しができるように，運搬しなければならないとされている。

JASS 5の「7.4コンクリートの運搬」では，コンクリートの練混ぜから打込み終了までの時間限度は，例外規定はあるが，基本は外気温が25℃未満のときは120分，25℃以上のときは90分である。また，JASS 5「7.5打込み」では，「打重ね時間間隔の限度は，コールドジョイントが生じない範囲として定め，工事監理者の承認を受ける」とし，本文の解説には「打重ね時間間隔の限度を一律に定めることは難しいが，一般的には，外気温が25℃未満の場合は150分，25℃以上のときは120分を目安とし，先に打ち込んだコンクリートの再振動可能な時間以内とする」と記述されている。これらの時間の限度に関する規定をまとめると，**図2**のようになる。

図2に示した関係を，図1の中に書き込むと，荷卸しの限度の時間が線Aで，打込み終了までの時間の限度が線Bとなる。打重ね時間の限度については，線C1は，練混ぜから直後（0時間）に打重ね時間の限度の目安の時間を加えた場合であり，線C2は，練混ぜから平均的に1時間後に打込みが完了すると仮定して，1時間に打重ね時間の限度の目安の時間を加えた場合であり，線C3は，JASS 5の打込み終了までの限度時間に，打重ね時間の限度の目安の時間を加えた場合である。すなわち，どのような場合でも，線C1と線C3の間に打重ね時間の限度があり，平均的にはC2のラインが限度時間ということになる。図1を見ると，温度が30℃を超える場合には，貫入抵抗値が10kg/cm^{2}を超えるケースも多いことがわかる。このような場合には，コンクリート温度を下げるなどの材料的な対策や，運搬時間が短いレディーミクストコンクリート工場の選定，直射日光を遮断する，打込みがスムーズに行える施工計画の立案をするなどの対策が，躯体の品質確保の観点から重要である。

逆に温度が15℃以下と低い場合には，時間限度の最長を組み合わせた時間（線C3）でも，貫入抵抗値は約1kg/cm^{2}である。温度が低い場合には，「コールドジョイントを生じない範囲」は意外と長いことがわかる。

（こじま　まさろう）

【参考文献】
1）日本建築学会：建築工事標準仕様書・同解説JASS 5　鉄筋コンクリート工事2009

59

瀧口克己
東京工業大学名誉教授

水セメント比とコンクリート強度

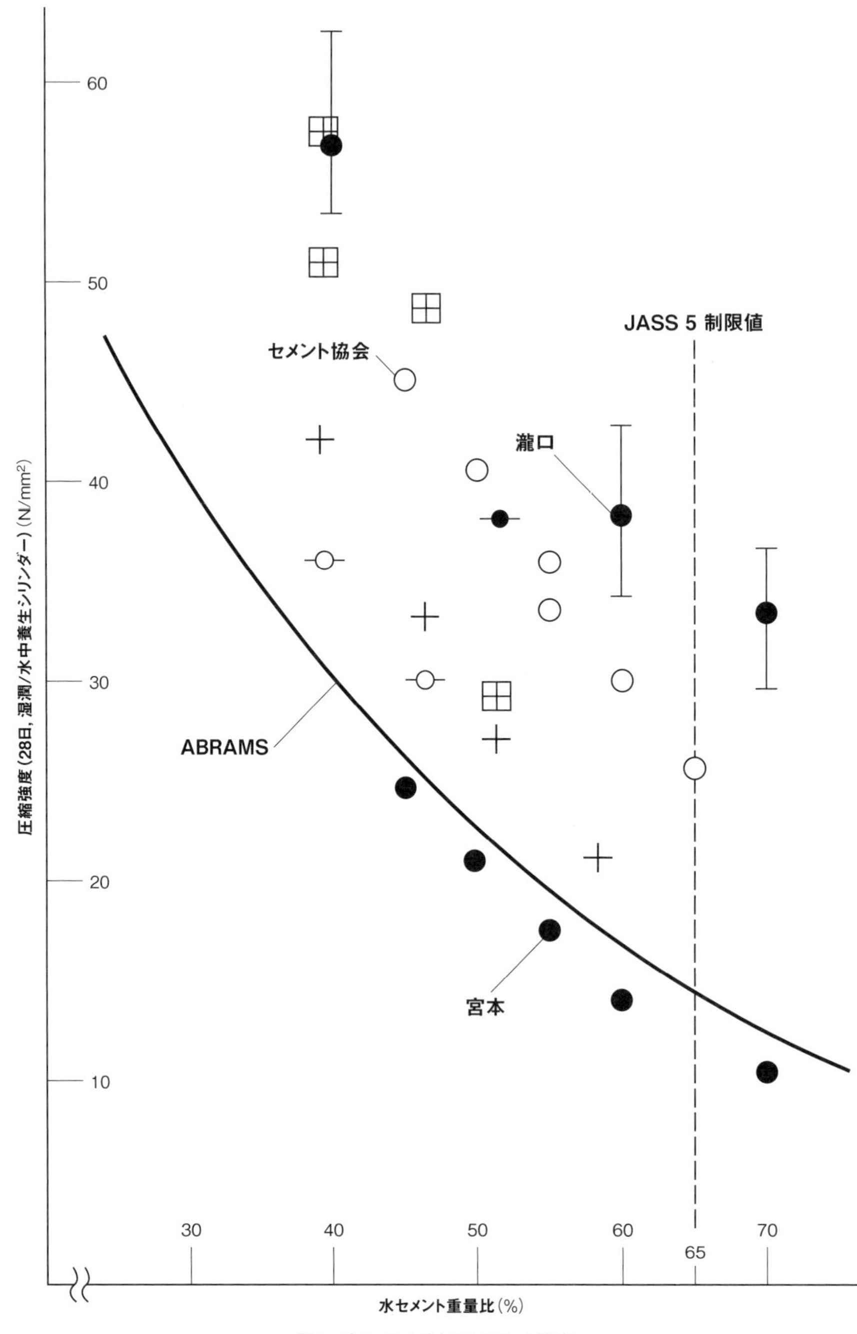

図1　水セメント比とコンクリート強度

⦿はじめに

コンクリートの強度は，水とセメントの比率で定まるとした，いわゆる水セメント比説がD.A.Abramsによって発表されたのは1918年であった[2]。

それまでのコンクリートの調合は，1：2：4，あるいは1：3：6のように，セメントと砂と砂利の比率で定めていたようである[1),3)]。

セメント，砂，砂利のかさ比重は大体同じであるから，調合比率は容積でも重量でもほぼ同じになる。水は，コンクリートのワーカビリティーが適当になるように加えた。

1：2：4コンクリートは，細骨材率は小さめであるが，現在のプレーンコンクリートの調合として通用するかもしれない。

1922年に完成し，現存する針尾送信所のタワーのコンクリートは，見たり触ったりするかぎり，あまり劣化している様子はない。

昔のコンクリートはともかく，Abrams論文[2]以降，コンクリートの調合強度は水セメント比で決められている。骨材強度，セメント強度がコンクリート強度に影響を及ぼすことはいうまでもないが，ほぼ，同程度の強度のセメントと骨材を使用するとしての話である。

⦿コンクリートの材料の昔と今

宮本[3]の時代と現代で，コンクリートに使う材料で決定的に異なるのは，化学混和剤の有無である。AE剤が実用化したのが1930年代後半であり，わが国にAE剤が導入されたのは1950年だったらしい。

セメントの粒子は小さくなり，セメントの強度は大きくなっている。参考文献の3）と8）には，その時代のセメントの規格が載っている。ものの変化を調べるのは楽しい。

宮本の時代のポルトランドセメントは，開きが約90μm角の篩での篩い分けで残滓量12％以下とし，現在は比表面積2,500cm^2/gとなっている。比表面積2,500cm^2/g，比重3.1の球の直径は約8μmである。

図1の資料のうち，Abrams[2]と宮本[3]に関するものは昔のコンクリートであり，その他は最近のものである。

⦿やはり図はわかりやすい

図1の曲線はAbrams[2]の式である。ただし，水セメント比はセメントのかさ比重は1.5として重量比に換算している。湿った砂の中で，湿潤養生した材齢28日の6×12in.（約15×30cm）シリンダーの実験結果から導かれた式である。

黒丸印は，宮本[3]が標準圧縮強度として示した値である。

白丸印[4]および田印は，標準養生シリンダー，28日圧縮強度である。十印は調合強度，横線付白丸印は設計基準強度である。

横線付黒丸印は，約17か月材齢のコア抜き供試体の圧縮強度である。

縦線付黒丸印は，筆者らが実験で用いたコンクリートの水中養生シリンダー28日圧縮強度である[5)～7)]。粗骨材は10mm以下であり，水に代えて小氷塊を利用して練り混ぜる小氷塊コンクリートである。縦線は異なるバッチごとのばらつきの範囲を示している。

このような図の利用は，自分が用いたコンクリートが，どのあたりに位置するのか理解するのに，大変有効である。

一例として，水セメント比50％，水170kg/m^3，セメント340kg/m^3，砂800kg/m^3，砂利1,000kg/m^{3}の調合のコンクリートを考える。実際は3％程度の砂の表面水率を，2％と小さく見積もったとしよう。そうすると，練り上がりのコンクリートの水セメント比は52％強になる。

水セメント比と強度の関係を理解しておくことは，設計および施工管理に必須である。自分の資料で，自分用の図をつくっておくことを奨める。

⦿実務での役立て方

コンクリートの種類，設計基準強度，スランプ，粗骨材の最大寸法などを指示しておけば，生コン業者が適切なコンクリートを届けてくれる。打込み箇所まで，ポンプ圧送業者が運んでくれる。打込み，締固め，仕上げを行い，養生に入る。

施工工程が順調に運べば，問題はない。ところが，現場一品生産物である建築物の施工では，天候を含めて条件は常に変化する。条件の変化に適切に対応するために，この図は結構役立つはずである。

（たきぐち　かつき）

【参考文献】

1）W. Noble Twelvetrees『CONCRETE-STEEL：A Treatise on the Theory and Practice of Reinforced Concrete Construction』：WHITTAKER AND COMPANY：1905

2）DUFF A. ABRAMS：Design of Concrete Mixtures：1918：『A Selection of Historic American Papers on Concrete 1876-1926：Edited by Howard Newlon, Jr.：SP-52：American Concrete Institute：pp.309-330

3）宮本武之輔：鐵筋コンクリート，岩波全書26，1934年

4）セメント協会・コンクリート専門委員会：委員会報告ダイジェスト版，第3章 圧縮強度，2011年，http://www.jcassoc.or.jp/jj3c/

5）鈴木，瀧口，堀田，加藤：三角スチフナを用いた鉄骨フープコンクリート柱鉄骨はり接合部の終局耐力，日本建築学会構造系論文報告集，第416号，pp.71-78，1990年10月

6）鈴木，滝口，堀田，五十嵐，加藤：鉄骨フープ筋コンクリート柱のせん断性状：日本建築学会構造系論文報告集，第430号，pp.31-40，1991年11月

7）滝口，堀田，溝渕，森田：RC柱端部コンクリートの圧縮特性に関する基礎実験，日本建築学会構造系論文報告集，第442号，pp.123-132，1992年12月

8）日本建築学会：建築工事標準仕様書・同解説　JASS5　鉄筋コンクリート工事，2009年

坪内信朗
日本ビソー㈱

仕上材料の性能設計の概念

表1　性能設計の概念

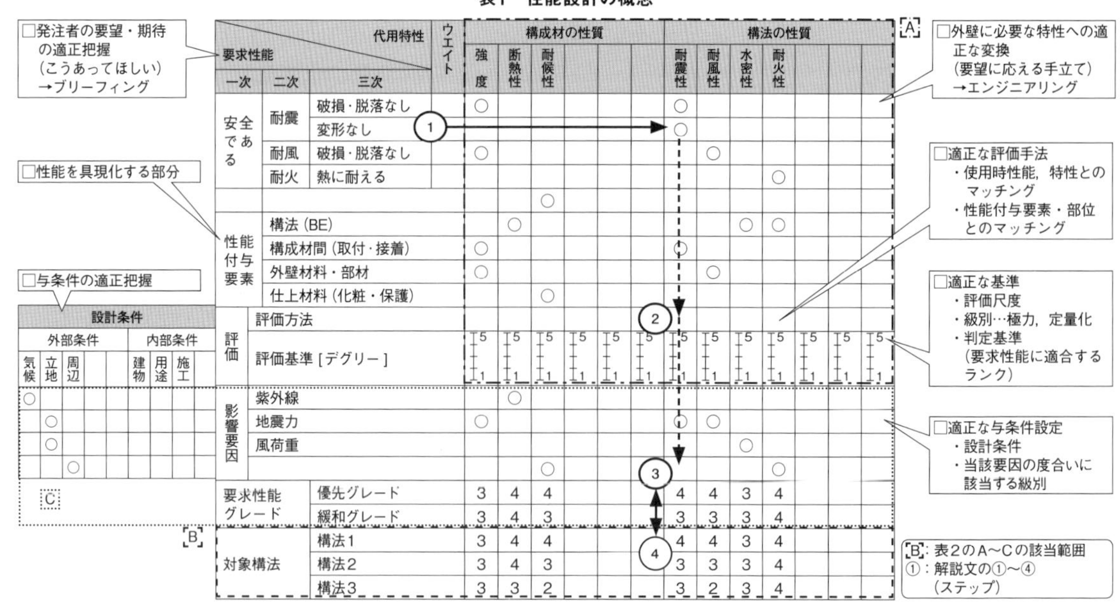

要求性能 一次	二次	三次	ウエイト	構成材の性質 強度	断熱性	耐候性				構法の性質 耐震性	耐風性	水密性	耐火性			
安全である	耐震	破損・脱落なし		○						○						
		変形なし	① →							○						
	耐風	破損・脱落なし		○							○					
	耐火	熱に耐える											○			
						○										
性能付与要素	構法（BE）				○							○	○			
	構成材間（取付・接着）			○						○						
	外壁材料・部材			○							○					
	仕上材料（化粧・保護）					○										
評価	評価方法								②	↓						
	評価基準［デグリー］			1〜5	1〜5	1〜5	1〜5	1〜5	1〜5	1〜5	1〜5	1〜5	1〜5	1〜5	1〜5	1〜5
影響要因	紫外線				○											
	地震力			○						○	○					
	風荷重											○				
						○			③				○			
要求性能グレード	優先グレード			3	4	4				4	4	3	4			
	緩和グレード			3	4	3				3	3	3	4			
対象構法	構法1			3	4	4			④	4	4	3	4			
	構法2			3	4	3				3	3	3	4			
	構法3			3	3	2				3	2	3	4			

設計条件 外部条件 気候	立地	周辺			内部条件 建物	用途	施工	
○								
	○							
	○							
		○						

B：表2のA〜Cの該当範囲
①：解説文の①〜④（ステップ）

表2　性能設計手法提案の事例（（旧）BCS『屋根防水層の選び方と納まり』（1984年）より作成）

■防水構法評価項目　A　／　■防水構法の評価例　B

評価項目		判断時の参考事項	構法No.1 ①	②	③	構法No.30 ①	②	③	構法No.55 ①	②	③
連続水密性	不透水性（含；施工性）	確実な施工の可能性			○	○					○
耐物理劣化性	下地挙動追従	躯体・押さえの挙動		○				○			○
	耐衝撃性	飛来物，鳥類，人工的衝撃			○	○			○		
	耐圧性	屋上設置物，歩行の可否			○	○				○	
	耐植物性	土の溜まりやすさ，防水層平滑		○			○				○
	耐風性	強風時の飛散			○	○					○
	耐摩耗性	歩行による摩耗			○	○				○	
耐化学劣化性	耐熱性	日射熱を対象		○			○			○	
	耐寒性	寒冷地を対象		○			○			○	
	防・耐火性	押さえの有無			○	○			○		
	耐紫外線性	押さえの有無			○		○			○	
	耐オゾン性	押さえの有無			○		○			○	
	耐水性	乾湿繰返し，温水浸漬		○			○			○	
	耐酸性	硫酸雨に対し			○			○			○
	耐アルカリ性	対押さえコンクリートのアルカリ		○				○			○
社会適応性	無公害性	周辺，作業者	○				○			○	
	労務・資材の調達度	全国施工体制，玉砂利入手難易			○			○			○
	メンテナンス性	防水層の補修難易度	○				○			○	
	美観	着色，ふくれ		○			○				○
	実績	JASS8仕様			○		○			○	

■与条件と選定基準　C

与条件			優先基準	緩和案
立地・環境条件	気温区分	亜熱帯	耐熱性③	②
		温暖地	［全構法適用可］	
		寒冷地	耐寒性③	②
	日射量	一　般	［全構法適用可］	
		多　量	耐紫外線性③ 耐オゾン性③	② ②
	風	一　般	［全構法適用可］	
		強風地	耐風性③	②
	特定条件	一　般	［全構法適用可］	
		豪雪地	耐衝撃性③ 耐寒性③	② ②
		市街地	無公害性②	①
		防火地域	防耐火性③	②
		田園地域	耐植物③ 労務資材③ メンテナンス性③	② ② ②
設計条件	美観	特になし	［全構法適用可］	
		要求する	美観③	②
	直下階の用途	一　般	［全構法適用可］	
		特に重要	不透水性，下地挙動追従性③ 耐植物性，耐水性②	緩和条件なし
	屋根形状	一　般	［全構法適用可］	
		複　雑	不透水性③	②
	メンテナンス性	考慮せず	［全構法適用可］	
		補修性	メンテナンス性③	②

〔凡例〕
①：問題あり　②：普通　③：問題なし，関係なし

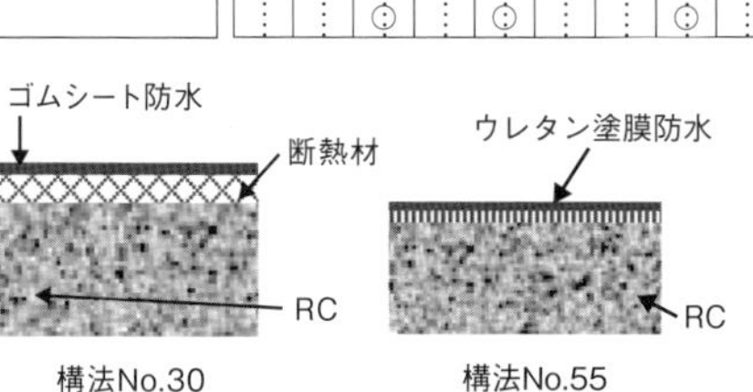

構法No.1　　構法No.30　　構法No.55

⦿建物づくりと性能確保

建物づくりの場で，仕様設計に加えて性能設計による手法が具現化されて久しい。性能設計では対象部位の要求性能に適合した特性をもつ既往の材料・仕様，構法を選定したり，必要に応じて新たに設計する。

表1はこれらの考え方と手順を表形式で表した一例だが，次のステップを示している（番号は表に対応）。

①設計対象の部位に求められる性能を挙げ，それらを満たすために必要な（代用）特性を関連づける。

②各性能を具現化する構法の構成部分を抽出し，それらが保持すべき代用特性（使用時性能*）の評価手法と級別（ランク）を把握する。

＊JIS規格値などは使用時性能とは異なることが多い

③他方，設計対象建物の与条件から導いた要求性能グレードを設定する。

④要求性能グレードに適合した特性をもつ，材料・構工法の選定，あるいは新たな設計の目標などを設定する。

材料・構法の使用時性能に関する情報は必ずしも十分ではなく，要求グレードと特性の照合は容易とはいえない。さりとて，仕様への依存度が増すとこれらがバイパスされて，両者が適合しないことがある。中には，異なる与条件下で同様の構法を用いたり，特定の性能を際立たせたが，部位本来の性能が不足している事例などもある。

⦿これまでにこのような提案がある

具体例として，（旧）BCSが提案した「防水層の選び方」（**表2**）がある。表1との対応をA～Cで示すが，これは当該建物の与条件に適合した防水構法の選定をサポートし，最適構法の適用が難しい場合の緩和案も含んでいる。筆者もこの検討に参画し，以後の性能確保関連の課題解決でこのような整理を心掛けてきた。

これは1984年に発表されたもので，その後，使用材料や構工法の変遷が見られるが，ここに盛り込まれた防水構法の性能確保のあり方（ロジック）に変わりはない。ちなみに，このようなかたちに整理して発信された情報は，筆者の周辺では他に思い当たらない。

この思考を辿ると，適正性能を得るために考慮すべき事項，それらの相互関連と度合などを把握でき，かつ重点事項の絞り込みがしやすくなる。この観点は設計にとどまらず，施工管理，補修・改修における原因推定，施工要領の検討などにも活用できると考える。

⦿自作のものが最も有効

この種の情報は，既存のものから作成者の意図をも読み取って活用することは必ずしも容易ではない。さりとて包括的なものを自作することも，同様である。むしろ随時，当該事項の範囲で作成することを繰り返すと，逐次充足・拡大し，手に馴染む。ひいては，社会・業界のニーズ，材料・構工法の推移などにも対応できる。

表3は，石張外壁で汚れに起因した外観損傷を防止する材料・構工法，ディテールなどについて検討事項と方法，目標などを設定する際に作成した表の例である。

建物づくりにおいて，考慮すべき事項は画一的ではないうえ，評価方法あるいは評価の目安（基準・規格，衆知された知見など）が明確でないことが多い。だからこそ，設計，施工，および維持保全を担う技術者の役割は大きい。

⦿実務での役立て方

筆者は必要情報の抽出というよりも，当該課題に係る先人の知見を取り込んで自己の観点を構成する際にこの手法を用いた。さらに，道筋の組立てや見落とし回避などの下敷きとして，これを鳥瞰した。したがって，実務はもとより，技術開発の目的・手段の設定や意見交換における論点の整理，意思疎通などにも役立つと考えている。

（つぼうち　のぶお）

表3　材料・構工法選定手法における逐次構築の概念

要求条件 一次	二次	三次 ＼ 性能項目・代用特性	設計：面・割付け精度	設計：納まり（影響回避）	設計：納まり（遮断機能）	設計：クリアランス	力学的特性：引張強度	力学的特性：曲げ強度	力学的特性：耐衝撃性（吸収能）	力学的特性：接着強度	力学的特性：取付機構・耐力	目地設計（遮断・耐力）	水分：防水性（水密性）	水分：吸水性	防汚・カビ等
安全性	耐震性	力で破損・脱落なし	○	○		●	●	○	○	●	●	○			
		変形破損・脱落なし	●	●		●				○	●	○			
	耐風性	風で破損・脱落なし	○	○		○	●	●			●	○			
	耐衝撃	衝突破損・脱落なし						○	●		○	○			
居住性	快適性	漏水なし			○							○	●		
耐久性	耐劣化	温度で劣化なし									●	○			
		水分で劣化なし			●									○	○
	美装性	変退色し難い												○	●

●：重点項目

外壁汚れの形態と要因

要求条件		＼ 性能項目・代用特性	付着汚れの顕在化：壁面形状	付着汚れの顕在化：浸入水・水みち	付着汚れの顕在化：材質・機能	シーリング材：ブリード	シーリング材：揮散	シーリング材：拡散・流下	白華：炭酸カルシウム	白華：膨張性白華	仕上変化：錆・錆汁	仕上変化：表面劣化・染み
外観・機能低下	美装低下	不整・不快・不測	○	○	○	○	○	○	○	○	○	○
		広範囲に亘る			○		○	○				
		局部的に顕在	○	○		○			○	○	○	○
	機能低下	外壁機能低下			○							
		資産価値・イメージ			○			○		○	○	○
外壁劣化	劣化示唆	外装材の劣化								○		○
		仕上層内劣化							○	○	○	○
		躯体劣化									○	
	劣化誘引	外装材の劣化			○					○		○
		仕上層内・下地									○	

設備

61

横田雄史
㈱日建設計 環境・設備技術部

配管径の設計

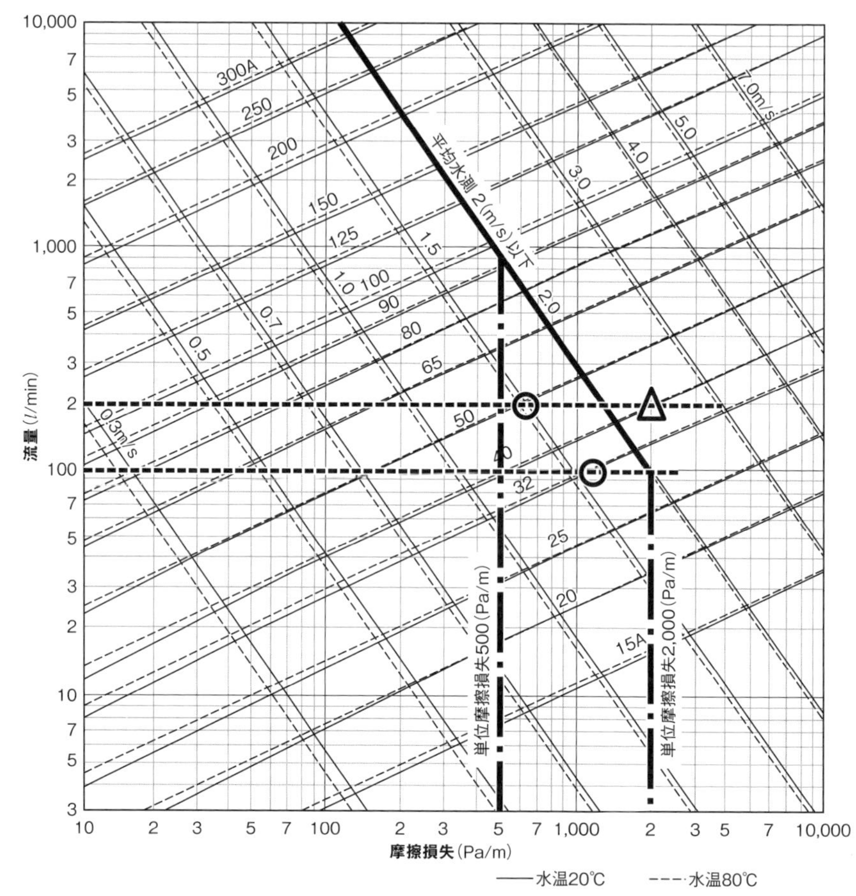

図1　配管用炭素鋼鋼管の流量線図[1)]

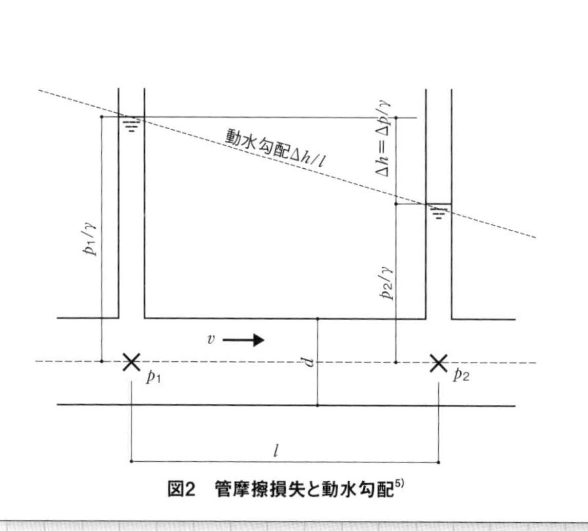

図2　管摩擦損失と動水勾配[5)]

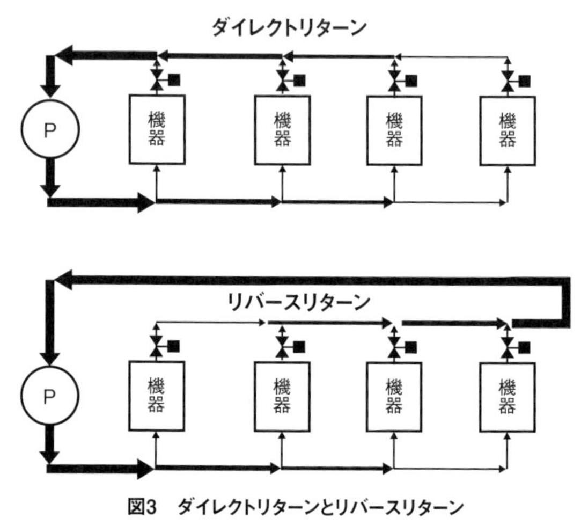

図3　ダイレクトリターンとリバースリターン

⊙実務での役立て方

図1は，設備設計者が，空調設備の冷水・温水管などの水配管の口径を決めるときに使う流量線図である。同様に，流体の種類（水・冷媒・油など）や状態（液体・気体）による粘性の違いや，配管材料（鋼管，ステンレス鋼管，ライニング鋼管など）による管内面粗度の違いに応じた各種の流量線図が用意されている。

⊙流体の抵抗と配管の圧力損失

もし，水に粘性がなければ，配管中を流れる水には，流体のエネルギー保存則であるベルヌーイの定理（動圧＋静圧＋位置圧＝全圧一定）が成り立つ。

しかし実際は，水の粘性による流体摩擦によって，エネルギーが失われるため，圧力損失Δpが生じる。配管径の選定の目標は，この圧力損失を工学的に妥当な範囲内に抑えることである。

圧力損失Δpは，次のダルシー・ワイスバッハ（Darcy-Weisbach）の式で表現され，配管の長さ，比重γに比例し，流速（流量）の二乗に比例，配管径に反比例する。

また，摩擦係数λは，レイノルズ数と管壁の粗度の関数で，粘性が高く，管壁が凸凹しているほど大きくなる。

$$\Delta p = p_1 - p_2 = \lambda \frac{l}{d} \cdot \frac{1}{2} \gamma v^2 \qquad (1)$$

Δp：圧力損失（Pa）

λ　：摩擦係数

l　：配管長（m）

d　：配管径（m）

γ　：比重量（kg/m^3）

v　：平均水速（m/s）

図2のように，配管途中に測定管を接続すると，摩擦損失は水柱の高さである静水圧頭の減少として現れ，これを動水勾配ともいう。

⊙配管径の選定

流量線図は，前述のダルシー・ワイスバッハの式で，配管径ごとに，単位長さ当たりの摩擦損失と水量を計算した結果をまとめたものである。

設計上のポイントは，水との摩擦による配管の浸食（エロージョン）防止と，摩擦抵抗によるポンプ動力の増加を抑制することである。

空調用冷水・温水配管では，①浸食防止のため水速2 m/s以下とし，②ポンプ動力の省エネのため，機器までの往復の全長が200mを超える場合には，単位摩擦損失を500Pa/m上（一点鎖線），往復全長が60m以下の短い場合では2,000Pa/m上（二点鎖線）で選び，往復全長60～200mの場合は，前述の一点鎖線と二点鎖線の間で選ぶ[1)]。

配管の分岐で水量が変化しても，同じ単位摩擦損失で配管径を選定する設計法を，等圧法（等摩擦法）という。図1に，配管用炭素鋼鋼管を使って空調用冷温水配管（水温5～40℃，往復長100m）の配管口径を選定する例を示す。流量200 l/minの場合，仮に40A（mm）とすると，摩擦損失は2,000Pa/mであるが，管内流速は2.4m/sとなり，2.0m/sを超えてしまう。このため，1サイズ口径をアップし，50A（mm）を選定すると，管内流速1.5m/s，摩擦損失は650Pa/mと適正範囲に納まる。同様に100 l/minでは，32A（mm）を選定すると，管内流速1.6m/s，摩擦損失は1,100Pa/mとなる。

⊙制御性のよいレバースリターン方式

等圧法で設計すると，**図3**のダイレクトリターン方式（direct-return system）では，ポンプに近い機器ほど，往還の配管長が短くなり，配管の摩擦損失が小さくなる。このため各機器に同じ水量を流すときには，ポンプに近いユニットはバルブを絞って，遠いユニットまでの配管摩擦損失分の抵抗をつける必要がある。

リバースリターン方式（reverse-return system）では，ポンプと各機器までの往・還管の合計長がすべて同じになる。したがって，各機器とポンプ間の配管摩擦損失が同等なので，同じ水量を流す場合，各機器の制御バルブの開度をほぼ同じにすることができ，制御性がよい。

省エネのために空調ポンプをVWV（Variable Water Volume：変流量）制御するが，インバータによるポンプの回転数制御の場合，水量は回転数に比例，揚程は回転数の二乗に比例，軸動力（エネルギー）は回転数の三乗に比例する。水量と管内流速は比例し，摩擦損失は流速の二乗に比例するので，ポンプのインバータ制御を上手に使えば，削減水量の三乗の省エネ効果を得ることができる。リバースリターン方式は，各機器とポンプ前後の配管摩擦損失が同じで，最大負荷の機器のバルブが全開になるまでポンプ揚程を下げる末端圧力制御が容易なため，インバータ制御のメリットを活かすことができる。

（よこた　たけふみ）

【参考文献】

1）空気調和・衛生工学会：空気調和・衛生工学便覧　第14版第3巻，2010年

2）井上宇市：空気調和ハンドブック，丸善，1982年

3）空気調和・衛生工学会：空気調和・衛生設備の知識，オーム社，2002年

4）空気調和・衛生工学会：空気調和設備の実務の知識，オーム社，2002年

5）建築配管設備の実務読本，オーム社，1993年

62

横田雄史
㈱日建設計 環境・設備技術部

ダクトサイズ選定図

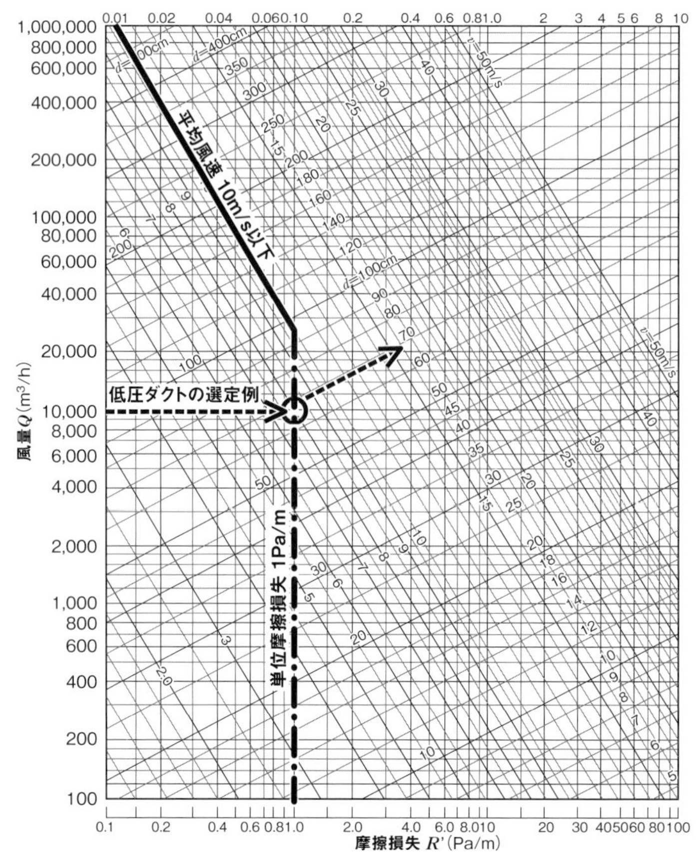

図1　ダクトの摩擦損失線図[1]（ε＝0.18，20℃，60%，1.001325×10⁵Pa）

表1　長方形ダクトの円形ダクトへの換算表（抜粋）

長辺＼短辺	10	20	30	40	50	60	70	80	90	100
10	10.9									
20	15.2	21.9								
30	18.3	26.6	32.8							
40	20.7	30.5	37.8	43.7						
50	22.7	33.7	42.0	48.8	54.7					
60	24.5	36.5	45.7	53.3	59.8	65.6				
70	26.1	39.1	49.0	57.3	64.4	70.8	76.5			
80	27.5	41.4	52.0	60.9	68.7	75.5	81.8	87.5		
90	28.9	43.5	54.8	64.2	72.6	79.9	86.6	92.7	98.4	
100	30.1	45.4	57.4	67.4	76.2	84.0	91.1	97.6	103.7	109.3
110	31.3	47.3	59.8	70.3	79.6	87.8	95.3	102.2	108.6	114.6
120	32.4	49.0	62.0	73.1	82.7	91.4	99.3	106.6	113.3	119.6
130	33.4	50.6	64.2	75.7	85.7	94.8	103.1	110.7	117.7	124.4
140	34.4	52.2	66.2	78.1	88.6	98.0	106.6	114.6	122.0	128.9
150	35.3	53.6	68.1	80.5	91.3	101.1	110.0	118.3	126.0	133.2
160	36.2	55.7	70.0	82.7	93.9	104.1	113.3	121.9	129.8	137.3
170	37.1	56.4	71.8	84.9	96.4	106.9	116.4	125.3	133.5	141.3
180	37.9	57.7	73.5	86.9	98.8	109.6	119.5	128.6	137.1	145.1
190	38.7	59.0	75.1	88.9	101.2	112.2	122.4	131.8	140.5	148.8
200	39.5	60.2	76.7	90.8	103.4	114.7	125.2	134.8	143.8	152.3
250	43.0	65.8	84.0	99.6	113.6	126.2	137.9	148.8	158.9	168.5
300	46.2	70.6	90.3	107.3	122.5	136.3	149.0	160.9	172.1	182.7

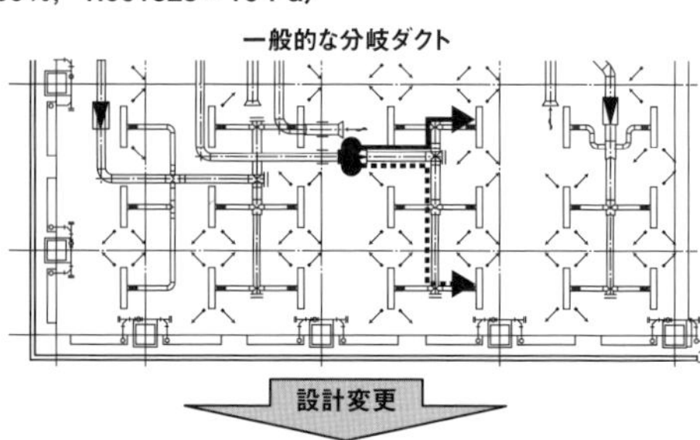

図2　風量調整に配慮した分岐ダクトの例

⊙実務での役立て方

図1は，風量からダクト径の選定するために，流体を空気とした摩擦損失線図である。配管の場合には，流体の種類・状態・配管材質ごとに，流量線図の使い分けが必要であるが，空調・換気設備のダクト設計は，常温常圧の空気を対象としているので，この1枚で足りる。空気の温度が20℃±15℃の範囲では，抵抗の変化は5％以下なので補正しない。また設計上，配管と異なる点は，円形ダクトから長方形ダクトへの換算表が用意されていることである。

⊙等圧法によるダクト設計

ダクト設計には，①等圧法，②全圧法，③等速法，④静圧再取得法の4方法がある。一般的に空調・換気ダクトは，配管と同様に等圧法で設計する。等圧法（等摩擦法：equal friction method）では，ダクトの摩擦損失線図上で，単位摩擦損失を一定とし，風量から円形ダクトの直径を選定する。

図1は，ダルシー・ワイスバッハの式で，内面粗度0.18mmの亜鉛めっき鋼板製円形ダクトに標準状態の空気を通風した場合の計算結果を線図化したものである。水配管に比べ，ダクト線図の横軸の摩擦損失のレンジは2桁ほど小さい。空気の密度は水の1/1,000だが，動粘性係数がおよそ10倍だからである。

⊙単位摩擦損失の設定

空調・換気設備のダクトは，省エネ・漏気に配慮して，常用圧力±500Paの低圧ダクトとして設計する。単位摩擦損失の選択範囲は0.8～1.5Pa/mだが，一般に1Pa/mで選定することが多い。例えば，ダクト直管長10mの摩擦損失は10Paとなり，U字管マノメータで計測すると，この区間の静水頭の低下は，約1mm（＝0.1mmAq/m×10m）となる。

⊙ダクト内風速の最大値

低圧ダクトの亜鉛めっき鋼板は，板厚0.5～1.2mmと薄く剛性が低い。風速が速くなると，ダクトの振動や騒音が発生する。このため，事務室の空調ダクトの最大風速は10m/sとし，コンサートホールなど許容騒音レベルが低い場合は，最大風速も4～6m/sと低く抑えて設計する。

⊙長方形ダクトへの変換

密度の低い空気を搬送するダクトは，建築の納まりに応じて，長方形ダクトとすることができる。

単位摩擦損失が等しい，直径d_eの円形ダクトと，長方形ダクトの短辺a，長辺bの関係は，ヒューブシャー（Huebsher）の式(1)となる。

$$d_e = 1.3\left\{\frac{(ab)^5}{(a+b)^2}\right\}^{0.125} \qquad (1)$$

表1は，式(1)を計算し，円形ダクトから長方形ダクトへの換算表としたものである。アスペクト比a/bが大きく，断面が扁平になるほど，剛性が低下し，騒音が発生しやすくなる。アスペクト比は原則4以下とし，最大でも10未満とすべきである。

⊙ダクトの選定例

設計風量が10,000m³/hのとき，図1の一点鎖線（1.0Pa/m）の線との交点から，円形ダクトの直径は70cm，風速は8m/s（<10m/s）となる。

例えば納まり上で，ダクト短辺は40cm以下いう制約があったとする。直径70cmの円形ダクトから短辺40cmの長方形ダクトに変換する場合，表1上欄の40cmの列を探すと直径70.3cmが見つかり，この行左端を読むと，長辺寸法は110cmとなる。アスペクト比は，110/40＝2.75≦434なので許容内である。

⊙ダクトサイズ選定用計算尺

写❶のように，ダクトの摩擦線図と円形ダクト―長方形ダクト変換表をまとめた計算尺がある。円盤を回して，単位摩擦損失の目盛りを設計風量に合わせると，窓部に円形ダクトの直径が表示される。同時にこの窓部で，円形ダクト→長方形ダクトの変換ができ，便利である。裏側には，配管サイズ選定用の目盛りがある。

⊙分岐ダクトの風量調整

等圧法では，ダクト直管長さに比例して，ダクトの圧力損失が増大し，吹出し口の風量が減少してしまう。一般には，分岐ダクトに風量調整ダンパを設け，送風機から各吹出し口までの圧力損失を調整する。

図2の下図は，チャンバーから分岐ダクトを放射状に配置し，各吹出し口までの圧力損失を揃え，風量調整・施工を容易にしたダクトユニットである。（よこた　たけふみ）

【参考文献】

1）空気調和・衛生工学会：空気調和・衛生工学便覧　第14版第3巻，2010年

2）井上宇市：空気調和ハンドブック，丸善，1982年

3）空気調和・衛生工学会：空気調和設備の実務の知識，オーム社，2002年

4）ASHRAE Handbook-Fundamentals（SI），2009年

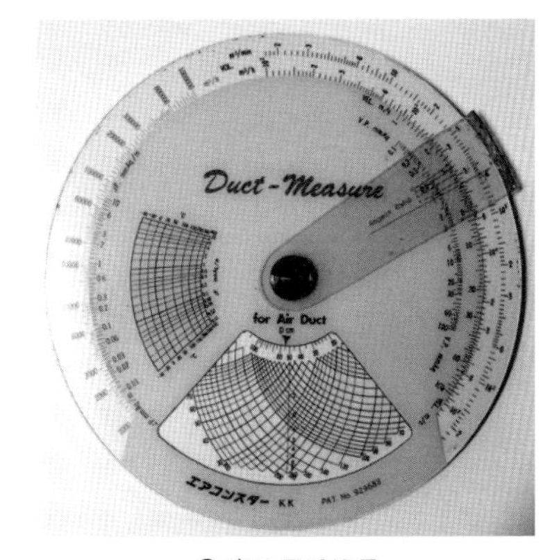

❶ダクト用計算尺

63

佐藤孝輔
㈱日建設計 設備設計部

ポンプ選定図

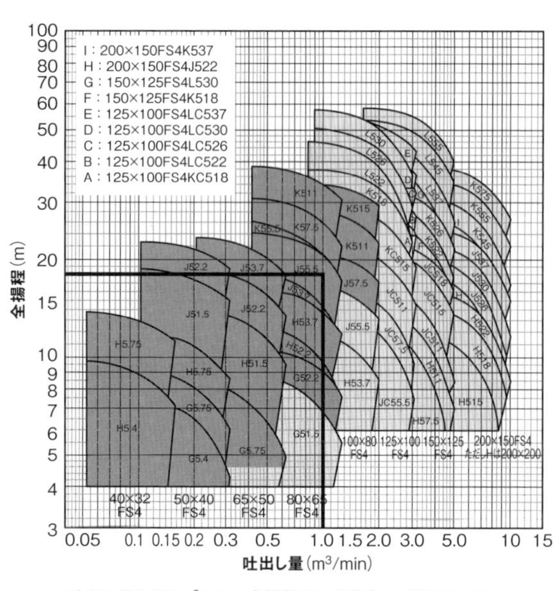

吐出し量1,000m³/min，全揚程18mの場合，口径80×65，電動機容量5.5kWのポンプが選定される

図1　ポンプ選定図（陸上ポンプの例）[1]

吐出し量1,000m³/min，全揚程18mの場合，口径65，電動機容量11kWのポンプが選定される

図2　ポンプ選定図（水中ポンプの例）[1]

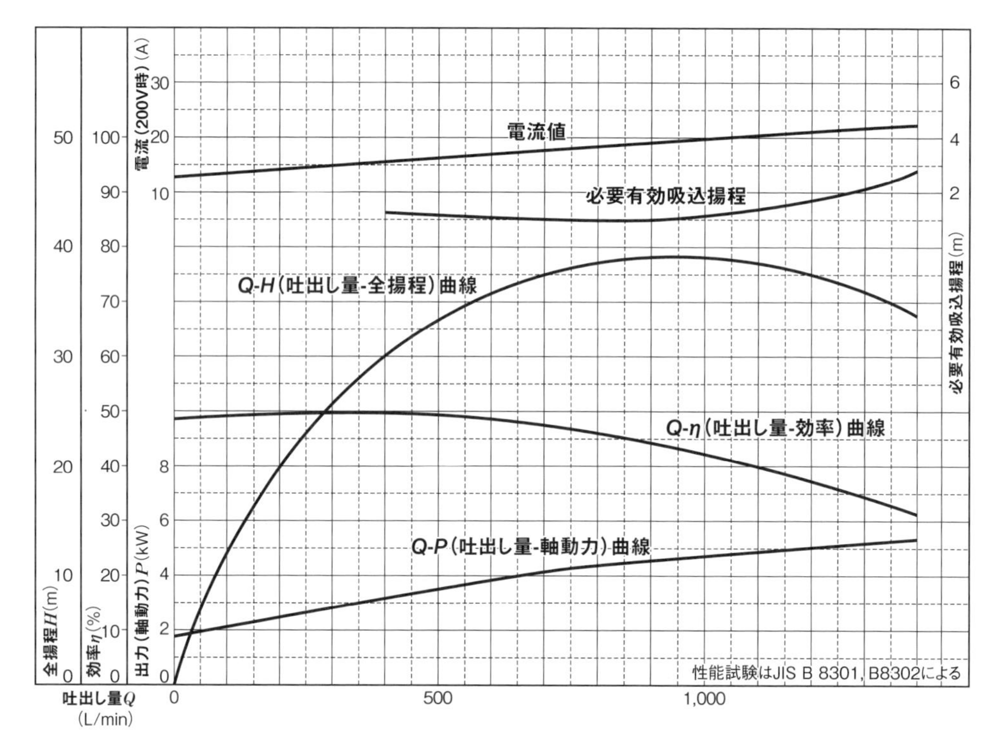

ポンプ性能曲線には，Q-H曲線，Q-P曲線，Q-η曲線のほか，電流値特性や必要有効吸込揚程などが示される

図3　ポンプ性能曲線（片吸込渦巻ポンプ80φ×65φ×200V×5.5kWの例）

⦿実務での役立て方

目的とする流量および圧力損失（必要揚程）からポンプを選定する際に，メーカーから公表されているポンプ選定図を用いる。さらに個々のポンプの性能曲線を用いることで，実際の運転点における詳細な効率や出力特性を得ることができる。

⦿ポンプ選定図（図1，2）

ポンプの選定は，まず目的とする用途によりタイプ（陸上ポンプ，水中ポンプなど）を決定し，その後，必要な流量および全揚程をもとに，各メーカーがカタログなどで公表している選定図から，吸込み側・吐出し側配管口径および電動機出力などの仕様を決定する。

⦿ポンプの性能特性図（図3）

ポンプの性能は，図3に示すように，①吐出し量に対する，②全揚程（*Q*–*H*曲線），③軸動力（*Q*–*P*曲線），④ポンプ効率（*Q*–η曲線）で表される。

1）*Q*–*H*曲線

ポンプの吐出し量*Q*と全揚程*H*の関係を示した特性図。**図4**に示すように，吐出し量を大きくすると全揚程が小さく，吐出し量を小さくすると全揚程が大きくなる特性が示されている。当該特性を利用して，弁により流量調整を行う。ただし，管路抵抗などの損失に余裕を取りすぎると，ポンプの運転点は必要な吐出し量以上の流量となったり，ポンプがキャビテーションを起こすこともある。逆に，損失の想定が実際よりも小さく選定した場合には，運転点が高揚程側に移動し，必要な水量が得られない可能性がある。

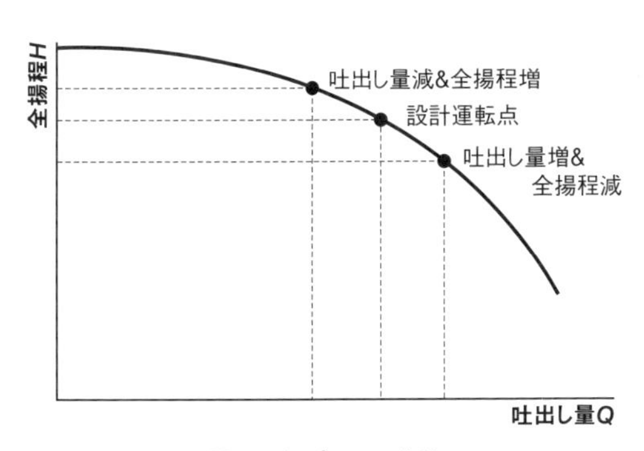

図4　ポンプのQ–H曲線

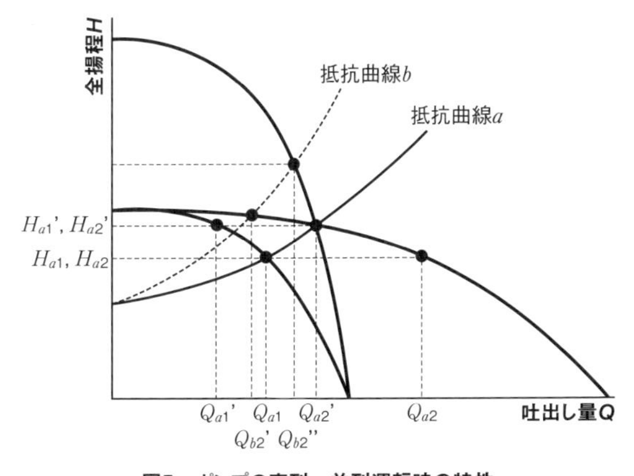

図5　ポンプの直列・並列運転時の特性

2）*Q*–*P*曲線

ポンプの吐出し量*Q*と軸動力*S*の関係を示した特性図。

3）*Q*–η曲線

ポンプの吐出し量*Q*とポンプ効率ηの関係を示した特性図。ある吐出し量で効率が最大になる（上に凸）傾向があるため，運転点を効率が最大となる吐出し量で選定するのが理想となる。

- 吐出し量*Q*（m^3/min）：ポンプが吐出す流体の量
- 全揚程*H*（m）：ポンプが揚水できる高さ（水頭）を揚程といい，系における吸込み水位と吐出し水位の差（実揚程：H_a）と配管や機器の圧力損失（損失水頭：H_f）の合計を全揚程という。
- ポンプ効率η（－）：軸動力*S*を水動力*W*に変換できる効率。ポンプ効率はポンプの構造および大きさなどによって異なる。
- 軸動力*P*（kW）・電動機容量*M*（kW）：軸動力は，ポンプが吐出し量*Q*を全揚程*H*だけ揚水するのに必要な力。揚水に有効に利用される水動力（理論動力）*W*とポンプ効率ηによって求まる。電動機容量*M*は，軸動力*S*と余裕率*e*から求まる。

$P=W/\eta,\ \ W=0.163\cdot\gamma\cdot Q\cdot H,\ \ M=P\cdot e$

⦿ポンプの直列・並列運転時の特性

大規模建物や高層建物では，複数のポンプを直列あるいは並列で接続することで，流量あるいは揚程の変動に対応することがある。例えば，特性が同じ2台のポンプを直列運転したときの*Q*–*H*特性は，**図5**に示すように，単独の場合の曲線を縦軸（全揚程）方向に，同様に並列接続したときの特性は，横軸（吐出し量）方向に2倍して求められる。同図からわかるように，並列運転時は管路抵抗が大きくなり，全揚程が大きくなる（H_{a2}'）ため，得られる吐出し量Q_{a2}'は単独運転の2倍（Q_{a2}）よりも小さくなり，逆に単独運転時（Q_{a1}）は並列運転時（Q_{a2}'）の1/2よりも吐出し量が大きくなる。また，配管抵抗が*a*の場合には，得られる流量および全揚程は直列接続の場合と同じだが，配管抵抗*b*のように抵抗が大きくなると，直列運転の方が多くの流量が得られる。このような特性に留意して，ポンプを選定する必要がある。

（さとう　こうすけ）

【参考文献】
1）エバラポンプハンドブックvol.1，荏原製作所
2）ShinMaywaハンドブック19版，新明和工業

64

佐藤孝輔
㈱日建設計 設備設計部

ファン選定図

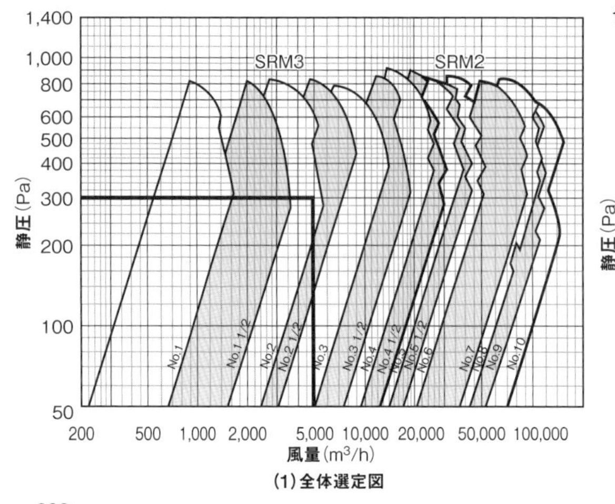

(1) 全体選定図

(2) 個別選定図

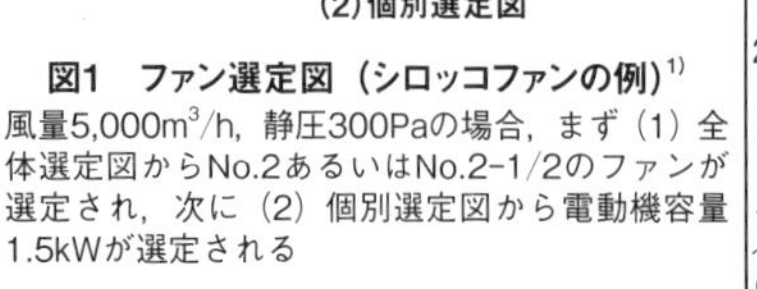

図1 ファン選定図（シロッコファンの例）[1]
風量5,000m³/h，静圧300Paの場合，まず（1）全体選定図からNo.2あるいはNo.2-1/2のファンが選定され，次に（2）個別選定図から電動機容量1.5kWが選定される

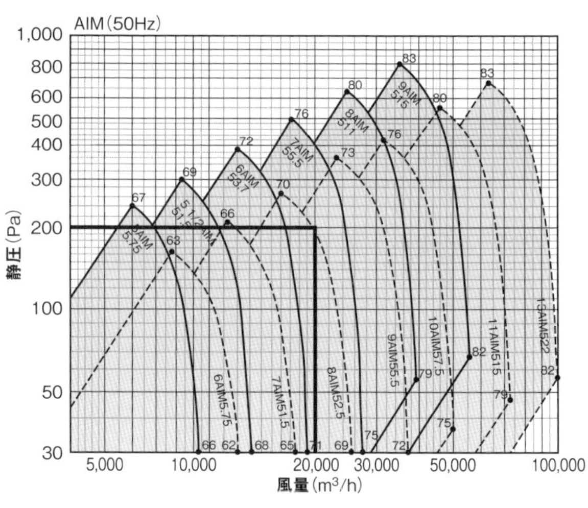

図2 ファン全体選定図（軸流ファンの例）[1]
風量20,000m³/h，静圧200Paの場合，No.7-電動機容量5.5kWが選定される

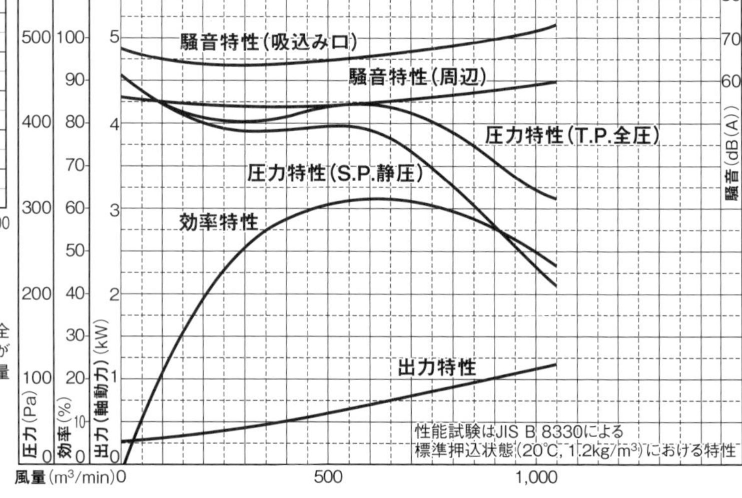

図3 ファン性能曲線（シロッコファン，No.2-1/2×1.5kWの例）

⊙実務での役立て方

目的とする風量および圧力損失（必要静圧）からファンを選定する際に，メーカーから公表されているファン選定図を用いる。

さらに個々のファンの性能曲線を用いることで，実際の運転点における詳細な効率や出力特性を得ることができる。

⊙ファン選定図（図1，2）

ファンの選定は，必要な風量および静圧をもとに，タイプ（シロッコファン，軸流ファンなど）を決定し，その後，各メーカーがカタログなどで公表している選定図からファンの番手（大きさ）および電動機容量を選定する。ファンの選定図には，**図1**（1），（2）のように，まず全体選定図から番手を選定し，次に個別選定図から電動機容量を選定するようなものと，**図2**のように，一つの選定図から番手および電動機容量を同時に選定できるものがある。また，両図のように，電動機容量の他に，運転点における回転数や騒音値などの性能に関する情報が示されている場合がある。

⊙ファンの性能特性図（図3）

運転時の詳細な性能を把握するためには，**図3**に示すように，個々のファンに対してメーカーから公表されている性能特性図を利用する。性能特性図には，①風量に対する，②圧力特性（全圧，静圧），③出力（軸動力），④ファン効率，⑤騒音値（吸込み口，周辺）などの情報が示されており，これらの情報をもとに詳細な電気容量の決定や騒音対策の計画を行う。

1）圧力特性

ファンの風量Qと全圧T.P. あるいは静圧S.P. との関係を示した特性図。特にファン選定においては，ファンの圧力特性と実際の圧力損失との関係が重要になる。**図4**に示すように，圧力特性には最高圧力点付近（図中領域A）で羽根が失速し逆流を起こすなどファンの挙動が不安定になる領域（サージング域）があるため，当該領域よりも高風量領域（図中領域B）で選定する必要がある。

2）出力特性

ファンの風量Qと出力の関係を示した特性図。

3）効率特性

ファンの風量Qとファン効率ηの関係を示した特性図。ポンプのQ-η曲線と同様に，ある風量で効率が最大になる（上に凸）傾向があるため，運転点を効率が最大となる風量で選定するのが理想となる。

⊙ファンの直列運転時の特性

ダクト延長が長くなった場合などに複数のファンを直列に接続して静圧を確保する場合がある。この場合は，同じ流体搬送機器であるポンプと同様の特性が利用できるため，144頁「ポンプ選定図」に示した事項に留意して，ファンを選定する必要がある。

⊙風量制御と性能の関係

ファンの風量調整には，吐出しダンパ制御，吸込みダンパ制御，回転数制御などがあり，**図5**に示すように前述の性能特性に違いがある。

1）吐出しダンパ制御

吐出し側のダンパで抵抗を与えて風量を調整する方法。圧力損失が0→1となり風量の減少（Q_0→Q'）とともに出力も減少する（L_0→L_1）が，ダンパ抵抗分が損失となる。

2）吸込みダンパ制御

吸込み側のダンパで抵抗を与えて風量を調整する方法。圧力特性と出力特性が0→2となり，吐出ダンパ制御よりも動力削減効果が大きい（L_0→L_2）。また，サージング領域が狭まる特徴をもつ。

3）回転数制御

ファンの回転数を電動機のインバータなどで制御し，風量を調整する方法。理論的上，ファンの回転数の変化量に対して，風量は一乗，圧力は二乗，出力（軸動力）は三乗で，変化する特性を利用した方法で動力の削減効果は大きい。ただし，回転数の変化量が大きくなる場合（±20％程度以上）の場合には，別途考慮を要する。

4）その他の制御

上記のほか，吸込みベーン制御や軸流ファンの可変ピッチ制御などがある。前者は，ダンパの代わりに吸込み側に設置したベーンの角度を可変させながら開口面積を可変させ，後者は動翼自体の角度を可変させる。制御性や省エネルギー性は機器のつくり方により異なる場合もあるが，省エネルギー性は一般に，回転数制御，可変ピッチ制御，吸込みベーン制御，吸込みダンパ制御，吐出しダンパ制御の順に高い。

（さとう　こうすけ）

【参考文献】

1）エバラファンハンドブックvol.1，荏原製作所

2）ミツヤ送風機技術資料，ミツヤ送風機製作所

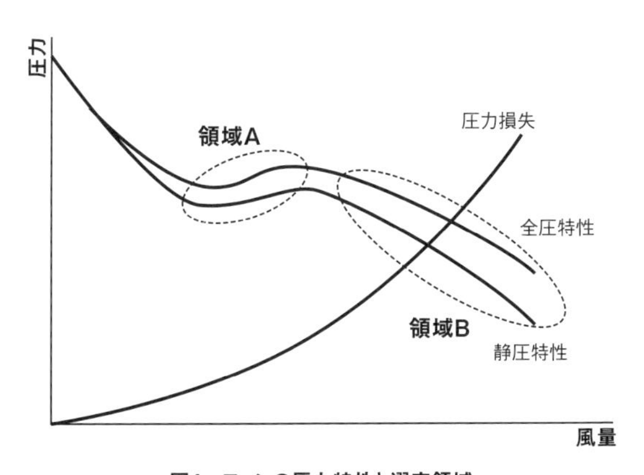

図4　ファンの圧力特性と選定領域

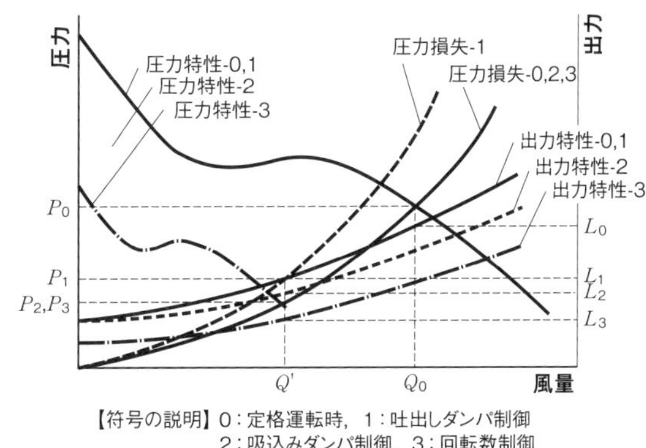

図5　風量制御方法と特性変化の関係

65

長谷川 巌
㈱日建設計 エンジニアリング部門設備設計グループ設備設計部長

衛生器具の数の算定

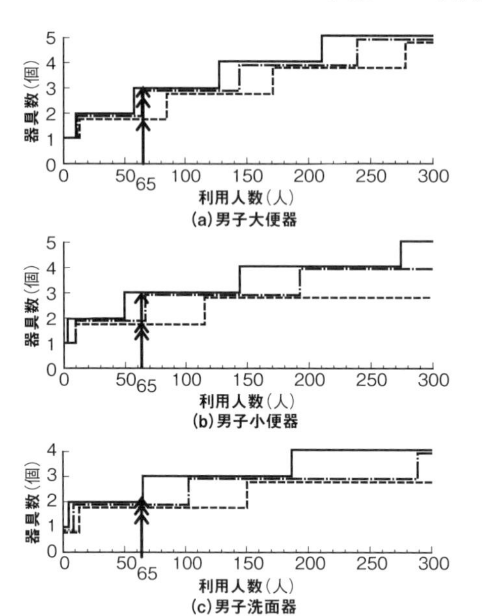

レベル1
レベル2
レベル3

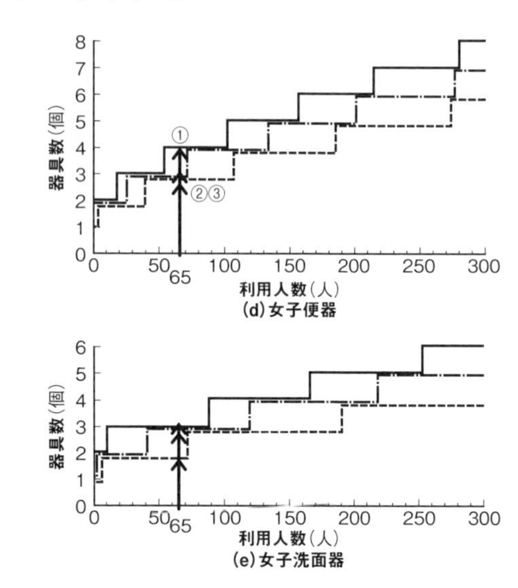

図1　事務所の適正器具数

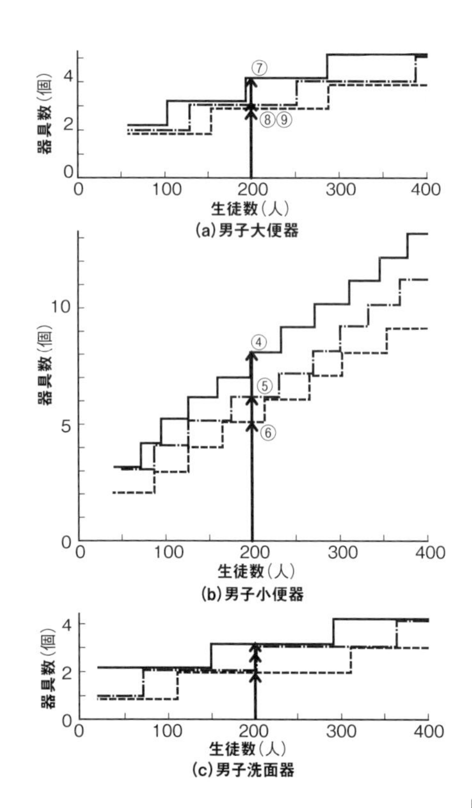

レベル1
レベル2
レベル3

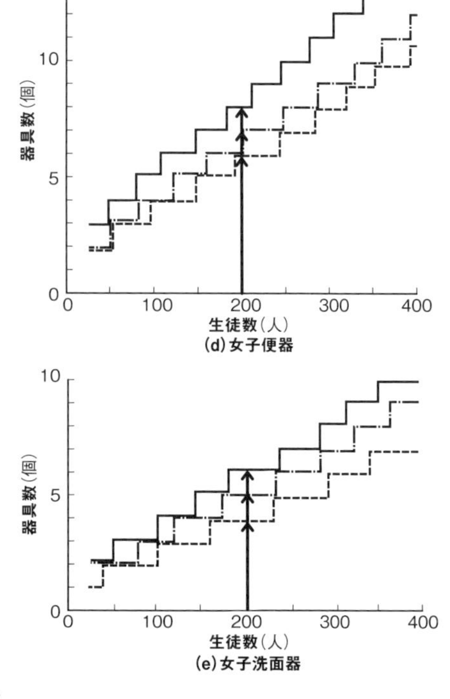

図2　学校の適正器具数

⊙実務での役立て方

本図では建築計画において，建物用途や人員に対応した衛生器具の適正個数を算定することができる。

衛生器具数が不足すると，利用者に不便を与え，建物としての機能が損なわれる。一方，過剰に設置されると経済性やスペース効率の面において不利になる。こうした意味で，建物のグレードに応じ，バランスのとれた衛生器具の個数を計画する必要がある。

⊙衛生器具の利用形態

衛生器具の利用形態には，随時利用される形態（任意利用形態）と，休み時間などにのみ利用される形態（集中利用形態）がある。設計者は建物用途に応じて，衛生器具の利用形態がどちらかを判別して，適切な線図を利用する必要がある。任意利用形態の建物としては，事務所，住宅，ホテル，飲食，物販，図書館，病院，研究所など，集中利用形態の建物としては学校，劇場，工場，駅などが対象となる。

⊙サービスレベル

衛生器具数の決定では，多段階に示されたサービスレベルから，設計者が判断して適当と思われるレベルを選定する。レベル1は上限値でゆとりのある器具数，レベル2は平均値または最頻値で標準的な器具数，レベル3は下限値で最低限の器具数となる。

⊙事務所（任意利用形態の建物）の衛生器具数算定

任意利用形態における器具数算定は，待ち行列理論を適用している。**表1**に，事務所建物の器具数の算定条件を示す。例えば，男子大便器のレベル1では確率5％で待ち時間10秒，レベル2では60秒，レベル3では120秒という評価尺度となる。

図1に，事務所建物における衛生器具数の算定事例を示す。

例えば，事務所の室床面積1,300m^{2}で室床面積当たりの人員密度を0.1人/m^2，男女の割合をそれぞれ50％とすると，利用人数は男子65人，女子65人となる。ここで，図1の線図を用いてそれぞれの適正器具数を読み取る。レベル設定に応じて適正器具数に変わり，レベル3からレベル1になるほど器具数が増える。例えば，女子大便器はレベル1では図1の①で4個必要となるが，レベル2，3では図1の②，③で3個必要となる。このようにして読み取った適正器具数の算定結果を，**表2**に示す。

⊙学校（集中利用形態の建物）の衛生器具数算定

集中利用形態における器具数算定は，シミュレーションモデルを適用している。集中利用形態における器具数は，衛生器具の使われ方に基づいて，シミュレーションによって待ち行列の状態を出現させ，算定された最大待ち時間をサービスレベルの評価尺度として，あらかじめ設定した最大待ち時間より低くなる最小の器具数をもって決定する。

図2に，学校建物における衛生器具数の算定事例を示す。

例えば，男女別生徒数200人の学校とすると，図2の線図を用いてそれぞれの器具数を読み取る。例えば，男子小便器はレベル1では図2の④で8個，レベル2では図2の⑤で6個，レベル3では図2の⑥で5個と大幅に設置個数が変わるが，男子大便器はレベル1では図2の⑦で4個，レベル2，3では図2の⑧，⑨で3個と設置個数の変化は少ない。このようにして読み取った適正器具数の算定結果を，**表3**に示す。（はせがわ　いわお）

【参考文献】

1）SHASE-S 206-2009「給排水衛生設備規準・同解説」，1.衛生器具の設置個数の決定，pp.207-221，公益社団法人空気調和・衛生工学会

表1　適正器具数の算定条件（事務所）

		到着率（人/min・100人）	占有時間（s）	待ち時間の評価尺度注）		
				レベル1	レベル2	レベル3
事務所	男子大便器	0.130	300	$P(>10)<0.05$	$P(>60)<0.05$	$P(>120)<0.05$
	男子小便器	0.600	30	$P(>0)<0.01$	$P(>10)<0.01$	$P(>30)<0.01$
	男子洗面器	0.700	20	$P(>0)<0.01$	$P(>10)<0.01$	$P(>20)<0.01$
	女子便器	0.600	90	$P(>10)<0.01$	$P(>40)<0.01$	$P(>90)<0.01$
	女子洗面器	1.000	30	$P(>0)<0.01$	$P(>10)<0.01$	$P(>30)<0.01$

注）（　）内の値は待ち時間（s）を，右の値は確率を表す

表2　適正器具数の算定結果（事務所）

男子				
利用人員	器具の種類	レベル1	レベル2	レベル3
65人	大便器	3個	3個	2個
	小便器	3個	2個	2個
	洗面器	2個	2個	2個
女子				
利用人員	器具の種類	レベル1	レベル2	レベル3
65人	大便器	4個	3個	3個
	洗面器	3個	3個	2個

表3　適正器具数の算定結果（学校）

男子				
利用人員	器具の種類	レベル1	レベル2	レベル3
200人	大便器	4個	3個	3個
	小便器	8個	6個	5個
	洗面器	3個	3個	2個
女子				
利用人員	器具の種類	レベル1	レベル2	レベル3
200人	大便器	8個	7個	6個
	洗面器	6個	5個	4個

66

堀川 晋
㈱日建設計 設備設計部

地域と気候図

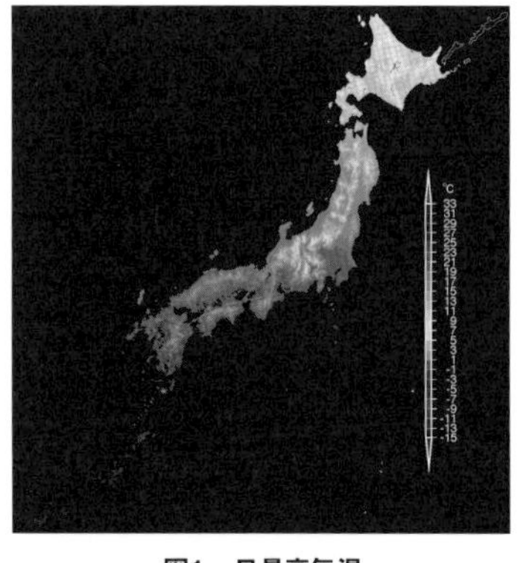

図1　日最高気温

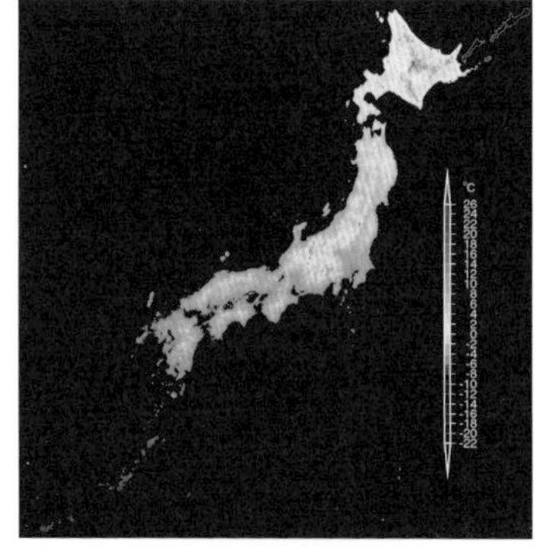

図2　日最低気温

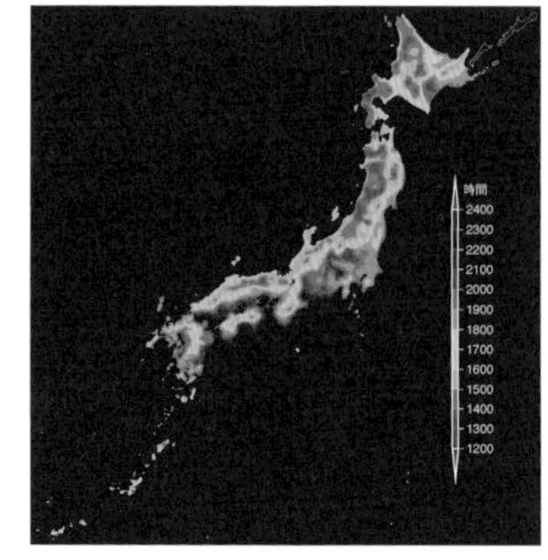

図3　日照時間

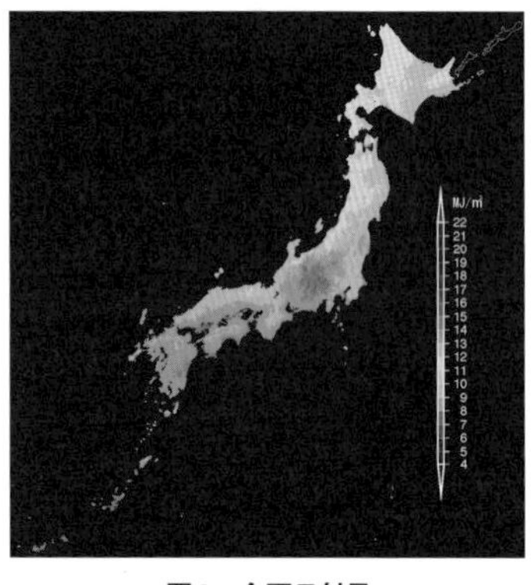

図4　全天日射量

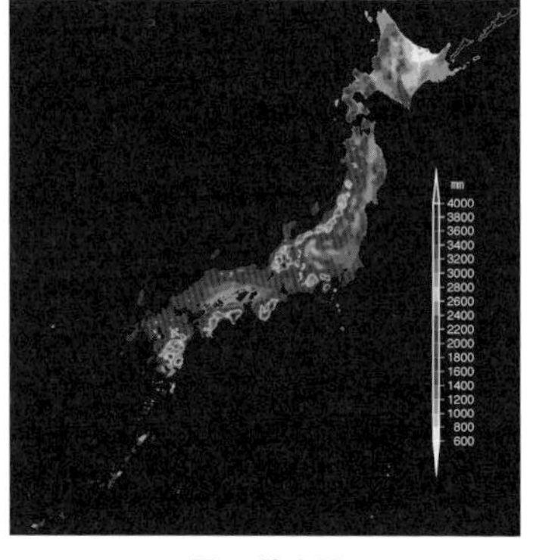

図5　降水量

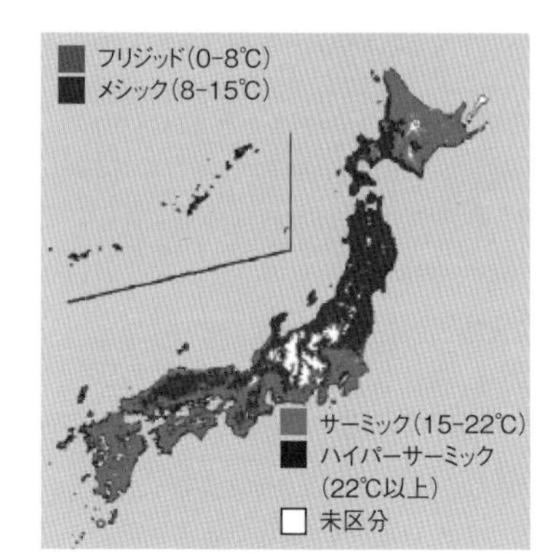

図6　土壌温度

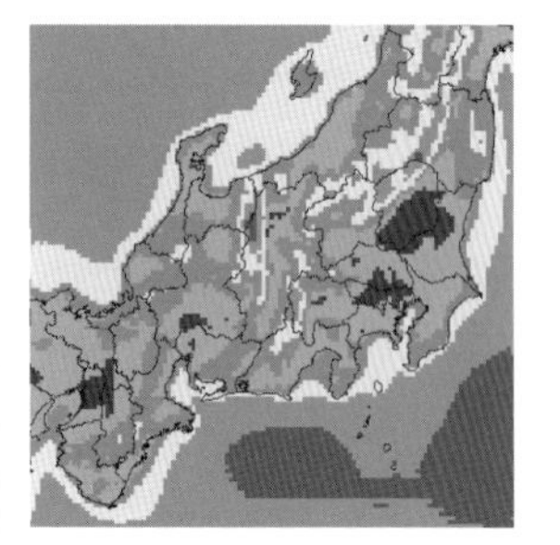

図7　風速（極地）

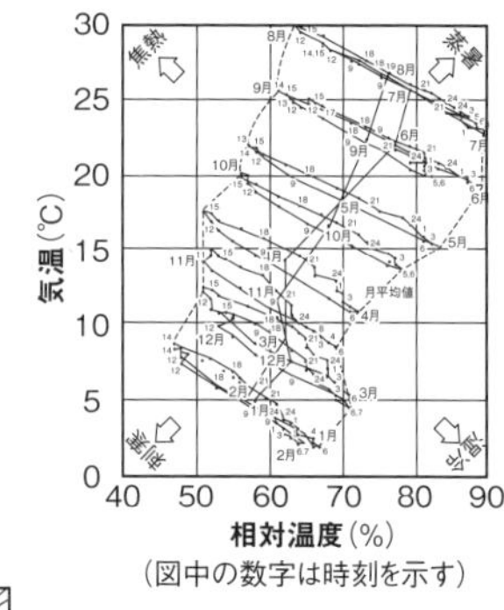

図8　クリモグラフ
（図中の数字は時刻を示す）

図9　日影線図

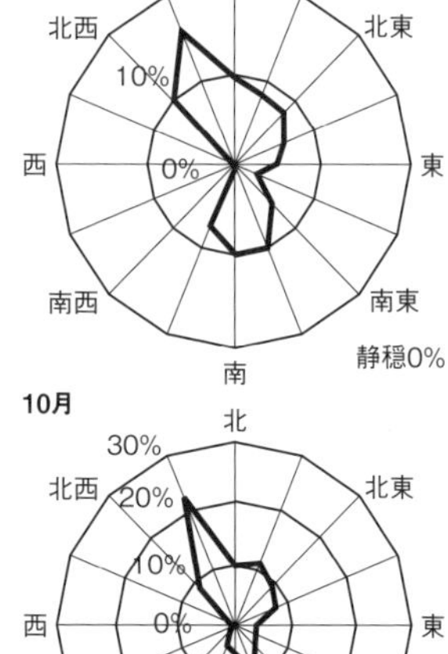

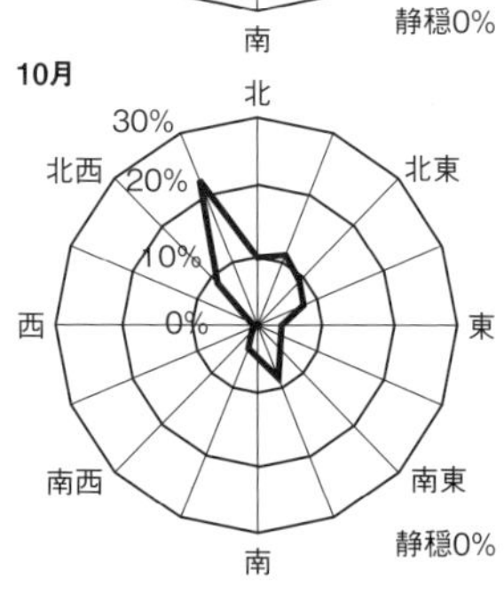

図10　風配図（東京都）

⦿実務での役立て方

サステナブル建築やゼロエネルギービル（ZEB）を計画する場合には，化石エネルギーを消費する設備システムに頼るのではなく，自然エネルギーを有効に利用するパッシブシステムを積極的に採用すべきである。そうすることで，省エネルギー化が図れるだけでなく，快適性や知的生産性も向上される。パッシブシステムの主な要素技術として，日射遮蔽，昼光利用，自然換気，太陽熱利用，地中熱利用，雨水利用などが挙げられるが，それらの検討のためには，地域と気候の関係をプロジェクトのスタート時に直感的に理解しておく必要がある。ここに示す図表は，検討の際に有効に利用することができる。

⦿日最高，日最低気温分布図[1)]

断熱性能などを決めるためには，日最高気温（**図1**）と日最低気温（**図2**）の両方を参照する必要がある。また，近年は気温の変化が激しいため，最新年を含むデータが統計されている気象庁ホームページを参照することが望まれる。日最高気温は，沖縄，九州に加えて，海岸沿いの平野部において高い値を示している。日最低気温も同様だが，日最高気温に比べて地域差が小さくなっている。

⦿全天日射量と日照時間[1)]

昼光利用や太陽熱利用システムなどの採用のために参照する。全天日射量（**図4**）は，四国，中国，近畿，東海の海岸沿い，九州，そして甲信越地域の値が大きい。日照時間（**図3**）も同様であるが，日本海側が降雪のため短くなっている。

⦿降水量[1)]

雨水利用システムなどの採用のために参照する。台風の影響が大きい九州，四国，近畿，東海の太平洋側，降雪の多い日本海側の値が大きくなっている（**図5**）。

⦿土壌温度[2)]

地中熱ヒートポンプ，ヒート・クールチューブなどの採用のために参照する。土壌温度分布図の事例は多くないが，農業技術研究所が作成した年平均土壌温度図（表層下30～50cmの値）などが参考になる（**図6**）。

⦿風速（極地）[3)]

風力発電システムなどの採用のために参照する。海岸線，高地ほど風は強く，内陸部や盆地では小さくなっている（**図7**）。

⦿クリモグラフ（climograph）[4)]

クリモグラフとは，縦軸に気温，横軸に相対湿度を取り，毎月の平均値を記入して，月の順に直線で結んだグラフである。複数の都市の気候の違いをよく理解することができる。

また，各月の平均的な日変化を加えて，変動範囲を表すことが可能である（**図8**）。

⦿日影線図[5)]

単位長さの垂直棒の水平面上に，落とす影の先端の一の軌跡を季別に描いたものである（**図9**）。建築物の地表面への日影図作成，窓から直射光の侵入を予測する場合に利用する。

⦿風配図[6)]

建物配置や，自然風の取入れ口と出口を検討する際に参照する。**図10**は東京都の例を示すが，自然換気の有効な4月は南北に，10月は北に卓越しており，南北の両方に開口を設けることで自然換気が良好に行えることがわかる。

⦿ハザードマップ[7),8)]

浸水予想に基づいて，浸水する範囲とその程度ならびに水害時の避難場所を示した地図である。**図11**は，東京都千代田区の例である。主要電気室や機械室の配置を地下にするか，地上にするかといった検討とともに，防潮堤の高さを決めるために参照する。

（ほりかわ　すすむ）

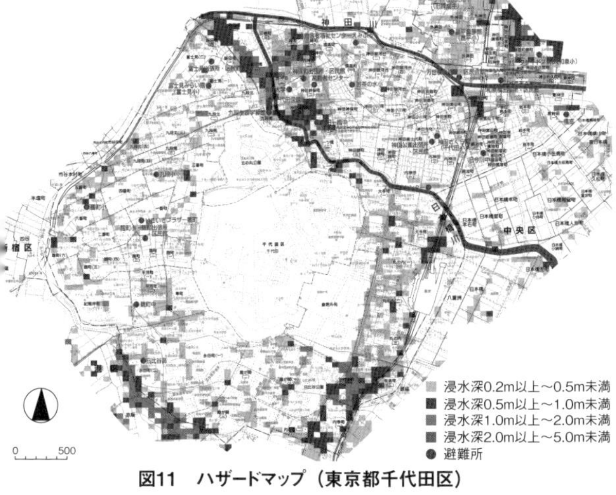

図11　ハザードマップ（東京都千代田区）

【参考文献】

1）気象庁ホームページ：http://www.data.jma.go.jp/obd/stats/data/mdrr/atlas/maximum_temperature2_13.pdf

2）農業技術研究所ホームページ：http://www.niaes.affrc.go.jp/sinfo/result/result28/result28_48.pdf

3）新エネルギー・産業技術総合開発機構ホームページ：http://app8.infoc.nedo.go.jp/nedo/index.html

4）日本建築学会編：建築資料集成/環境，地域環境/自然環境，p.148，2007年

5）木村建一ほか：新建築学体系/8 自然環境，p.72，彰国社，1984年

6）東京管区気象台ホームページ：http://www.jma-net.go.jp/tokyo/sub_index/fuuhai/fu662.htm

7）国土交通省ホームページ：http://disapotal.gsi.go.jp/

8）東京都千代田区ホームページ：http://www.city.chiyoda.lg.jp/koho/kurashi/bosai/suigai/documents/haza-dokanndagawa.pdf

67

栗原潤一
㈱ミサワホーム総合研究所

太陽電池の方位角，傾斜角と年間発電量

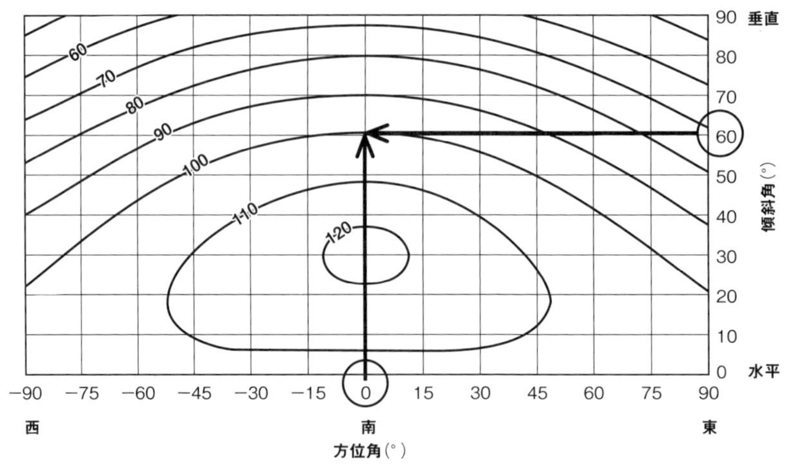

図1　太陽電池の方位角，傾斜角と年間発電量（東京，単位：kWh/m²年）
（出典　岡 建雄：グリーンオフィスの設計，59頁，オーム社，2000年）

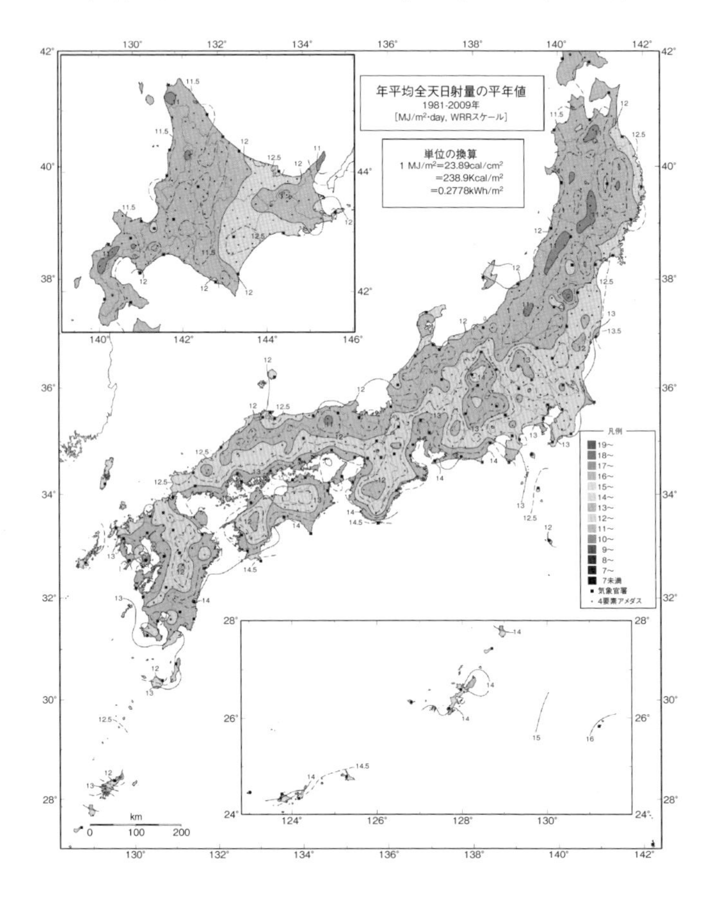

図2　全天日射量平均（出典　新エネルギー・産業技術総合機構NEDOのホームページ「日射量データベース」）

荷重・力学
RC造・SRC造
S造
木造
床スラブ・床組
基礎・地盤
免震・制振
施工
材料・仕上げ
設備
環境
計画

化石燃料の消費削減として，自然エネルギーの利用があり，その中の選択肢に太陽光発電がある。

太陽光発電は，太陽光により発電し，電力として使用することができる。適切な交流周波数変換装置などと組み合わせることにより，系統電力と同様に使用することができ，余剰分または全量を電力会社に売電することも可能である。

太陽光発電の発電を利用することにより，化石エネルギーの消費削減が可能となり，建物の省エネルギー性や環境負荷の低減，電力使用のピーク低減の検討をすることができる。また，建物における化石エネルギー消費のすべてが削減可能な場合に，その建物をZEB（ゼロエネルギービル），ZEH（ゼロエネルギー住宅）と呼ぶこともある。

⦿年間発電量の推定

太陽電池の発電量は，機器固有の変換効率のほか，設置地域の日射量，傾斜角度，方位角度により大きく異なる場合があるので，注意が必要である。

図1を用いて，年間発電量（kWh）を見積もることができる。図1は，東京における変換効率10％の太陽電池面積1m^{2}当たりの年間発電量（kWh）試算結果である。例（傾斜角60°，方位角0°の場合の発電量は100kWh/m^{2}年）のように，想定される傾斜角，方位角により，1m^{2}当たりの年間発電量が推定できる。

異なる変換効率，地域で検討する場合は，それぞれ以下の補正値を算出し，設置面積を考慮して，式(1)により，年間発電量が推定できる。

- **変換効率**：検討機器のカタログ値などにより，図1の10％と比較し，比率を算出し補正する。例：変換効率12％の機器を想定する場合は，補正値$A = 12/10 = 1.2$
- **地域**：地域による日射量の影響は，**図2**を用い，東京を12とし，当該地の値との比率で補正値Bを算出する。

例：	
札幌，帯広，仙台	12/12＝1.0
青森，秋田	11.5/12＝0.96
大阪	12.5/12＝1.04
名古屋，福岡，熊本	13/12＝1.08
松本，高知，那覇	14/12＝1.17

図2の詳細は，独立行政法人新エネルギー・産業技術総合機構NEDOのホームページ「日射量データベース」参照（積雪による，発電量低下は考慮されていない）。

年間発電量（推定）＝太陽光発電パネル発電量（図1，変換効率10％，地域：東京，1m^{2}当たり）×太陽光発電パネル設置面積（m^2）×変換効率補正値A×地域補正値B　　(1)

⦿設置上の留意事項

- **多雪地域の場合**：太陽電池は，積雪時には発電は期待できないので，落雪させる設置角度にするなどの対策が必要である。
- **ほこりの対応**：雨により流れる一般的なほこりであれば，雨で流れ落ちる設置角度（10°程度以上）であればほとんど影響はないが，鉄粉や樹液など付着するようなほこりの場合は，定期的な清掃などの必要性を考慮する必要がある。

⦿検討事例

東京における変換効率10％の太陽電池面積1m^{2}当たりの年間発電量（kWh）

①傾斜角30°，方位角0°の場合の
発電量は120kWh/m^{2}年

②傾斜角60°，方位角0°の場合の
発電量は100kWh/m^{2}年

③傾斜角60°，方位角45°の場合の
発電量は90kWh/m^{2}年

④傾斜角50°，方位角45°の場合の
発電量は100kWh/m^{2}年

⑤傾斜角90°，方位角0°の場合の
発電量は72kWh/m^{2}年

⑥傾斜角90°，方位角45°の場合の
発電量は61kWh/m^{2}年

⦿実務での役立て方

《事例1》　設計当初，傾斜角60°，方位角0°を想定して，発電量100kWh/m^{2}年を見積もっていたが，建物配置などの関係で方位角が45°に変更になるような場合，そのままでは，発電量は90kWh/m^{2}年（90％）となってしまう。図1によれば，傾斜角を50°に変更することで，発電量は100kWh/m^{2}年を見積もることができることがわかる。これをもとに太陽光発電の架台設計を変更すれば，当初の見積もりの発電量が得られることになる。

《事例2》　太陽光発電装置を設置する屋根面積が不足するような場合，垂直壁面への設置を検討する場合も想定される。その場合の例を考え傾斜角90°，方位角0°を想定すると，発電量は68kW/m^{2}年となり，傾斜角60°の場合の発電量100kW/m^{2}年の70％程度になってしまうので，同等発電量を期待するのであれば，設置面積を1.5倍ほどに大きく見込む必要があることがわかる。さらに，建築物の壁面への設置の場合には，傾斜角による発電量減少以外にも注意すべき点がある。その一点は，前面に建設される建築物の日影の影響である。地表に近い部分ほど影の影響を受けやすく，発電は期待できない。もう一点は，ガラス面での反射光の周辺建物への影響である。まぶしさや暑さなど，大きな問題になってしまう場合があるので，注意が必要である。

（くりはら　じゅんいち）

68

滝澤 総
㈱日建設計 設備設計部

昼光率の計算図

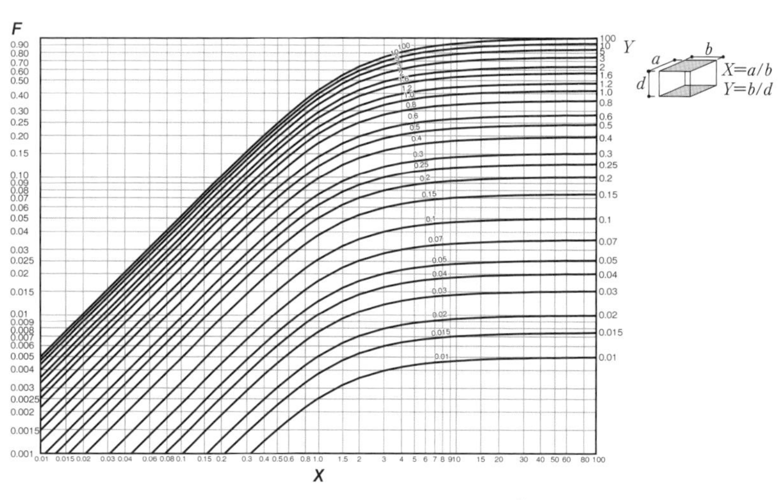

図1　平行平面間の立体角投射率[1]

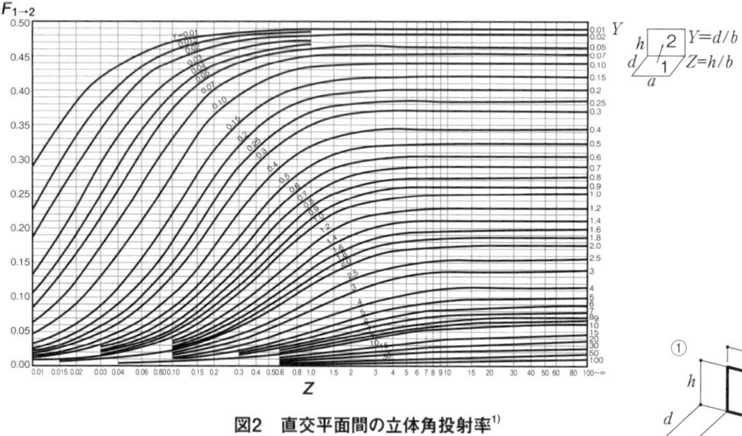

図2　直交平面間の立体角投射率[1]

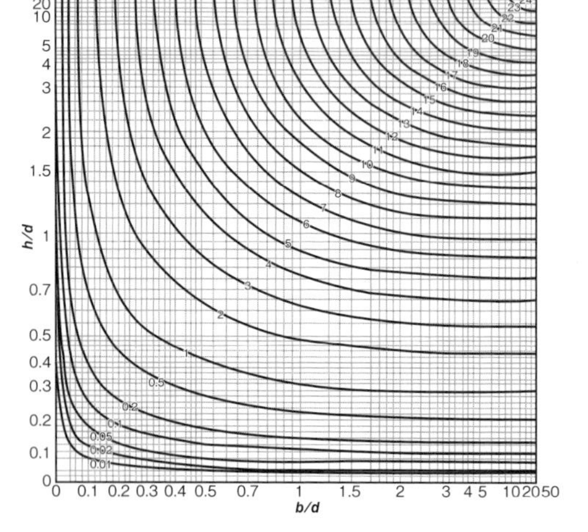

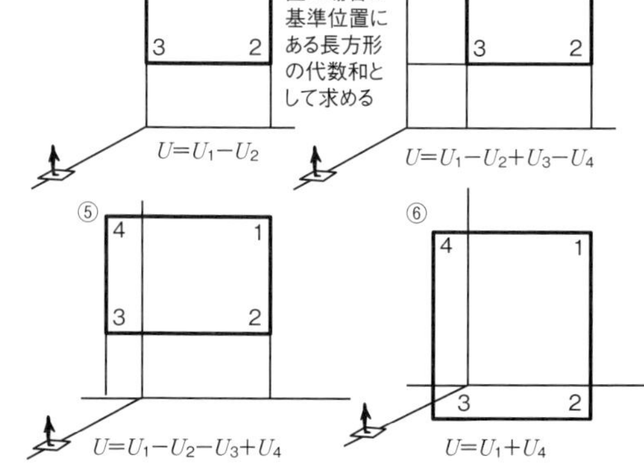

図3　立体角投射率（昼光率）の算定図

⊙実務での役立て方

採光の可能性を示す指標である昼光率は，全天空照度と，室内の検討点での照度の比で求められる。立体角投射率を用いる簡易法が一般的で，窓幅，窓高さ，窓から室内の検討点までの距離，を用いて図から昼光率を直接求めることができる。

⊙昼光照明

生産性や作業環境満足度向上，省エネ・節電などを目的として，昼光を積極的に建物に取り入れようとすることを，採光あるいは，より積極的に昼光照明などと呼ぶ。昼光照明の効果量は，気候区分や天候，窓・庇といった断面形状，敷地・隣接建物といった立地条件などに影響を受けるため，一般的に予測が困難である。**表1**に，光源の種類と到達経路から見た室内昼光照度の構成を示すが，比較的計算が容易な天空光による直接照度への寄与をもって昼光利用を評価することも多い。

⊙昼光率

図4に示すように，室内の検討点Pにおける照度E_pと全天空照度E_oとの比E_p/E_oを昼光率，E_pのうち直接照度をE_{p_d}とE_oの比E_{p_d}/E_oを直接昼光率と呼ぶと，直接昼光率に全天空照度E_oを乗じることで天空光による直接照度を求めることができるため，直接昼光率は昼光照明の設計指標として用いられることがある。例えば，建築物総合環境性能評価システムCASBEE[2]では，事務所の建物全体・共用部分において昼光率が1.5％以上2.0％未満の場合であればレベル3といった評価としている。

天空輝度分布が均一という仮定下に窓面の透過率を考慮しない場合は，窓面の射影面積S''と半球の底面積S_oの比である立体角投射率（形態係数とも呼ぶ，**図5**）は直接昼光率に等しくなるので，CASBEE[2]など立体角投射率を昼光率として用いる場合も多い。

⊙昼光率（立体角投射率）の計算図

図1に平行平面間の，**図2**に直交平面間の立体角投射率の図[1]を示す。図1，2では，窓幅で正規化しているが，窓面からの距離dで正規化し，窓幅b，窓高さhからb/dを横軸，h/dを縦軸にとり，昼光率（立体角投射率）を読む**図3**も用いられることが多い。

【例題】**図6**の点における昼光率を，図3から求めよ。

【回答】$h_1=2.8$，$h_2=0.3$，$b=20.0/2=10.0$，$d=5.0$から，$b/d=2.0$，$h_1/d=0.56$，$h_2=0.06$なので，$U_1=U_4=3\%$，$U_2=U_3=0.05\%$，昼光率$U=U_1-U_2-U_3+U_4=5.9\%$となる。

⊙留意事項

昼光率は昼光照明の簡易評価指標として活用されているが，窓装置や室内断面形状の複雑化を反映し，室内の分布，年間の挙動などを把握するような詳細な検討には，3次元モデルを使用したシミュレーションを使用することも増えている。この場合，間接照度を含めた結果となることが多い。

CASBEEだけでなく，米国のグリーンビル評価ツールであるLEED[3]や，健康評価ツールであるWELL[3]などにおいても，昼光が確保されている割合を評価対象にするなど，関心が高まっている。

（たきざわ　そう）

【参考文献】
1）建築設備基礎理論演習，学献社，1970年
2）CASBEE-新築 評価マニュアル（2006年版），建築環境・省エネルギー機構
3）Green Business Certification Inc.,“Certification Programs”, http://www.gbci.org/certification

表1　室内昼光照度の構成

直接照度	天空光によるもの
	直射日光によるもの
	地物反射光によるもの
間接照度	

注）ここでは窓（光源）から直接検討点に達する照度を直接照度，室内表面での反射光による照度を間接照度と呼ぶ

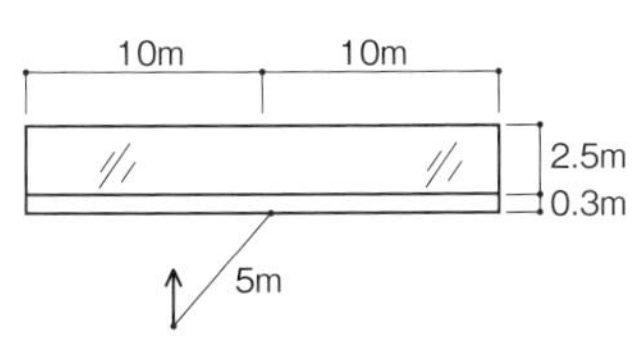

図6　例題の室形状

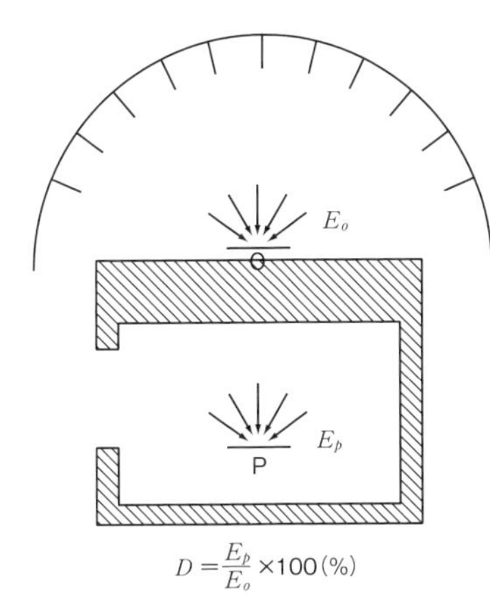

図4　昼光率

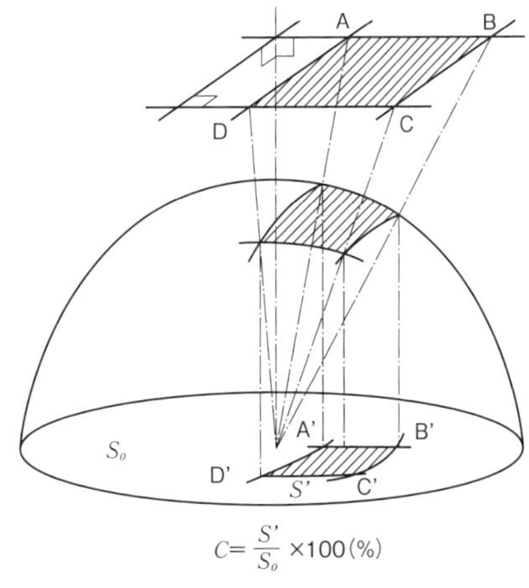

図5　立体角投射率

水出喜太郎
㈱日建設計 設備設計部

快適温熱環境範囲を示す図

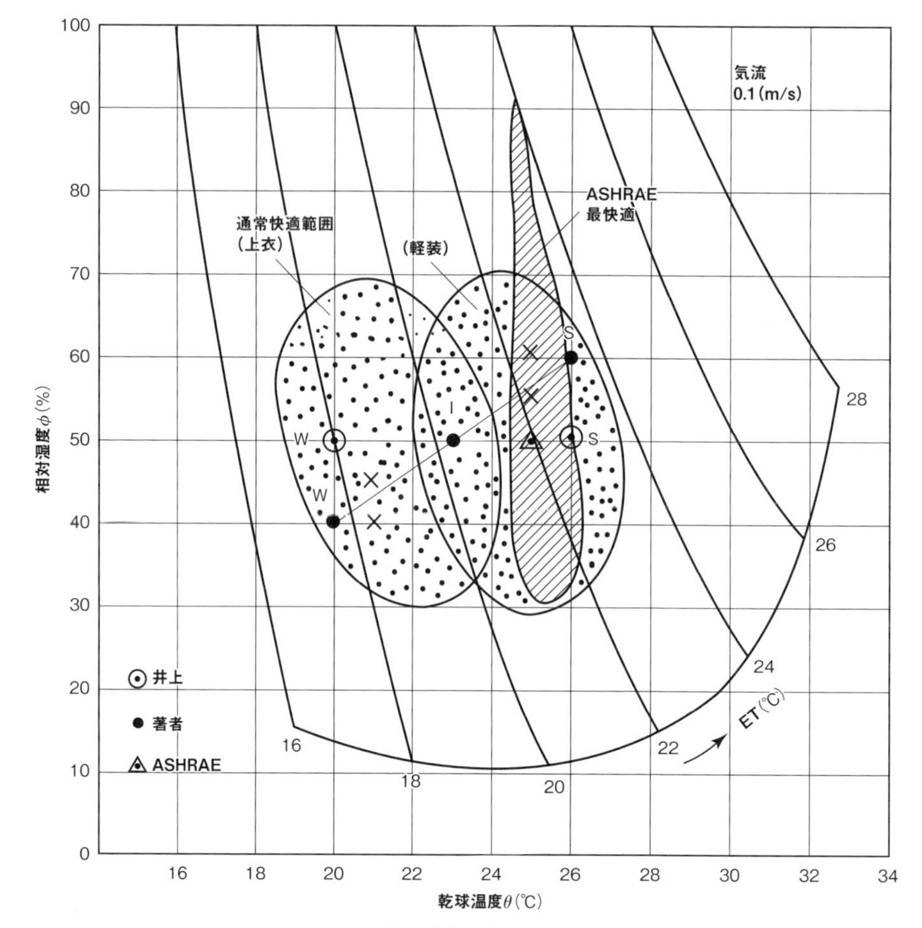

図1　有効温度ETと快適範囲の関係

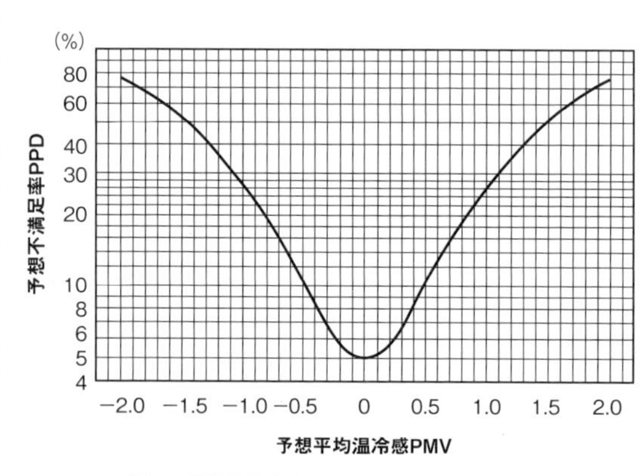

図2　予想平均申告と予想不満足者率の関係

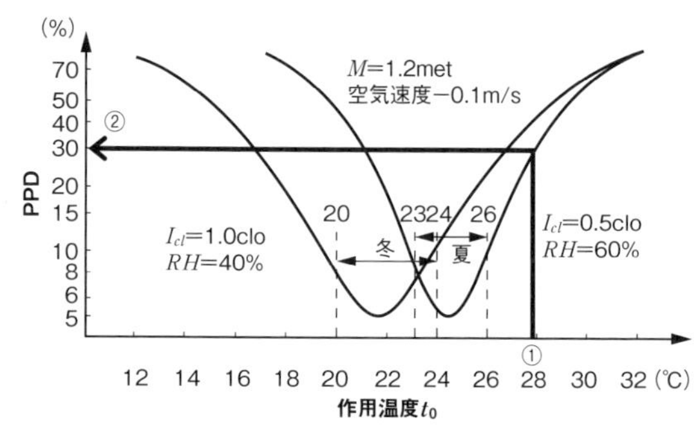

図3　オフィスにおける快適作用温度範囲と予想不満足者率の関係

⦿快適な温熱環境を実現するための6要素

快適な温熱環境を実現するための要素として，空気温度・湿度・放射温度・気流・着衣量・代謝量がある。ここで，人間側の要素である着衣量と代謝量以外の，建築・設備により規定される環境物理要素としては，気温・湿度・放射温度・気流の四つがある。

⦿実務での役立て方

自然換気併用空調など自然エネルギーを積極的に利用した，揺らぐ熱環境を受容する空調システムが見られるようになった。各季節でのある幅をもった快適性を計画する際などに，本稿に掲載した快適範囲を示す図を使って，検討，確認することができる。

⦿有効温度ETによる快適範囲の評価（図1）

図1は横軸に乾球温度を，縦軸に相対湿度をとり，気流速0.1m/sで静穏な環境下での有効温度ETを示し，そこにASHRAE（米国暖房・冷凍空調学会）により最も快適とされる範囲と，日本において上着着衣と軽装のそれぞれの場合での快適範囲を示した図である。ここで有効温度ET（Yaglouらによる）は，そのときの環境と同じ温熱環境を与える，相対湿度100％，静穏時（0.1m/s）での気温として定義される温熱指標である。例えば冬期暖房・上着着用時では室温20～22℃，相対湿度40～60％が快適範囲となる。夏期冷房・軽装時では24～26℃，40～60％が快適範囲となる。有効温度では暖房時ET＝18～20℃，冷房時ET＝21～23℃を示す。ただし，有効温度は放射を考慮に入れておらず，基準相対湿度100％の環境も一般環境とかけ離れているなどの課題があるとされている。

⦿PMVによる快適性評価（図2）

図2は，予想平均申告PMVと予想不満足者率PPDの関係を示した図である。PMVは，Fangerにより提唱された温熱快適性指標で，上述の温熱環境6要素を用いて，大多数の人が感じる全身に関する温冷感を数値で表したものである。PMVは1984年にISO-7730となり，温熱快適感の国際規格として広く用いられている。図2において，PMV＝0のときPPDは5％で最小となるが，PPD＝0にはならない。PMV＝0とは熱的に中立な状態で，暑くも寒くもなく適度な状態と換言できる。PMV値の0からの乖離が大きくなるほど，不満足を感じる人の割合が増えることとなる。PMV＝0でも，不満足者が5％は存在することからもわかるように，熱的中立は温熱快適性を得るための必要条件であって，十分条件ではないといえる。温熱快適性を得るためには，不快な気流であるドラフト感や，放射温度の不均一な分布，上下温度分布が大きいなどの局部的な不快要素を取り除くことが必要である。

近年では，PMVによる快適性表示がなされるケースを散見するようになったが，PMVが示す熱的中立を頂点とする熱的快適性は，ニュートラルでどちらでもない状態を中心に据えた消極的な快適性を表しているといえる。これに対して，発汗状態で冷風にあたる場合や，屋外暑熱環境から低めの温度設定の室内に入ったときの気持ちよさなどは，積極的な快適感ということができる。このような積極的な快適感は，主に遷移状態で感じるものであり，長くは続かない。執務環境の建築計画，空調環境計画においては熱的中立からの乖離を小さくする計画が適切であり，PMVを指標にした快適性評価が適当といえる。

⦿放射を考慮した作用温度による快適性評価（図3）

図3は，オフィスにおける作用温度と予想不満足者率PPDの関係を示すものである。気流を0.1m/s，代謝量を1.2metとし，椅座事務作業を想定した条件である。また，着衣の基礎熱抵抗値（I_{cl}）であるclo値と相対湿度を，冬期は1.0clo（上着着用程度），40％RHとし，夏期は0.5clo（半袖シャツ程度），60％RHとしている。

この条件下で，夏期に最もPPDの小さい快適温度は24.5℃である。PPD＜10％をおおむね快適域とすれば，そのときの作用温度は23～26℃である。また，冬期では快適温度は22℃，PPD＜10％の範囲となる作用温度は20～24℃である。夏と冬とでは着衣量の条件が異なるので快適温度が異なり，着衣の少ない夏期は快適温度範囲が狭くなる傾向となる。ここで，作用温度は放射環境を考慮に入れた環境温度指標で，静穏で無風に近い状態においては気温と平均放射温度MRTの平均で表される値である。

近年クールビズとして採用される28℃（図3中①）の環境では，PPDは30％（図3中②）となり，当然ながら快適域にはない。一般的な空調方式で冷房される空間では，室内表面温度が室温である28℃より高いからこそ，冷房されているともいえる。すなわち，空調している28℃空間の作用温度は28℃よりも高くなるのである。つまり，図3においてPPDは30％以上になってしまう。一方で，空調されない民家などで夏の昼間に28℃の室温に保たれているという場合，MRTは28℃以下であるといえ，この放射温度の差異が温熱快適感に大きく影響を及ぼすのである。

上述のように，省エネルギーのための設定温度緩和を行う場合には，快適性を大きく損なわないために，温熱環境物理量の4要素に着目し，湿度を下げる潜顕熱分離空調や，放射環境を整えるための天井放射冷暖房，天井扇により気流感を付与するなどの手法を併用して，着衣量や室温以外の要素の制御にも注目していく必要があるといえる。

（みずいで　きたろう）

70

黒田 渉
㈱日本設計 コーポレート管理部

湿り空気線図

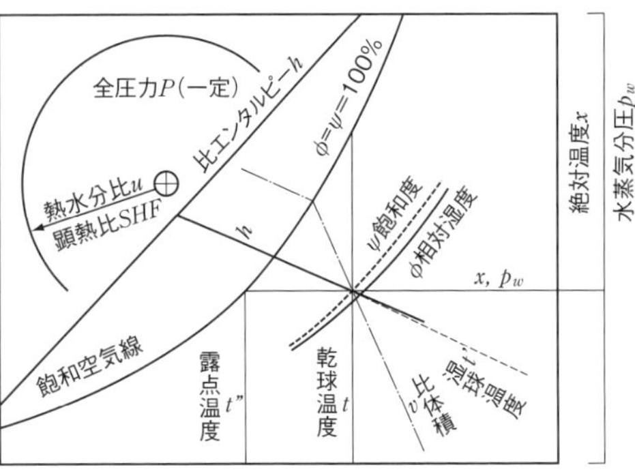

図1 湿り空気線図の構成
(空気調和・衛生工学便覧第14版第1巻)

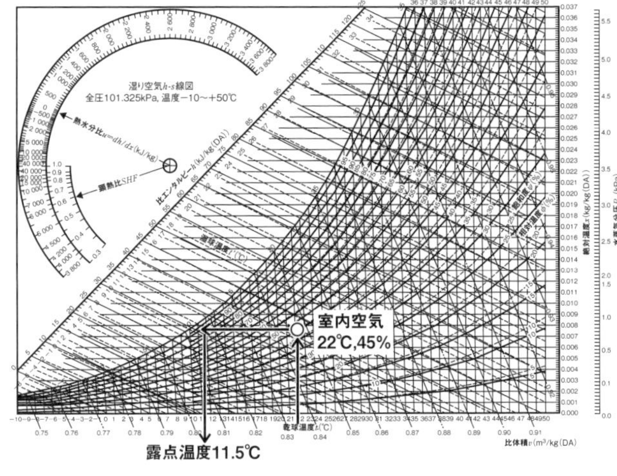

図2 結露の判定
(空気調和・衛生工学便覧第14版第1巻に加筆)

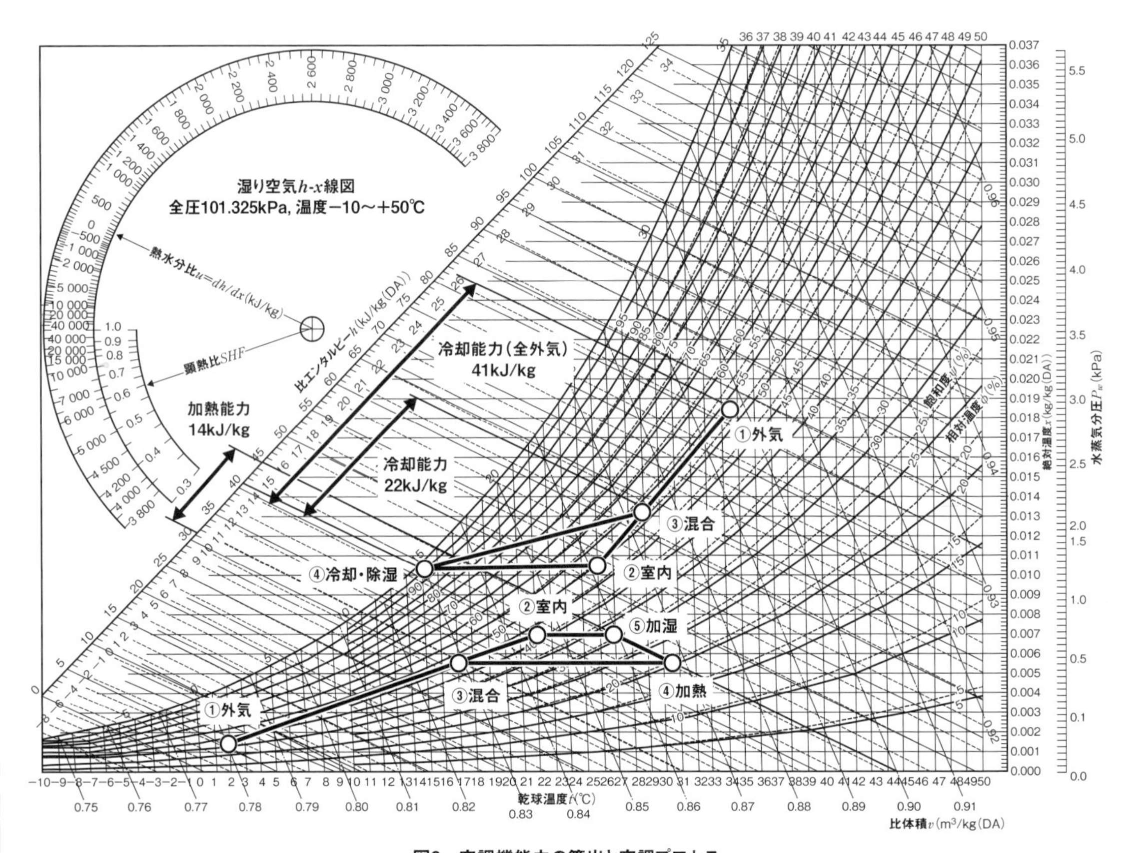

図3 空調機能力の算出と空調プロセス
(空気調和・衛生工学便覧第14版第1巻に加筆)

⦿実務での役立て方

湿り空気線図で湿り空気の状態を把握し，空調のプロセス（過程）を示すことができる。

⦿湿り空気

地球上の空気は，酸素，窒素，炭酸ガスなどと水蒸気が混合したもので，「湿り空気」という。一方，水蒸気をまったく含まない理論上の空気は「乾き空気」であり，湿り空気に含まれる水蒸気の量が増して飽和状態にある空気を「飽和空気」という。湿り空気の乾球温度・湿球温度・露点温度・絶対湿度・相対湿度などの状態を表した図が，湿り空気線図である。

湿り空気線図には種々あるが，湿り空気の熱的性質を標準大気圧（＝101.325kPa）を基本として，絶対湿度xの値を縦軸に，比エンタルピーhの値を斜軸上に目盛ったh-x線図が空調設備の設計に用いられている。原点は，0℃の乾き空気の比エンタルピーと絶対湿度がゼロになるように定めている。相対湿度100％のときを飽和空気線で示し，その下部は不飽和状態の湿り空気，上部は霧状空気の状態となる。

⦿湿り空気線図の構成と結露判定

図1は，湿り空気線図の構成を示している。「乾球温度と絶対湿度」「露点温度と相対湿度」など，どれか二つの状態がわかれば，残りの状態も容易に調べることができる。

図2では，湿り空気線図を利用して結露判定をした例である。その空気の状態から飽和空気線の交点となる露点温度を求め，壁などの表面温度を求めれば，結露の判断にも利用できる。

ただし，厳密な結露判定は，周辺の気流速の影響もあるため，この場合は一義的な判断となる。例えば，冬期の室内条件を22℃，45％としたとき，その空気の露点温度は，空気線図より11.5℃と読み取れる。

また，ガラス表面温度は外気温0℃として，

室内ガラス表面温度$t_h = t_i - K/\alpha_i\ (t_i - t_o)$

t_i：室内温度22℃

t_o：外気温度0℃

K：ガラス熱貫流率　単板ガラス5.9W/m^{2}K

複層ガラス3.4W/m^{2}K

α_i：室内表面熱伝達率8.6W/m^{2}K

で計算すると，単板ガラス表面温度t_h＝6.9℃＜露点温度11.5℃，複層ガラス表面温度t_h＝13.3℃＞露点温度11.5℃となり，単板ガラスでは結露が発生し，複層ガラスで発生しない判断ができる。ただし，室内条件が一定の場合として仮定している。また，天井の高い空間などで上部温度が高い場合は，相対湿度が一定とすると露点温度は高くなる。

⦿空調機能力の算出と動作

また**図3**のように，湿り空気線図を用いて空調機能力の算出とともに，空調設備の動作，冷却，過熱，除湿，加湿などの状態変化を理解することが容易である。

例えば，湿り空気線図上のある状態から右へ移動すると加熱，左へ移動すると冷却となり，上方へ移動すると加湿，下方へは減湿となる。

すなわち，湿り空気線図で空調のプロセス（過程）を示すことができる。

1）冷房プロセス

まずはじめに，冷房プロセスを示す。外気温状態を①，室内状態を②とし，空調では還り（リターン）空気を利用するため混合点を③とする。これは，外気量と送風量の逆比で決まる。外気と室内の混合された空気は，冷水コイルで露点温度まで冷却される。

ここで除湿も行われる。厳密には，冷却・除湿の変化は図のような直線的な変化ではなく，上に凸の緩やかな曲線で変化している。送風機やダクトによる再熱および室内顕熱比の勾配に沿って，設計室温状態に到達する。空調機の能力は比エンタルピー差で示される。

すなわち，還り空気が混合される度合いが大きい（外気量が小さい）設計は冷房能力は小さくなるが，実験室のような全外気の系統では冷房能力が大きくなることが空気線図上でも理解できる。

2）暖房プロセス

暖房の場合は，混合点③を④まで加熱する。同時に吹出温度⑤は暖房負荷から求められる。

②と④の温度差は吹出温度差であり，10℃以下になるようにする。

④から⑤に至るには，加湿して室内に送風する。

⑤に至る勾配は，加湿方式によって変わる。蒸気加湿の場合は，熱水分比2,680kJ/kg（100℃の飽和水蒸気の比エンタルピー）の勾配となる。また，水加湿の場合はゼロの勾配となる。すなわち，気化式は水を加湿材に浸透させて気化蒸発させるため，加湿水を蒸発させるための加熱能力が必要となる。

⦿その他の利用

年間の外気温湿度をプロットし，そのエンタルピー値が快適値範囲であれば，外気冷房に利用できる時間を算出することにも利用できる。

そのほか，梅雨時のように顕熱比勾配が飽和空気線と交差しない場合に除湿再熱を行うことや，送風量に対して熱負荷の小さいクリーンルームや恒温恒湿の室でのバイパス制御の動作確認などにも空気線図を活用している。

（くろだ　わたる）

71

黒田 渉
㈱日本設計 コーポレート管理部

NC曲線

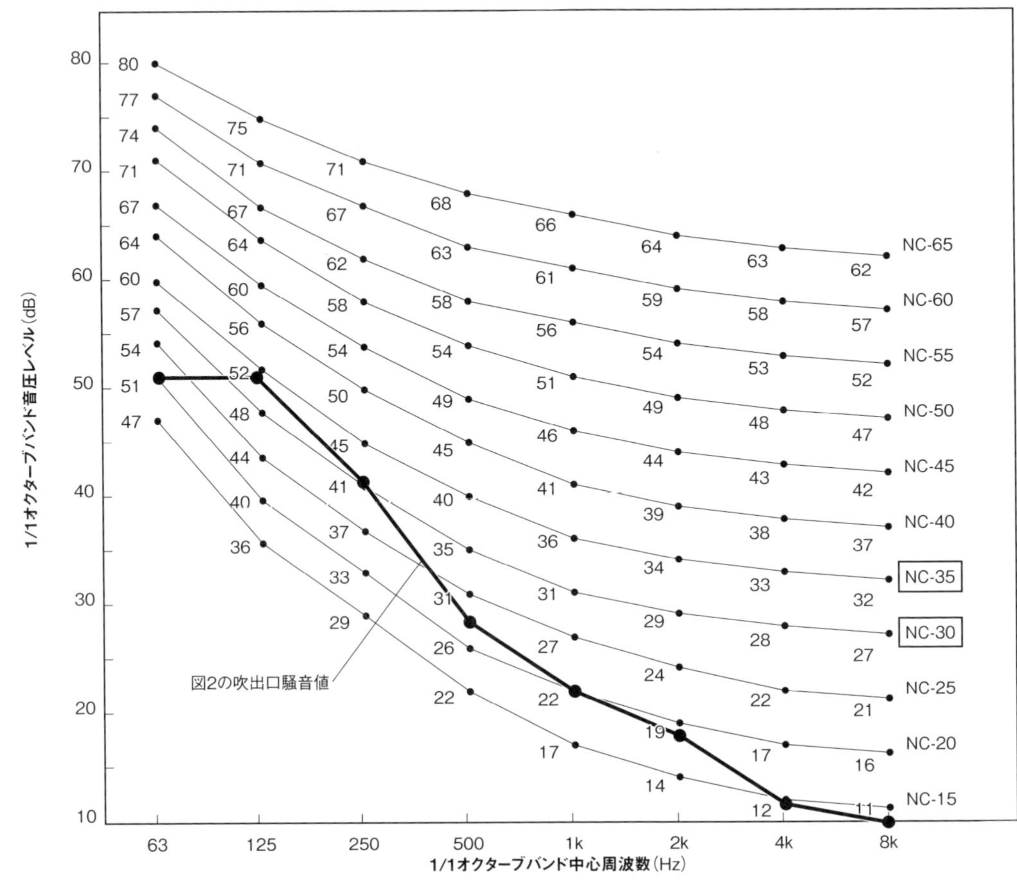

図1 NC曲線（空気調和・衛生工学便覧 第14版第1巻に加筆）

表1 各種建物における一般的な騒音の許容値（空気調和・衛生工学便覧 第14版第1巻）

騒音レベル(dB)	20	25	30	35	40	45	50	55	60
NC〜NR	10〜15	15〜20	20〜25	25〜30	30〜35	35〜40	40〜45	45〜50	50〜55
うるささ	無音感 ―		非常に静か ―		特に気にならない ―		騒音を感じる ―	騒音を無視できない	
会話・電話への影響			5m離れてささやき声が聞こえる ―		10m離れて会議可能 電話は支障なし ―		普通会話（3m以内） 電話は可能 ―		大声会話（3m） 電話やや困難
スタジオ	無響室	アナウンススタジオ	ラジオスタジオ	テレビスタジオ	主調整室	一般事務室			
集会・ホール		音楽堂	劇場（中）	舞台劇場	映画館・プラネタリウム		ホールロビー		
病院		聴力試験室	特別病室	手術室・病室	診察室	検査室	待合室		
ホテル・住宅				書斎	寝室・客室	宴会場	ロビー		
一般事務室				重役室・大会議室	応接室	小会議室	一般事務室		タイプ・計算機室
公共建物				公会堂	美術館・博物館	図書閲覧	公会堂兼体育館	屋内スポーツ施設（拡）	
学校・教会				音楽教室	講堂・礼拝堂	研究室・普通教室		廊下	
商業建物					音楽喫茶店	書籍店	一般商店		
					宝石店・美術品店		銀行・レストラン	食堂	

⦿実務での役立て方

騒音値を周波数ごとの特性に合わせて消音対策を行い，居室の許容騒音値評価として使用する。

⦿NC曲線の原理と利用

室内騒音の評価値として，騒音レベル（ホンまたはdB(A)）とともにNC値がよく使われる。NC値は，1950年代に米国の音響学者L.L.Beranek氏が提案したものであり，空調音などの定常騒音を対象にしたオフィス内騒音の実態調査と，そこで働くワーカーへのアンケート調査をもとにまとめられた。NCは，Noise Criteriaの頭文字をとったものである。

耳に感じる音の大きさと会話に対する騒音の妨害程度を調査し，騒音の許容値を周波数ごとに，数値で表せるようにしたものである。例えば，オフィスで会議中，会議室の内外から騒音が入ると，会議の内容が聞き取りにくくなる。この許容できる騒音の大きさの値を，NC値と呼んでいる。

許容騒音の値を周波数ごとにグラフ化したものが，**図1**に示すNC曲線であり，騒音をある周波数の帯で分析し，そのNC曲線のグラフをもとにNC値（許容値）を求めることができる。例えば，各周波数の音がNC40の曲線を下まわれば，NC40以下の騒音に抑えた室となる。

オフィスでは，NC35で設計する場合が多く，音楽ホールではNC15〜20としている例が多い。**表1**に示すのは，各種建物における一般的な騒音の許容値だが，室の用途や機能によって許容騒音値を設定し，騒音対策，消音設計を行っている。

これらは，室内環境の要求性能として提示される場合は，空調機内の送風機やダクトの消音対策だけでなく，室の形状や室内仕上部材との関係を厳密に検討する必要がある。

⦿空調機の騒音対策例

図2は，オフィス空調機の騒音対策を検討した例である。騒音の発生源は空調機で，オフィス室内の送風音が室内NC値を満足するか否かの検討となる。設置された消音装置は，空調機出口のサプライチャンバー，消音エルボ(1)，(2)，吹出し口ボックスとなる。ダクト系の消音装置は，グラスウール内張りが多く使用される。

表2は，その消音計算の例である。騒音発生源である送風機騒音の値が得られない場合は，表のように設定する。そこから各種消音装置の減音量を減じて，吹出し口の発生騒音を予測する。各周波数ごとの値をNC曲線に記入し，許容騒音値であるNC値がクリアされたか否か，を判定する。表2ではNC35とした事務室ではクリアされているが，同じ空調システムを使ったNC30の会議室では125Hz域で3dB(A)上まわり，NC30をクリアできない。よって，消音エルボを一つ追加設置する検討が必要となる。

（くろだ　わたる）

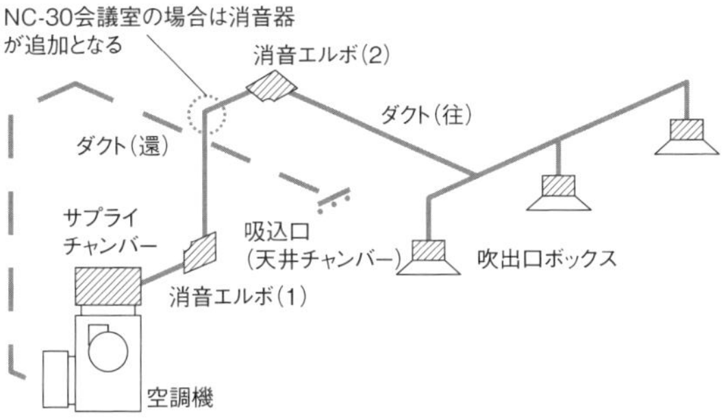

NC-30会議室の場合は消音器が追加となる
消音エルボ(2)
ダクト(往)
ダクト(還)
サプライチャンバー
吸込口（天井チャンバー）
吹出口ボックス
消音エルボ(1)
空調機

図2　空調ダクトの消音対策の例

表2　消音計算の例

	No.	内容/周波数(Hz)	63	125	250	500	1,000	2,000	4,000	8,000	備考
許容騒音値	◎	NC-35	60	52	45	40	36	34	33	32	事務室
	☆	NC-30	57	48	41	35	31	29	28	27	会議室
送風機発生騒音	①	オーバーオールPWL	17	13	9	6	4	4	2	−2	シロッコファン比騒音出力
	②		73	73	73	73	73	73	73	73	10logQ+20logP+C
	③	羽根通過音	—	—	—	—	2	—	—	—	
	④	計（Σ①〜③）	90	86	82	79	79	77	75	71	
減音量	⑤	分岐減音(1)	3	3	3	3	3	3	3	3	
	⑥	分岐減音(2)	1	1	1	1	1	1	1	1	
	⑥	分岐減音(3)	3	3	3	3	3	3	3	3	
	⑦	消音エルボ(1)	0	0	4	10	13	15	17	18	400×600 GW25mm内張り
	⑧	消音エルボ(2)	0	0	6	12	14	16	18	18	600×400 GW25mm内張り
	⑨	空調機サプライチャンバー	10	10	10	10	10	10	10	10	1,500×800×800 GW25mm内張り
	⑩	吹出し口ボックス	9	9	9	9	9	9	9	9	300×600 GW25mm内張り
	⑪	開放端反射（吹出口）	9	5	2	0	0	0	0	0	
	⑫	室内放射係数	4	4	4	4	4	4	4	4	
	⑬	計Σ⑤〜⑫	39	35	42	52	57	61	65	66	
受音点での騒音	⑭	④−⑬	51	51	40	27	22	16	10	5	
許容騒音値との差	⑮	◎−⑭	−9	−1	−5	−13	−14	−18	−23	−27	
		事務室としての判定	OK	OK	OK	OK	OK	OK	OK	OK	負値でOK
許容騒音値との差	⑮'	☆−⑭	−6	3	−1	−8	−9	−13	−18	−22	
		会議室としての判定	OK	NG	OK	OK	OK	OK	OK	OK	125HzでNG

環境

72

宮島 徹
清水建設㈱ 技術研究所

等級曲線による空気音遮断性能の評価（JIS A1419-1：2000）

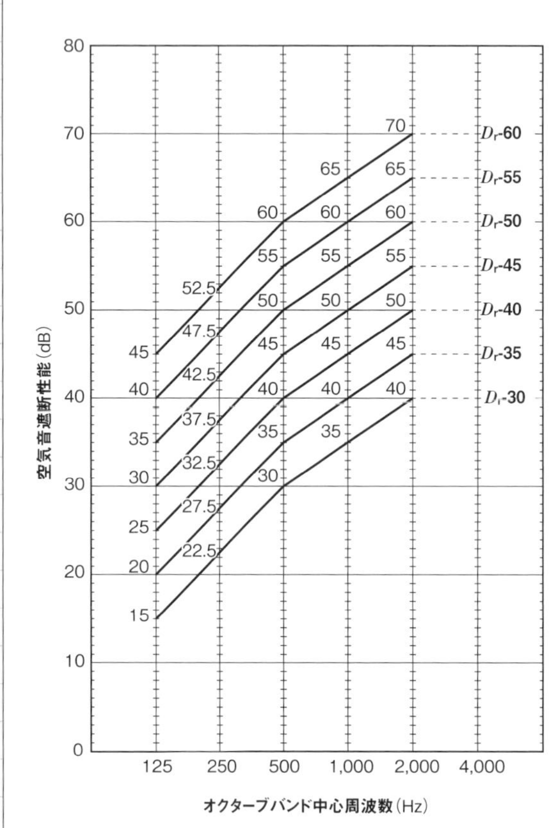

図1　空気音遮断性能の等級曲線

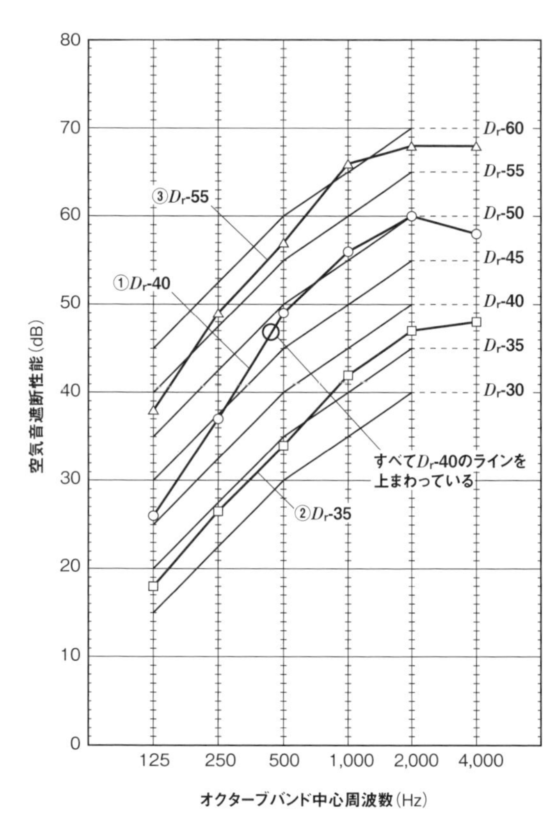

図2　等級曲線による評価の例

表1　等級曲線による評価の対象

評価すべき量の名称と記号			単一数値評価量	
規格	名称	記号	名称	記号
JIS A 1416	音響透過損失	R	音響透過損失等級	R_r
ISO 140-9	つり天井規準化音圧レベル差	$D_{n,c}$	つり天井規準化音圧レベル差等級	$D_{n,c,r}$
ISO 140-10	部材規準化音圧レベル差	$D_{n,e}$	部材規準化音圧レベル差等級	$D_{n,e,r}$
JIS A 1416	準音響透過損失	R'	準音響透過損失等級	R'_r
ISO 140-5	準音響透過損失	$R'_{45°}$	準音響透過損失等級	$R'_{45°,r}$
ISO 140-5	準音響透過損失	$R'_{tr,S}$	準音響透過損失等級	$R'_{tr,S,r}$
JIS A 1417	室間音圧レベル差	D	室間音圧レベル差等級	D_r
JIS A 1417	規準化音圧レベル差	D_n	規準化音圧レベル差等級	$D_{n,r}$
JIS A 1417	標準化音圧レベル差	D_{nT}	標準化音圧レベル差等級	$D_{nT,r}$
JIS A 1417	特定場所間音圧レベル差	D_P	特定場所間音圧レベル差等級	$D_{P,r}$

⊙実務での役立て方

図1は，JIS A1419-1：2000「建築物及び建築部材の遮音性能の評価方法−第1部：空気音遮断性能」の附属書1「建築物及び建築部材の空気音遮断性能の等級曲線による評価」に規定された等級曲線のグラフである。この等級曲線によって遮音性能を評価し，その性能を単一の数値で表示することができる。この方法による評価値を設計図書などに示すことにより，都度詳細な遮音性能を示さなくても，周波数特性を含む大まかな性能を提示することが可能である。また，遮音に関する書籍などでは，遮音等級ごとに壁構造の断面仕様の目安や，建物種別・部屋用途に対応した推奨遮音等級が示されており，遮音に対する理解の助けとなる。

この等級曲線による評価が定められている測定量の名称と，測定法を規定したJIS/ISO規格，および単一数値評価量の名称の一覧を**表1**に示す。この中で，実務においてよく使われる測定量は，部材性能であり実験室で測定される音響透過損失，空間性能であり実際の建築物で測定される室間音圧レベル差，および特定場所間音圧レベル差である。図1中の等級曲線の名称は，室間音圧レベル差を評価するD_r-○○となっているが，音響透過損失を評価した場合にはR_r-○○，特定場所間音圧レベル差の場合には$D_{P,r}$-○○と読み替える（○○は数字を表す）。

ここで用いられている「等級」の意味であるが，JIS A 1419-1：2000の本体では1dBごとに評価する方法を規定しているのに対し，等級曲線による評価は5dBステップであること表している。その意味を表すため，単一数値評価量の記号にrankingの頭文字rが添え字として付けられている。

⊙成り立ち

遮音性能に関する等級曲線は，JIS A1419：1979「建築物のしゃ音等級」（以下，旧JIS A1419）にて規定された。この規格では，JISの名称が示すとおり実際の建築物で測定された室間平均音圧レベル差を評価するための等級曲線であった。

1990年代後半からのJISの国際規格整合化の中で，旧JIS A1419は，ISO717-1：1996 Acoustics - Rating of sound insulation in buildings and of building elementsに附属書1，2を除いて整合化させるかたちで，新たにJIS A1419-1：2000として制定された。同JISの本文では，欧米で使われている「重み付け法」と呼ばれる方法を主とした評価法が規定されている。一方，当時の日本国内では旧JIS A1419による評価が広く行われており，その方法を廃止できる状況ではなかった。そのため，旧JIS A1419に規定されていた等級曲線による評価が，附属書1に残されることとなった。この等級曲線による評価には，旧JIS A1419で評価対象であった室間音圧レベル差に加えて，部材性能である音響透過損失など，表1に示す測定量が評価対象となった。

⊙使い方，評価方法

図2に使い方の例を示す。ここに示す例は，JIS A1417に従って測定した室間音圧レベル差の測定結果とする。基本的な使い方として，オクターブ帯域ごとの室間音圧レベル差の測定値をこのグラフにプロットし，すべての周波数帯域で測定値が上まわる等級曲線を，その測定値の等級とする。そのとき，測定値に対しては，測定精度の点から各オクターブ帯域で2dB下まわることを許容する。これは，JIS A1419：1979が制定された当時は指針式の騒音計を直読する測定法が普通であり，その騒音計の許容誤差や読み取り誤差を包含するために定められた規定である。

評価する際に対象とする周波数は中心周波数125Hz〜2,000Hzの1オクターブ帯域であるが，必要により4,000Hzも評価に加えることになっている。そのため，2,000Hzと4,000Hz間の等級曲線は破線で結ばれている。

上記のルールから，図2に○印でプロットした測定値を評価すると，D_r-40となる（図中①）。また，□印でプロットした測定値は，125〜500Hz帯域でそれぞれ1〜2dBの下まわりがあるが，上記のルールによってD_r-35と評価される（図中②）。△印でプロットした測定値は125Hz帯域で2dB下まわっているが，D_r-55と評価される（図中③）。

この評価法はオクターブ帯域の測定値を対象としており，音響透過損失のように1/3オクターブ帯域で測定された値は，次の式を用いてオクターブ帯域ごとの値に合成して評価を行う。

$$X_{1/1} = -10\log_{10}\frac{10^{-X_{1/3,1}/10} + 10^{-X_{1/3,2}/10} + 10^{-X_{1/3,3}/10}}{3}$$

$X_{1/1}$：オクターブ帯域の値

$X_{1/3,1}$，$X_{1/3,2}$，$X_{1/3,3}$：当該オクターブ帯域に含まれる三つの1/3オクターブ帯域における値

この等級曲線による評価法は，例えば石こうボード直貼り工法や断熱材打込み工法などのように，共振現象による特定の周波数帯域の遮音性能低下を敏感に評価できることや，設計者に遮音性能の周波数特性を意識させやすいなどの利点があり，わが国の建築物の遮音性能向上に大きく寄与してきている。一方で，この方法は日本国内だけで使われている方法である。欧米では規格本文に規定されている，いわゆる「重み付け法」と呼ばれる方法が用いられており，徐々に進みつつある建築の国際化の観点から注目しておく必要がある。

（みやじま　とおる）

73

渡邉秀俊
文化学園大学造形学部建築・インテリア学科教授

人体寸法と設備・ものの高さのスライディングスケール

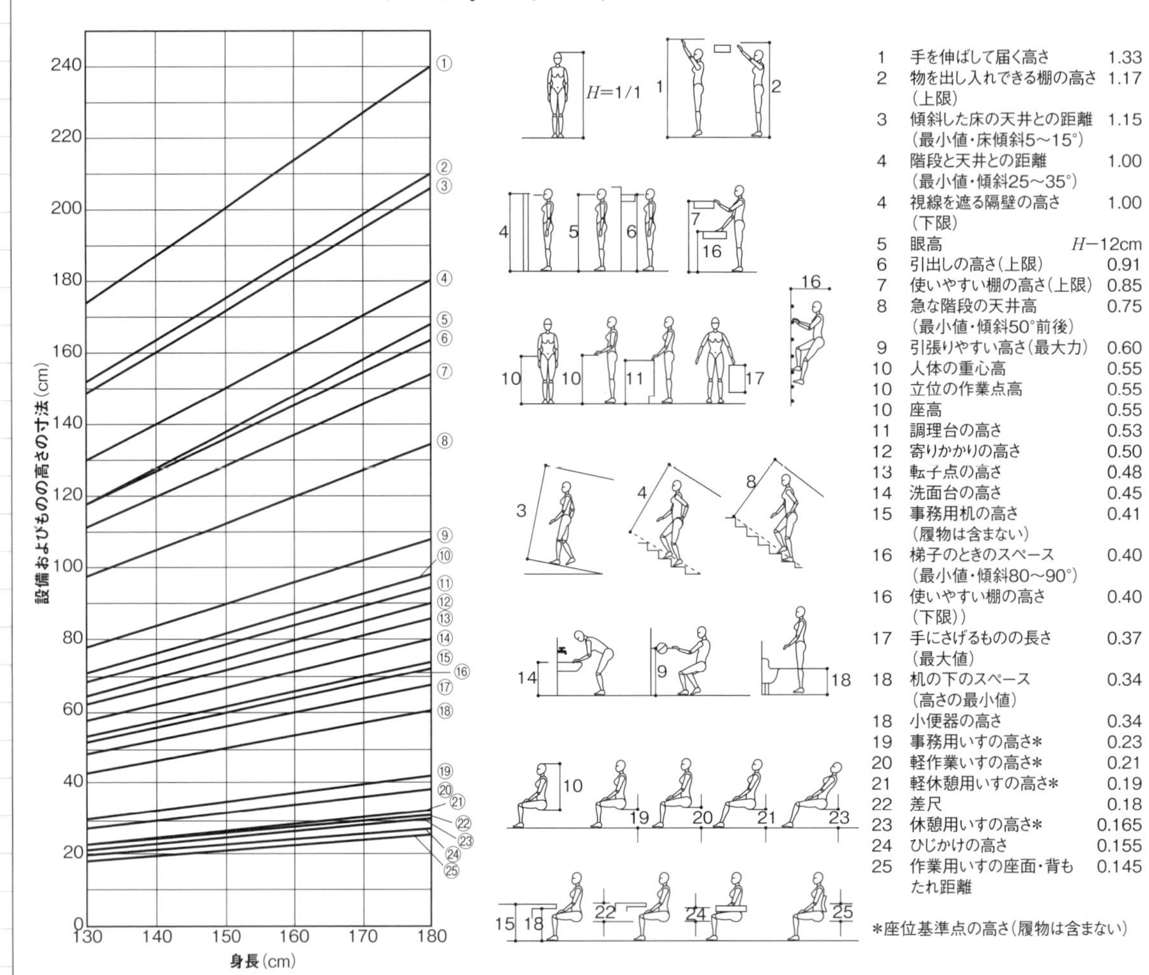

1	手を伸ばして届く高さ	1.33
2	物を出し入れできる棚の高さ(上限)	1.17
3	傾斜した床の天井との距離(最小値・床傾斜5～15°)	1.15
4	階段と天井との距離(最小値・傾斜25～35°)	1.00
4	視線を遮る隔壁の高さ(下限)	1.00
5	眼高	H−12cm
6	引出しの高さ(上限)	0.91
7	使いやすい棚の高さ(上限)	0.85
8	急な階段の天井高(最小値・傾斜50°前後)	0.75
9	引張りやすい高さ(最大力)	0.60
10	人体の重心高	0.55
10	立位の作業点高	0.55
10	座高	0.55
11	調理台の高さ	0.53
12	寄りかかりの高さ	0.50
13	転子点の高さ	0.48
14	洗面台の高さ	0.45
15	事務用机の高さ(履物は含まない)	0.41
16	梯子のときのスペース(最小値・傾斜80～90°)	0.40
16	使いやすい棚の高さ(下限))	0.40
17	手にさげるものの長さ(最大値)	0.37
18	机の下のスペース(高さの最小値)	0.34
18	小便器の高さ	0.34
19	事務用いすの高さ*	0.23
20	軽作業いすの高さ*	0.21
21	軽休憩用いすの高さ*	0.19
22	差尺	0.18
23	休憩用いすの高さ*	0.165
24	ひじかけの高さ	0.155
25	作業用いすの座面・背もたれ距離	0.145

*座位基準点の高さ(履物は含まない)

注:本図中のグラフで回帰直線右側にある①～㉕の番号は，各図および表中の番号1～25に対応する。本図の使用方法は，例えば身長170cm(履物の高さを含まない)の人が手を伸ばして届く高さを①の回帰直線から読み取ると約227cmとなり，それは右表の略算比で身長の約1.33倍となる。

図1　身長を基準とした設備・ものの高さのスライディングスケール

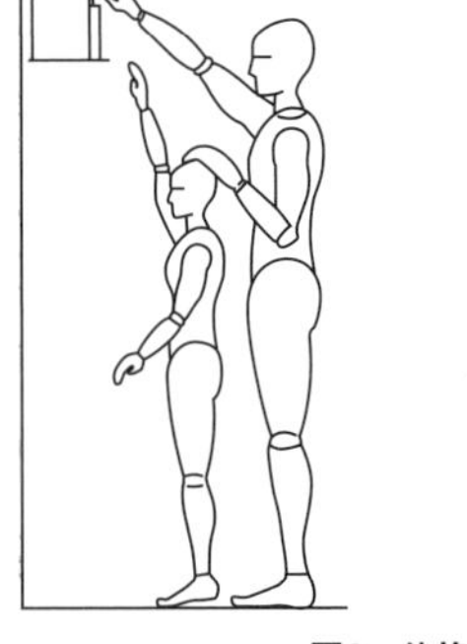

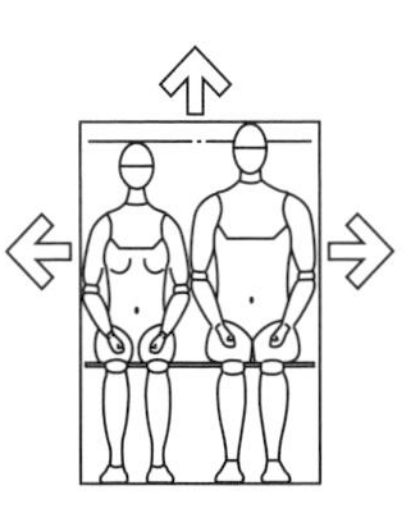

図2　体格の違い

⊙実務での役立て方

図1は，設計に際して建物内に導入する設備機器や家具などの機能的な寸法を，使用者の身長から簡易に求めるための資料である。

⊙身長を基準とした設備・ものの高さ寸法のスライディングスケール（図1）

人体各部位の寸法のうち，一般に座高や上肢長などの高さや長さは身長との相関が強く，胸囲や肩幅などの周囲長や幅寸法は体重との相関が高い。このため，身長や体重がわかると，人体各部位の寸法を略算比から類推することができる。

こうした特徴を利用して，棚や調理台などの設備やものの使いやすい高さ寸法を，身長から算出するためにつくられたスライディングスケールが，**図1**のグラフである。ここには，日常生活と関係の深い設備とものの高さ寸法が，身長を基準とした回帰直線として示されている。

グラフの横軸に使用者の身長をとり，それを縦軸方向にたどることによって，さまざまな身長の使用者に対しての使いやすい設備やものの高さ寸法を簡易に類推することができる。また，図1の右端の数値は身長に対する略算比を示しており，身長にこの比率を掛けることで，スライディングスケールと同じ値を求めることができる。ただし，この資料は履物を履かない状態での高さ寸法なので，設計に応用する際には履物の高さを加味する必要がある。

⊙体格の違い（図2）

小学校などのように異なる身長の集団が共用する室内設備については，平均身長に合わせた寸法のものは利用者集団の半分の人にしか満足を与えないことがあるので注意を要する。例えば，手の届く棚の高さなどのように「これ以上高い（長い，広い）と使えないもの」は，小柄な人に合わせて寸法を決め，視線を遮るパーティションなどのように「これ以上低い（短い，狭い）と使えないもの」は，大柄な人に合わせて寸法を決めることが望ましい。このような場合は，利用集団の身長や体幅の分布を勘案して，小柄な人としては5パーセンタイル値，大柄な人としては95パーセンタイル値を設計寸法の目安とするとよい。また，人間は常に動くものであるから，実際の設計寸法は人体寸法にゆとり寸法を加減して決めることが望ましい。

⊙留意事項

図1のスライディングスケールは，成人の体格をもとにしたものである。人体のプロポーションは年齢とともに変化するので，使用者が子供の場合には，この資料をそのまま適用できない場合がある。例えば，新生児はほぼ4等身であるが，成長とともに体幹部と上肢・下肢の長さの比率が大きくなり，成人では7～7.5等身になる（**図3**）。

また，高齢になると脊椎の湾曲や短縮が生じるので，身長も漸次低くなる。さらには，肩や股関節，膝などの関節可動域が小さくなるなど，運動機構上の変化も生じる。このため，手を伸ばして届く高さも低めに設定するなど，使用者の身体特性に合わせたきめ細かい寸法計画が求められる。したがって，この資料（図1）から求められる寸法値は，あくまでも一つの目安として利用することが望ましい。

（わたなべ　ひでとし）

【参考文献】

1）小原二郎編：インテリアデザイン1，鹿島出版会，1973年

2）Julius Panero & Martin Zelnik：Human Dimension & Interior Space, The Architectural Press Ltd, 1979，清家清とデザインシステム訳：，インテリアスペース　人体計測によるアプローチ，オーム社，1984年

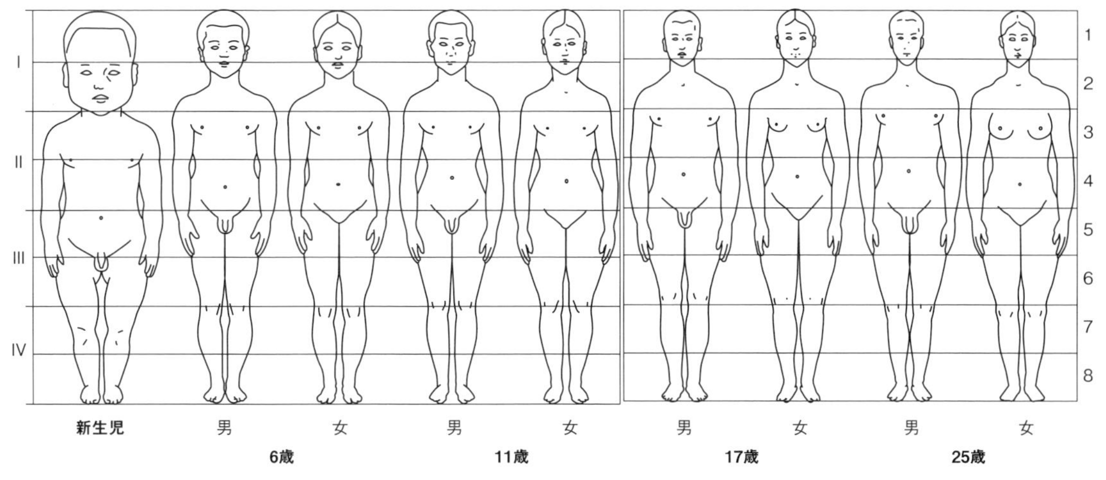

図3　年齢と体型変化（出典：『コンパクト建築設計資料集成 インテリア』）

計画

74

渡邉秀俊
文化学園大学造形学部建築・インテリア学科教授

標識・計器の識別距離

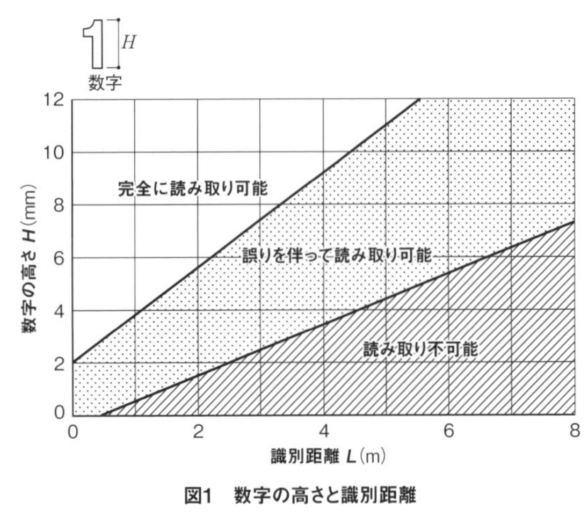

図1 数字の高さと識別距離

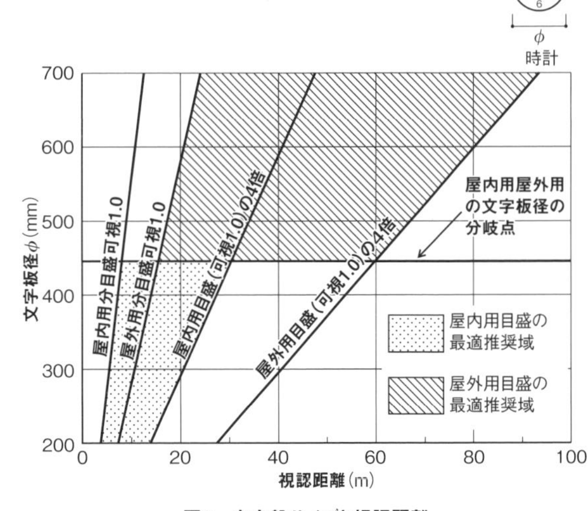

図2 文字盤サイズと視認距離

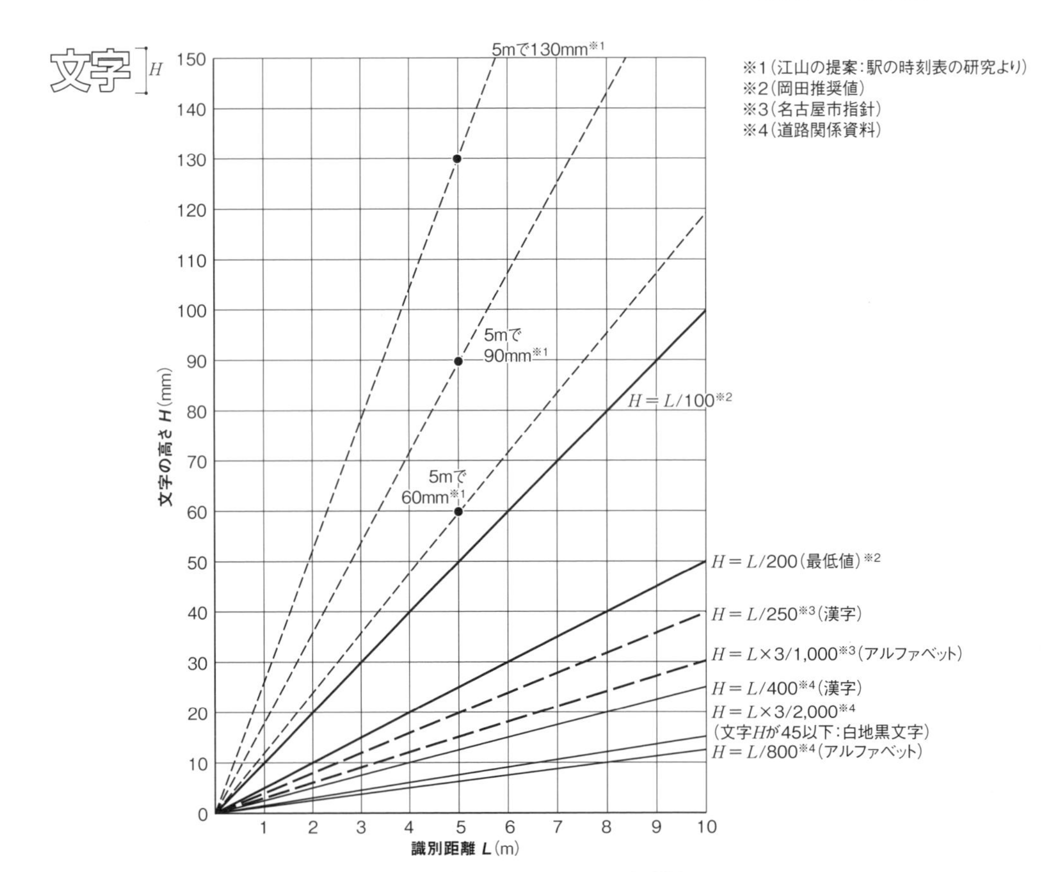

図3 識別距離と文字の高さの推奨値

⦿実務での役立て方

駅や地下街の天井付近に設けられる誘導サインや，美術館や博物館の解説パネルのように，一定の距離をおいて利用者が眺める文字情報・数値情報を提示する場合は，視認できる文字・数値の大きさについて，計画段階において十分に検討する必要がある。ここに挙げた図表は，こうした場面での利用を想定した設計資料である。

⦿視認性・可読性と識別距離

対象を注視した場合の存在の知覚のしやすさを「視認性」といい，文字や記号の指示している意味の認知のしやすさを「可読性」という。駅や地下街の案内標識についていえば，最初の段階では遠くから見て標識の存在がわかる視認性が求められ，次の段階としては，さらに標識に近づいて文字の意味がわかる可読性が求められることになる。

一方，文字に限らず人や建物でも距離によって見え方は変化する。遠くからはその存在のみが点として識別され，近づくに従って輪郭をもったシルエットとして，やがて細部構造をも識別できるようになる。このように，対象物をさまざまな段階において識別できる最大距離のことを，「識別距離」という。

⦿数字の高さと識別距離（図1）

数字の高さHと識別距離Lには，比例的な関係がある。図1は，これらの関係を「完全に読み取り可能」「誤りを伴って読み取り可能」「読み取り不可能」の3段階に分けて示した図である。

例えば，6mmの高さの数字であれば，およそ2m以内の距離であれば完全に読み取り可能であるが，2〜6.5mであると読み取りに誤りを伴う場合があり，6.5m以上になると完全に読み取りができないということになる。標識案内などの数字の大きさを決める際の目安として用いられる資料である。

⦿文字盤のサイズと視認距離（図2）

時計を屋内や屋外に設置する際には，遠く離れた場所から見ても文字盤の分目盛が識別できる必要がある。時計の分目盛は60目盛と一定なので，文字盤の直径が決まると分目盛の間隔も決まる。このため，分目盛が視認できる距離は，文字板の直径によって決まってくる。

一般に昼間は屋内よりも屋外の方が明るいので，同じ直径の文字盤でも，屋外の方が遠い距離からでも視認できるため，図中の直線の傾斜も，屋内よりも屋外の方が緩やかなものとなる。また，屋内，屋外ともに分目盛可視1.0での視認距離から，その4倍の距離までを最適推奨域としている。

なお，屋内よりも屋外の方が遠く離れて時計を見ることが一般的なので，文字盤の直径も大きなものが用いられる。この直径の分岐点は，図中に水平線で示された440mm程度を目安としている。

⦿識別距離と文字の高さの推奨値（図3）

文字を識別できる距離Lは，アルファベットが最も遠く，数字と平仮名はその次で，漢字が最も近い。言い換えると，同じ高さHの文字であれば，アルファベットが最も識別しやすく，次が数字と平仮名，漢字が最も識別しにくい。文字の画数が多くなるほど細部構造の識別が必要になるので，当然のことながら識別距離は近くなる。

文字の識別距離は，提示する文字の種類や視対象の照度・輝度などの環境条件のほか，観察者の視力などの身体条件によっても異なる。図3に示す推奨値は，それぞれ異なる実験条件下での結果なので，推奨値にもかなりの幅がある。

例えば，道路関係資料（図3の※4）では，漢字では$H=L/400$，アルファベットでは$H=L/800$が推奨されている。Hは文字の高さ，Lは視認距離であるので，10m離れて見る場合には，漢字は2.5cm，アルファベットは1.25cmでよいことになり，いささか小さい。これは視力でいうと1.2程度である。視力検査において意識を集中して文字を視認するのと，高速で走行する車から文字を視認するのとでは，条件が大きく異なる。

⦿留意事項

文字や数値の見えやすさは，実際には視対象の大きさだけではなく，視対象（図）と背景（地）の色彩によっても大きく異なる。視認性は，一般に視対象と背景との明度差が大きい方が高い。また，見えやすさには，視認性や可読性のほかにも，視対象の注意の引きつけやすさである誘目性も関係する。誘目性は色相による影響が大きく，誘目性の高い色は，黄，黄赤，赤であり，反対に低い色は青紫である。一方，標識には文字や数値のほかに図形も多用される。多角形は，多角形の角（辺）が少ないほど認識しやすい。

人間の限界能力に関する実験結果を設計に応用する場合には，数値のみではなく，数値が得られた背景となる実験条件もあわせて判断する必要がある。また，人間の能力には当然のことながら個人差がある。案内標識を不特定多数の人が利用することを考慮するならば，ユニバーサルデザインの観点からも，最低限の基準ではなく，できるかぎり見やすい大きさの文字を使うことが望ましい。

（わたなべ　ひでとし）

【参考文献】

1）岡田正光：建築人間工学 空間デザインの原点，理工学社，1993年

計画

75

佐野友紀
早稲田大学人間科学学術院教授

施設数・利用者数・あふれ率の関係図

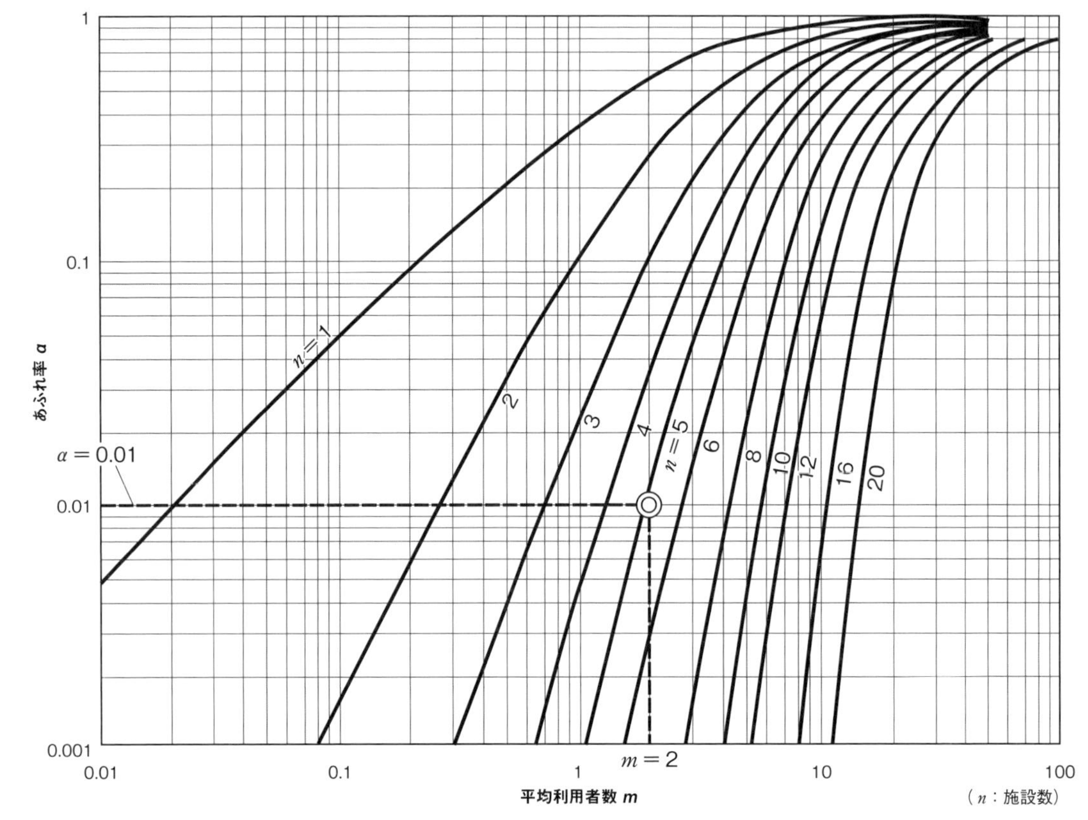

図1　利用者数・あふれ率・施設数の関係図

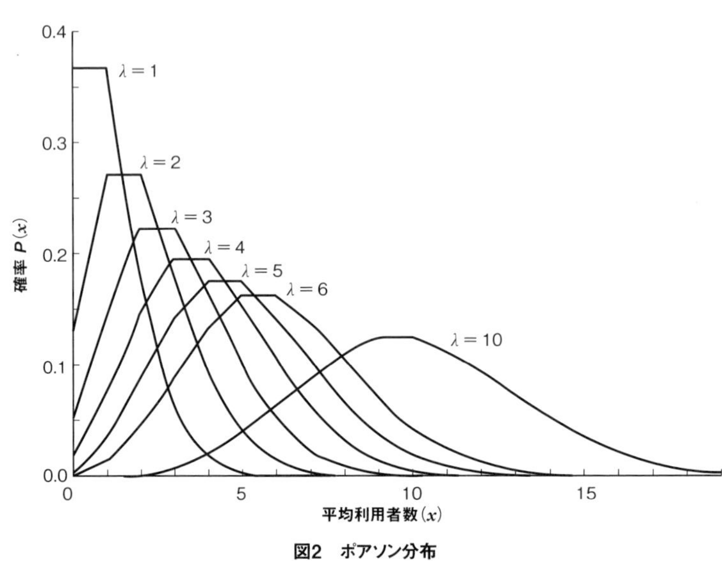

図2　ポアソン分布

⊙実務での役立て方

あふれ率図を利用することで，平均利用者数とトイレなどの施設の個数を設定して，その施設がすぐに利用できない利用者の割合を求めることができる。利用者の利便性を考えて，一定のあふれ率以下になるようにするために，設計段階において，施設数をあらかじめ決定できるという利点がある。

⊙建築内の施設数の算定方法

多数の人が利用する建物を設計する際に，トイレや手洗器などの設置数の検討を行うことが必要になる。トイレのように日常的に利用する施設は，少なすぎると利用者の不満が大きくなるが，必要以上に多すぎると不要な初期投資とメンテナンスのコストがかかる。このため，利用数に応じて適切に施設数を計画する必要がある。このような施設の利用は，常に等間隔でやってくるベルトコンベアの製品とは異なり，一定時間の間に人がランダムな間隔でやってくるため，予測が難しい。これらの予測方法には，あふれ率法，待ち行列理論，コンピュータによるモンテカルロシミュレーションを用いる方法などがある。

建築計画学においては，利用調査結果をもとに簡易的な方法として，施設の数を推定する方法「あふれ率法」が示されている。利用者に対して施設数が少ない場合には，その施設を利用できず待ちが生じる。待ちが発生することは問題であるが，まったく待ちが生じないように設計するためには，過剰な数の施設数を用意しなければならない。そこで，この待ちを「あふれ」と定義し，その割合が一定値以下となるような計画をするために考案されたのが，あふれ率法（α法）である。

⊙平均利用者数の想定

あふれ率法を用いた施設数の検討手順は，以下のとおりである。施設数を検討する際には，まず，その施設に対する平均的な利用者数を想定する。この際，類似の用途建物での調査結果を参考とする場合もある。例えばトイレであれば，一定時間内に平均的に何人が利用するかということであり，一定時間調査すればこの数値は比較的簡単に計測できる。ただし，トイレには常に一定間隔で人が来るわけではなく，集中してきたり，しばらく来なかったりという状況を繰り返す。このような状況を調査分析した結果，到着の間隔がポアソン分布に近似できることが明らかになっている。ポアソン分布とは，単位時間中にある事象が発生する平均回数をλとするとき，その時間中にその事象がx回発生する確率$P(x)$の分布であり，以下の式で表される（**図2**）。

$$P(x)=\frac{\lambda^x}{x!}e^{-\lambda}$$

e：自然対数の底（≒2.718）

到着がポアソン分布となるためには，次の三つの条件を前提とする。定常性：一定の時間幅であれば，到着の仕方は時刻に依存しない。独立性：それぞれの人の到着の仕方は他の人に影響を受けない。希少性：2人は同時刻にやってくることはない。

⊙あふれ率を用いた施設数の算定

あふれ率とは，利用者がその施設を利用するためにやって来たときに，すべての施設が利用されていて利用できない場合を損失（ロス）とし，利用者数に対する損失数として，次の式で表される。

$$\text{あふれ率}\alpha=\frac{\text{到着したときに利用できない利用者}}{\text{全利用者}}$$

通常，トイレが空いていないときには「待ち」行動が起こり，トイレが空いた順に利用するが，あふれ率法では状況を単純に捉えるため，施設（トイレ）を利用しにきたときに，利用できる施設（トイレ）がなかった場合には，損失（ロス）として計算する（すなわち，空きがなければトイレに入らずにすぐ立ち去る場合である）。

ポアソン分布を基として算出されたあふれ率法を用いて，平均利用者数と施設数，あふれ率の関係を示したものが**図1**である。横軸が施設の平均利用者数m，縦軸があふれ率αである。斜めに引かれた曲線が両者の関係の際に必要となる施設数nを示している。X，Y軸は小さい数から大きい数まで算出可能なように，いずれも対数軸で記述されている。例えば，X軸の0.01から0.1は0.01刻み，0.1から1は0.1刻み，1から10は1刻みの目盛りとして読む。対数軸は，利用者数が少ない時には詳細に，多い場合には概数を予測する必要がある計画に適している。一般的にあふれ率は，0.01～0.001程度となるように計画することが望ましいとされている。

図1より，1分間に平均2人が利用する施設（$m=2$）において，あふれ率0.01（$\alpha=0.01$）として計画すると，五つの施設（$n=5$）が必要となることがわかる。

建築計画の初期段階において，施設の概数をあらかじめ求める必要があることから，あふれ率を用いた推定は，施設数の目安として有効であるといえる。

（さの　とものり）

【参考文献】

1）吉武泰水：施設規模の算定について，日本建築學會論文集（42），pp.117-127，1951年2月20日

計画

76

廣瀬 健
㈱日本設計 建築設計群

エレベータ設置台数の計画図

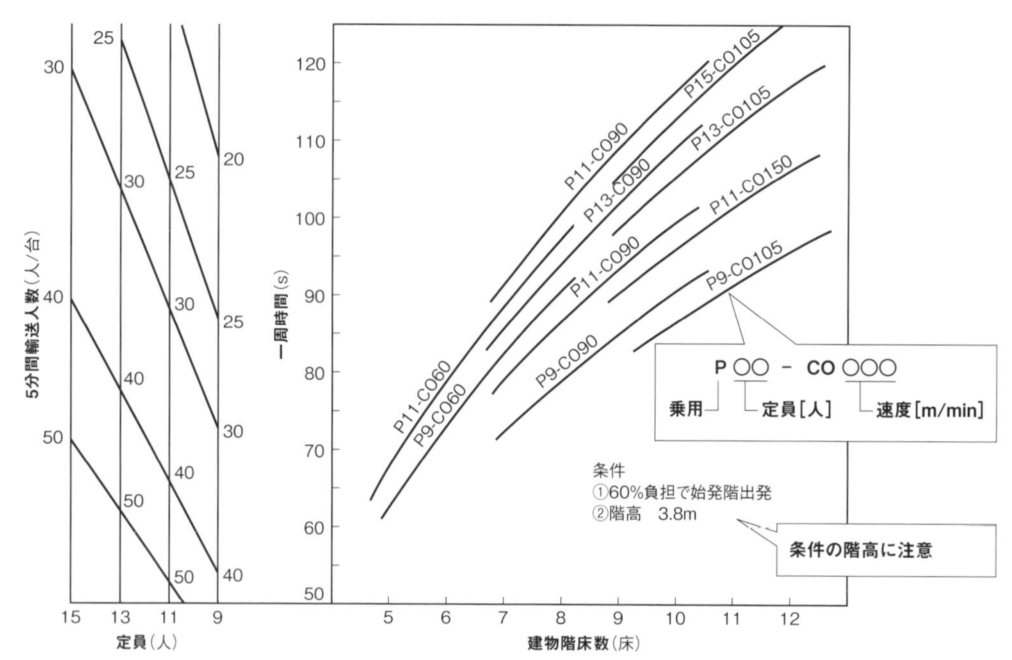

図1 低・中層オフィスビル向けエレベータの簡易算定図[1]

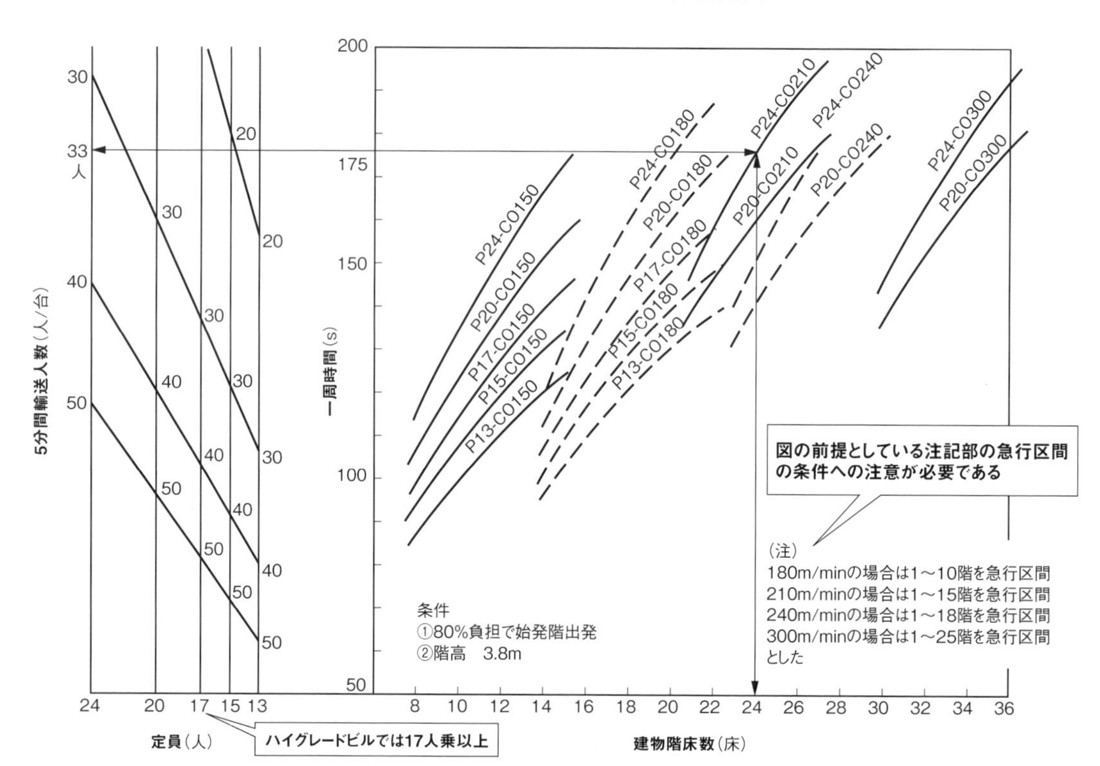

図2 中・高層オフィスビル向けエレベータの簡易算定図[1]

⦿実務での役立て方

一般にエレベータ（以下，EV）の必要台数は，交通計算に基づくサービス水準（5分間輸送能力や平均運転間隔）により算出するが，本稿では特に設計初期段階で，簡易な必要台数の算出のための図版の活用法を解説する。

特に本稿においては，オフィスビルの乗用EV台数算出の参考図表の活用方法を解説する。

⦿オフィスビルにおける乗用EV仕様選定

最初に，必要台数選定にあたって目標とするサービス水準を設定する必要がある。サービス水準は朝の出勤ピーク時を想定し設定するが，用途によって異なる。一般に自社ビルはピークが重なるため，賃貸ビルに比べて高い水準が求められることが多く，**表1**が参考となる。

次に，5分間輸送能力や平均運転間隔の簡易な算出方法として，**図1**もしくは**図2**がある。これらの図は一周時間と1台当たりの5分間輸送人数を表したものである。例えば，24階建の高層オフィスビルを低層バンクと高層バンクの2バンクで計画する場合は，図2の注記に基づき，高層バンクに定員24名，定格速度210m/minのEVを採用すると一周時間は175秒，1台当たりの5分間輸送人数は33人

表1　エレベータのサービス水準[2)]

建物用途	5分間輸送能力	平均運転間隔
1社専用	20～25（%）	30秒以下になるのが望ましい
準専用	16～20（%）	
官公庁		
貸事務所	11～15（%）	40秒以下になるのが望ましい

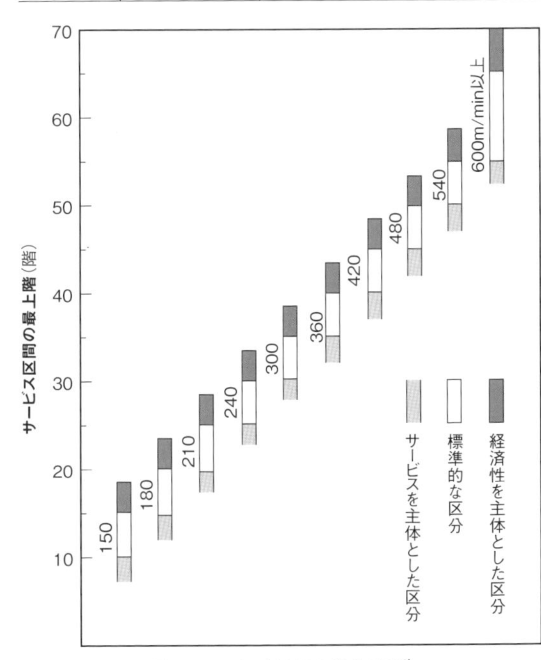

図3　エレベータ速度の選定目安[1)]

と算出できる。低層バンクも同様に，150m/minから算出する。

最後に，これらの数値を用いて目標とするサービス水準を満たす設置台数を設定し，次式により概略のサービス水準を算出することができる。

・5分間輸送能力＝

$$\frac{\text{EV1台当たりの5分間輸送人員［人/台］×設置台数}}{\text{サービス対象者数}^{※}}$$

※サービス対象者数＝在館人口×出勤率

・平均運転間隔＝一周時間／設置台数

ここで，サービス対象者数は，自社ビルなどではあらかじめ想定がされる場合もあるが，賃貸ビルなどでは，在館人口を執務室面積に対して10m^2/人程度の人口密度に，出勤率は80％に設定し算出することが多い。

なお，図1，2のグラフは，計算条件を階高＝3.8mとするなどの前提により算出されたものであるため，計画建物の階高がより高い場合には輸送能力を少し低めに設定するなど，仕様を補正する必要がある。さらに，同じ執務室面積であっても，階高や階数の多い建物の方が昇降工程が長くなる分，必要台数や速度は増加する。

ただし，昇降工程が短いにもかかわらず高速のEVを計画しても，十分な加減速距離を得られないまま目的階に着床することになる。よって，必要十分な速度選定を行う必要があり，その一つの目安となる図表として，**図3**がある。

また，より簡易な必要台数想定方法としては，賃貸ビルであれば執務室面積2,000～2,400m^{2}に対して1台，自社ビルであれば1,200～1,600m^{2}に対して1台を目安とすることが多い[3)]。

⦿留意事項

設計の初期段階ではこれらの図表を活用することで，簡易な必要台数の算出が可能であるが，概算値であるため，建物の使用形態やグレードと合わせて台数を増減して設定する必要がある。また，具体の設計段階では個別の条件に合わせた計算が必要となる。なお，本稿の図表の多くは，以下の参考文献1）による。残念ながら絶版になっているが，事務所以外の用途も豊富に解説されており，参考にされたい。また，オフィスビルの昇降機計画全般については参考文献3)が詳しい。

（ひろせ　けん）

【参考文献】

1）堀大成，林勝洋：建築と設備技術者のためのエレベータ・エスカレータ計画，技術書院，1994年

2）日本エレベータ協会：建築設計・施工のための昇降機計画指針，1992年

3）「オフィス ブック」制作グループ：オフィス ブック，彰国社，2011年

77

安達和男
Adachi Archi Associate

天空図チャートと日影図

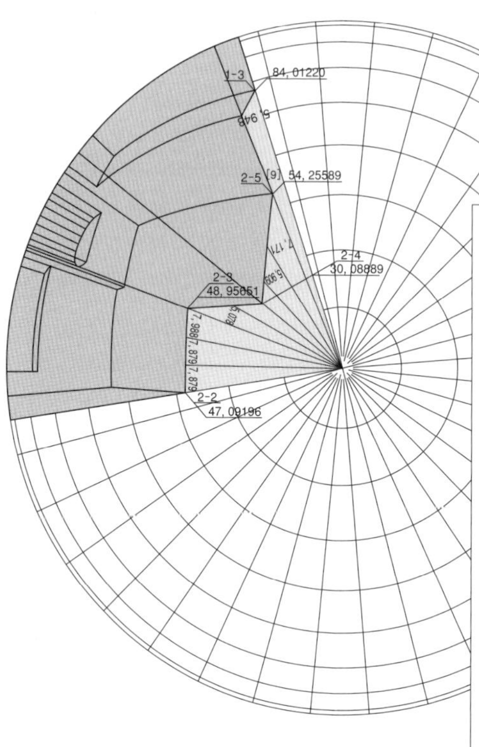

計画建築物　天空三斜計算法			
No. .	底辺.	高さ.	倍面積
[1].	47, 091.	7, 879.	371, 029989
[2].	47, 178.	7, 879.	371, 715452
[3].	48, 955.	7, 988.	391, 052540
[4].	48, 955.	5, 678.	277, 956490
[5].	37, 008.	4, 616.	170, 828928
[6].	34, 601.	5, 138.	177, 779938
[7].	41, 992.	5, 909.	248, 130728
[8].	54, 253.	7, 171.	389, 048263
[9].	84, 009.	5, 948.	499, 685532
.	.倍面積合計		2897, 237870
.	.面積		1448, 618

＊「底辺」「底辺」「底辺」は切捨てされています

A：円周率	...	3, 1415926
B：三斜面積	...	1448, 618
C：天空図半径	...	100, 000
D：天空図面積［C×C×A］	...	31415, 926
E：扇形中心角(度)	...	80, 744
F：扇形面積［D×(D÷380)］	...	7046, 243
G：三斜建物面積［F−B］	...	5597, 625
H：三斜天空率(%)［(D−G)÷D×100］	...	82, 1822

＊上記A〜Hの表示されている小数点以降の桁は，安全率の観点から，B及びHは切捨て，Gは切上げ，それ以外は切捨てされています。
＊上記数値は，当該の天空図が半径100mmで印刷された場合の値です。

#：積分法天空率(参考)	...	82, 201

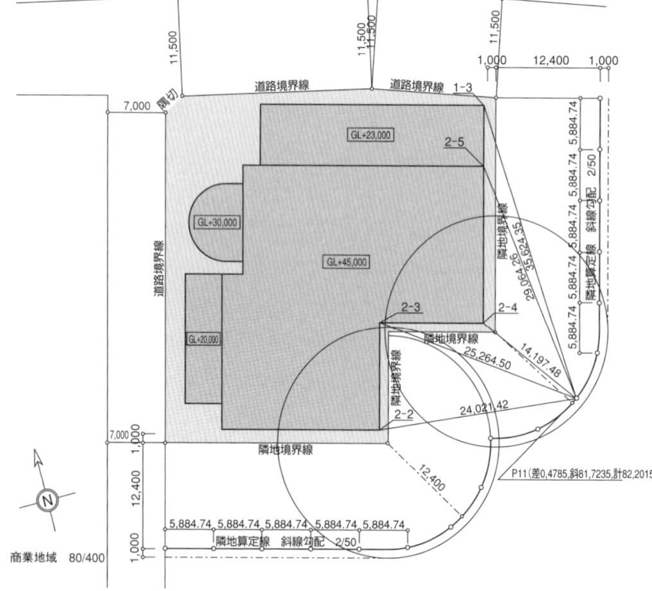

天空率建築物位置確認表（視点基準:単位はいずれも度(Degree)です。）					
真北 −14.998056					
視点座標番号,	X座標,	Y座標,	Z座標		
P11	−13, 190, 94.	−13, 190, 94.	0		

頂点番号	建築物の高さ	測定点までの距離	方位角	抑角	r•Cos
1-3 .	23, 000.	35, 624, 35.	−3, 35833.	32, 847.	84, 01220
2-2 .	45, 000.	34, 021, 42.	−84, 10231.	61, 906.	47, 09196
2-3 .	45, 000.	25, 264, 50.	−54, 85785.	60, 688.	48, 95651
2-4 .	45, 000.	14, 197, 48.	−37, 20752.	72, 489.	30, 08889
2-5 .	45, 000.	29, 064, 26.	−7, 70832.	57, 142.	54, 25589

図1　三斜天空図（上）と天空率近接点位置確認図（下）（出典：㈱コミュニケーションシステム）

◉斜線による建物の形態規制

街において，建築が隣地や道路に与える影響を一定以下に抑えるのが，道路斜線，隣地斜線，北側斜線制限である。建築に斜線制限をかけることで，道路や隣地の通風，採光，日照が確保され，圧迫感や閉塞感が抑えられる。しかし，斜線制限を受けた建築は敷地の建蔽率一杯に低くズングリと建てられ，必ずしも都市景観や環境として望ましい街並みになっていなかった。

◉天空率による緩和

そこで2002年，建築基準法の性能規定化の改正により，天空率による緩和が基準法第56条の7として導入された。道路や隣地の複数の測定点からの計画建物の天空率が，従来の斜線制限の適合建物の天空率と同等の範囲であれば，斜線制限が緩和される。

$$R_s(\text{天空率}) = \frac{A_s - A_b}{A_s}$$

A_s：測定点を中心として天空を正射影（水平投影）した円の面積

A_b：測定点を中心とする天球球面への建築物の射影面積を水平面に正射影（水平投影）した面積

この検討のベースが，天空図チャートである。天空図の作成はパソコンにより容易になった。複数の作成ソフトがあるが，自治体によって規定が異なるので注意を要する。建物高さに算入されない階段室や防火壁などは，天空率では含まれる。さらに，日影規制や高度地区は天空率では緩和されない。

◉天空率の活用

斜線による規制は，周辺の建物と比較でき，わかりやすい。それに比べて，天空率による緩和を受けるのは難しい。測定点の取り方や，必要書式の複雑さが原因であろう。そのため，さまざまなソフトが販売されている。解析の受託者もいる。私たち設計者は法規制に対して，そのギリギリまでの計画を狙いがちである。日影規制では，逆日影のトリカゴをつくり，目一杯の建物を計画してしまう。こうした設計姿勢を改める必要がある。法改正の主旨に戻り，ギリギリを狙わず，適合建物の形態を一部分トレードオフで変更する。また発想を転換して，「敷地のランドスケープデザインを優先して建物の配置を決める」といった視点で，建物の機能と街並みの景観を改善するために，天空率を活用すべきである。

敷地一杯のズングリ建物の街区が，空地のあるスマートな建物の街区になるかどうかは，設計者の腕次第である。

◉日影規制

住居系の用途地域において，一定の高さを超える中高層の建築が周辺に規定以上の日影を落とさないようにする規制である。日照権訴訟が頻発するのを受け，1976年の建築基準法改正で基準法第56条の2として導入された。一定の建築高さとは，区域により7mもしくは10mである。基準となるのは，冬至日の8時から16時の間，敷地境界から5～10mと10m以遠の測定水平面（平均地盤面＋1.5m, 4m）における日影時間である。敷地境界から5～10m以内で3時間，4時間，5時間以上が規制される。さらに，10m以遠で2時間，2.5時間，3時間以上が規制される。

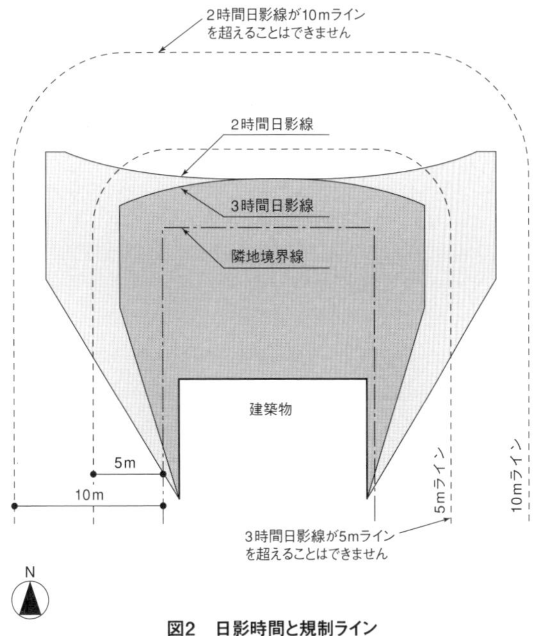

図2　日影時間と規制ライン

もちろん，規制時間は最低値として捉えるべきで，よりよい周辺環境を実現することが設計者の務めである。

注意を要するのは，日影は落ちる地点の規制を受けるということである。道路沿いの商業地域で日影規制のない場所に建つ建物が，道路の反対側の奥にある住居系地域で日影規制のある地点に日影を落とす場合がそれにあたる。また，公園や教育施設に対する配慮を求められる場合があることにも注意がいる。どちらも見落としがちである。

◉法規チェックの要

設計者は建築士として，適法な建築計画を行い，確認申請図書において天空率や日影図を提出する。この図書に間違いがあれば，設計者の責任が問われ，発注者から損害賠償請求を受けることもある。法規チェック用ソフトは進化して便利になったが，間違いはある。

それは地盤面や建物の高さ，真北の方位，敷地や道路形状などの，諸元データの間違いに因ることが多い。

加えて，単純な入力ミスもある。入力データ記録の確認こそ，法規チェックの要である。

（あだち　かずお）

78

川口 衞
㈱川口衞構造設計事務所

広範囲のデータを効率よく表現 対数グラフを使おう

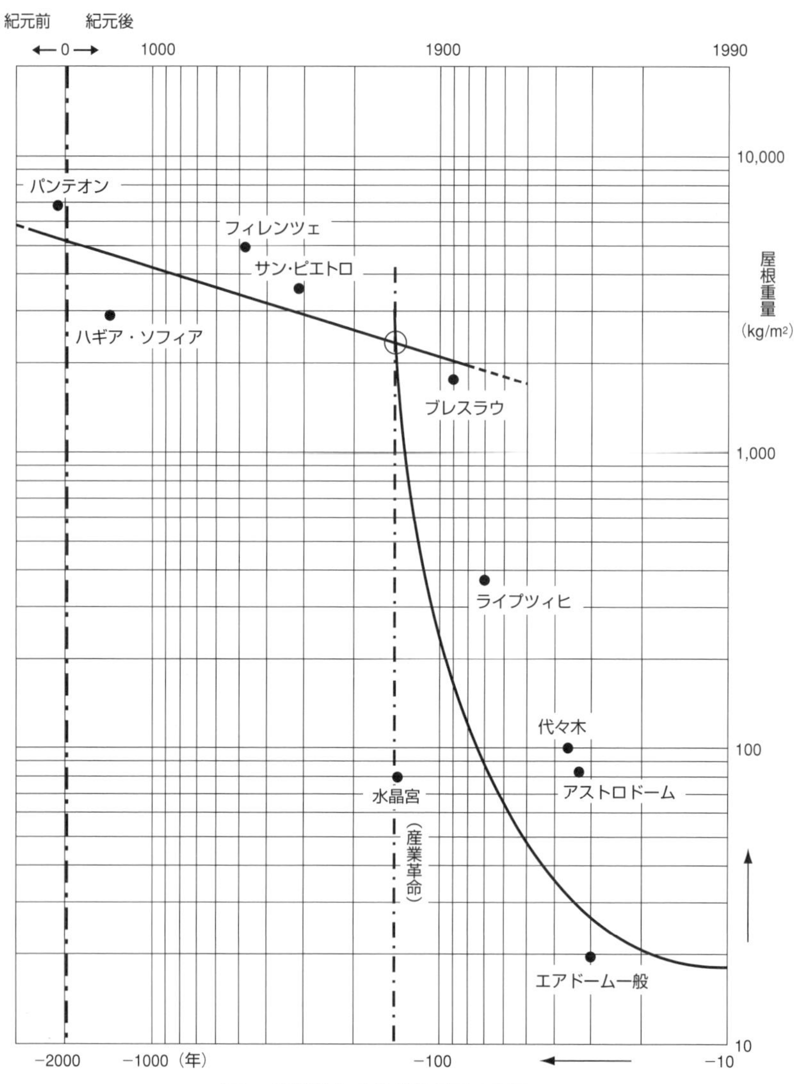

図1 空間構造における屋根荷重の変遷

⊙歴史の時間軸表現

技術や工学の発展を，これらに関する特定の量の歴史的変化という形で考察することは，しばしば行われる。

ここでは，空間構造における屋根自重の密度（単位面積当たりの屋根重量）の変遷を考えるという例を，取り上げてみる。

このような考察を，グラフを用いて行う場合，例えば紀元前3000年から現在までの歴史を考えるとすれば，時間軸の長さは約5000年である。グラフの時間軸の長さを，ノートの紙面にコンパクトに収まるように，仮に10cmにとったとして，この軸を均等に分割すると，100年が長さ2mmに相当するが，100年間の出来事をプロットするのに，2mmという長さは，あまりに短すぎるだろう。

一方，私たちにとって関心のある情報が，上記の5000

年の間に一様に存在しているわけではない。当然のことながら，現時点に近い時期の情報量は多く，時代を遡るにつれて，情報量は急速に希薄になる。また，精度の重要性から見ても，最近の100年間の変化が高精度に把握されるべきであるのに対して，5000年前の100年間の出来事の時間的精度は，特殊な場合を除いて，重要ではない。

このように考えると，ものごとの歴史的変化を考えるのに，一様に分割された時間軸は，必ずしも合理的でないことがわかる。つまり，最近の出来事はより詳細に，古い出来事はより大まかに表現できる時間分割が，目的に合った，効率のよい時間軸であるということができる。

そこで，時間を対数目盛りで表すことを考えてみる。使いやすいように常用対数を用いることにすれば，時間軸x（cm）は，次のように与えられる。

$$x = -a \log t \quad (1)$$

ここに，tは時間（年），マイナス記号は時代を遡る（右から左へ読む）ことを意味する。上に述べたように，5000年を長さ10cmで表すことにするなら，上式で$a = 2.703$（cm）と決めればよい。注意すべきことは，対数グラフでは，原点は0ではなく，1であるということである。

⦿広範囲の屋根重量密度の表現

屋根の重量密度の歴史的変遷を考えようとすると，その量も非常に広範囲に変化する（ここでは，屋根自重を質量として捉え，単位をkg/m^{2}で示す）。例えば，組積造ドームの場合には，自重が平米当たり数千kgであったのに対して，現代の膜屋根構造では，自重はわずか数十kg/m^{2}に過ぎない。この場合も，私たちの関心は，変動する屋根重量に対して一様に向けられるわけではない。古代のドームの自重が精度よく把握されていないという面もあるし，例えば平米100kgの変化が与える精度上の影響も，重い屋根と，軽い屋根では，まったく異なる。したがって，重量軸に関しても，グラフ軸の一様分割は，やはり適当ではない。そこで，ここでも対数目盛りを採用することにすると，縦軸（重量密度軸）yは，

$$y = b \log w \quad (2)$$

で与えられる。ここに，yの単位はcm，重量密度wの単位はkg/m^{2}である。

上記のようにしてできるグラフは，いわゆる両対数グラフである。

市販の両対数グラフ用紙が簡単に使えるように，時間軸と揃えて5,000kg/m^{2}を縦軸の長さ10cmに対応させれば，$b = 2.703$（cm）となる。

⦿空間構造の屋根重量の変遷を考える

さて，上記のようにしてつくられたグラフ上に，得られている空間構造の屋根重量をいくつかプロットして，その歴史的変遷を表現してみると，**図1**のようになる（紀元2000年現在で作成）。ただし，このグラフの横軸は，直近の10年間を省いて，－10年から始めている。その理由は，一つにはこの間に見るべき変化がなかったことと，仮にあったとしても，構造デザインの流れに影響を与えるようなものかどうかは，不明であるからである。似たような理由から，屋根重量密度も10kg/m^{2}から始めている。これは，上記と同じ理由のほか，これ以上軽くても，構造デザイン上，積極的な意味がないからである。

プロットされたデータに曲線を当てはめると，互いにまったく異なった二つの曲線が得られる（データに対する曲線の「当てはめ」の手法については，適宜，専門書を参照されたい）。

一つは，ローマのパンテオン以来，営々として続けられてきた，組積ドームの技術の進歩・改良による軽量化で，平米当たり数千kgから1,000kgの範囲での変化が，グラフ上，直線で与えられる。これは，鉄筋コンクリート・アーチによるブレスラウ（現名ブロツワフ，ポーランド）の「世紀ホール」まで続いている。いま一つの曲線は，近代から現代にかけての空間構造物を含む，上記とはまったく別のカーブである。この曲線の特徴は，二つある。一つは，きわめてドラスティックな軽量化スピード，いま一つは最近における飽和現象である。この飽和現象は，ケーブル構造，膜構造の実現により，10kg/m^{2}台の軽量が実現したことと，それ以上の軽量化が構造設計上，積極的な意味をもたないこと，によるものである。

上記二つのカーブの交点は，時間軸上，英国における産業革命の時期と一致する。これは，この時期に出現した錬鉄，鋼鉄などの高強度材料と，産業構造物の大規模需要，その後のシェル，スペースフレーム，テンション構造につながる構造設計法の進展などによるものである。

⦿広範囲の情報把握に好都合の対数グラフ

上の例で見たように，工学では，きわめて広範囲のデータをグラフ上で扱いたい場合が少なくない。このようなとき，情報量や私たちの関心事が，座標軸上に均等に分布していることは，むしろ稀であって，上に見たように，これらが原点近くで密に，原点を離れた領域では疎に分布している場合がきわめて多い。このようなとき，上例で見たように，対数グラフは広範囲にわたる全体の傾向を正しく示しながら，原点近くの情報を必要な高精度で表現してくれるという点で，きわめて便利な表現手法である。上例のように，2軸ともにこのような性質をもつ場合もあるが，片方だけが上述の性格をもつ場合もある。前者では両対数グラフが，後者では片対数グラフが適当であることは，いうまでもない。

（かわぐち　まもる）

79

川口 衞
㈱川口衞構造設計事務所

デザイン思想をグラフで表す 複素空間が示す「和」の世界

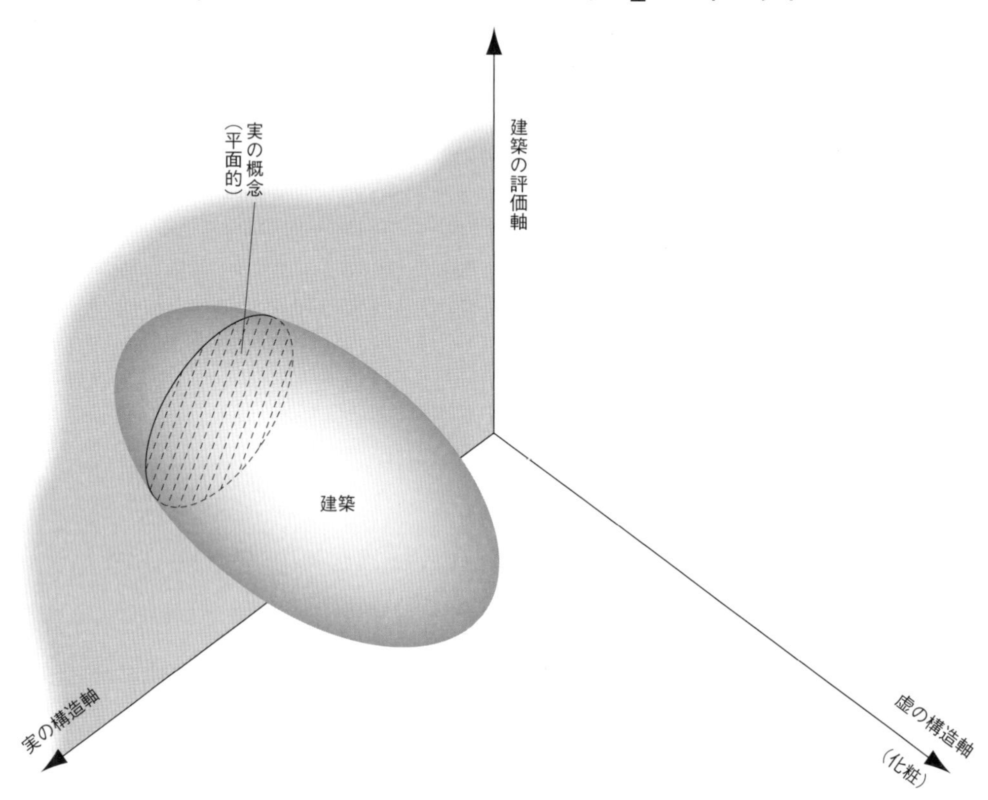

図1　日本建築における複素的デザイン空間

⊙木造伝統建築のデザイン思想

森林国としての土壌の中で，わが国の木の技術は長い時間をかけて進歩し，木割り法，規矩術など，日本独特の大工術が発展し，日本固有の大工道具が完成したことは，周知のとおりである。しかし，目覚しい発展を遂げたのは，技術や道具だけではい。木による建築のあらゆる面についての，物の考え方が吟味され，大工たちはいくつかの重要なデザイン思想ともいうべき事柄を学び，身につけ，伝えていったのである。

このようなデザイン思想の一つに，「野」と「化粧」という，相対立する概念を挙げることができる。「野」は見えない（見せない）材や空間，「化粧」は見える（見せる）ものを指す。前者は，例えば，野屋根，野垂木，野縁など，後者は，例えば，化粧屋根裏，化粧垂木，化粧庇などのように使われる。

⊙先輩たちの設計思想―複素空間的なデザイン概念―

上述のように，「化粧」という伝統用語は，元来，「見えることを前提につくられている」という意味をもつが，その使われ方に注意してみると，次の二つの異なったニュアンスをもっていることがわかる。

その一つは，上記の意味そのままの使い方で，例えば「化粧屋根裏」などがそうである。天井を張らず，屋根の構造が室内から直接見えるようにつくられているもので，歴史的には新薬師寺の本堂などが有名である。

いま一つの使われ方は，「見かけの」という意味で，本来の構造的，構法的役割が放棄されていることを暗示している。例えば，「化粧垂木」などがその例で，屋根や，軒の荷重は野垂木や桔木が支持し，下から見える化粧垂木は垂木本来の役割を免除されて，優美で繊細な，軒裏の造形要素になっているのである。この場合は，「化粧」と

醍醐寺五重塔（10世紀）

明王院五重塔（14世紀）

❶軒を支えている垂木（左）と，軒に支えられている垂木（右）

いう言葉は「見せかけの」とか，さらにはっきりいえば，「イツワリの」という意味に受け取って差し支えないことが多い。

例を挙げて説明しよう。**写❶**に軒部分を示す二つの五重塔は，ともに国宝であり，わが国が世界に誇る名建築である。写❶が示すように，二つの塔の軒の垂木のパターンは同じように美しい。しかし，この二つの軒の構造メカニズムはまったく異なっており，醍醐寺では見かけどおり，垂木が軒を支えているのに対して，明王院では軒は屋根の懐（野屋根）に隠されている巨大な桔木によって支持され，垂木は逆にその軒から吊られている，「化粧垂木」なのである。

読者は予備知識なしに，このことを外観だけから看破できるだろうか？　鎌倉時代以降のわが国の名建築の軒裏は，ほとんどすべてこのような「化粧垂木」でつくられている。また，軒の構造だけでなく，この種の例は日本の伝統建築の多くの部位に指摘することができる。

西洋にも，見せかけの「付け柱」や「飾り柱」は存在するが，これらは一見すればすぐにそれとわかるから，日本建築のような，高級な議論の対象にはならない。

日本建築でも，例えば「床柱」などは，それが完全な化粧的存在であることは誰でも知っているし，「大黒柱」もむしろ象徴的，デザイン的な存在であり，それが特に構造上重要な役割を果たしていなくても，目くじらを立てる者はいない。

要するに，日本の伝統建築においては，建築全体の健全性が保たれ，より高い造形的価値が得られる場合には，躊躇なくイツワリの構造表現が行われてきたのである。言い換えれば，伝統建築の棟梁たちは「実」と「虚」の世界を自由に出入りしながら，建築全体としての価値を高めるデザインを試みてきたのである。

虚の世界を知ることにより，考え方の自由度は飛躍的に増大する。

数学的にいえば，それは複素数の世界を知るのに等しい。実数軸上でしか，ものごとが考えられなかった幼年期に比べて，虚数軸を含む複素数を知ってからの世界の広がりの素晴らしさに，感激した記憶をもっている読者は少なくないであろう。日本の伝統建築の棟梁たちは，まさしくこの複素数的空間でものを考え，デザインを行ってきたのである。近代建築において，私たちはこのような高度のデザインの境地に，まだ達していないと思う。

上記の議論をヴィジュアルに理解するために，**図1**のようなグラフを描いてみるのも，よいのではないだろうか。わが国の伝統的建築をつくった，優れたデザイナーたちは，実の構造，虚の構造を巧みに演出しながら，建築のホリスティックな価値を高めるように努力をしてきたのである。しかし，実の世界しか理解できない建築家やエンジニアは，3次元のデザイン空間を2次元（平面）的にしか感得することができず，建築の一断面（図中のハッチ部分）を切り出して，これを建築デザインのすべてであると思い込んでしまう。そして，この平面（実の平面）からはみだすものはフェイクだ，にせものだ，といって，価値を認めようとしないのである。しかし，それはあまりにも狭量ではないだろうか？

建物を丁寧に観察して，実の演出と虚の演出，そしてこれらによる総合的な建築の価値の創出を読み取ることができれば，デザインの世界は一挙に広がり，フェイクなどという言葉は必要でなくなるかもしれない。建築のこのような理解には，勉強と忍耐を必要とするが，それは十分に可能であると考える。　（かわぐち　まもる）

キーワード索引

さ

し

す

せ

そ

た

ち

つ

NOTE

設計資料の可視化　構造設計に役立つ図表の見方

発行：2016年11月30日

監修――――――寺本隆幸・大越俊男

発行者――――――橋戸幹彦

発行所――――――株式会社建築技術

〒101-0061　東京都千代田区三崎町3-10-4 千代田ビル
TEL 03-3222-5951　FAX 03-3222-5957
http://www.k-gijutsu.co.jp
振替口座 00100-7-72417

装丁デザイン――――――箕浦 卓(M's SPACE)

印刷・製本――――――三報社印刷株式会社

落丁・乱丁本はお取り替えいたします。

ISBN978-4-7677-0153-0　C3052

Printed in Japan